安丸良夫集　1

安丸良夫集

1

民衆思想史の立場

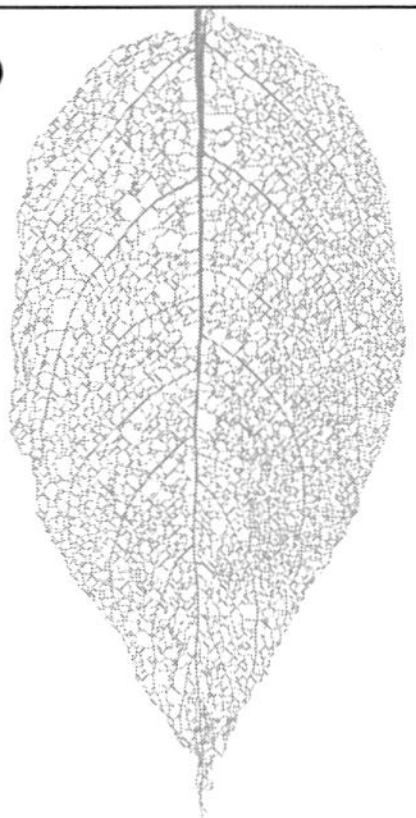

岩波書店

［編集］
島薗　進
成田龍一
岩崎　稔
若尾政希

目　次

目次

目次

凡例

・収録した文章は、原則として底本のままとした。ただし、誤記・誤植などを中心に、断りなく字句を改めた箇所がわずかにあるほか、振り仮名や句読点の追加、または削除を行った場合がある。
・各論考の末尾に、著者による解題（◈印）を付し、初出情報および成稿の背景などを示した。
・『安丸良夫集』に収録された文章を指す際には「安丸集」と略記し、左のように示した。

例　「安丸集」第1巻—三 → 『安丸良夫集』第1巻の三「近代社会への志向とその特質」を指す。

・第6巻巻末に「安丸良夫著作目録」を収めた。
・本巻への収録にあたり、左記に収録された版を底本として用いた。

一・二・四＝『日本の近代化と民衆思想』（平凡社ライブラリー）、平凡社、一九九九年
五・八＝『〈方法〉としての思想史』校倉書房、一九九六年
六・一一＝『文明化の経験――近代転換期の日本』岩波書店、二〇〇七年
三・七・九・一〇・一二＝初出に同じ（各論考末尾の◈を参照のこと）
一三＝未発表原稿

I

民衆思想史の構想

一　日本の近代化と民衆思想

はじめに

勤勉、倹約、謙譲、孝行などは、近代日本社会における広汎な人々のもっとも日常的な生活規範であった。こうした通俗道徳が、つねにきびしく実践されていたのではない。しかし、大部分の日本人は、一方ではさまざまの社会的な規制力や習慣によって、他方ではなんらかの自発性にもとづいて、こうした通俗道徳を自明の当為として生きてきた。

勤勉、倹約等々は、相互に補いあった一連の徳目である。さらに、忍従、正直、献身、敬虔などを加えてもよいし、早起きや粗食のような具体的規範をかなり長々と列挙してもよい。こうした一連の生活規範は、近代日本社会のなかではきわめて強力な規制力をもっており、大部分の日本人にとって、この規制力の網の目のそとに逃れることはきわめて困難だった。勤勉、倹約等々が、ごくありふれた通念だったということは、人々の思索がこうした通念のプリズムを通しておこなわれた、ということを意味している。人々は、現実の諸問題に直面してその解決のために思索してゆくのだが、その問題がうみだされた現実的歴史的根拠はまだ知られていないので、さしあたってまずこうした通念のプリズムを通して現実的諸問題が検討され処理されてゆく。事実問題として、右にのべたような一連の通俗道徳は、近代日本社会のさまざまな困難や矛盾（たとえば貧困のような）を処理するもっとも重要なメカニズムだった。通俗道徳の巨大な規制力を一瞥するだけで、大衆をとらえるとき思想もまた一つの巨大な「物質的な力」であることを信ぜずにはおられない。

もとより、こうした通俗道徳は、今日の私たちにとっては、封建的な諸関係によって補完されつつ急速に展開した日本資本主義のイデオロギー的上部構造にほかならない。だが、そのことを理解したからといって、この通俗道徳がもっていた強大な規制力を、その独自なメカニズムとともに、理解したことにはならない。私が貧乏だとすれば、右の通俗道徳は私が勤勉等々でないからだと教え、私の家庭が不和であれば、私が不孝等々だからだと教える。その結果、さまざまな困難や矛盾は、私の生活態度＝実践倫理に根拠をもっているかのような幻想がうまれ、この幻想のなかで処理されてゆく。このような幻想の虚偽性をみぬくことは、同時代のなかでは極度に困難だった。なぜなら、一つには、人々は同時代人としてこうした通念にあらかじめとらえられているからであり、いま一つには、私の貧乏等々はたしかにある程度まで私の勤勉等々で解決可能であり、しかもそうした解決の実例を数多く眼前にしているからである。

いうまでもなく、現実的社会的な諸問題がそれとして客観的に表象されるのは、長い歴史的発展の所産である。歴史的客観的な諸関係をそれとして客観的にみとおし支配できない人類史の長い前史においては、人々は宗教、哲学等々を通じて世界を解釈し、多かれ少なかれ幻想的なその解釈を通して思索し、行動原理をみつけなければならない。右の通俗道徳においても、広汎な人々の現実的社会的な諸問題が、なによりも道徳的な問題として表象され、さまざまの現実問題がこの観念の場で処理されてゆく。こうした過程のくりかえしによって、社会的通念とその現実的基礎との関係がますます見えにくくなり、社会的通念は独立化して、人々を通念の網のなかにとじこめてしまう。他方では、この幻想の職業的な宣伝家や礼拝者もあらわれて、現実的な諸関係から人々の眼をそらし、幻想のなかにすべての現実的なものの根拠を見るように人々を説得し、一つのイデオロギー的支配体制をつくってゆく。

勤勉、倹約、孝行などの通俗道徳が、広汎な人々を規制してゆくメカニズムを、もっともありきたりの例をあげて検討しておこう。

(イ) 一、常々親孝行仕《つかまつ》り主従礼儀正しく家内睦《むつま》じく親類中(仲)よく家業の義は大切に相励み永久相続仕るべき事[1]

(ロ) 親と主人のおっしゃる通り　まもりますると気が楽な[2]

誰にもあきらかなとおり、右の引用はもっとも平凡で通俗的なもので、類似の言葉を無数にあげることができよう。この引用が主張しているような孝行、和合、勤勉、服従などの徳を体得した人間が、近代日本社会の通俗的な理想像だった。

ところで右の引用は、こうした徳を主張するとともに、その徳の実践によって「永久相続」や「気が楽」なこと——つまりは富や幸福がもたらされると主張している。そうすると、さまざまな徳は、富や幸福という功利的目的のための手段だろうか。そうとすると、右の主張はきわめて功利的なものであるし、また孝行、和合、勤勉などのふりをするだけで功利的目的をたっしうるかもしれないし、さらに、それらの徳が富や幸福をもたらさないと判断した人は、自由にそれらの徳を放棄してよいということになるのであろうか。だが、人間生活の道徳的側面と功利的側面を、異質な、分裂や矛盾をはらんだ人間的なものの諸側面としてとらえることは、通俗道徳の思惟様式の思いおよばないことであった。通俗道徳において、道徳は、富や幸福ときわめて本質的なつながりをもっているが、しかしそのことは前者が後者の手段だということを意味するものではなかった。

道徳は、けっして手段ではなく、それ自体が至高の目的・価値なのであるが、ただその結果としてかならず富や幸福がえられる。実践者をかりたてている動機は、最高善としての道徳そのものにほかならないのに、そのことがかならず結果的に自分の功利的利益をもたらす。このような考え方は、道徳的目的と功利的目的との予定調和をあまりに安易に信じすぎており、両者の分裂の可能性(むしろ必然性)に眼をふさいだ偽善的なものだと批評することもできよう。だが、その偽善性(イデオロギー性)を見ぬくためには、広汎な人々の長くてつらい歴史的体験が必要だったのであって、通俗道徳と庶民の功利的目的との右にのべたような接合・癒着のなかに、近代日本の思想構造の巧妙なカラクリの原基形態が露呈している。

こうした意識形態においては、富や幸福をえた人間が道徳的に弁護されており、貧乏で不幸な人間は、富や幸福から疎外されるとともに、その事実によって道徳からも疎外されているのだ、と判定されている。こうして、成功者たちは、道徳と経済の、そしてまたあらゆる人間的領域における優越者となり、敗者たちは、反対に、富や幸福において敗北するとともに道徳においても敗北してしまう。そして、成功しようとすれば通俗道徳のワナにかかって支配秩序を安定化させることになってしまう。

近代日本社会において、さまざまな矛盾や困難の解決のためにささげられた広汎な人々の真摯で懸命な人間的努力は、きわめて厖大なものであったろう。だが、この人間的努力は、たえず勤勉、倹約、孝行などの通俗道徳的形態を通して発揮され、そのことによって支配体制を安定化させる方向に作用した。人間の能力やエネルギーは、人間がうみだしたものでありながら、こうした特有の形態をとることによって、本当の人間らしさにたいしては、よそよそしく外在的で抑圧的な力となっていった。イデオロギー的幻想は、人間が苦心してつくりあげたものであるからこそ、人間を規制してそのなかにとじこめる巨大な抑圧的な力ともなりえたのである。

近代日本社会において、通俗道徳のこうしたメカニズムから逃れることがいかに困難であったかということは、無数の事実が証明している。河野広中が、中村敬宇訳の『自由之理』を読んで「忠孝の理位」をのぞいて思想が一変したという有名な逸話からはじまって、昭和の転向者たちが、天皇制のもとにおける家族主義的な共同体意識へと転向して、「共産主義者が夢みた様な社会は、我々の足下にあったのである(3)」などと叫んだときにも、通俗道徳の大網はともすれば逸脱しようとする人々をとらえていた。さまざまな変革的な努力とエネルギーを、この大網の内部での改良主義へと誘導し、そのことによって変革のモメントを体制安定化のモメントに転化せしめる、という詐術がおこなわれた。天皇制イデオロギーは、こうした通俗道徳のうえに構築されたものであろう。

もちろん、こうした通念の虚偽性を鋭く見ぬいた人たちもいた。二葉亭四迷や北村透谷以来の近代文学は、要するにこうした通俗道徳の偽善性を見ぬいた人たちの、あたらしい、より人間的な道徳を確立するための苦しい闘いの歴史だった。だが、彼らの努力が、どんなに惨憺としたものであったかは、ここに語るまでもない。通俗道徳の偽善性を誠実な態度で見ぬくことは、苦い韜晦や虚無感や唯美主義を代償としなければならず、あたらしい積極的な倫理を、なんらかの程度で社会的に説得力あるものとしてつくりあげることはきわめて困難だった。こうした通俗道徳の虚偽性、偽善性を、国民的規模で見ぬくことができるためには、ファシズムと太平洋戦争と敗戦というすべてが無になるようなすさまじい体験を経なければならなかった。

こうした幻想の偽善的なメカニズムを容易には見ぬけなかった一つの根拠は、こうした通俗道徳がくりかえして教育・宣伝されて、国民の大多数がこうしたイデオロギー的幻想のなかに住まわされたからであろう。さらに、さまざまな社会的制裁手段がその背後で、こうした通念に従うよう暗黙のうちに強制したことも見逃せない。だが、こうした通俗道徳の広汎な人々にたいする強い規制力は、たんに上からの教育・宣伝・強制だけによってうみだしうるものではない。その意味で、これら諸徳目が強い規制力をもちえたいま一つの根拠を、それがある歴史的発展段階における広汎な民衆の自己形成・自己解放の努力がこめられる歴史的・具体的な形態であった、ということにもとめなければならないと思う。

近世中期以降の民衆的諸思想の展開過程を調べてゆくと、あたらしい思想形成の努力は、例外なくこうした通俗道徳の主張に結果している。これらの民衆的諸思想は、近代日本社会形成期の社会的激動の渦中における広汎な民衆の自己形成・自己確立の努力を意味していたが、この民衆の努力は、通俗道徳的理想像の確立をめざすという形態を通してなされたのである。こうした「形態」は、自由に選ぶことのできない歴史的なもので、こうした「形態」から根本的にはずれた民衆的諸思想をみいだすことはできない。

いうまでもなく、一民族の近代化を達成する最深部の原動力は、民衆の内面に醸成された厖大な建設的なエネルギーにほかならない。近代社会の形成過程において、二重の意味で「自由」となった民衆は、自己形成・自己鍛練の課題に直面し、この課題をはたすことによって厖大な人間的社会的エネルギーを発揮してゆく。この民衆の成長過程は、経済史研究においては、生産力の発展、社会的分業の展開、農民層分解などのそれなりに明快な論理序列で把握されているといえようし、政治史研究においては、飛躍や不明確さが多くなるとしても、農民一揆や打ちこわしの発展、幕・藩政改革の展開などとして把握されているといえよう。だが、そうした過程を人間の内面＝精神の構造から把握すれば、どのようになるのであろうか。

従来の思想史研究の方法においては、近代思想の成立過程は、自然や社会についての客観的な認識とその認識を可能にするあらたな思惟様式の成立過程として分析されたり、人々が人間の情欲、利己心、自我などにめざめ、それらが肯定されてゆく過程として分析されたりした。だが、こうした分析視角は、右にのべた民衆の自己形成・思想形成には妥当しない。民衆の現実の課題が客観的認識や近代的自我意識の形成などの方向にかったとか、そうした方向への思想形成がまったくみられなかったなどと主張するつもりはない。だが、思想形成の主要な方向は、けっしてそのようなものではなかった。民衆的諸思想を研究するさいに、自然と人間の分裂や、経験的合理的認識の発展や、自我の確立などを分析基準とするのは、理念化された近代思想像に固執してそこから歴史的対象を裁断するモダニズムのドグマである。近世から近代にかけて、こうしたモダニズムの方法をとれば、あらたな思想形成の方向がみられるのは、ほとんど例外なく支配階級の立場かその周辺部にうまれた諸思想である。これらの思想のあたらしさは、それぞれの歴史的段階で「近代化」の方向へ指導権をもっていたり、あるいはもっとも鋭くその方向を見とおしていた者(支配階級の改良的分子)のあたらしさである。荻生徂徠、本居宣長、海保青陵、佐久間象山など、すべてそうである。最近はやりの「近代化」論は、さまざまな思想から「近代性」(じつは資本主義の発展に適合的な「近代」性)を抽出して系統づけ、そのことによってきわめてドライに日本の近代化とそのにない手となった支配階級の改良的分子を擁護するものである。こうした立場からすれば、民衆的諸思想は、非合理な、遅れた、封建的なものにほかならない[4]。こうした見解では、通俗的諸徳目の実現という形態において、広汎な民衆のきびしい自己形成・自己鍛練の努力がなされ、その過程に噴出した厖大な社会的人間的エネルギーが日本近代化の原動力(生産力の人間的基礎)となったことを理解できない。実現された徳目からみれば、通俗的で前近代的な道徳とみえるものが、ある歴史的段階においてはあらたな「生産力」なのである。その意味で、民衆的諸思想は、これまでいわば「眠っていた」民衆の魂の奥底をゆり動かして、人間の無限な可能性をよびさますものだった。この覚醒は、さしあたっては道徳——精神の覚醒という観念的形態をとった。そのために、前述したカラクリもうまれた。

しかし、人間の精神の無限な可能性にたいする驚くべき信念が広汎な民衆のうちにめざめたことに、まず注目しなければならない。それは、近世の儒教と仏教の宿命論にたいする能動性・主体性の哲学の樹立だった。その能動性・主体性が、勤勉、倹約、正直、孝行などという形態をとり、しばしば儒教の通俗化と結びついたために、モダニストたちは、そこにこめられた厖大な人間的エネルギーを認識できなかった。丸山眞男が『日本の思想』において、日本人の思惟構造を鋭く分析して、その病理をえぐり、近代日本の思惟構造の基底をなすものを伝統的共同体意識として把握したさいにも、そのような錯誤があったと思われる。丸山は、近代日本社会のもっとも通俗的な意識が、広汎な人々の主体的エネルギーをこめて歴史的に形成されたものであることを理解しない。そのために、一方では、日本の近代化の根源的エネルギーを把握できず、また通俗的な意識の強靭な規制力の根源が十分に解明されない。他方では、共同体意識のガンジガラメのワナのなかから未来へ向かって解放をかちとってゆく道がみつからない。

R・N・ベラーは、さきにのべたような通俗道徳を、文化人類学的観点から超歴史的なものへとまつりあげ、ほとんど原始古代からの日本文化の特質だとして、この伝統的な「社会的価値」と「近代化」とをただちに結びつけた。ベラーの見解は、「近代化」と伝統思想との関連をさぐる試みとして示唆ぶかいが、近世中期以降の日本社会のなかで、孝や忠という通俗的な道徳形態の内面にこめられている広汎な民衆の自己形成・自己鍛錬の具体的過程を把握していないように思う。また、広汎な民衆の意識形成がなぜ孝や忠という独特の形態をとるのか、という問題は、社会的価値の伝統性という前提によって回避されてしまう。そして、こうした通俗道徳の実現のなかにこめられている広汎な民衆の苦しみや自己実現の喜びや、幻想性や虚偽性のカラクリやは、すべてどうでもよいこととなり、ただ伝統的な「社会的価値」が近代化＝資本主義化にどれだけ有益であったかをしめせばよいことになる。(5)

だが、モダニストたちの眼にどううつるにしろ、民衆的諸思想の展開過程は、まずなによりも人間の精神の力と可能性にたいする驚くべき信念が、広汎な人々のうちにはじめてめざめたことにあった。たとえば、

天ノ原生シ親マデ呑尽シ　自讃ナガラモ広キ心ゾ(6)

生死も富も貧苦も何もかも　心一つの用ひやうなり(7)

というような言葉に、きわめて観念的な形態をとって、めざめた心の無限の可能性がのべられている。またさらに、

貧となり富となる偶然にあらず……人皆貨財は富者の処に集ると思へども然らず、節倹なる処と勉強する処に集るなり(8)

という言葉では、いっそう具体的に人間の主体的な努力に無限の可能性が賦与され、貧富は天命だとする儒・仏の宿命論が打破されている。こうした主張はきわめて観念的なものであり、だから現実には有効性をもたなかった、と主張する人があるかもしれない。こうした見解をとる人は、経験的合理的な思想——科学的な思想が近代思想であり、それが変革的な思想だとかたく信じている。だが、右のような「観念論」は、もとよりある歴史的限界の内部においてではあるが、現実にきわめて有効なものであった。なぜなら、こうした観念論は、後述するように、長いあいだの人生経験によってきびしく鍛えられた人格の裏づけをもってそうした人たちによって主張されたからであり、「観念論」が人々を鍛えて強靭な主体へとつくりなおしたからである。通俗道

徳の一連の諸徳目が、たくさんの人々に内面的緊張をひきおこして、自己形成・自己鍛練せしめる独得な形態となったのである。

この小論は、日本近代社会形成過程における広汎な民衆の自己形成・自己鍛練の過程と意味を、その欺瞞性のカラクリをもふくめて、民衆的諸思想の展開のうちにとらえようとするものである。近世中期から明治期にいたる民衆的諸思想は、きわめて多様で混沌としており、また未成熟であって、一貫した分析を不可能にしている、という意見もあろう。だが私は、多様な諸思想も基本線において共通しており、多様性は一貫した基本性格との関連で歴史的な意味をもったものとしてとりあげうると考えている。そうした諸思想は、研究史の現段階においては、元禄・享保期に三都とその周辺にはじまり、近世後期にほぼ全国的な規模で展開し、明治二十年代以降に最底辺の民衆までまきこんだ、といえよう。石田梅岩と心学、二宮尊徳と報徳社、大原幽学、中村直三のようなたくさんの老農、後期国学、黒住教・金光教・天理教・不二道・丸山教などの民衆的諸宗教、真宗史における妙好人などがそれであり、有名無名の地方の指導者、農民一揆や民権運動に参加した豪農や民衆、民俗学者のいう故老や世間師などの思想も視野にいれなければならない。

(1)　報徳社の「義定一札の事」の一節。鷲山恭平『安居院義道』六九頁による。
(2)　中村直三の「気やしなひらくなづくし」の一つ。奥村正一『老農中村直三翁』一一四頁。
(3)　丸山眞男『日本の思想』四七頁による。
(4)　坂田吉雄編『明治維新史の問題点』は、こうした見解の代表例。この本にたいする私の書評（『歴史学研究』二七二号、「安丸集」第5巻―七）参照。
(5)　R・N・ベラー、堀一郎・池田昭訳『日本近代化と宗教倫理』。ベラーの立場は、右の書物にたいする丸山眞男の書評を一つの媒介として、その後大きな変貌をとげた。R・N・ベラー、河合秀和訳『社会変革と宗教倫理』、とくにその第三章参照。
(6)「石田先生語録」『石田梅岩全集』上、四三八頁。
(7) 黒住宗忠『御歌文集』一七六頁。
(8) 福住正兄『二宮翁夜話』(岩波文庫版)一一〇頁。

1 思想形成をうながすもの

勤勉や倹約や孝行などは、ある意味では歴史とともに古い民衆の生活態度だったのであろう。だがそれらが、伝統的生活習慣として事実上存在していることと、人々が自覚的におこなうべき規範、倫理であることとは区別されなければならない。前者の意味では、それらはたんなる生活事実であって、思想史の対象とすることは難しい。後者の意味ではじめて、それらは思想表現され、独自な世界観の構成要素として、多かれ少なかれ統一的に把握される。そして、このような意味で、勤勉、倹約等々が広汎な民衆によって問題としてとりあげられるようになるのは、あきらかに一つの歴史的発展の所産である。こうした生活規範を中核とした民衆的諸思想が展開しはじめるのは、前述のようにほぼ元禄・享保期であるが、それではどのような現実的な課題が思想形成をうながしたのであろうか。

たとえば、河内国石川郡の酒造業を兼ねた地主、河内屋五兵衛可正が、長い手記を書いて子孫に教訓したのは、結局のところはただ一つの動機——どうしたら「家」の没落をふせげるか——からだった。可正が『河内屋可正旧記』を書いたのは、元禄・宝永年間であるが、すでにこの時代において、可正の住む河内国石川郡の門前町大ケ塚では、かなり栄えた家でも急速に没落するという例がきわめて多かった。可正は、そうした例をつぎつぎと書きとめた。たとえば、平野家藤兵衛家は、庄屋もつとめた家柄だったが、不正が多く、村方騒動にあって没落した。藤兵衛の子供は、プロレタリア化してやがて盗人となり、ついにのたれ死した。大坂に近い商品経済の発展した大ケ塚では、この時代にすでに没落——プロレタリア化は、すこしも珍しい現象ではなかった。プロレタリア化したものの多くは、大坂か堺へ流出して、もっとも早い時期の都市貧民層を形成したのである。「進退《(身代)》タヲレ」、「分散」になったものは「数々」であり、「具《つぶさ》ニ記スニイトマ非《あらざ》」るほどだった。[1] 商品経済に依拠して生活している大ケ塚では、わずかの油断も家の没落につながっていた。こうした現実のなかで、可正は、「長者ニ三代ナシ」という言葉を本当に名言だと思い、[2]「人ノ行末程定ナキ物ハアラジ」[3]と恐怖した。

『河内屋可正旧記』は、石門心学成立の背景をもっともよく理解させる史料のように思われる。心を尽し性を知ることを教えた梅岩の門に道を問うた京都とその周辺のゆたかな町人たちをとらえていたのは、可正がのべているような「家」の没落についての恐怖感だった。心を尽し性を知ることは、家内の和合や倹約や孝行などを実現するための首尾一貫した原理と根拠を獲得することであったが、それらの日常道徳が確立されないならば、彼らはただちに没落の危機に直面するのだった。梅岩によれば、「町家ほど衰へ安《(易)》きものはな」く、京・大坂で三、四十年以前には大金持といわれた町人で、没落してしまったものは「十軒に七八軒」という状態だった。[4] こうした「家」の没落についての危機意識がよびおこす思想形成の方向は、おどろくほど類似したものであったらしい。『河内屋可正旧記』の立場は、より徹底して一貫性と原理性を獲得すれば、梅岩の立場となるように思われる。もとより、倹約や勤勉を重んずる考えは、西鶴の町人物にもみられるし、「家」の没落についての危機感は『町人考見録』などに色濃いものである。だが、とりわけ前者のばあいには、倹約や勤勉などは、吝嗇や強欲の表現であり、だからまた浪費や奢侈のための手段という意味をもっていた。この意味での倹約や勤勉の習慣なら、商業資本の存在とともに古いものであろう。石門心学は、このような商人社会の習慣を背景とするものではあったが、しかしそれをのりこえるものであった。というのは、石門心学成立の背景は、商人社会に現に習慣化されている倹約や勤勉をそのまま強めようとしてもどうにもならないという現実であり、危機に直面してのあらたな生活規範の形成がその課題だったからである。(5)

この時期の民衆的思想運動としては、享保十四年にはじまる石門心学がもっとも著名であるが、同じころの江戸では富士講に食行身禄《じきぎょうみろく》がでて、秘伝的な呪術から実践的な日常倫理へと富士信仰を転換させた。(6)同じころ、増穂残口も「寺社等の市場へ出で小屋かけをして戯語をまじへ、風俗の耳ちかき事にて神道を講」じたという。(7)もとより、保科正之や池田光政のような近世初期の「名君」が、儒教による庶民教化をはかったのは、これより一時代以前のことだった。だが、民衆自身の主体性において、また一つの民衆運動として、民衆的な諸思想が形成・展開・伝播されたのは、元禄・享保期以後のことであり、それもさしあたっては三都とその周辺からはじまったのである。町家の「家訓」が制定されるのも享保期以降の現象だし、(8)町人むけの教化的著作が出版されるようになったのも、享保・元文期以後のことだった。(9)そして、さらに民衆的な諸思想が農村部でも展開され、日本の民衆がいわば全民族的な規模で思想形成の課題に直面したのは、近世封建社会の危機もようやくふかまった十八世紀末(天明・寛政期)以降であり、とりわけ文化・文政期以来のことであった。石門心学が急速に地方に伝播するようになるのは、天明期以後(最盛期は文化・文政期)だし、(10)民衆的な諸宗教運動が展開しはじめるのは、文化・文政期以降である。また、二宮尊徳・大蔵永常・大原幽学などが、各地を巡遊しつつ窮乏した農村の復興をはかるのも、ほぼ同時代からのことであった。したがって私は、天明・寛政期以降を民衆思想史の第二期としたいのであるが、この時代において民衆に思想形成をうながしたのは、どのような諸事情だったろうか。おそらくここでも、商品経済の急速な展開のなかに現実化した没落の危機が、思想形成の決定的な契機だった、といえよう。しかし、没落の危機とはいっても、梅岩の門に集まった富裕な町人たちにとっては、それはまだ油断をすればそうなるかもしれない蓋然性にすぎないのに、尊徳や幽学の直面したのは、現実に惨憺と荒廃した村々だった。

たとえば、二宮尊徳の数多くの仕法の対象となったのは、すべてそうした村々だった。尊徳がはじめて仕法をおこなって復興した下野国芳賀郡の物井・横田・東沼の三村は、元禄期には、高四千石、戸数四四〇戸、年貢三一〇〇〇俵を納めていたのに、尊徳が仕法をはじめた文政五年には、「衰廃極り」、戸数一四〇戸余、年貢八〇〇〇俵に減少してしまった。(11) しかも、そこは極度に貧困だっただけではない。貧困と荒廃は、怠惰・飲酒・博奕などの悪習となって精神の内部にまで浸透し、尊徳によれば、そこに貧困と荒廃の根元があった。貧困の問題が、たんに経済の問題としてだけでなく、むしろ生活態度——精神形態の問題としてとりあげられていることが、本稿の主旨からしてきわめて重要なのであるが、ここでは、烏山仕法や日光仕法の対象となった地域も、まったく同様な事情であったことを指摘するにとどめよう。

大原幽学は、天保九年、道話教師としての長年の流浪生活に終止符をうち、下総国香取郡長部村に定住した。名主伊兵衛らの願いをいれて、家内の和合や勤労を中心とした日常道徳を道友たちに教え、長部村を復興するためだった。長部村は、明和年間には家数四〇軒ばかりだったが、「其頃より不埒之者抔出来」、金銀をつかい捨て、余儀なく「分散」するものや「出奔欠落《かけおち》」するもの、「潰家」となるものがあいついで、幽学の指導で先祖株組合をつくった天保十一年には、家数わずか二四、五軒にすぎなかった。(12) 関東の農村は、幕末には貧窮分解的な様相がいちじるしいが、長部村はその典型だったのである。

明治中期以降に模範村として知られるようになった村々は、すべてこうした極度に荒廃した村々だったといってよいだろう。幕末から明治中期にかけて静岡県を中心に発展する報徳社運動は、すべてこうした村々で展開した。この地方では、報徳社に入るのは貧乏村だと考えられていた。(13) 兵庫県で「今二宮」といわれた平尾在修の活躍した出石《いずし》郡三宅村は、天明六年の洪水を契機にして村が荒廃しはじめ、「金吾」というカルタ（博奕の一種）が流行し、天保初年には出石領第一の荒村となった。そして天保四年には、村を荒廃させた責任者として庄屋とその伜の追放、二人の組頭の百日入牢などの処罰がおこなわれ、厳重な倹約と勤労の規定がつくられた。(14) 在修は、三宅村のほかにもいくつかの窮村を復興したが、その一つ市場村は、「全村四五戸中活計の途に窮し逃亡するもの十余戸」(15) という村であった。明治三老農の一人である中村直三の活躍も、「近傍無比ノ難村」たる自村永原村の復興を目的としてはじめられたものであったし、(16) おなじく三老農の一人である石川理紀之助も、自村山田村の復興からその老農としての生涯をはじめた。(17)

近世後期において、右にのべたような荒廃した村々は、けっして例外的な存在ではなかった。こうした荒廃をもたらした経済史的原因は、封建権力と商業高利貸資本による苛酷な収奪だった。こうした村々についての記述は、村内の土地がほとんど小作地になったこと、借財がきわめて厖大なことなどを強調しており、右の永原村のばあいのように貢租がとくに重いことが強調されているばあいもある。一定度の生産力の上昇をともなわずに収奪が激化すると、農民層分解が必然的に貧窮分解的な様相を呈して進行し、そこに荒廃した村々が無数に出現した。それは、すさまじい貧困、欠落——半プロレタリアートの形成過程だった。そしてこうした過程こそ、人々に焦眉の急としてあらたな生活態度の樹立——思想形成——という課題に直面させるものだった。きわめて多様なこの時代の民衆思想も、実践道徳としてみれば、勤勉・倹約・和合に要約されようが、人々に否応なく思想形成をうながしたのは、こうした徳性を身につけなければただちに自分の家なり村なりが没落してしまうという客観的な事情だった。黒住教・金光教・天理教・丸山教のような新興の民衆的諸宗教は、尊徳や幽学の運動が展開した地帯よりもいくぶん先進的な地帯で進行した。これらの諸宗教は、そうした地帯ですでに共同体的秩序から分離しつつあった民衆のさまざまな不安に訴えた。人々をとらえた直接の契機は、圧倒的に病気の問題であり、ついで貧乏や不和の問題だった。これらの諸宗教において、病気・貧乏・不和などは、精神に由来するものであり、精神の変革を迫っているものとしてとらえられた。だから精神を改めないなら、病気⇄貧乏をくりかえして没落せざるをえないのであり、ここでもこうした危機感にゆさぶられて思想形成がすすめられた。そして、金光教と天理教が大阪を中心として急速に発展するのも、丸山教が神奈川・静岡・長野三県を中心に爆発的に発展するのも、静岡県を中心として報徳社運動が急速に展開するのも、すべて明治十年代後半から二十年代初頭にかけてであったということは、右にのべたような諸事情のもっとも端的な表現であった。松方デフレのもと、原蓄過程がもっとも激烈に進展したこの時期こそ、日本の民衆のもっとも苦難の秋だったのであり、だからこそ、人々は苦難をのりこえる原理をもとめ、苦難をのりこえるに足る主体の確立をもとめずにはおられなかったのである。

（1）　野村豊・由井喜太郎編著『河内屋可正旧記』一〇九頁。

(2) 同右、二七頁。

(3) 同右、四一頁。

(4) 「斉家論」『石田梅岩全集』上、一九六頁。

(5) 『町人考見録』には、「仁義」(道徳)と「利」(経済)との一種の二元論・折衷論がみられる。「商人は賢者に成ては家衰ふ……一日も仁義を離れては人にあらず。然りとて算用なしに慈悲を施す、愚かや。仁義を守り軍師の士卒を遣ふが如く、商ひに利ある様に心得べし」(竹中靖一『石門心学の経済思想』二九一頁による)。この引用には、「家の立場の利己主義」(和辻哲郎)が露骨にあらわれているが、そのために、人々に内面的な覚醒と緊張をうながしてあらたな生活規範を形成せしめる積極的な力を欠いた凡庸な折衷論となっている。梅岩の課題は、こうした折衷論をのりこえて、あらたな生活規範へと人々を積極的に動機づけることだった。

(6) 「「世直し」の論理の系譜」(『安丸集』第3巻―二)の「2 富士信仰の発展」および村上重良・安丸良夫編『民衆宗教の思想』六三四頁以下参照。なお、富士講は、幕末期には不二道――実行教となり、通俗的な日常道徳を説いて勢力があった。

(7) 柴田実「石田梅岩と神道」(『神道学』一四号)による。

(8) 宮本又次『近世商人意識の研究』一四五頁。

(9) 石川謙『石門心学史の研究』二一一頁。

(10) 同右、八二〇頁。

(11) 富田高慶『報徳記』(岩波文庫版)、三三三頁、奥谷松治『二宮尊徳と報徳社運動』八三頁以下参照。戸数がこのように急速に減少したのは、欠落や潰家があったからである。たとえば、文化十二―文政二(一八一五―一九)年の間に、西物井村だけですくなくとも三戸九人の欠落があった(『二宮尊徳全集』三巻、一五頁による)。文政八年は不作だったので、文政九年三―五月には、すくなくとも十二人以上が欠落・出奔した。もとより欠落は禁じられており、欠落者は厳重に探索され、見つかるとつれもどされて入牢させられたが、それでも欠落はたえなかった。欠落者の一例をあげてみよう。東沼村幾右衛門は、百姓だけでは生活できないので、「為二取続一綿打日雇稼」に他所(真岡木綿の産地真岡へ行ったのであろう)へ行っていたが、生活難のために「当惑のあまり妻子共迄右稼場へ不レ計罷越」した。彼は「素より一同離散抔仕候中々心底にては毛頭無二御座一候。全く困窮に迫り当座為レ稼不レ計他村へも罷越」したものである。だがこのようなばあいにおいても、連れもどしのうえ入牢させられ、自分が怠惰で農業等閑にしたからだと反省させられた(同右全集、一一六頁)。

(12)「長部村道友先祖株組合願書」千葉県教育会編『大原幽学全集』二六九頁。

(13)福住正兄は、この点についてつぎのようにのべている。「斯道を開くに、先難村取直しより手を下し、専ら衰村挽回の法を講明せしを以て、其説を聞く者、衰村に非れば、報徳に入るべき物に非ずと思惟するに至り、猶甚きは、我未報徳に入るほどの貧乏はせずと云者あるに至れり。是又駿遠地方誤解の元因なり」(『富国捷径』『二宮尊徳全集』三六巻、五六二頁)。

(14)『但馬偉人平尾在修』三・五七頁。

(15)同右、二四三頁。

(16)『老農中村直三翁』七八頁。

(17)児玉庄太郎『偉人石川翁の事業と言行』二三三頁以下。

2　荒村の精神状況

心学の課題は、比較的に裕福な町人階級を主要な対象として、商品経済の発展にともなって生じてくるさまざまの困難や誘惑に動ぜられない強靭な主体性の樹立をはかることであった。奢侈・遊芸・親不孝・不和、さらには吝嗇などが、「家」の没落の原因と考えられた。だから「家」の没落をふせぐ方法は、これらの悪徳を克服して、倹約・正直・孝行などの実践道徳を身につけることにほかならなかった。「家」の没落という経済的社会的な現実問題を、こうした道徳問題として処理することには、さまざまの錯誤がふくまれていよう。だが、心学が急速に普及したのは、こうした解決のもとめ方が、心学を受容した町人階級の危機意識にもっともふさわしかったからである。享保期以後にしだいに多くなる商家の家訓類は、どれも心学思想とその根本精神をともにするもので、心学者が起草を依頼されることも多かった(1)。これにたいして、尊徳や幽学の活躍の舞台となった近世後期の農村の精神状況は、さらに緊迫したものだった。

さきにのべたように、尊徳や幽学が活躍したのは、極度に荒廃した村々だった。だがそこで問題なのは、たんに経済的に貧しいということにつきるものではなかった。むしろ根本の問題は、尊徳や幽学によれば、貧困と荒廃が精神の内部をふかく侵していることにあった。たとえば尊徳は、桜町仕法の対象となった三村の衰廃を前記のようにのべたあとで、すぐつづいてつぎのようにのべている。

家々極貧にして衣食足らず、身に敝衣を纏ひ口に糟糠を食ひ耕耘の力なく、徒《いたずら》に小利を争ひ公事訴訟止時なく、男女酒を貪り博奕に流れ、私欲の外他念あることなく、人の善事を悪み人の悪事災難を喜び、他を苦しめ己を利せんことを計り、里正は役威を借り細民を虐げ、細民は之を憤り互に仇讐の思ひをなし、稍損益を争ふに至ては忽ち相闘ふに至れり(2)

これは、こうした荒廃した村々についての典型的な叙述といえよう。そこにはさまざまのことがのべられているが、貧困の問題が、人々の私欲・飲酒・博奕・不和・争いなどの生活態度と結びつけられ、しかも後者に重点をおいてのべられていることはあきらかであろう。貧困の問題を、この記述のように、主として民衆の生活態度と結びつけることには、あきらかなイデオロギー的虚飾がある。こうしたとらえ方によって、荒廃の根源が、封建権力と商業高利貸資本のすさまじい収奪にあったことが、おおいかくされてしまっている。前節の

注(11)でのべたようなたくさんの欠落・出奔があったことは、けっして農民の怠惰や不心得によるものではない。幾右衛門を例にしてのべたように、「綿打日雇稼」などにでかけることも、尊徳の日にどううつったにしろ、没落を免れる不可欠の方法だったろう。だが、幾右衛門は、つれもどされて厳重に罰せられ、彼が「惰弱不風俗」、「農業等閑」、「心得方不レ宜」だったから貧乏になったのだと反省させられ、貧困は一方的に民衆の心がけと努力の欠如のせいにされたのである。このような意味では、尊徳仕法は、封建社会末期における苛酷な収奪をおおいかくして、いやがうえにもきびしい労働や倹約を民衆に強制するものであり、民衆支配のための若干の新味をもったイデオロギーだった、ということになる。(3) 尊徳自身は、関東の比較的に後進的な農村で、封建権力の代理人として活躍したから、労働や倹約の強制の面が強いのは当然としても、駿遠地方で展開する民間のいわゆる「結社式」の運動においては、大地主による経済外強制が大きな役割をはたした。杉山報徳社や牛岡報徳社のように、現在も活発に活躍している代表的事例をふくめて、有力な報徳社はすべて地主の指導によるといってよいが、彼らは農村の指導者であるとともに支配者であり、そのゆえに報徳仕法の一面は、これらの階層による経済外強制だったのである。(4)

だが、それでは、さきの尊徳の見解は、まったくの虚偽意識(支配のためのイデオロギー的装置)であったろうか。否、そのように解したのでは、『二宮翁夜話』などにあらわれているその思想の独自性も、明治以降に広汎な民衆運動として報徳社運動が展開したことも、まったく理解できない。現在の貧困から逃れるためには、なによりも、現在の生活習慣を変革してあらたな禁欲的生活規律を樹立しなければならない、というのが尊徳の一貫した立場だった。さきの引用も、そうした立場からのものだ。こうした見解は、一面ではたえず強制という契機をともないながらではあるが、その時代の広汎な民衆の自己形成——自己鍛練の要求にそったものだった。尊徳自身は、封建権力をバックに強制に依存した面も大きいが、主要な狙いは、教化によって民衆自身にあらたな禁欲的生活規律を自覚的に樹立させるということにあった、と思われる。駿遠地方で、一つの民衆運動として展開したさいには、強制はとうてい主要な手段になりえない。この地方の報徳社の人々には、一見して区別できる独自の生活様式があったというつぎの記述も、人々がある一貫性をもった生活規律を自覚的に樹立していたことをものがたるものとして興味ぶかいであろう。

報徳社ハ主トシテ質朴ヲ貴ブガ故ニ、毎月ノ定会ニ出席スル者ヲ観ルニ数里ノ外ヨリ草鞋ヲ穿《うが》チ弁当ヲ携ヘテ定刻必ズ到達ス。其質朴ノ風人ヲシテ一見報徳社員タルヲ弁別セシム。祝儀不幸ノ際ニハ互ニ倹約ヲ尚《たっと》ビ相助クルヲ風トス。報徳社ハ勤倹推譲ヲ旨トスルヲ以テ、奢侈怠惰ノ者及ビ不道徳ナル者ト雖《いえど》モ、一旦之ニ加盟スル時ハ漸次其ノ行ヲ改ム。故ニ結社ノ所在地ニ在テハ芝居狂言等ノ興業セルヲ聞カズ。公事訴訟ハ多ク之ヲ和解スルヲ以テ、社員相互ノ間ニ在テハ出訴甚《はなは》ダ稀ナリ(5)。

質朴倹約だけでなく、時間厳守、芝居狂言の停止、公事訴訟の停止などが、あらたな生活規律の具体的な内容として注目に値する。時間厳守、芝居狂言の廃絶などは、民衆の従来の生活習慣のなかには、まったく存在しなかったものである。

大原幽学の活動の主要な舞台も、さきにのべたような荒廃した農村だった。そして、その荒廃の原因は、やはり強欲・不和・怠惰・飲酒・博奕などにあるとされ、したがって村の再興策は、こうした生活態度を変革して勤勉・正直・和合などの実践道徳を身につけることだとされた。幽学の民衆観をしめす史料をひいてみよう。

(イ) 庶人において、自分の勝手を専一とせざる者は稀なり(6)。

(ロ) 庶人は是れ（武士の習慣）に反して所謂《いわゆる》己が得手勝手の募る中に育ち、朝夕に其の風移り、己が勝手の

悪しき事は、親でも子でも兄弟でも言い悩ます有り。(7)

(ハ)　民の夫婦は、寝間を供にし、昼夜飲食を供にし、又婦を愛する時の面持は、いやらしく甘遊《あまたる》し。然して、何ぞといふと、愚痴の怒を作す有り。(8)

引用がものがたるように、幽学がきわめて抽象的に武士階級を理想化し、これに対比して庶民を私欲におおわれた非道徳的存在と考えたことはあきらかである。このような一種の愚民観は、これまで、幽学の思想の前近代性、封建性をしめすもの、と考えられた。だが、こうした批判的見解は、当時の民衆の現実の課題と幽学の基本的な問題意識に照してみるとき、きわめて一面的なものに思われる。注目すべき第一点は、武士階級の方はきわめて抽象的にとらえられているにすぎないのに、儒教的家父長的道徳がまだ浸透していない段階の民衆意識の現実が、それなりにリアルに具体的にとらえられているということである。(ハ)の史料は、儒教道徳をとりさってみればそうしたものだし、べつのところでは民衆のいわば民俗的諸習慣もくわしく注目されている。だが、より重要なことは、民衆の生活習慣をそれなりにリアルにとらえたうえで、その生活習慣を「勝手」＝「欲」＝「楽しみ」として否定していることである。ここに幽学の基本的問題意識があった。武士階級の理想化は、右のような生活習慣を克服して到達すべき理想を理念的にしめすために必要だった。もとより、幽学がいかに抽象的にしろ武士階級を理想化したからには、それは封建制の擁護につらなり、幽学の限界となった。しかし、そのばあいにまず検討さるべきは、そうした幽学の限界ではなく、民衆のあらたに獲得すべき生活規律が武士階級の倫理の理想化——儒教道徳の純粋化という形態でしか表象されることができなかったということの歴史的意味である。この問題には本稿全体が答えているはずだが、ここでは、民衆が克服すべき生活習慣についての幽学の見解をさらに具体的に考えておきたい。この点について、幽学はさまざまにのべているが、第一に眼前の利得をもとめ、第二に色を好み、第三に飲食を楽しんでいる、とのべているのが一応の要約になろう。こうした「楽しみ」は、幽学によればきわめて狭いもので、こうした「楽しみ」にふけるかぎり、災厄を逃れがたい。「是れ等の人は、立から見ても横から見ても、吉事の続くべきいはれ曾て無し」(9)。もっと具体的にはたとえばつぎのようにのべられている。

一博奕、一不義密通、一賭諸勝負、一職行二重、一女郎買、一強慾、一謀計、一大酒、一訴訟発頭、一誓(狂言カ)
或は手踊・浄瑠璃・長唄・三味線之類ひ、人の心の浮る丶所作
右に記す所は勿論、其外怪力・乱神、或は分に応ぜぬ儀、並に奢《おご》りケ間《がま》敷《しき》儀、或は危き商ひ、且危き身の行ひ等いたすに於ては、子孫滅亡いたす所以の味ひ、篤と承知仕る上は、右体無道の行ひ一切仕る間敷《まじく》候(10)。

右のような生活態度は、なにほどかの程度においてすべて現実に存在していたことであろう。そして、「訴訟発頭」さえもふくめて、そうした生活態度は、たしかに当時の民衆にとって破滅的なものだったと思われる。「家」と個人の破滅は大局的にみれば、客観的な歴史法則によるものであるが、しかし一つ一つのばあいをとってみれば、当事者のほんのちょっとした油断や失敗が契機とならざるをえない。資本主義の形成過程――農民層分解の過程を、その渦中におかれた人々の主体性の問題としてとらえたとき、右にのべたような生活態度の問題として見えてくるのである。そのばあいに幽学が、そうした生活態度を、「勝手」、「楽しみ」、「欲」などとしてとらえたことが重要であろう。幽学によれば、さまざまの「この世の楽しみ《ヴェルト・フロイデ》」(M・ヴェーバー)を否定して、禁欲的な生活規律を自覚的に身につけることによってのみ、人々は没落の危機(農民層分解)から這いだせるのである。

尊徳の課題と幽学の課題は、極似していた。そして彼らの主張は、近世後期の村法のもっとも中心的テーマ

である倹約や勤労についての規定にも照応するものである。(11)共通して問題にされているのは、きわめて具体的な村落の習慣である。村落の習慣の多様性と問題をとりあげた人物の個性の相違にもかかわらず、重視されている問題はほとんど完全に共通していた。とくに重要なものをあげてみよう。飲酒・博奕の禁止、踊・芝居・三味線・長唄などの制限、婚礼・葬式・節句などの簡略化、夜遊びや夜話の制限や禁止、髪飾り・傘・下駄・羽織などの制限、勤労の強調や規定、親孝行や村内の和合、等々。これらの生活習慣の多くのものは、なにほどかの程度で中世以来の伝統的な村落共同体の生活習慣であったろう。だが、それらが生活事実として存在していたことと、ことさらに問題的なものとされて自覚的に追求されたこととは、まったくべつのことがらである。前田正治『日本近世村法の研究』所載の村法集をみてゆくと、右にのべた諸項目のうち、博奕の禁止だけは近世初頭から村法の重要な関心事になっているが、その他の項目に主要な関心がはらわれるのは、ほぼ天明期以降のことである。もちろん地方によってきわめて多様であろうが、こうした生活習慣は近世後期から明治にかけての一時代においてのみ、ことさらに問題的なものとしてとりあげられた。村法の規定も、尊徳や幽学の活動も、その証拠である。では、なにゆえにこの特有の一時代においてのみ、これらの生活習慣はことさらに〝問題的なもの〟とされたのであろうか。そのことを考察するためには、前近代社会における民衆の一般的な生活習慣が、近代社会成立期においてどのような意味をもったかということを考えてゆけばよい、と思う。

前近代社会の日本の農村には、それなりに「この世の楽しみ」があった。それは、祭りとそれにともなうさまざまの行事、踊り・芝居、若連中や娘宿、さまざまな講、ヨバイ、夜話、髪や履物などをわずかばかり飾ること、餅や菓子をつくること、若干の飲酒や博奕などからなっていた。前近代の農村においては、伝統的な生活秩序が一種のリズムをもってくりかえされており、右のようなさまざまの「この世の楽しみ」が日常生活のあいまに緊密に織りこまれていた。それは、民俗学者がいくぶん美化して詳細に描いているような、伝統的な、だがそれなりにいきいきとした生活秩序だった。こうした生活秩序は、そこに住む人々の精神の内部に習慣化されていた。だが、商品経済が発展しそれにともなう社会的な交流が急速に展開するようになると、こうした伝統的な生活秩序は維持しえなくなり、人々は、あらたな経験と欲望の充足をもとめるたくさんの機会をもつようになった。そのさいに問題となることは、右にのべたようないわば民俗的な「この世の楽しみ」が、急速に節度を失って膨脹しはじめることである。このような変化は、ハレとケの区分ではハレの領域で、共同体のオオヤケとワタクシの区分ではオオヤケの領域で顕著にみられたのであって、たとえば、近世後期には一般に村の神社の祭礼や踊りが急速に奢侈化する傾向がみられた。

このような民俗的生活習慣の変革の意味を、ここでは若者組と婚姻制の変革を例として、検討しておきたい。若者組と婚姻制の根本的な変化も右のような動向を背景としたものだった。前近代の村落には、若者組・若衆・若連中などと呼ばれる年齢集団があって、村落生活で重要な役割をはたしていたことはいうまでもない。青年たちは、若者宿や娘宿に集まり、若者組に加わることによって、祭礼・盆踊り・共同作業・ヨバイなどに参加していた。ところが、商品経済の浸透を最深部の起動力として、伝統的な村落生活が崩れてゆくと、若者たちの恣意性がつよまり、これまでのそれなりに秩序をもっていた若者たちの「この世の楽しみ」が急速に膨脹して伝統的生活秩序をおびやかすことになった。こうした過程で、従来の若者仲間の制限、禁止、青年団や夜学校への改組などがすすめられた。青年団が全国的規模で設立されるのは、明治三十年代のことであるが、若者仲間の改廃は、それよりずっと以前から村落の重要な問題となっていた。たとえば、文政十年に、丹後国久美浜村では「以来若者与中儀相潰し可ㇾ申事」と村法で決めているが、その理由は「物事増長いたし畢竟風儀を乱し身分を忘れ候基」だからとされている。(12) この規定は、くわしい倹約規定のなかにあるもので、若者仲間は倹約や村の秩序を乱すもとになっている、と判断されたのである。またたとえば、天保十三年に播磨国のある村では、「一、村方男女共に一日一夜の宿貸申間敷無利(理)に長居致候者あらば其訳親元へ可二相答へ一、下人にも同断のこと」(13) と規定しているが、これは若者仲間と娘組の活動の基礎であった若者宿・娘宿の禁止として注目してよいだろう。若者制度の動揺と衰退が、近世後期の現象であることは、民俗学者があきらかにしているが、それにはまた婚姻制の根本的な変化が結びついていた。(14) これまでの若者組・娘組に媒介された青年男女の相対的に自由な結婚はすたれ、仲人が重要な役割をはたす「家」と「家」との家父長権に支配された結婚へと転換していった。天誅組の指導者吉村寅太郎が、男が女のもとに通う招婿婚を廃止させたというのは、こうした転換の意味を示唆していよう。すなわち、吉村は土佐国津野山郷の庄屋であったが、この地方はきわめて後進的な地帯で、男が夜ごとに女の家へ通い、子供も女の家で養育するという旧い招婿婚がおこなわれていた。そこで吉村は、「太古味(部落名—注)人民の非礼を憂ひ……取調べたるに、太古味一部落に戸数三十余、其中夫婦の交りを為すもの二十四あり。即ち男女四十八人を一時に村役場に招喚し、吉村寅太郎自ら媒酌の労をとり、一座に二十四組の結婚を行へり」(15) というのである。これは、嘉永六年のことであるが、吉村はそれまでの婚姻形態を「非礼」で野蛮なものと考え、仲人に媒介された家父長制的な嫁入婚に変えようとしたのである。右のような招婿婚は例外的なもので、嫁入婚が室町時代以来の支配的な婚姻形態であったという。だが、嫁入婚のばあいにも、つぎにのべる一部の村落支配者層をべつとすれば、若者組と娘組に媒介された村内婚が長いあいだの支配的な形態であった。そしてこうした村内婚のもとでは、相互に全人格的に熟知しあった男女による相対的に自由な選択が可能だった。ヨバイは、こうした男女の自由で健全で人間的な男女交際の形態だった。ところが近世後期から明治にかけて、こうした婚姻形態はしだいに崩れ、仲人に媒介された遠方婚姻が支配的になった。そうなると家父長権の役割が支配的となり、青年男女の自由な意志が働かなくなった。ことに、嫁の地位が決定的に低くなり、家父長制的——儒教的規範が家族生活の原理とされるようになった。妻に「甘遊《あまたる》き顔」をするなという前述の幽学の主張も、こうした背景から理解できよう。結婚式に小笠原流の礼法がとりいれられ、結婚式は盛大化、つまり虚礼化した。こうして、前近代的形態における男女の自由な交際は消滅し、ヨバイは不道徳な行為と見なされるようになった。それ以後、自由な〝愛〟は、戦後民主主義の時代までよみがえらなかった。もっとも、結婚のこのブルジョア的形態においては、ただ「退屈と貨幣とが拘束力」(『ドイツ・イデオロギー』)となったのであるが。

商品経済の発展は、伝統社会におけるつつましやかだった人々の欲求を刺激して膨張させ、奢侈や飲酒や怠惰へと誘惑した。もともとは前近代の村落生活において、人々に健全に人間的諸要素を実現させる形態だった若者仲間やヨバイが、恣意や放縦の手段となった。いうまでもなく、商品経済は人々に伝統的な諸関係を打破して上昇する機会をあたえるとともに、没落の「自由」をもあたえるものだった。だから人々は、自分で禁欲して勤労にはげまねばならぬのであるが、民俗的世界の人々はそうした訓練をうけてはいなかった。彼らは、あらたな刺激にあおりたてられ、没落への淵をはいずりまわることになった。没落するまいとすれば、伝統的生活習慣の変革——あらたな禁欲的な生活規律の樹立へとむかわざるをえなかった。

そうした過程を考えるさいに、豪農、地主、村役人層の役割は、きわめて重要であろう。一般にこの階層は、婚姻制においても若者制度においてもこれまでのべた民俗的世界の習慣に参加していなかった、といわれている。[16] 婚姻制において、地主や豪農だけは、家格を基準にした仲人に媒介された遠方婚姻であり、若者仲間や娘組、ことに後者については、この階層の子女は参加しないのが普通だった。これらの事実に照応して、この階層においては、家父長制的な家族倫理(通俗儒教の形態をとった)が、すでに早くから形成されていたであろう。だから、この階層の立場からは、恣意化し膨脹した民俗的諸習慣は、野蛮で非道徳的なものに見えた。そしてもちろん、多くのイデオローグたちも同様に考えたし、イデオローグたちの見解がこの階層に受容されたということもあろう。たとえば、『日本道徳論』が「町村の習慣」を論じて、「良善なる習慣は、其人の一家又は或る事業を限りて行はるゝ者多くして、一町村全体に行はるゝ習慣は大抵悪しき者なり(17)」というのは、民衆の生活規範の右にのべたような二重構造をとらえたものであろう。そのばあいに、西村茂樹が悪しき習慣の典型としてあげているのは、若者制度とヨバイにほかならない。さきにあげた平尾在修ののべるところによれば、幕末期の但馬国出石郡三宅村でも、若者仲間の恣意がつよまって秩序を乱し、村役人の統制にも服さなかった。在修が安政四年に改名披露したときには、誰もこなかったほどに、村の若者たちは在修父子に強い敵意をしめしており、在修は若者仲間に参加していなかった。だが、明治のはじめ、隣村の若者仲間との争いを契機に、在修は指導権を獲得し、明治四年には若者仲間を廃止して大已貴《おおなむじ》講を設けた。そして盆踊り・狂言などの制限と統制、博奕とヨバイの禁止などを中心として村の青年の「風儀」を改めた(18)。ここには、村落支配者の指導を通じて、民俗的世界の生活習慣があらたな生活規律に変革されてゆく過程がしめされているが、この過程が通俗化された儒教倫理の下降過程であったろうということは、容易に推定できる。平尾在修の活動には、さまざまの問題がふくまれているが、ここでは興味ぶかい一例をあげておこう。それは、在修父子が一般村民よりもはるかに勤勉な村落支配者だった、とされていることである。在修の語るところによると、彼の子供のころのみぞれの降る寒い日、村では休日だったのに、三宅村第一の豪農である在修の父は、下人を休ませ在修だけをつれて稲刈にでた。そして不満顔をする在修に、「下人五人のものの如く他家に奉公して召使いの身となる了見ならば彼らのする通りをまねたらよからふ。又父の如く下人を使ふ身とならふと思ふならば下人の通りではいかぬのである」[19]と戒めたというのである。ここには、さまざまのイデオロギー的粉飾があろうが、一般の村民や下人よりもはるかに勤勉であろうとした村落支配者の自己規律が、やがて一般村民の民俗的習慣を変革してゆく基準となったのである。「今二宮」といわれた在修ほどではなくとも、村落の上層農民があらたな生活規範の樹立において指導権をもっていたことは、たしかだと思われる。

民俗的生活習慣の克服——あらたな生活規範の樹立がいつ進展するかは、階層や地域によって異なっていた。特殊な後進地帯になるが、長崎県五島のある村では、大正中期に小学校の校長が娘宿をやめさせて女子青年団をつくろうとしたが、娘たちは校長を非難して「先生ワルカイナ、御祝言サヘンジァナイカ、相手ハミツケレン」とのべたという[20]。大正中期においてもなお、家と家とのとりきめによる家父長権に支配された婚姻形態はこの村では支配的でなく、娘たちは娘宿を通じて自分で自由に相手を選んでいたのである。これも特殊な後進性をしめすものかもしれないが、山梨県南都留郡忍草では、家と家とのあいだで婚姻がおこなわれるようになったのは、「この二、三十年来とくに強くなって来た現象のように思われる」と敗戦後にのべられている[21]。岩手県北部の山村でも、ヨバイのなくなったのは昭和初年のことであり、その理由を村人は「電灯がついたから」と説明するという[22]。だから、これまでのべた生活規範の変革過程は、都市はべつとしても十八世紀末から昭和初年にもおよぶ長い過程だったと思われる。そこにはなお検討すべき多くの問題があるが、さしあたってつぎのことは確認しうるであろう。それは、通俗道徳的生活規律は封建思想・前近代思想一般に解消すべきものではなく、近代社会成立過程にあらわれた特有の意識形態であること、この意識形態は、支配階級のイデオロギーである儒教道徳を通俗化しつつ村落支配者層を通じて一般民衆にまで下降せしめたものという規定性をもちながら、しかもじつは民俗的習慣を変革させて広汎な民衆をあらたな生活規範――自己鍛練へとかりたてる具体的な形態であったことなどである。

(1)　宮本又次『近世商人意識の研究』参照。
(2)　前掲『報徳記』三三頁。
(3)　奥谷松治『二宮尊徳と報徳社運動』は、こうした視角から鋭く分析したもの。
(4)　倹約や労働があまりきびしいために、人々の不満がつのり、「不穏」になったばあいもあった(前掲『安居院義道』五七頁参照)。報徳仕法が、地主や村役人の勢力による経済外強制としてうけとられたのである。
(5)　丸山熊男『静岡県報徳社事蹟』二六頁。
(6)　「微味幽玄考」『大原幽学全集』六一頁。
(7)　同右、九二頁。
(8)　同右、九一頁。
(9)　同右、一〇〇頁。
(10)　「連中誓約之事」同右全集、三四―三五頁。なお七三八頁もほぼ同文だが、そこには「訴訟発頭」の項がない。
(11)　前田正治『日本近世村法の研究』参照。
(12)　同右、村法集、一五四頁。
(13)　同右、二一一頁。
(14)　以下、婚姻制の記述は、柳田国男編『明治文化史風俗編』二三一頁以下によるところが多い。また、柳田国男『婚姻の話』参照。
(15)　『日本民俗学大系』3、一八二頁による。

(16)『明治文化史風俗編』二三五・三二六頁など。
(17) 西村茂樹『日本道徳論』(岩波文庫版)六九頁。
(18)『但馬偉人平尾在修』三一頁以下、一八〇頁以下。
(19) 同右、二三頁。
(20)『日本民俗学大系』4、一二六頁による。
(21) 古島敏雄『山村の構造』一九三—一九四頁。
(22) 中野清見『かくし念仏の村』七頁。

3 「心」の哲学の意味

勤勉、倹約、和合などは、ある意味では日本の民衆の伝統的な生活習慣にほかならず、それ自体はすこしも珍しいものではなかった。前近代社会において、民衆が勤勉、倹約、和合等々を生活習慣とせざるをえなかったのは、自明のことである。だが、本稿は、近世中後期以降という特有の一時代において、勤勉、倹約、和合等々がことさらに〝問題的なもの〟として広汎な民衆にとりあげられたことの意味を問うているのである。そして以上の叙述では、日本近代社会成立期の社会的激動の渦中において、広汎な人々が自己形成・自己鍛錬という課題に直面しており、通俗的諸徳目の樹立は、この課題がはたされる具体的な形態にほかならなかったことをあきらかにしてきた。このことがあきらかになってくると、それらの諸徳目が通俗的だとか封建的だとか指摘しても、問題のごく表面に触れているにすぎない。私たちにとって、一見してそれらの諸徳目がいかに通俗的・前近代的であろうとも、そこにどれほどの自己形成・自己鍛錬の努力がこめられており、どのようなあらたな人間像が樹立されつつあったかが問題なのだ。以下の叙述においては、この点を通俗道徳の実践主体の内的構造＝実践の論理にそくして考察したい。そして、内面的思想的世界の叙述からはじめて、しだいに思想や精神の客観的役割の考察に近づいてゆく。

民衆的諸思想家は、いずれも人間の「心」や「人性」について、観念的な思索を真剣にかさねた。たとえば、石田梅岩の心学は、実践道徳としては、正直、倹約、孝行などに要約されようが、しかしそうした実践道徳も「心性」の哲学に基礎づけられてはじめてその独自な意義をあきらかにするような性質のものだった。「心性」の哲学が、実践道徳にたいしてもつ意義をあきらかにするために、ここではまず梅岩の開悟の体験を分析してみよう。

梅岩は、若年のころから五倫五常の道を人々に教えたいという願望をもっていた。しかし、自分の思想について十分に確信がえられぬまま、一年あるいは半年といくつかの師家をたずねたが、どうしても心が定まらず不安だった。だが、そうした遍歴のあげく、隠遁の老僧小栗了雲に指摘されたことが、まさに核心をついていた。すなわち、了雲によれば、梅岩はまだ五倫五常を人間主体にとって外的な規範として受けとっているのだ。自分の「心」こそすべての根源であり、すべての道徳もその「心」の実現でなければならぬのに、梅岩は外的規範を追求するばかりで、自分の「心」を養うことを忘れ、その結果、自分の本心と外的規範とのあいだに乖離を生じ、そこに不安がうまれたのだ。だから、なによりも人間の本質である「心」を知ることにつとめ、すべての思想や実践がその「心」のうえに基礎づけられるように努めなければならない。梅岩にとって、これはまったく核心をついた指摘だったので、梅岩は従来の考えに「茫然トシテ疑ヲ生」じ、「夫ヨリ他事心ニ不ㇾ入、明暮如何如何ト心ヲ尽シ」、ついに一年半ばかりしてある朝突然に開悟した。そのとき梅岩は、「自身ハ是レハダカ虫、自性ハ是レ天地万物ノ親」と悟った。このことを彼は、「天ノ原生シ親マデ呑尽シ／自讃ナガラモ広キ心ゾ」と詠んだ。梅岩は、さらに「自性」というものが残っていると了雲に指摘されてもう一度開悟し、それを「呑尽ス心モ今ハ白玉ノ／赤子トナリテホギャノ一音《コエ》」と詠んだ。二つの開悟はすこし違っているが、要するに梅岩は、自分の心と世界が一体となる不思議な体験をもったのである。(1) だが、大切なことは、この不思議な体験によって、「人ハ孝悌忠信、此外子細ナキコトヲ会得」(2)したということである。もとより従来も、孝悌忠信が人間の道であることを梅岩は信じていただろうから、苦しい思索過程に比べてこれはあまりに平凡な結論にみえる。だが、自己の心の実現として世界が存在すること、あるいは、自己と世界が一体なものだということが体得されるや、孝悌忠信は外的規範ではなくなり、自己の心に本当に納得できるものとなり、むしろ自己実現、自分の心のやむにやまれぬ必然的な実現ということになる。こうして実践道徳は、自己の精神の権威と自発性のうえに基礎づけられることになった。梅岩の思想のさまざまな独自性も、こうした見地から理解できる。たとえば、梅岩が独自な三教一致の立場をとったこと、経典の文字にとらわれず「心の磨種《とぎぐさ》」として自由に取捨したこと、師了雲の師伝をことわったこと、世評をかえりみず大胆な教化方法をとったことなどは、すべてこうした自分の精神の権威についての確信からうみだされたものだったと思う。(3) 初期の心学では、こうした開悟の体験を「発明」とよんで重視したが、この「発明」の体験を通して心学の主張する一見卑近な日常道徳が、人々の精神の権威と自発性にもとづくものとなったのである。

　こうして樹立された「心性」の哲学は、極度に唯心論的な形態においてではあるが、人間の無限な可能性を主張するものだった。梅岩は、「心性」についての思索をつきつめたあげく、「万事ハ皆心ヨリナス」(4)、「仁者ハ天地万物ヲ以テ一体ノ心トナス。己ニ非ト云コトナシ。天地万物ヲ己トスレバ至ザル所ナシ」(5)などとのべた。

こうした唯心論的世界観は、民衆的思想に共通していた。たとえば、河内屋可正も、人間の幸不幸からはじめてすべての事象はみな「己が心より出た」[6]ものだとのべたし、黒住宗忠の「生死も富も貧苦も何もかも／心一つの用ひやうなり」、「天地は広き物かとおもひしに／我一心の中に有りける」[7]などというのも同様な意味であろう。

右のような主張は、すべて極端な「観念論」だ、だから誤っており無力だ、と考えるのは正しくないと思われる。むしろ、こうした首尾一貫した唯心論の形成は、現実に民衆の主体的な活動力をひきおこし、生活実践にさまざまの可能性を拓くものだった。たとえば、呪術の否定は、梅岩、尊徳、幽学などの重要な主張の一つだった。元禄期の一地主であった河内屋可正も、「心」の哲学をおしすすめてすべての呪術を否定し、天狗、ばけ物、生霊、死霊、地獄、極楽などは「己が心の妄乱に依て、なき物眼に遮り、異形の物顕」れたにすぎぬ、「唯己が心無事ならずして、偏(に)気の妄執より顕はる、かたち、是則狐なり、化物也」[8]と明瞭にのべることができた。こうした主張は、当時の民衆が方位、日柄、狐狸などのさまざまの呪術や迷信にとらわれていたことを想起すれば、きわめて重要な意味をもっていたことが理解できる。「心」の無限な可能性を信ずる人たちにとっては、人間のそとにあって人間を支配する不可思議で巨大な力は、もはや信じがたい。尊徳によれば、「禍福吉凶は方位日月などの関する所にあらず」、「己々が心の行ひ」と「過去の因縁」によるものだ。[9]梅岩は、狐狸が人を化かすことについてたずねられ、「呵々大笑」した。[10]こうした呪術の否定は、極度に唯心的な「心」の哲学によって、世界を首尾一貫して筋道をたてて解釈したところにうまれた。そこには、カルヴィニズム的な予定説——彼岸思想の要素がまったく欠けており、徹底して現世的であるが、徹底した呪術否定の論理であることに変わりはない。梅岩や尊徳は、「極楽」という言葉を比喩的に解して、人間の心を変革すればこの世に極楽ができるのだと説明した。「極らくは心のうちにあるものを／余り近ふて見付ざりけり」、「神仏も我身もおなじ生如来／皆送り名は後につけしぞ」(11)などというのも、おなじく「心」の無限性を根拠にしたあかるい現世主義である。あたらしい民衆的諸宗教のばあいには、呪術が大きい役割をはたしており、布教の決定的手段とさえなった。だが、一神教的性格を強くする過程で、金光教のように呪術的なものが否定されるばあいもあった。金光教の成立過程は、日柄や方位の迷信の克服と緊密に結びついていた。金光教の開祖川手文治郎によれば、日柄や方位の問題はじつは「神の不在《るす》」をうかがう人間の心の欲や我がままの問題にほかならない。だから、心を改めさえすれば、日柄や方位はすこしも気にしなくてもよい。それどころか、心さえ改めれば神は人間を守ってくれるのであり、じつは、「いかなるところ、いかなるとき、いかなる方も、人間の宜きは、よきところ、よき日、よき方なり」(12)。

より重要なことは、こうした唯心論が民衆の通念・通俗道徳を再編成してそれに世界観的な基礎づけと統一性をあたえ、そのことを通して実践主体としての人々の内面に信念と積極性をひきおこしたことである。いうまでもなく、近世儒教は、封建的ヒエラルキーを徳のヒエラルキーだとして擁護するものだった。儒教理論がどれだけ内在的に理解されていたかという問題はべつにして、封建的ヒエラルキーを道徳や人間性のヒエラルキーとして実感するということは、封建社会においては避けることのできない社会的通念だった。この通念のもとにおいては、民衆は道徳的な劣等者となり、そのために信念に基礎づけられた自主的で積極的な活動主体となることを阻まれている。だが、「心」の哲学は、封建的な身分制の具体的認識や批判においてはほとんど無力だったが、広汎な民衆に精神的な劣等意識とそれにともなう受動性や消極性を克服させるという点では、きわめて強力だった。「心」の無限性・絶対性の主張が、民衆の日常的生活活動の場にかぎりない信念や積極性をひきだした。この点で、ことに重要なのは、農業や商業という産業活動の道徳的正当性が強く主張されたことである。農業がもっとも正しくまた重要だという考え方は、この時代の民衆思想の重要な特質である。たとえば、尊徳が「それ人は米食虫なり、此米食虫の仲間にて、立たる道は、衣食住になるべきものを増殖するを善とし、此三つの物を、損害するを悪と定む」[13]というのもそうした意味だし、安藤昌益の思想も農耕生活の道徳的正当性をその論理構成の基本原理としている。また、丸山教の唱え言葉は、「南無阿弥陀仏」を改作した「南無あ身田宇す」という農耕を意味する言葉であり、神が「天農《てんのものづくり》」(天皇を読みかえたものか)と呼ばれた。農耕生活を経済的に重要だとするだけでなく、道徳的に正当だとする考えは、民衆的諸思想に根づよいものであり、しばしば社会批判のよりどころとなったのである。また、従来きわめて非道徳なものとされた商業活動が「倫理的に合理化」されたことは、画期的意味をもっている。この点では、梅岩の思想が重要なことはよく知られているが、梅岩の主張の意味を当時の商人たちの現実意識とかかわらせて考えておきたい。第一に、梅岩における商行為の倫理性の主張は、当時の商人たちの現実の生活習慣を背景としていた。梅岩の説く正直や倹約は、そうしたものであろう。なるほど、「商人ト屛風トハ直ニテハ不㆑立」[14]というのが、一面では人々の通念であったが、しかし瞞着や貪欲の権化のような商人は、かならず亡びることもよく知られていた。だが、この二つの側面は、矛盾しあいながら共存していた。商人たちは、一面では正直や倹約につとめ道徳的でなければならないと思いながら、他面では貪欲や瞞着が利益をうみだすという観念にとらわれていた(第1節の注(5)参照)。そこで第二に、梅岩の思想の固有な意味は、貪欲や瞞着や奢侈と混りあってしばしばその手段となっていた商人道徳の通俗性をつきぬけて、一元化し純粋化したということである。梅岩の「心性」の哲学に基礎づけられたとき、貪欲等々を根源的に排除した不変の生活原理が確立され、商人たちは自分の営為の正当性に確信をもったあたらしい人間となることができるのである。そして、逆説的ではあるが、こうした倫理的正当性の確信の結果として、正当な商行為がどれほど多くの利益をもたらしてもすこしも心を傷めずにその営利活動に信念をもって専念できるということになった。通俗的・常識的道徳を基盤としながら、しかもそれをつきぬけて人間としての根源的な自覚にいたることが、現実の生活者にとってどんなに意味ぶかいものであるかを梅岩は教えた。目前の利益にとらわれていてはこのことはわからない。「此味ハ学問ノ力ナクテハ知レザル所」[15]だが、そのふかい意味をひとたび自得するや、確信と積極性にみちたあたらしい人間がうまれる。こうして梅岩は、「道有テ聚ル金銀ハ天命ナリ」[16]とのべ、「ココロコマカニアキナイスレバ佐渡ノ金山ココニアル」[17]とのべた。商人の実践道徳が、「心性」の哲学に基礎づけられた統一的世界観の実現形態であるなら、「佐渡ノ金山」のような富も、「倫理的に合理化」されるのである。手島堵庵は、こうした立場から、掛値や値切ることさえ肯定した。[18]報徳社運動は、静岡県では商人のあいだにもかなり普及した(とくに浜松)が、そのばあいの「元値商」というのは、梅岩の主張によく似ていた。「商家の心得」と題する一文をあげてみよう。

一　商業の秘訣は買人を看出すに非ずして寧ろ売人を看出すにあり。何となれば若し廉価に貨物を仕入れて薄利を得たらんには、買人は招かずして来るべければなり。
一　売先買先は父母の如く心得べし。
一　労苦なければ利益なし。
一　正直に得たる利益のみが真の利益なり。
一　信用は黄金に優る宝なり。[19]（以下略）

こうした主張においては、経済と道徳とが完全に一致しており、人々の経済的救済と道徳的救済とがいっきょに実現される仕掛になっている。こうした信念に達した人たちは、道徳的正当性の確信に動機づけられることによって、その経済活動をいっきょに活発化したと考えられるのである。

以上の叙述にすでにふくまれているが、もっとも重要なことは、民衆の現実的な努力の意味が重視されたことである。この点では、尊徳の興味ある思想をあげておこう。尊徳によれば、貧富は「少しの隔」であり、そのわかれ目の「本源は只一つの心得」にあった[20]。このように考える尊徳は、「三度たく飯さへこはしやはらかし／思ふまゝにはならぬ世の中」という俗歌に、なげやりで諦観的な生活態度をみいだし、「是勤る事も知らず働く事もせず、人の飯を貰ふて食ふ者などの詠るなるべし」と批判し、人間は努力さえすれば「何事も思ふまゝ」だとさえのべた[21]。「天つ日の恵積置く無尽蔵／鍬でほり出せ鎌でかりとれ[22]」という彼の道歌は、農本主義的な限界の内部においてではあるが、生産者農民の積極性にあふれた活動にこそ無限な可能性を見いだしている[23]。「世の中に花も紅葉も銭金も／譲っておくぜ精出してとれ」、「他の人に運の悪るいと云はるゝは／不甲斐なき身と恥て努めよ[24]」という安居院義道の道歌も同様な意味だし、幽学にも極似の見解がある。

こうした生産者的な能動性の主張は、明治初年の報徳社において、ほとんど極点に達した。岡田良一郎によれば、尊徳は人に教えるに「独立」をもってさきとした。だから、「日本ハ日本ノ力ヲ以テ独立スルヲ謀ルベシ、人民ハ人民デ独立スルヲ謀ラザルベカラズ[25]」。岡田は、こうした見地から豪農商層をにない手とする下からの資本主義の発展を主張するイデオローグとなり、報徳学(自分の思想)は、ベンタムやミルの「実利学」にひとしいとさえ主張した[26]。「富貴貧賤ハ元ト天ニ在ルニ非ズ地ニ在ルニ非ズ亦国家ニ在ルニ非ズ。銘々ノ一心ニアリ……富貴貧賤ハ一身一念ノ変化セル現象ノミ[27]」というのは、尊徳の主張を敷衍して西洋近代思想にまで転換せしめようとするものであった。

(1) 梅岩の開悟にいたる体験は、ほぼ以上のように解釈できよう。『石田梅岩全集』上、七—八頁、四三八—四三九頁参照。
(2) 「都鄙問答」同右全集、八頁。
(3) 竹中靖一『石門心学の経済思想』六六頁以下に具体的にのべられている。
(4) 「都鄙問答」前掲全集、五頁。
(5) 同右、三九頁。
(6) 前掲『河内屋可正旧記』八〇頁。
(7) 前掲『御歌文集』一七六・一九頁。
(8) 『河内屋可正旧記』八六頁。
(9) 前掲『二宮翁夜話』二〇四頁。
(10) 「石田先生語録」前掲全集、二六八—二六九頁。
(11) 前掲『安居院義道』一二九・一三〇頁。
(12) 金光教本部教庁『金光大神』六四六頁。鬼門の金神をはじめとする俗信・迷信を克服して、「おかげは和賀(我が)心にあり」とするような信仰の内面性の確立を達成することが、金光教の成立過程にほかならなかった。
(13) 『二宮翁夜話』一〇七頁。
(14) 「都鄙問答」前掲全集、八〇頁。
(15) 同右、八〇頁。
(16) 同右、一六三頁。
(17) 「石田先生語録」同右全集、四一四頁。
(18) 『石門心学の経済思想』六八頁による。

(19)『安居院義道』六四頁。ここにあげたものほど純化されていないが、幽学にも類似の見解がある。前掲幽学全集、二四七頁。
(20)『二宮翁夜話』一一四頁。
(21) 同右、九八頁。
(22) 同右、一〇九頁。
(23) 拙稿「近代社会への志向とその特質」(『安丸集』本巻一三、一三四頁以下)参照。
(24)『安居院義道』七五・一二六頁。
(25) 岡田良一郎「活法経済論」『二宮尊徳全集』三六巻、九二五頁。
(26) 岡田良一郎「報徳学斉家談」同右全集、九五二頁。伝田功『近代日本経済思想の研究』第二部第一章は、岡田のこうした側面だけを抜きだして一面的に強調したもの。
(27) 同右、九七七頁。なお、引用の部分は「二宮先生語録」にもとづいたもの。『日本倫理彙編』十巻、五三一頁参照。

4　「心」の哲学の人間的基礎

すでにのべたように、民衆的諸思想は、勤勉、倹約、孝行などの通俗道徳を主張するものだった。だから、以上にのべた「心」の可能性の主張も、なによりもこうした通俗道徳の実現における人々の可能性——通俗道徳の実現という形態をとった自己変革の可能性を意味していた。「心」の哲学は、極度に唯心論的なものであったために、対象的世界の客観的認識や変革においては微力だったが、こうした自己変革の論理としては、きわめて強力だった。「心」の哲学を世界観的なよりどころとすることによって、広汎な民衆が民俗的世界の生活習慣を克服し、禁欲的な生活規律の樹立へとむかった。そこには、きわめて尨大な人間的社会的なエネルギーがこめられていた。

民衆的諸思想は、一般に謙譲、和合、自己抑制などを説いており、そのために服従を内面的に納得させる役割をはたしたことは、周知のとおりである。だが、これらの徳目から想像しがちな退嬰性とはむしろうらはらの一種の強靱な自己主張もみられる。このことは、通俗道徳の形成という形態をとって、どれほど尨大な自己形成・自己鍛練の努力がなされたかということをしめしている。そこで、彼らの「自己主張」の意味を考えておこう。たとえば、梅岩は、もともと強情な「理屈者」で、「友達ニモキラハレ只イジノ悪イコト多」い性格だった(1)。梅岩は、こうした性格を悲しく思い改めようとして修行しはじめたのであるが、世間の通念や風評はどうであろうとも、自己の信念はつらぬくという思想態度は、そうした性格の生まれかわったものだった。そして、こうした思想態度は、彼の思想をいきいきと強靱なものにする柱石だった。梅岩の思想は、もっとも強い自己抑制や忍従を説くものだったが、しかしそれこそもっとも強い「自我」に基礎づけられなければならないものだというのが、梅岩の立場だった。弱い「自我」では、梅岩の説く実践倫理に耐えられないと考えられた。だから、一見すれば極度の自己抑制を説く梅岩が、「我ヲ立テヨ」という興味ある主張をしたのである。梅岩によれば、勇気のない人間は駄目だ、「我ヲ立テ通サデハ措マジト信心堅固ニ我ヲ立」て、「我ヲ立ルニ心尽」さねばならぬのである(2)。このばあい、「我」は孝、正直、倹約などの通俗道徳の実践にむかって「立テ」られているのだから、通俗道徳の範囲をこえた「自己主張」は問題になりようがない。しかし、通俗道徳の範囲内では、利害得失や毀誉褒貶を顧みずにひたすらに「自己主張」されている。こうして梅岩は、「善悪ヲ不レ択シテ中ヲ執ル(3)」というような俗物的な態度を排斥し、「君子無レ所レ争」というのは、どんなばあいにも争わぬということではない、我に義があればどこまでも争うのが君子の道だとのべ、その論拠に湯武放伐の例をあげさえした。

幽学が、「唯惰弱に睦み合ふを、必ず和と違《まちが》ふべからず[4]」とのべているのも、同様な意味であろう。「和」は、幽学においてももっとも重要な実践道徳の一つであるが、しかし彼は伝統的共同体世界に習慣化されている素朴な「和」を排して、きびしい自己規律に基礎づけられたあらたな「和」を樹立しようというのである。二つの「和」は、まったく異なっている。「未練・惰弱の生根(性)を革め……自ら士以上の魂の強き味ひを知[5]」らなければならないというとき、幽学の思想に一貫している武士階級の理想化がはっきりあらわれているが、広汎な民衆に強い「自我」を確立させることが、その主張の核心なのである。もちろんこうした「自我」は、いわゆる「近代的自我」とはまったく異質なものであり、和合や自己抑制の徳目をかかげて家や村落などの共同体への献身をめざすものである。だがこの献身を、鍛えられた人間の自発性・積極性にもとづくものたらしめようとするところに、幽学らの課題があった。

右にのべたような事情は、創始者たちの人柄に注目することによって、いっそうあきらかになる。きわめて謙譲にみえる梅岩が、もともとは「理屈者」であったことは前述したし、六尺ゆたかの大男で高位の武士たちの前でもけっして譲らなかった尊徳が、すさまじく強情な人間であったことは、いうまでもない。いわゆる老農たちは、一面で極度に自己抑制的な人たちだったが、他面ではきわめて意志の強い無遠慮な人たちだった。中村直三は、しばしば全国を農事指導のために巡回したが、「世の中に偉い人は少いものだ」といつももらしていたという[6]。あらたな宗教運動の創始者たちのばあいには、もっと内攻的な自己意識がみられる。黒住宗忠、川手文治郎、中山ミキなどは、いずれもつつしみぶかい、内攻的な、真面目な性格の人たちで、自分でつきめて内省する習性をもっていた。丸山教の開祖伊藤六郎兵衛も、おなじようにつつしみぶかい内省的な人物で、「柳の六蔵」と呼ばれるほどだったが、彼は、「おれも昔はなかなかかんが強かったよ。人と物いいはしないが、腹の中はなかなか強かったよ」とのべており、こうした「腹の中」の強さが、彼らに共通するものだった。(7)

こうした一種の強い「自我」は、彼らに共通するものだったが、より重要なのは、彼らの人生における深刻な体験――多くは貧困や病気――が、こうした性格をきわだたせ、内省をつきつめさせたことである。表面からみれば(人格の外側からみれば)、彼らはつつしみぶかく実直な、多くは勤勉な庶民にすぎない。一見したところでは、それはもっとも平凡な生活態度に見えるかもしれない。しかし、そうした生活態度を首尾一貫してつらぬくためには、強靭な自己統御が必要だった。貧困や病気は、勤勉、倹約、正直、忍従等々が、たんなる生活習慣にすぎなかったのか、それとも強靭な自己統御に基礎づけられた首尾一貫した生活方法なのかを問いなおす機会となる。貧困や病気は、だから、自己を省み、自己の信ずる一定の観点から自己を鍛えあげる役割をはたす。梅岩も尊徳も、中山ミキも出口ナオも、きわめて強靭に鍛えぬかれた人間だった。彼らの資質も大切だが、彼らがさまざまな苦難のなかで、自己の信念をたえず反省し、その信念に照らして必死に自己変革をはたしていったことがはるかに重要である。彼らは、近代的市民社会の理想にはほど遠いが、それなりに見事で魅力的な人間だった。彼らの思想は、こうした自己鍛練のなかで固められた信念の普遍化・原理化として展開された。そして、「心」の哲学は、今日からみてどれほど観念的なナンセンスであろうとも、そうした鍛えぬかれた人格に裏づけられているかぎりで、きわめて現実的な一つの力だった。

右のような自己意識と自己鍛練は、けっして梅岩や尊徳のような特殊な個性としてだけ存在していたのではない。豪農商層を主要な基盤として、老農、故老、世間師など、近世中後期以降の町や村の指導層に多かれ少なかれみられた特質だった。梅岩や尊徳や幽学は、そうした人たちの問題意識を鋭く思想化した指導者にほかならない。たとえば、道話教師として各地を巡遊した幽学の日記にしばしば見える、

　十二日より日々入門の人多く、稽古弥々励しく改心の者多し。(8)

という類いの記事、あるいは、心学教師近藤平格の日記にみえる、

　三月十二日、今日暁天より……一日切磋いたす……凡そ昨日八ツ半頃(午後三時頃)より今日暮迄、近藤と矢口内方とは少しも不レ眠問答也。(9)

という類いの記事は、「心」の変革をもとめる人々が広汎に存在していたこと、そこではすさまじいまでに真摯な自己変革の努力がなされていたことを物語っている。また、一地主の家訓からとったつぎのきわめて通俗的な道歌にも、同様な関心がよみとれよう。

　心こそ心まよはす心なれ　心に心心ゆるすな
　引かれなば悪しき道にも入りぬべし　心の駒の手綱ゆるすな
　世の人の心ぞ打出の小槌かな　福をだそうと貧をだそうと(10)

心学道話が、しばしば熱狂的に各地にむかえられたのも、同様の事情をあらわすであろう。寛政六年、丹波国八上新村における中沢道二の講席には、七日間にのべ六六七二人が集まり、これにつづいておこなわれた篠山城下の道話では、三日間に五一七三人が集まったという。(11) 天明二年、岐阜における細井平州の講釈には、三日間でじつに四万二九六六人も集まったという。(12) どのばあいにおいても、主として勤勉、倹約、孝行等々の通俗道徳が説かれたのであろう。こうした通俗道徳のゆえに、これらの思想と思想運動を封建的と規定すべきかどうかという問題は、ここでは回避しておく。ただ、広汎な人々の右のような思想形成――自己形成への真摯な

努力が、つぎのような歴史的事情をしめしていることは、たしかだと思われる。すなわち、民衆が当面しているさまざまな困難は、個々的な吝嗇や狡猾や器用さなどでは解決できない性質のものであること、その解決のためには、人間をその内面から全構造的に変革して統一的な一つの人格にまでつくりなおし、その人格の自発性に基礎づけられた厖大な人間的な努力が必要だということなど、である。民衆が直面している現実の困難を解決するためには、こうした自己形成・自己鍛練が必要だという考えは、広汎な人々にとって切実なわかりやすいものだった。なによりも、自分の眼前にそのように鍛えぬかれた人格の実例が存在して、あらたな自己形成の意味を訴えつづけていたからである。

広汎な人々の内面から自己鍛練への自発性と情熱をひきだすということは、きわめて困難な課題であるが、民衆的諸思想のにない手たちほど、この点で巧みだった者はいない。彼らは、ゆたかな人生経験にうらづけられて、広汎な民衆の生活感情にたいするきわめて鋭い洞察力をもっていた。彼らはすべて「土着」的な思想家だったから、彼らの接触する人々の願望や悩みを鋭く見ぬくことができたし、巧妙な説得の技術をもっていた。心学道話の教師たち、幽学、安居院義道のような人たちは、笑わすことも泣かすことも活殺自在な話術をもって人々を教化した。彼らは、洞察力に富んだ精神的教化の能力だけを頼りにしたほとんど無一文の放浪者だった。幽学のばあいは、日記類によって流浪生活をかなり具体的に知りうるが、彼はゆく先々でさまざまの「心」の病い――親不孝、遊蕩、一種のノイローゼなど――を癒しながら旅をつづけている。幽学を例にあげて、民衆思想のにない手たちの教化方法と洞察力をしめしてみよう。

大原うし、人を導くに初め一とせ二年の中は、必ず先づ情を施して其の情の能く通る時に至りて後ち理を学ばしむるなり。しかして専ら理ばかり学ぶこと二年三とせ、其のうちになほ〳〵情を施されて、先生にあふ時は一度々心胖《ゆたか》に快く唯穏に成りて、其のあふ度に理の知れること、真に闇の夜に足元手元にともし火をかゝげるが如くなり。(13)

一見すれば、儒教道徳をことさらリゴリスティックに主張し、人間の自然な性情を抑圧するようにみえる幽学の思想が、「情を施して其の情の能く通る」ようにしながら教化してゆくという方法をとっていたことは、注目すべきことだと思われる。ゆたかな人生経験を通して、幽学は人々の心を洞察し、その願いや悩みを本人が意識している以上に理解し、人々の心にそいながらその内部から自然に自発性をひきだし、しだいに彼の教える自己規律へと導いていったのである。(14) こうした洞察力と説得力こそ、民衆的諸思想の社会的な生命力の源泉だった。近代日本においては、すべての進歩的な思想はヨーロッパから受容して知識人の言葉で語られたが、そうした言葉がとらえることのできない庶民たちの「心」の世界がひろびろと存在し、そこで民衆的諸思想は展開した。こうした世界の重たい意味は、たとえば民衆宗教の活発な活動にも、天皇制神話の規制力にも、昭和のファシズムにもあらわれているであろう。ここでは、大正期においてもなお各地を流浪しながら庶民の「心」の病いを癒して歩いた「世間師」の言葉を記しておこう。彼は、京都の易者だったが、ゆく先々でその土地の人情風俗を調べて書きとめ、それをまたゆく先々で話してやるという生活をしながら、その生涯の大部分を放浪のうちにすごした、という。彼の課題は、つぎのようなものだった。

左近さん、世の中には困ったり苦しんだりしている人が仰山いなはる。それがわしらの言う一言二言で救われることもあるもんや。世の中にはまた人にもうちあけられん苦労を背負うてなはる人が仰山いる。ま、そういう人に親切にしてあげる人がどこぞにいなきゃア、世の中はすくわれしません。わしら表へたって働こうとは思わんが、かげでそういう人をたすけてあげんならん。(15)

大正中期においてもなお、デモクラシーとも社会主義とも無縁な、だが救いをもとめてやまない庶民たちの「心」の世界がひろびろと存在しており、ふかい人生経験にうらづけられた「世間師」の一言二言が重要な役割をはたしたのである。こうした世界のなかに住み、そこに密着しながら思想形成しようとしたところに、民衆的諸思想の強靭な生命力があった。

(1) 「石田先生語録」前掲梅岩全集、二四五頁。
(2) 同右、三三七頁。
(3) 「都鄙問答」同右全集、一七二頁。
(4) 「微味幽玄考」前掲幽学全集、八五頁。
(5) 同右、一〇四頁。
(6) 『老農中村直三翁』一九二頁。
(7) 柚利淳一『丸山教祖伝』一九頁。
(8) 「口まめ草」前掲幽学全集、三五一頁。
(9) 石川『石門心学史の研究』九五五—九五六頁。
(10) 但馬の地主、平尾作太郎の家訓からとった。『但馬偉人平尾在修』二二・八二頁。
(11) 『石門心学史の研究』一六九頁。
(12) 衣笠安喜「折衷学派の政治および学問思想」(『日本史研究』四一号、四九頁)による。
(13) 「義論集」前掲幽学全集、七八四—七八五頁。同様な見解は他の箇所でも語られているが(三〇・二三七頁)、そこにはたとえば「自他ともに必ず押つけに道を語る事勿れ」(三〇頁)などとのべられている。
(14) 幽学の哲学思想の根拠は、『中庸』の「天《ノ》命《ゼル》之《ヲ》謂レ《フ》性《ト》、率レ《フ》性《ニ》之《ヲ》謂レ《フ》道《ト》、修レ《ムル》道《ヲ》之《ヲ》謂レ《フ》教《ト》」の三つの「之《コレ》」を「之《ユク》」と読むことにあるが、この独得な読み方は、本文にのべたような人の性情にしたがいながらしだいにそれを変革してゆくという立場と不可分であろう。「之《ユク》」の意味を説明して、「人都べて物の拍子に乗り、事のはり会ひに移るは、自ら備りて有るなり」(七一頁)などとのべられていることに注意。

(15)　宮本常一『忘れられた日本人』二一二頁。

5　精神主義の限界

以上の叙述においては、民衆的諸思想は、広汎な人々の自己形成・自己鍛練の努力を内面的に方向づけるものとして把握された。そして、そのさい、広汎な民衆の自己形成は、封建社会末期〜近代社会前期という歴史的段階においては、極度に精神主義的な形態をとらざるをえなかったことにも注意しておいた。この段階の民衆にとっては、自然や社会を客観的に認識することはきわめて困難であり、極度の精神主義、道徳主義、宗教などが、あらたな自己意識・自己形成の必然的な形態となった。だから、精神主義も道徳主義も宗教も一つの巨大な歴史的な力となったのであるが、しかし広汎な民衆の自己形成がこうした独得な形態をとることによって、経済や政治とのかかわり方がいちじるしく制限されたものとなった。というのは、極度の精神主義、唯心論のために、これらの諸思想は、対象的客観的世界をリアルに認識する能力にとぼしく、さまざまの困難や矛盾の解決を民衆の精神主義的な自己規律にもとめることに熱中し、そこにさまざまの幻想性や瞞着がうまれたからである。そこで、民衆的諸思想のこうした精神主義的な特質が、どのように歴史的現実とかかわったかをもうすこし具体的に検討しておこう。

本稿が対象としているような民衆的諸思想は、農業生産力の発展に重要な役割をはたした。品種改良、正条植、種籾の塩水選と薄蒔化、施肥の増大などは、近世後期以降における農業生産力発展の基本的技術形態だったが、これらの技術の改善と普及は、報徳社やたくさんの老農たちによるところが大きかった(1)。たとえば、優良品種「伊勢錦」を選抜した老農岡山友清は、不二道の熱心な信者だった。彼は、信仰にささえられた庶民的な社会奉仕と開物精神にもとづいて、松阪、津、宇治山田において伊勢参宮の人々をめあてにした無償種子頒布所を設け、この新品種の普及をはかった。中村直三は、この「伊勢錦」の普及に努力したが、そのさい心学の社友にはかって資金を集め、その品種の特質や栽培方法などを記したパンフレットを付して各地へ送った(2)。不二道や心学にもとづく信念が彼らの活動をささえるとともに、その組織が重要な役割をはたしているわけである。幽学や報徳社の運動も、こうした技術改善と精神運動の結合したもので、たとえば正条植の普及には報徳社の功が大きかったし、幽学も正条植を教えた先覚者の一人であった。精神運動によって技術改善に努力する主体をつくり、技術改善によって精神運動の成果を具体的に確保して、相互補完的に展開したのである。だが、こうした技術改善——農業生産力発展の基本的な方向は、労働過程の質的変革をともなわない労働集約的なものだった。だから、原蓄期の苛酷な条件のなかで、こうした技術改善が十分に有効性を発揮するためには、人々は従来よりもはるかに勤勉でなければならなかった。小川誠は、報徳運動の指導者であった安居院義道の農業技術体系を検討して、一般水準の二倍以上の多労働を必要とするものだったとしている(3)。安居院は、彼の技術体系を採用すれば当時の水準の二倍にあたる反当り一〇俵も収穫できるというのだが、しかしそれは一般農民にとっては、特別な勤勉——多労働に媒介されなければ実現しえないことだったのである。

尊徳や中村直三は、右のような性質の農業生産力の発展に望みをたくして、一揆や村方騒動に反対した。彼らも、民衆の貧困の重要な原因が苛酷な封建搾取にあることを知っていたが、封建権力の制限や撤廃による解決にはほとんど努力しなかった。彼らに封建制批判が皆無だったとはいえないかもしれない。尊徳は、商人が家を譲るように有能な者に政をまかすべきだと主張したし、(4)領主権力の収奪に「分度」を設けることを強くもとめた。また、安居院義道には、「ここかしこ民の貢をかき集め／金の利足にやる人もあり」(5)というような見解が散見できる。また、中村直三はのちに貢租の軽減に奔走したし、報徳社の指導者岡田良一郎のように自由民権期に活躍した者もある。だが、彼らは問題解決の主要な方向を社会変革におくことはけっしてなかった。彼らは、人々を実直で勤勉で忍耐づよい人間に自己変革するという論理にふかくとらわれており、そうした自己変革をとりまく客観的条件についての洞察力や批判力にとぼしかった。民衆的諸思想の経験主義的な認識力は、せまい人間関係のなかでは、ある意味できわめて鋭かったが、社会体制全体の客観的な分析力を欠如していた。

このように考えてくると、本稿が考察の対象としているような民衆的諸思想は、自然や社会を客観的に認識し変革する力を完全に欠如しているとはいえないまでも、きわめて貧しかったことが理解できよう。そこに、こうした思想が、精神主義的・道徳主義的だったことの弱さが露呈している。こうした弱さは、宗教運動のばあいにはいっそう顕著だった。民衆的諸思想は、人間をとりまく客観的世界の変革はほとんど無視して自己変革に熱中し、また自己と全人格的に接触している少数の人々の変革につとめた。自然や社会は、敬虔の念をもってそのまま受容されるという側面が強かった。たとえば、さきにあげた「万事ハ皆心ヨリナス」とか、「生死も富も貧苦も何もかも／心一つの用ひやうなり」というような言葉は、たしかに人間というものの無限の可能性を主張してはいるが、事実上は精神変革だけを志向しており、かぎりない精神変革によって現実はかえってそのまま忍従され受容されることになりやすいものであった。「万事ハ皆心ヨリナス」というのは、ある意味では偉大な真実であるが、そう宣言するだけでは客観的世界はすこしも変わらない。「万事」が人間のそとによよそしく存在する客観的存在であることを認め、その客観的世界を変革して人間の支配下においてゆく具体的方法に媒介されることによってはじめて、人間の無限性が実際にあきらかになってゆくのである。だが、「心」の哲学においては、自己と万物が無媒介に融合してしまい、客観的世界を具体的に一歩一歩征服してゆくことができない。よくいわれるように、尊徳の思想は自然にたいする「作為」の論理をもっていた点で、これらの諸思想のなかではユニークなものである。だが、彼の「作為」論も、自然の法則性の活用に注目した合理主義的なものではなく、精神主義的な自己変革を中核としていた。そのことは、彼の労働論を検討すればあきらかなのであって、私はかつてつぎのように要約しておいた。「彼はなるほど、「貧となり富となる、偶然にあらず」として貧富の原因を倹約や労働にもとめ、そのかぎりで労働＝努力とその成果を因果関係として把握したが、どれだけの労働がどれだけの成果を生むかというような定量化された合理的な因果関係としてとらえることはできなかった。彼が、詳細に仕法書をつくって定量化できたのは、なにをどれだけ倹約すればどれだけの成果＝富をうるかというような場合に限られるのであって、富の拡大再生産については、ただ猛然と勤倹力行すればいつかおのずといくらかの富をうるであろう、と主張するにとどまった」[6]。民衆的諸思想が、儒仏の宿命観を打破して現実的な努力を重んじたことは、偉大な事実だが、しかしこの努力は極度に精神主義的で非合理的なものだったのである。強烈な自己鍛練が要請されたが、その成果の方はずっと不確実なものだった[7]。

こうした精神主義的特質のゆえに、民衆的諸思想はそれをうみだしたり伝播したりする人格とかたく結合していた。この点で、農業技術のようにそれをうみだした人間のそとに客観的に存在して、一定の知識や経験の水準を前提さえすれば、誰にでも納得し体得できるものとは異なっていた。なるほどこうした精神主義は、くりかえしのべたような強靭な人間変革のエネルギーを秘めていたが、そのエネルギーの射程は、当該思想によって鍛えぬかれた人格と密接な人格的関係にあって感化される人々の範囲にとどまらざるをえなかった。だから、これら諸思想の現実変革の有効性は、事実上、家か村、あるいはせまい同信者集団のなかに住む人間を変革せしめることにだけ存在した。たとえば梅岩のばあい、門人の梅岩にたいする問いは、親不孝、奢侈や遊蕩の習慣、家庭の不和などの町人社会にありふれた、だがそれだけにきわめて切実な問題だった。そして梅岩の答えは、いつも首尾一貫したものだった。梅岩によればそうした問題がうまれるのは、人々がせいぜい世間から普通には非難されない程度の安易で常識的な生活態度にとどまっているからだ。そうした生活態度には、利己心の要素が強く混入しているから相手を感化できないのだ。利己心を徹底的に排除した自己変革によってのみ、他人と自己との利害の対立がなくなって精神の共同性が成立し、そうした悪習にそまった他人をも変革できる。そして、そうした意味で自己はきわめて強力なのだ。こうした梅岩の処方箋は、鍛えられた人格に媒介されるときには、狭い共同社会のなかでは他人を感化・変革してあらたな生活規律を樹立できよう。だが、どれほど鍛えられた人格に媒介されようとも、このような自己の力は、家や村のような小共同体の外にはおよびにくい。そして、梅岩の問題にしているのは、事実上、主として家に関するものだったから、精神主義的人間変革の論理は、それなりに有効だったが、こうした本来の領域をこえるやいなや、彼の主張はいっきょにきわめて空疎なものとなった。たとえば、一藩の経済問題を論ずるさいにも、彼は自分の方法をただちに普遍化してきびしい倹約や道徳を説くにとどまったが、それはあまりに空疎な見解だった(8)。もとより、明治期の報徳社などでは、梅岩よりもはるかにひろい社会的視野をもっていたが、小共同体のそとにいる人々を精神的に感化する力にとぼしかった点は同様である(のちにのべる岡田良一郎や西田天香のように、「推譲」という報徳社のもっとも重要な主張を、ひろい社会のなかでは通用させることができないと考えざるをえなくなったのはその一例である)。こうして民衆的諸思想に共通する強烈な精神主義は、強烈な自己鍛練にむけて人々を動機づけたが、そのためにかえってすべての困難が、自己変革――自己鍛練によって解決しうるかのような幻想をうみだした。この幻想によって、客観的世界(自然や社会)が主要な探求対象とならなくなり、国家や支配階級の術策を見ぬくことがきわめて困難となった。

(1) 農業発達史調査会編『日本農業発達史』参照。
(2) 井上晴丸『日本資本主義の発展と農業及び農政』四三頁。
(3) 小川誠「中遠における水稲生産力の形成過程」『日本農業発達史』別巻下、一二三三―一二三五頁。
(4) 「二宮先生語録」『日本倫理彙編』十巻、五一六頁。
(5) 『安居院義道』一三四頁。
(6) 前掲拙稿「近代社会への志向とその特質」本巻一三六頁。だがこの論稿では、倹約や自己規律の形成の側面を通説にしたがって前近代的として一蹴し、そこにどれほどにきびしい自己形成の努力がこめられているかを認識できなかった。私も、近代主義的価値観にとらわれて、たくさんの人々の苦しみや悲しみを無意味なものとして投げすてていた。本稿は、つたない自己批判の試みである。
(7) 興味ぶかいことには、近世中期の農書類には、すでに労働節約への強い関心とそれにともなう合理主義的な態度がみられる。これら農書類は、手作地主の立場で書かれているが、いま『会津歌農書』(元禄末頃)と『農事遺書』(宝永六年)から引用してみよう。

(イ) 耕しの手だてもしらであだ骨を　ついやす人を愚かぞと云ふ

天にいのり地福の神にちかひても　をろかの人の作はみのらじ
燥湿の土質わきまえ天地の　化育助ける人の為なり。（以上『会津歌農書』。小野武夫編著『会津農書』二六六・二七七頁）

(ロ) 惣ジテ農事ハ業シゲキ事ニ拘ハラズシテ理ヲ窮メ、不レ知事ハ人ニ問ヒ、疑ハシキハ試ミテ能ク本ヲ探ルベシ。理ヲヨク窮メザルトキハ労シテ功ナク損多シ。（『農事遺書』。清水隆久『近世北陸農業技術史』二六〇頁）

(ハ) 動キ働ク事ノミ詮トシテ肝要ノ縮《シマリ》ナク、仕事ノ手賦《テクバリ》糞灰等ノ廻シナキハ働カザルニモ劣レリ。（同右、二六六頁）

これらの農書類にみえる農業技術は、報徳社やたくさんの老農たちによって受けつぎ発展させられたものであろう。だがそれなのに、後者が右の引用にしめされているような労働節約的・合理主義的態度をすてて極度に精神主義的になっているようにみえるのはなぜだろうか。一見、思想発展の方向を逆転させるようなこの相違は、両者の課題の相違をしめすものと思われる。報徳社や老農たちにとっては、元禄・享保期の手作地主たちの安定した秩序はもはや存在していなかった。急速に進展する農民層分解の渦中では、広汎な人々にあらたなきびしい自己規律を樹立させることが焦眉の課題であり、こうした生活規律の樹立を前提してのみ彼らの農業技術も一定の意味をもちうるのである。非合理主義や精神主義の噴出は、農民層分解——原蓄過程に根ざした広汎な民衆のさし迫った自己鍛練の課題に照応するものだった。

(8) 「石田先生語録」前掲梅岩全集下、二二一—二六頁参照。梅岩の歴史的段階では、倹約や道徳によって経済問題を処理しようと主張したからといって非難さるべきではない。だが、同じく倹約や道徳を説くにしても、ほぼ同時代の荻生徂徠にみられるような客観的科学的分析への方向をまったく欠如しており、むしろそうした分析を拒否していることが問題なのである。

6　変革への立脚点

これまでのべたように、民衆的諸思想は、自然や広い社会についてはごく貧しい認識力しかもたなかったが、広汎な民衆の精神的覚醒——自己形成の要求にふさわしいものだった。民衆的諸思想を自己形成・自己鍛練の原理として、さまざまの苦難の渦中から、実直で勤勉で忍耐づよく謙譲な人間像が形成され、そのような人間がそれぞれの地域社会であらたな地歩を築いていった。こうした人間は、もし周囲の条件が比較的に穏やかであれば、自分の家をおこし、村方の小地主などになり、村や町のささやかな有力者となって人々を感化・指導し、没落の淵にたつ家や村を徐々にではあるが再建することができた。彼らは、一つの社会変革の時代において、厖大な社会的人間的エネルギーを発揮して社会秩序を下から再建する役割をはたした。その結果、多くのばあいこれら諸思想は、漸進的改良主義、あるいは保守主義という性質をもった。

右のような過程が、くりかえし進行することによって、勤勉、倹約、孝行、忍従などが社会の通念として定着していった。こうした通俗道徳には、たくさんの人々の真摯な自己鍛練の努力がこめられていたこと、こうした自己鍛練によってある程度の経済的社会的地位を確保しうるということが、この通俗道徳に容易に反駁しえない正当性をあたえていた。道徳的な優者が経済的社会的優者でもある、という表象がつくられた。この表象が一つの虚偽意識であることはいうまでもないが、しかしいったんこうした表象が定着するとそれを有効に論駁することがむつかしくなってくる。批判者は、道徳的にも、社会的経済的にもともに疎外された人間として、たとえば頽廃や現世否定の姿勢をとらざるをえなくなってくる。道義的に敗北させるということが、イデオロギー闘争においてはもっとも有効なのだ。近代日本の支配者たちは、自分自身はしばしば、道徳など眼中にないマキャベリストであったが、右のような通俗道徳を巧妙に活用した。こうした通俗道徳の社会的な規制力は、きわめて厖大で強靭なものだったから、さまざまな社会的な難問をその論理のワクのなかへとらえることによって処理しようとするのが、多くの人々の自明の生き方となっていった。こうして、〝自己責任〟の論理が、広汎な人々の批判の目をとざしてしまった。

しかし、こうした通俗道徳の実践のうちにこめられている民衆の努力が、どんなに強烈なものであろうと、しょせんは原蓄過程という怒濤の大洋のなかにただよう小さな救命ボートにすぎない。資本主義の鉄の法則性からすれば、一人一人の民衆のどんなにはげしい勤勉や倹約や忍耐も、あまりに微小な力にすぎない。だから、極度の勤勉、倹約、忍耐、実直などは、あるばあいには中堅の自作農か小地主程度に人々を上昇させるが、あるばあいには勤勉、倹約等々にもかかわらず人々は没落せざるをえない。勤勉、倹約などは、自己にたいしては強靭な規制力をもつが、ひろい社会については規制力も洞察力ももたない。原蓄過程という怒濤の大洋のなかでは、勤勉、倹約等々という救命ボートを必死にあやつることによってわずかに溺死をまぬがれうるが、それでは力強くのりこえてゆくことはもちろん方向を見定めることも容易ではない。ささいな条件の変化によって、勤勉、倹約等々にもかかわらずたくさんの人たちが没落してゆかざるをえなかった。だが、こうして没落していった人たちの自己形成、自己規律のエネルギーは、どうなるのであろうか。

通俗道徳が近代(資本主義)社会のなかでは欺瞞的なものになってゆかざるをえぬ事情をしめす事例として、西田天香のばあいを考えてみよう。天香は、滋賀県長浜町の紙問屋の跡取り息子で、「日本銀行総裁になりたい」などと思う貨殖にも熱心な真面目な青年だった。彼は二十一歳の時、一〇〇人の小作農をつれて北海道石狩平野にわたり、開墾事業に従事した。このさい、彼の思想的よりどころとなったのは『報徳記』であり、北海道の三年ほどの生活は『報徳記』の実践であった。だが彼は、出資者たちの要求と小作人たちの惨めな生活との板ばさみとなってゆきづまり、左足の指を一本切断して血書し、出資者に小作人たちの苦境を訴えてみずから「必成社」と名づけた事業を放棄してしまった。そのさい、天香は『報徳記』についてつぎのようにのべている。

（『報徳記』によると）一には勤勉、二には節約、三には分度、四には推譲とかうであります。初めの三つは江州に生れた私には真似だけは出来るが、四番目の推譲だけはぴったり行ふわけには参りません。一方小作人と寝食を共にし、一方資本家と資本を共にし、私の手許では一つになってゐるために、利害の衝突に対して両方へ推譲の徳を守らうとすると私は裸になってしまはねばなりません。「両方よいのは頬冠り」と笑ってゐる訳には参りません。（1）

天香の体験は、尊徳の思想の限界を鋭くつくものであろう。勤勉、節約、分度は自分で守ればそれでよいとしても、推譲という社会的行為は、近代社会の一般的な利害対立のなかでは、本来の道徳的意味を発揮できない。推譲は道徳的説得力をもつときにのみ意味があるのだが、そうだとすれば狭い共同社会での、人格的な関係のもとでのみ有効なのだ。天香の開拓事業のように、出資者＝地主と小作人とがはるかに遠隔の地に分離しており、両者のあいだに共同体を媒介にした人格的関係が存在していないばあいには、共通の道徳的説得力の世界が成立しないのである。だが、このような共通の道徳的説得力の世界の崩壊は、天香のようなばあいにかぎられた問題ではなかった。たとえば、これより少しまえに、岡田良一郎は困民党や貧民党の決起におびやかされて、推譲をあまりおこなうな、貧民は二〇人のうち一九人は自分の奢侈、怠惰のために貧乏になったのだから、救済する必要がないとのべていた。（2）近代社会の展開にともなって利害対立や生存競争がますます一般化すると、人間の道徳や良心はその過程にまきこまれて無力になり、利害対立や生存競争のにない手としての利己的主体と普遍的人間的道徳のにない手としての価値的主体との分裂が決定的なものになってゆかざるをえない。こうした歴史の大状況に規定された者として、岡田は急激に進展する原蓄過程で没落してゆく民衆を、非情な資本の論理で見ているのであり、精神主義の限界をそれと意識せずに容認したのである。近代社会の一般的な利害対立のもとで、生存競争と利害対立から逃れ、あらゆる利己心を排除しようとすれば、経済の外に出なければならない。梅岩や尊徳も、無私の道徳を主張したが、その意味は天香とすっかりちがっていた。無私の道徳は、梅岩や尊徳にとっては、没落をふせぎ富裕になる方法だったが、天香にあっては、家も財産も捨てて放浪する奇妙な社会的脱落の哲学となった。近代社会における利害の一般的対立を知ってしまえば、通俗道徳の偽善性は一目瞭然となり、天香のように自分を社会から積極的に脱落させる方が、良心にかなっていることになる。こうして一燈園は、極度の精神主義者たちの、この世を遁れた安息所となった。

天香は、なにごとにも徹底する性質の人だったので、通俗道徳の虚偽性をいちはやくみぬき、通俗道徳の世界からすすんで身をひいてしまった。だが、多くの庶民たちは、通俗道徳を自明の前提としてうけとり、必死に努力しながら、それにもかかわらず没落していった。そして、この没落によって、おそらく多くのばあいは、思想的道徳的にも敗北し、自己形成・自己規律の努力も諦観やニヒリズムやひそやかな怨恨へと転化していったと思われる。こうして、歴史の藻屑となって見失われた広汎な民衆の人間的エネルギーは、あまりに厖大なものだったろう。だが、経済的破滅によって、広汎な民衆の思想形成の努力のすべてが無になってしまったのではない。自分たちの思想形成・自己形成の意味を問いつづけることによって、あらたな変革的な思想形成もまた可能であったと思われる。

近世後期から明治にかけての民衆的な立場からの社会批判は、儒教道徳や通俗道徳の純粋化という観点からなされることが多かった。ごく一般的にいって、もともとは支配階級のイデオロギー的武器である儒教、キリスト教などは、その教義の理想主義的側面を純粋化して支配階級の現実に適用してみれば、広汎な民衆に批判の武器をあたえるものだった。近代社会形成期の民衆闘争の世界観的背景は、すべてそうした前近代思想の純粋化という形態をとった。広汎な民衆に、たとえばヨーロッパの市民的近代思想を期待しても、ほとんど意味がない。民衆は、自分たちの苦心してつくりあげた自己規律の論理を普遍化して、社会を見る尺度とし、批判の論理に転化してゆく。農民一揆、自由民権運動、困民党や貧民党などには、そうした思想的特質があったと思われる。たとえば、陸奥国信達地方の慶応二年の世直し一揆を指導したといわれた菅野八郎は、儒教を中心とした伝統思想を純粋化して「信」や「誠」を強調し、その立場から藩政や維新政権を批判した(3)。樽井藤吉の東洋社会党も、儒教道徳を純化して「社会主義」にいたらしめようとするものにほかならない。また、明治十年代後半に世直し的運動として重要な意味をもった丸山教は、富士信仰の形態をとりながら、「天下泰平」、「天理人道ヲ明カニス」というスローガンをかかげるもので、この言葉だけを見ると、丸山教の世直し思想も、伝統的支配思想の宗教化したものにほかならないとさえみえる(4)。しかし、ここではこうした挙例よりも、通俗道徳をつきつめて社会批判にいたる内面的過程を考察しておきたい。大本教の開祖出口ナオのばあいは、その内面的過程を明確にあとづけうると考える(5)。

出口ナオは、子供のころから評判の働き者で孝行娘だった。「自分は子供の時からなおさんと遊べ、おなおさんと遊べといわれた位であり、また何処に奉公しても、お前は冥加のよいものじゃ、なおは辛棒人だ、世帯をもったら屹度しっかり世帯をもつに違いないとほめられ通しであったんや(6)」と述懐するナオは、これまでのべた通俗道徳のもっとも真摯な実践者の一人だった。ナオのような人間は、もし条件がよければ、いやそれほど悪くさえなければ、「しっかり世帯をもって」若干の財産をつくり、実直な働き者として近代日本の社会秩序を下からささえる役割をはたしたにちがいない。だがナオのほとんど超人的な努力にもかかわらずナオの一家はしだいに没落し、ついに明治十七年（いうまでもなく、原蓄過程がもっとも苛烈に展開した年）には「戸をしめて」しまった。このころからナオは、ボロ買いを主要な職業とするようになったが、ボロ買いはナオの住む綾部では極貧層の職業の代表的なものだった。ナオが住んでいたのは、地方小都市の場末にある極貧層の居住地帯で、のちにナオが「悪道鬼村」「鬼村」と呼んだような、犯罪、争い、博奕、自殺者、片輪者など、あらゆる人間的歪みと不幸の凝集された地域だった。こうした環境のなかで、「地獄の釜の焦げ起し」とナオ自身が形容した極貧生活がつづいたのであるが、それでもナオは民衆道徳の自己規律をきびしく守りつづけた。それどころか、「藁すべ一本もとるな」という自分と子供たちに課した規律を、貧乏になればなるほど他人に馬鹿にされまいとしてきびしく守りぬいた。すさまじい貧困のなかで、ナオは道徳的矜持のきわめて高い人間として生きた。こうした過程において、自分のすさまじい人間的努力がなぜこのように無力なのかという疑問は、秘められた憤りとともにナオの精神のなかに蓄積されていった。すでに神憑り以前にのべたという「ああ私は業の深い人間や、地獄の釜の焦げ起しとは我のことか」(7)という言葉が、ナオの絶望と懐疑と彷徨の方向を暗示している。努力⟷没落のすさまじい循環が、ひそかに懐疑と憤りを蓄積させ、それがやがて神憑りという土俗的形態を通してこの世の悪と因縁の思想となって爆発したのである。こうしてナオは、この世は悪の世であり、強い者勝ちの「獣類《けもの》の世だ」と断罪するようになった。「王天下は長うは続かんと申してあるが、何事も時節が参り来て、あいた口がすぼまらん事が、世界に出て来るから」(8)。ナオの神憑りにいたるまでの苦難は、教団では端的に「苦労」「御苦労」と呼びならわされているが、この「苦労」のなかにこめられている自己規律の努力こそが、こうしたはげしくきびしい糾弾をささえた人間的基礎だと考える。ナオ自身が必死に守ってきた道徳律を現実社会に適用してみさえすれば、この世が悪の世、けものの世であることはあきらかであり、ナオの一家の没落がそのことを証明しているのだ。民衆的な通俗道徳の見地からする社会批判は、近代社会の成立過程の社会的激動のなかにさまざまの形態でうずまいていたのであり、大本教も、また農民一揆、自由民権運動、一時期の天理教や丸山教も、そうした噴出の諸形態にほかならない。民衆的な通俗道徳を、高い緊張感をもって実践してきたということが、こうした社会批判のはげしさや鋭さをささえていた。こうした過程に媒介されなければ、一揆も打ちこわしも押えつけられた欲求の一時的な爆発にすぎなくなり、たとえその爆発がどんなに巨大な破壊力をもとうとも、あとにはなにも残らない。広汎な民衆の強靭な自己鍛練(主体的な自覚の過程)にささえられたときにはじめて、社会批判は、はげしさ、鋭さ、持続性、組織性などを獲得しうるのである。

(1) 福井昌雄『一燈園と西田天香の生涯』一六頁。
(2) 「報徳学斉家談」前掲全集、九九五—九九七頁。
(3) 庄司吉之助「変革期における農民思想の問題」(『歴史学研究』一六〇号)。庄司・林・安丸編『民衆運動の思想』所収の拙稿「民衆運動の思想」も参照。
(4) 丸山教については、「安丸集」第3巻—二参照。
(5) 以下の叙述については、大本七十年史編纂会『大本七十年史』第一編第一章を参照されたい。本稿の論点のいくつかは、この本の編纂を手伝う過程で気づいた。なお、拙稿「大本教と「立替え立直し」」(「安丸集」第3巻—四)および安丸編『出口王仁三郎著作集』第二巻の解説(「安丸集」第3巻—五)も参照(のちに私は『出口なお』という著作(現在は洋泉社MC新書)で、なおの生涯と思想について詳述した)。

(6)『大本七十年史』四〇頁。

(7)同右、七〇頁。

(8)大本祭教院『大本神論』第三集、二八二頁。

◈『日本史研究』七八・七九号、一九六五年。

二宮尊徳や老農思想への関心は、「近代社会への志向とその特質」(一九六三年、本巻—三)などにも見られるが、私に独自の民衆思想史の構想は、本論文においてはじめて論理化して提示されたもので、本論文が私のこの方面への研究の出発点となった。「通俗道徳」や「「心」の哲学」という言葉の独自な用法なども、本論文に由来する。

二　民衆道徳とイデオロギー編成

はじめに

日本近代社会成立期における民衆思想を研究するのはなにをあきらかにするためか。あるいはまた、そのような研究対象はどのような問題意識に支えられて設定されたものか。私自身の問題意識はすでに前章（本巻―一）にのべたが、ここでは学説史を念頭におき、色川大吉の問題提起にも学びながら、(1)ひとまず以下のように整理しておきたい。

第一に、日本の近代化をその最基底部から支えた民衆のエネルギーをその人格的な形態において、広汎な民衆の内面性を通してとらえるためである。これは、大塚久雄のいわゆるあらたな人間類型の創出という問題に照応する。近代社会の形成過程は、経済史的には農業生産力の発展――農民層分解の展開――国内市場の形成等々というような論理序列において理論的にも実証的にもとらえられるけれども、そうした過程は同時に広汎な民衆の生活態度にある根本的な変革をひきおこし、その変革を通して厖大な人間的エネルギーが噴出される過程でもあったはずである。広汎な民衆のあらたな生活態度の樹立は、近代的生産力の人格的形態である。私たちは、近代的生産力をこうした人格的形態のふかみにおいてとらえねばならない。そのさい、「解放説」と「禁欲説」というような大きな分け方をするとすれば、私は基本的にはヴェーバー＝大塚的な「禁欲説」の立場をとる。しかし、問題は日本近代化過程に特有の禁欲の形態を見いだしてそれを内在的に分析し、そこにふくまれているさまざまのカラクリをもあきらかにすることである。この点では、内藤莞爾や戸谷敏之の先駆的な研究も、(2)ヴェーバーの見解のやや機械的な適用のように思われる。また、R・N・ベラーの独創的な理論構築も、(3)超時代的かつ超階級的な性格のもので、日本近代社会成立期という特有の歴史的時代における広汎な民衆の思想形成の内面的描写としてあまり説得的でないと思う。さらに、大塚自身が敗戦後の民主改革の渦中にあって、「近代的人間類型」とか「近代化の人間的基礎」とかについて執拗に論じたさいには、現実の日本の民衆の人間類型は「封建的といい切ることはできないいっそう複雑なアジア的なもの(4)」と規定されざるをえなかった。しかし、敗戦後二十余年を経た今日、私たちは、民衆思想をそのもっとも腐朽化した次元と時点でだけ把握するのでもなく、さりとて現代日本の経済成長に無批判に直結するのでもなく、またもとより戦前型の「国民道徳論」の再版となるのでもなく、全過程を通観してその歴史的役割を全体として見とおし、つきはなして認識しうる地点に達したと思う。

第二に、近代日本のイデオロギー構造の全体をとらえるための基礎作業としてである。特定の歴史的時代は特有の経済構造と政治構造をもつとともに特有のイデオロギー構造をもつ。このイデオロギー構造はそれに固有の構造＝仕組と運動法則と矛盾をもち、一つの時代が直面するさまざまの問題に一定の解決をあたえながら変容を経つつ維持され、やがてその欺瞞性が全面的に曝露されて一つの時代の終りとともに根本的に変革される。個々の思想家の思想的営為は、この基本的なイデオロギー構造とのそれぞれに独自なかかわりあいとしてのみ規定され、分析される。この基本的なイデオロギー構造は、その時代の支配的な思想であり、近代日本においては、ひとまず天皇制イデオロギーということになる。私たちの歴史学は、天皇制イデオロギーの研究において徹底的に弱かった。なるほど、天皇制の科学的分析はマルクス主義歴史学のもっとも偉大な成果の一つではあるが、それは天皇制の階級的基盤と権力機構の分析にかぎられており、天皇制のイデオロギー的側面の分析は欠如していた。私たちの歴史学にこうした大きな落丁部分がうまれた根拠は、それはそれで独自に分析さるべきであろう。ただ、私はここで、一つの支配体制の支配の仕組のなかでイデオロギー的支配がいかに重要で強力なものであるかが方法的に自覚されていなかったことと、[5]戦後の日本思想史研究が圧倒的に近代主義的な問題意識と方法に依存していたために支配的思想の内在的分析というような発想がうまれにくかったことだけを指摘しておきたい。いうまでもなく、天皇制のイデオロギー的側面の分析をおこなったのは、丸山眞男とその学派の人たちである。私たちは、丸山らの研究成果に学びつつ、しかもそれをのりこえたいという希求をもつ。このような問題意識にたつとき、民衆意識の理解が全体の把握のカギになる。なぜなら、天皇制イデオロギーは、民衆意識の全領域にふかく根をおろして民衆の擬似「自発性」を巧妙に調達することによってのみ存立しえ、機能しえたからである。私は、丸山眞男、石田雄、神島二郎、藤田省三らの研究にふかく学びたいと思うけれども、民衆意識の内在的把握においていちじるしく異なった見解をもっており、そのためにまた日本思想史の全体像についても異なった構想をもたざるをえない。

第三に、民衆の伝統的日常的世界に密着しつつしかもそれをのりこえてゆく真に「土着的」な思想形成の可能性について考えたいという、いわば現代的な関心がある。思想形成ということは、私たちの現実意識のなかに矛盾として裂け目として苦悩として存在しているなにものかをスプリングボードとして、あらたな論理を獲得することであると思われる。民衆思想の研究は、いまではすでに過去のものとなった思想の研究にとどまるものではなく、その思想のなかにはらまれていた矛盾や裂け目や苦悩を媒介として、あらたな思想形成の可能性について考えることでもある。(6) ところが、近代の日本においては、変革的な新思想は欧米先進国から輸入されたために、それは民衆意識とは切断された一部の知識人の思想となり、知識人の内部でも伝統との本格的な対決を経ないままに雑居させられた。たとえば、中国やインドと比較したばあい、近代日本の思想家たちはあらたな思想を受容するさいに伝統思想への執着がひどく弱かったように思われる。伝統への回帰が安易におこったのも、受容のさいのこの態度のゆえである。だが、民衆の伝統的日常的な世界からの内在的な汲みあげと対決を欠如した思想は、どこかでかならず空虚となり無力となるだろう。そこで、民衆の伝統的日常的世界にもういちどもどり、その世界に固執しながらあらたな思想形成はいかにして可能かと問うてみたいのである。こうした設問は、現代日本のイデオロギー状況の分析にも不可欠の基準と方法を準備するものであり、その意味でイデオロギー闘争のための基礎作業の一つになると思う。

以上の三つの問題のうち、第一の問題については「日本の近代化と民衆思想」(本巻―一)においてひとまず私なりの考え方を提示することができたと思う。それは、近世中後期から明治にかけて広汎な民衆のあいだに首尾一貫した自己規律を樹立しようという動向がうまれ、具体的には勤勉、倹約、正直、孝行等の実践をめざす運動として展開したとするものであった。このような動向は、民衆が世界全体のなかで自己をあらためて発見して意味づけなおし、そのことによって自己変革＝自己革新をなしとげる過程にほかならなかった。世界と自己とのあらたな意味づけは、儒教思想の系譜にたって此岸的主知的におこなわれるばあいもあれば、石田梅岩や黒住宗忠のように宇宙と自己とが一体になるというやや神秘的な体験を媒介にするばあいもあり、また民衆的諸宗教のように神憑りによってこれまで知られていなかった至高の神の声をきくことによるというばあいもあった。しかし、いずれのばあいも、世界と自己のあらたな意味づけとそこに生まれた新鮮な感動があり、そのゆえに自己変革＝自己革新がうながされ、そこに厖大な人間的エネルギーが噴出したのである。

本稿では、この厖大な人間的エネルギーの噴出という点は、いちおう立論の前提として承認しておき、主としてその行方を追跡してみたい。そこで、まず第一に、近世後期の荒廃した村々が復興してゆく過程についてのべ、こうした村の復興の過程で陶冶された諸規範が近代日本の社会秩序の基本原理となり、その結果、近代日本の一般の民衆にとっては通俗道徳的自己規律という社会通念のそとへでることがほとんど不可能であった事情について論じたい。第二に、民衆がみずからの自己規律をふまえていわば人民的な社会秩序を構想する可能性について考えたい。この点については、幕末維新期の世直し的な動向の思想史的意味を中心にのべる。

（1）色川大吉『新編明治精神史』五〇九―五一〇頁参照。

（2）内藤莞爾「宗教と経済倫理――浄土真宗と近江商人」（『日本社会学年報　社会学』第八輯）、戸谷敏之「中斎の「太虚」について――近畿農民の儒教思想」（『日本農業経済史研究』上）。

（3）R・N・ベラー、堀一郎・池田昭訳『日本近代化と宗教倫理』。

（4）大塚久雄『近代化の人間的基礎』一三―一四頁。なお、最近の大塚はいくぶん異なった視角から日本近代化の精神史的状況を考えているように思われる。たとえば、長幸男・住谷一彦編『近代日本経済思想史』I第六節「「国民経済」の精神的基盤」参照。

（5）下山三郎もこのことを強調する。『明治維新研究史論』三八〇頁参照。

（6）このような問題意識を思想史の方法論として定着しようとする試みとして、鹿野政直『明治の思想』の「序説」および同『資本主義形成期の秩序意識』の「問題と構想」参照。

1　民衆道徳とイデオロギー支配

近世後期には、すさまじく荒廃した村々が各地に存在していた。そこでは、すさまじい貧困と階層分解、戸数の急激な減少、村の内外でのたえまない争い、博奕や飲酒による風俗の壊頽などがみられた。これらの村々は、佐々木潤之介たちのいう世直し状況にあったと考えてよいと思われるが、問題はそこからどのようなあらたな秩序が形成されようとしていたかである。

これらの村々を復興する方策は、形式的に類別するとつぎの三つに大別できよう。第一に、封建的搾取の制限—撤廃。ここでは、封建権力による直接の収奪のほかに、さまざまの形態で封建的な特権と結合した商業高利貸資本の収奪もあわせて考えているが、荒村がうまれる直接の契機として後者はとくに重要であった。第二に、農業生産力の増大。とりわけ、農業技術の改善とあらたな商品作物の導入。第三に、勤勉、倹約、忍耐などのあらたな生活態度の樹立。この三つは、それぞれ、生産関係、生産力、主体形成ということになるが、三者のうちいずれがより重要だとかより有効であったとか簡単にのべることはできない。それに、この三者はみかけほどべつべつのものではなく、むしろ相互に媒介しあったものであった。たとえば、あらたな生活態度の樹立に媒介されてあらたな農業技術の積極的な導入がおこなわれるようになるが、他方では、あらたな農業技術の導入による成果があらたな生活態度を樹立したことの意義を人々に確信させる、というふうに。あるいはまた、倹約や分度というあらたな生活態度の樹立が、一面では、支配階級にたいしても同じ原理の実践を要求する可能性となるとともに、他方では、かえって旧い支配体制のもとでの忍従を説くことにもなる、というふうに。要するに、三つの方策は複雑にからまりあっているのだが、そのからまりあいのなかで、近世後期から明治期にかけてこれらの荒村はひとまず再建され、そのうちのいくつかは模範村となった。そして、これらの模範村は、明治中期以降に全国に宣伝され、模範村における意識形態は近代日本社会のなかでイデオロギー的正統性を獲得していった。すさまじい荒村から模範村となった事例は、なにか自明の正当性をもった典型と考えられ、それをモデルとした生活態度の樹立を人々にもとめるものとなり、そこに特有のイデオロギー体制が構築されていった。

それでは、かつてすさまじく荒廃していた村々は、どのようにして復興され、そのうちのあるものはどのようにして模範村にさえなったのか。この問題については、明治後期に模範村として有名になった村々、たとえば杉山村や稲取村、古橋暉皃父子の稲橋村、平尾在修の三宅村などについて詳細な実証的研究が必要だと思う。だが、いまの私にはその用意も能力もないので、杉山村を中心として概観するにとどめたい。

近世後期の杉山村は、水田に恵まれない貧村であり、「杉山の麦をつくと「盆切り〳〵」と云ふ音がする」といわれるほどであった(1)。この貧村の経済をかろうじて支えていたのは、毒荏《どくえ》(油桐)や紙すきであったが、豆灯油が外国から輸入されるようになると毒荏の需要が激減し、杉山村の困窮はさらにすさまじいものとなった。そこで、名主片平信明は、毒荏にかわって茶を導入しようとするが、茶を植えると人が死ぬという迷信があって容易に普及しなかった。ところが他方で、こうした貧村のなかで村人の生活態度が浮薄となり、しだいに乱れていった。その直接のきっかけは、維新直後に村内の寺院へ二軒の士族が住みつき、彼らが琴三味線などの遊芸にふけり、村人がそれに感化されたからだという。そのうえ、明治八、九年には茶価がさがって茶を植えろといった片平信明の立場は困難なものとなり、進退きわまった信明は疲労困憊して熱海へ静養にでかけたのであるが、そこで福住正兄の「富国捷径」にふれ、感激した信明はただちに帰村して報徳社を組織する。これは明治九年のことであったが、その後は茶価の高騰にも助けられて杉山村は急速に復興してゆく、明治十七、八年の不況期には、静岡県下は困民党・貧民党・丸山教などの勢力のもっとも強い地方であったが、杉山村にはは動揺はみられず、かえって氏神の境内に勝海舟の揮毫による尊徳碑を五〇円も投じてつくったり、道路つくりや出火した隣村のために寄附金をだしたりしている。そして、明治二十年代には富裕な模範村として知られるようになり、やがて模範村中の模範村として全国に宣伝されてゆく。

わずか十年余のあいだに、杉山村が極度の貧村から富裕な模範村となったのはどのようにしてか。それは、商品作物の発展を巧みにとらえた経済的能力と、村人の生活態度を根本から変革させた報徳社運動との巧妙な結合であったといえよう。まず、経済的な方面から考えると、茶、ミカン、筍などの商品作物を巧みに導入したことが決定的に重要であった。のちには、杉山村はミカンの栽培による富裕な村として有名になるが、明治十年代の杉山村の発展は茶の栽培と結びついていた。ミカンは天保・弘化年間に栽培の起源をもつが、大規模に栽培されるようになったのは、明治二十二年の東海道線の開通によって販路がいっきょに拡大してから、ことに二十年代後半からであった。しかし、ミカン栽培はその後急速に発展し、山林や水田もミカン畑に転換され、昭和期にはその独自の販売組織が一道三十三県と中国の各地やアメリカ、カナダ、アルゼンチン、イギリスにまでおよぶほどになった。このような商品作物栽培の発展は、すくなくともその初期においては、片平信明の指導によるところが圧倒的に大きかったと思われる。信明は、「土地相応の仕事を見出すべし」とのべたといわれ、茶もミカンも片平家が先頭にたって栽培した。茶やミカンは、植えつけてからすぐには利益のえられない性質のものだから、その大規模な栽培には見とおしと計画性と決断が必要であり、また資金やその間を食いつなぐ経済的余力が必要である。こうした特性をもちえたのは、地主・豪農としての信明にのみ可能なことであった。杉山村が急速に富裕となったのは、茶とミカンという土地に適した商品作物を的確にみつけだし、その栽培に全力を注ぎ、栽培技術でも販路の開拓でももっとも先進的であったからである。

杉山村のようにうまくいったのは例外であるにしても、近世後期から明治にかけての民衆的な思想運動は、農業生産力の発展の先頭にたっていた。報徳社、大原幽学、後期国学は、品種改良や正条植のような農業技術の伝播に大きな功績があった。老農として著名な中村直三や岡山友清はそれぞれ心学と不二道の熱心な布教者であった。また、古橋暉皃・義真父子は、養蚕、製茶、山林経営などにより「富国開産」をはかったのであるが、明治十一年にははやくも農談会をつくっており、義真はやがて愛知県の農会運動の中心となってゆく。(2) 平尾在修が農談会をつくったのも明治十二、三年ごろであり、明治十六年には「散田受切法」を設けて小作米の定額化と地主の土地取りあげ禁止をきめ、他方では小作米の品質や調整・俵装の検査をおこない、また試験田をつくって品種改良をはかったりした。そして、彼もやがて兵庫県の農会運動の中心人物となってゆく。(3) 一般に、老農型の農村指導者は、一般農民よりもひろい視野と経験をもち、あたらしい作物や技術を導入しうるだけの経済力と計画性をもち、さらに鍛えぬかれた異常なほどの活動力をもっていたから、農業生産力の発展にさいして彼らの役割は決定的に大きかったのである。

村人の生活態度の変革については、杉山村の史料をみていないのでやや一般的にのべておく。まず若者組の再編成から。近世後期には、若者組はどこの村でも発言力を強め、村役人の統制から離脱してゆく傾向があった。彼らは、祭礼や芝居興行の実権をもち、村ぎめの休日を要求したりした。村役人層の子弟は若者組や娘組に参加しない傾向の強かったことも、村役人層の統制を困難にしていた。たとえば、備前国和気郡では、祭礼・祈禱・雨乞・土公祭などの名目で若者組が勝手に休日を定め、それを「村切」におこなわせ、それに反対するものは、「強欲不人情者」とされて意趣返しをうけた。[4] 平尾在修は、若者組の背後で「性質のよくない今日でいえば侠客か破戸漢」のようなものが後見をしており、彼らが若者をそそのかして村落支配層に反抗したのだとし、要求がいれられないと野菜の苗を抜きすてたり、戸口に下肥をまいたり、桶などをこわしたり、はなはだしきは庄屋の家の軒下などに「火づと」をさげたりしたとのべている。[5] そして平尾在修が三宅村にたいする統制力を獲得するのは、明治二年に若者組の争いに巧みに介入し、それを再編成して大己貴《おおなむじ》講をつくってからであった。また彼は、若者組の再編成にひきつづいて伊勢講その他の講を廃して国恩会をつくった。講は村役人の統制を離れた村人の横の結合を意味し、たとえば斎《とき》講では女たちが自由に嫁や姑の悪口をいいあっていたのであるが、国恩会は実語教や童子教を教え、手島堵庵の言葉を唱え、教育勅語がでるとさっそくそれを床の間にかかげるというような、在修による強力な教化機関であった。杉山村のばあい、若者組が村の風俗のうえでどのような意味をもっていたかはかならずしもあきらかでないが、明治初年に村に住みついた士族たちと遊芸にふけったのは彼らであった。片平信明は、これに対抗して明治二年に青年のための「夜学校」をつくり、報徳社の発足とともに「杉山青年報徳学舎」にあらため、明治二十七年には「杉山農業補習学校」とした。明治二年設立の「夜学校」はまだ弱体であったが、後二者は杉山村のすべての青年男子に義務づけられた。この青年教育は、明治二十六年に文相となった井上毅に注目され、わが国の実業補習教育の先駆となった。山崎延吉は、杉山村では「村風として遊手徒食の青年はできぬ」[6] とのべているが、近世的な若者組はここではおそくとも明治十年代には完全に崩壊し、報徳社の道徳主義的教育と農業技術教育が徹底的におこなわれたのである。一般的にいって、若者組の統制は、十八世紀末から各地で重要な問題になっているが、それが青年団に編成されるのは明治三十年代以降のことである。だから、杉山村や三宅村の事例は、きわめて早く、また徹底したものだったということになる。そして、こうした若者組の再編成は、模範村成立の不可欠の条件であったと思う。

右にのべた若者組の問題のほかにも、模範村では旧来の村落共同体の慣習が大きく変革されていった。盆踊・芝居・狂言・三味線などの遊芸の制限と禁止、衣類や祝いごとについてのきびしい倹約、休日の制限と早起・夜業などの勤労の規定、方角・日柄などの迷信の否定などは、多くの村でおこなわれた。模範村では弦歌が消滅して「恰も喪に居るが如し」[7]といわれたりしたが、民謡の宝庫とされている愛知県北設楽郡でも、古橋暉皃父子の稲橋村だけはいまでも民謡の伝承が周辺の村々にくらべて格別に少ないという。[8]迷信の否定については、大原幽学の門人たちが仏滅や三《さん》りんぼうの悪日にも普請や婚礼をしたので、職人たちから「性学日」と称してよろこばれたという事例をあげておく。[9]古橋義真がきびしい「勤休時間表」をつくって村人に勤労をすすめたことや、[10]石川理紀之助が毎朝板をうって村人を起こしたことなども注目されよう。[11]杉山村でも、報徳社の結社によって村人の生活習慣が変革され、あらたな労働習慣が形成されたらしく、つぎのような興味あるエピソードも伝えられている。すなわち、片平信明は報徳社に善種金を拠出させるために片平家で働く村人の賃銀を五割増しにした。そうすると、村人は「五割増しの日当で普通の働きをしたのでは旦那様に相済まぬ」と考えてこれまでよりも高い労働能率をあげたので片平家ではかえって利益になった。そして、この能率本位の労働習慣が自然と一村の風となり、今日でも杉山村の人たちの労働能率は非常に高い、というのである。この話の真偽をたしかめる方法をもたないが、報徳社員は「一見報徳社員タルヲ弁別セシム」[12]といわれたように、あらたな生活規律が成立しつつあったことは事実であろう。

ところで、杉山村は、明治二十年代以降、模範村として全国に宣伝されてゆくのであるが、その直接のきっかけをつくったのは井上毅であった。明治二十三年に興津で静養していた井上は、散策の途中で庵原村を通ったが、そこらは農家がみな瓦葺で道路もよく富裕にみえ、村人たちもとくに勤勉なように思えた。不思議に思った井上は、それが報徳社運動の影響であることを知って感銘をうけ、報徳社運動の意義についてあらたな認識をもつようになった。杉山村は、その後急速に有名となり、全国から視察者がくるようになった。明治二十八年に伊豆稲取村の田村又吉が来村したが、田村は片平信明からふかい感銘をうけて帰った。いうまでもなく、稲取村は明治の模範村の典型であるが、一つの模範村があらたな模範村のモデルとされてゆくことが注目される。明治末期には、杉山村は全国に知られるようになり、大正元年には『東海の理想郷杉山村参観記』が出版され、大正十三年には時の首相加藤高明が来村するというほどになった。

このような模範村は、近代日本の社会体制をその基底部から安定化させ、支配体制の保守的な基盤をなすものであった。だから、その指導者である岡田良一郎、片平信明、古橋義真などは、一時期の岡田をべつとすれば、保守的な国家主義者であった。たとえば、片平信明は山岡鉄舟や品川弥二郎と親交があり、古橋義真は民権期には帝政党に、二十年代には国民協会に関係しており、彼もまた品川弥二郎と親交があり、陸実、志賀重昂のような日本主義者とも交わった。また彼は、貧民党・困民党の蜂起にふかく心を痛めていた明治十八年においてさえ、富国強兵を理由に地租軽減に反対しており、日露戦争後の増税案には積極的に賛成している。[13] 片平信明も、明治二十年代に地租軽減に反対している。模範村についての記述には、租税の滞納のないことや地主小作関係の円滑なことがよくあげられているが、そこには模範村の社会的役割がよく表現されているといわねばならない。

明治三十年代末にはさまざまの「官製国民運動」が展開され、権力の側から国民の組織化がすすめられた。[14]

それは、町村是の設定、青年団、在郷軍人会その他の諸団体の結成、農会や産業組合の設立、報徳社運動などからなっていた。これらの運動のなかで杉山村や稲取村は模範村として全国に宣伝されていった。そして、少数の事例にしろ、こうした模範村がすさまじい貧困のなかから成立したことは、広汎な民衆にたいして反駁しにくい実例を提示するものであった。こうした実例がくりかえして宣伝されてゆくと、そこに貧富と幸不幸は通俗道徳的自己規律の有無にかかっているような外見がうまれ、それがしだいに普遍化していった。近世後期の荒村は、客観的にみれば佐々木たちのいう世直し状況にあったのであろうが、世直しをもとめる民衆の方はなんらかの一貫性をもった秩序原理を提示することがきわめて困難であった。これにたいして、村落支配者の方は、通俗道徳というそれなりに一貫した論理と世界観をもって、一般民衆にのぞんでおり、そのゆえに客観的には世直し状況にある民衆にとっても、通俗道徳は筋道たてては反論しがたい正当性をもったものとみえたであろう。通俗道徳の有効性は、それをきびしく実践すれば自分だけはともかくも上昇可能だということである。その上昇可能性は、せいぜい村方の小地主か自作農上層にすぎないとしても、その上昇によって貧富の序列はたえず道徳的序列となってゆき、没落すまい、上昇しようとする広汎な人々の人間的なもののすべてをかけた努力が、たえず通俗道徳的秩序原理の網の目にとらえられ、そのなかにとじこめられてゆく。その結果、貧富をうみだす客観的な仕組はたえず見えにくいものになってゆき、貧乏で不幸な人間は、富や幸福の次元で敗北するとともに、道徳の次元でも敗北することとなり、無力感と諦観とシニシズムが社会の底辺部に鬱積されてゆくことになるだろう。こうした傾向は、すでに近世後期においても存在していたが、明治二十年代以降に通俗道徳的秩序原理が修身教育や「官製国民運動」によってくりかえしくりかえし宣伝されてゆくと、しだいにそれはかつての鬱勃とした民衆の思想形成の場からひきはなされて、一種の欺瞞的な徳目となってゆく。

そうなってくると、通俗道徳は民衆の生活を制約しているさまざまの条件を無視し隠蔽する非人間的な強制となり、強力で普遍性をもった虚偽意識（イデオロギー）の体系が成立する。そこでは、民衆思想の鬱勃とした可能性やヒューマニティは喪失せざるをえない。初期の天理教や丸山教などにふくまれていた世直し的側面なども必然的に失われ、これらの宗教も近代日本の秩序原理にすすんで随順しようとする。また、民衆的思想運動は、あらたな農業技術の導入の先頭にたっていたのだが、こうした性格も失われてゆく。たとえば報徳社は、かつては農業技術のもっとも先進的な部分をにない、また民衆の自主的な貯蓄運動でもあったが、こうした側面はしだいに農会や産業組合にうばわれ、精神運動としての性格を強める。『二宮翁夜話』にみられるような尊徳の思想の独自な進歩性も見失われる。

　こうした変化のなかでもとりわけ重要なのは、かつての民衆思想がもっていた民衆の内面的自発性へのよびかけが失われたことではなかろうか。たとえば、かつて大原幽学、安居院義道、心学の教師や富士講の先達などは、ただ自分の巧妙な説得力と感化の能力だけに依存した、人々の心の問題についてのスペシャリストであった。故老や世間師の伝統をうけつぐ彼らは、笑わすことも泣かすことも活殺自在な話術と不思議な人格的魅力をもった人々であり、人々の苦しみや悲しみの本当の意味はなにかということを的確に洞察することができた。こうした伝統はすべて失われたのではなく、たとえば民間の宗教運動などではずっと持続してゆくのだが、「官製国民運動」ではうけつがれるべくもなかった。たとえば、明治末期の権力の側からする教化運動を代表する書物である井上哲次郎の『国民道徳概論』においては、「国民道徳」とはなによりも国体や国家神道や武士道と結びついた「忠孝一本」ということであり、民衆意識の現実やその歴史的変遷についてはどのような洞察力ももっていない。青年団運動にしても、産業改良やそのための調査研究を主眼にした自主的なものから、道徳的教化を中心とした受動的なものに急速に変わってゆく。(15) そして、ひとたびこうした虚偽意識の体系(イデオロギー体系)が成立すると、さまざまな問題がこの虚偽意識によって処理されてゆく。そのさい重要なことは、たとえば社会体制の全体にかかわるような問題は、もともとこうした通俗道徳では処理できない性質のものなのに、そうした問題までこの虚偽意識によってゴリ押しに処理されてゆくということである。通俗道徳は、個人とそれをとりまく小共同体のなかでは人々の生活態度を根本から変革することによってきわめて巨大なエネルギーを発揮しうるのであり、その点では民衆的な諸思想がしばしばのべたように人間の心には無限の可能性が秘められているのだけれども、小共同体の外では個人の人格的な力は神通力を失う。だが、こうした通俗道徳が自明の社会通念として普遍化してゆくと、どのような問題もその通念を通して処理しうるかのような幻想が成立する。そうなると、かつて民衆生活の実態に適応していたヒューマンな性格は失われ、欺瞞的、偽善的、独善的なものに転化する。そこではまた、道徳的実践を自己目的とする態度が強められ、状況やプロセスのリアルな分析はすべて放棄される。この虚偽意識は、明治中期から後期にかけて農村を基盤としてさらに一般化されていったが、商人、職人、労働者などの意識もその大枠から大きくはずれたものではなかった。たとえば、日本最初の労働組合の一つが修養団体まがいの「矯正会」と名づけられ、その目的に「職務勉励はもちろん温厚篤実品行方正にしていやしくも粗暴の挙動あるべからず」とさだめたこと、(16) あるいは、大正三年に友愛会がその会員に勤勉、忠実、誠意、信用、報恩、同情、節倹、衛生、反省、快活からなる「日々の心得十ケ条」をしめしたことなどは、(17) これまでのべたような事情を背景としたものであろう。友愛会の十ケ条のうち、衛生や快活はやや近代市民社会的な意識であるが、それ以外は通俗道徳型のものといってよい。明治期の労働者は、貧民窟の貧民などと同様なものと考えられ、職人層よりもいっそう下層のものと考えられたから、彼ら自身が近代社会の公認の自己規律をすでに実現していることが彼らの社会的な自己主張の前提であると意識されたのであろう[18]。

労働者階級にとってさえ、この虚偽意識の欺瞞性をみぬくことが困難だったとすれば、その欺瞞性をみぬくためにはどのような眼が必要だったろうか。一つの可能性は、福沢諭吉、竹越三叉、茅原華山らの方向である。たとえば、福沢や竹越は勤倹力行主義を批判して、それは節倹というよりは過倹であると考えた。もっと合理的で、生活を愉しむゆとりもある「勤奢」がともにおこなわれる市民的生活が彼らの理想だったのである[19]。だが、この批判は、ブルジョア的市民的生活を営みうる余裕のある少数者の立場からのものであろう。べつの可能性は、明治の社会の現実のなかでは通俗道徳型の意識がたえず偽善的なものに転化していることを敏感に感じとる方向であって、多くの文学者たちのモチーフはそこにあったと思う。第三の可能性は、真摯に生きぬこうとした底辺の民衆の立場である。どのように真摯に道徳的実践をかさねても、いやそのゆえにかえって没落してゆくとしたら、現実の諸関係は道徳の名をかりた欺瞞の体系であることがみぬかれざるをえない。この世界のすべてを「悪の世」、「けものの世」と糾弾した大本教の立場などがそれである。しかし、このような批判も、強靭な通俗道徳的自己規律を敢行すれば自分だけはともかく上昇可能だという特有の事情があるために、国民的な規模では成立しにくい。

こうして、批判の論理が発展しうるいくつかの可能性はあるけれども、それらは、近代日本の社会構成のなかでは特殊な疎外された立場にある少数者の立場からのみうまれるものであった。だから、全体としてみたばあいには、これまでのべたような虚偽意識の支配のもとでは、貧富をうみだす客観的な仕組はたえず見えにくいものになってゆき、現実の経済的社会的な秩序はたえず道徳的人格的な秩序と意識されてゆき、その結果、経済的社会的な階層性はじつは道徳的人格的な階層性に根拠をもっているかのような転倒した幻想が普遍化してゆく。そこでは、貧しい人々は、経済的な劣敗者であるだけでなく精神的な劣敗者でもある。こうして、前述したように、人間らしく生きようとしたたくさんの人たちの全人格的な努力は、経済的な敗北とともに無力感や諦観やシニシズムとなって社会の底辺部に大量に鬱積される。それどころか、貧困と不幸はみずからの罪によるという罪障観さえ形成された。そうした実例として、日本資本主義の原蓄過程の最底辺にいた筑豊の炭鉱労働者の「下罪人」意識が注目される。上野英信は、「下罪人」意識がスラ曳きと結びついているとして、「唐津下罪人のスラ曳く姿／江戸の絵かきもかきゃきらぬ」、「汽車は炭曳く雪隠虫ゃ尾曳く／川筋下罪人はスラを曳く」、「親の因果が子にまで報い／長い街道でスラを曳く」などの歌謡を紹介している(20)。つまり、スラを曳く労働者たちは、「みずからを「下罪人」と規定することなしにこの屈辱的な労役を受けとめるみちはなかった(21)」のであり、彼らはみずからを経済の世界のみならず精神の世界でも劣敗者であると規定することで自己了解をとげたのである。

精神の世界でもみずからを疎外するような意識形態は、製糸・紡績などの女工たちにもひろくみられた。「聞いて極楽、観て地獄(22)」といわれ、桐生足利地方では「身を工女の群に入る、を以て茶屋女と一般、堕落の境に陥る者と為す(23)」といわれた。「工場は地獄よ主任が鬼で／廻る運転火の車」という歌謡は、ちょっと考えると彼女らの批判意識の表現のようにみえるけれども、はたしてそうだろうか。彼女たち自身が、「製糸工女が人間なれば／トンボ蝶々も鳥のうち(24)」、「加悦《かや》の谷とは誰が言たよ言た／地獄谷かや日も射さぬ(25)」とみずからを全人格的に疎外したのであり、「工場は地獄よ……」もそうした完璧な疎外意識の表現ではなかったか。彼女たちが、どれほどふかくみずからを傷つけ疎外していたかを知るには、『女工哀史』の一節、「女工の心理」

をみればよい。そこには、たとえばつぎのように書かれている。

> 彼女達には、又大体に於て明るい処を好まず、薄暗い処を好く如き傾向がある。……彼女達は同じお汁粉を食べるにしても浅草あたりの明るい店へは滅多には入らず、食べ度いのを我慢して本所の暗い家まで帰るといふ調子である。
>
> それから又、彼女達は現金で物を買ふ場合、掛値がなくて比較的廉く、選択の自由なデパートメントストアへ行くことをせず、大概場末の小呉服店で済ます。買ひに行く時間が無い程でもないのに。「三越へ行かうか?」こう言つて誘つても、行かうと答へる女工は百人に一人も無い。
>
> ……彼女達はどうも新しい料理を厭がる傾向をもつ。……
>
> それから又、女工は人を甚くおそろしがる。……
>
> 女工は身の廻り一切非常に地味なつくりをする。……それで、従つて甚しく老けて見へるのである。平均十くらひは外見だけ老けて見へる。[26]

このような疎外された意識をもつ女工たちが、積極的な勤労意欲を欠如していたこと[27]、一つの職場への定着期間がいちじるしく短かったこと、「女の夜這い」といわれるように性道徳を崩壊させていたことなど[28]は当然のことであった。しかし、私がとりわけ注目したいのは、貧困という現実があっても、こうした疎外意識のもとでは変革的な意識が成長しにくいだろうということである。もちろん、そのばあいでも不満の爆発というようなことはありえたろう。しかし、真に変革的な意識は、なんらかの意味でみずからの内面的なものにたいする信念や誇りに基礎づけられねばならないだろうが、そうした信念や誇りがうまれにくい仕組になっているのである。しかも、彼女たちがこうした疎外された意識を克服しようとすれば、それはほとんど必然的にまじめに忠実に働いてささやかな家庭をもつというような形態のものとなり、まじめに努力すればするほど通俗道徳的価値体系の網の目にとらわれていったであろう。

(1) 以下、杉山村についての事実は、大日本報徳社『杉山報徳社紀要』による。
(2) 芳賀登『明治維新の精神構造』、国府種徳『古橋源六郎翁』参照。
(3) 『但馬偉人平尾在修』による。
(4) 柴田一「近世豪農の思想と学問」一八六―一八七頁。
(5) 『但馬偉人平尾在修』三一・三七・三八頁。
(6) 山崎延吉『農村自治の研究』四〇三頁。
(7) 鹿野政直「戦後経営と農村教育」(『思想』一九六七年一一月号)、五八頁による。
(8) 藤井知昭の教示による。
(9) 越川春樹『大原幽学研究』二一三―二一四頁。
(10) 『古橋源六郎翁』八三―八四頁。
(11) 児玉庄太郎『偉人石川翁の事業と言行』九一頁。鳥取県美濃郡豊田村でも、地主斎藤家が午前四時に起床の板をたたき、それによって全村が起床した(山崎『農村自治の研究』五五六頁)。
(12) 丸山熊男『静岡県報徳社事蹟』二六頁。
(13) 『古橋源六郎翁』一二二頁、付録一三頁。
(14) 鹿野政直「明治後期における国民組織化の過程」(『史観』第六九冊、のちに『資本主義形成期の秩序意識』第三章1)参照。
(15) 鹿野、同右書、四七〇頁以下。
(16) 隅谷三喜男『大日本帝国の試煉』一一五頁による。

(17)『近代日本思想史講座』五巻、一九〇頁による。
(18)隅谷三喜男「社会運動の発生と社会思想」(『岩波講座日本歴史』一八)、一五八―一五九頁、同『大日本帝国の試煉』一一三―一一五頁。
(19)神島二郎『近代日本の精神構造』一二一―一二二頁参照。
(20)上野英信『地の底の笑い話』一二頁。
(21)同右。
(22)横山源之助『日本の下層社会』(岩波文庫版)、一四九頁。なお、農村の事例として、北陸では作男が休日を終って主家に戻ることを「鬼の手に戻る」といったという(同書、二七二頁)。
(23)同右、一五〇頁。
(24)高群逸枝『女性の歴史』Ⅱ『高群逸枝全集』五巻、八三三頁による。
(25)細井和喜蔵『女工哀史』(岩波文庫版)、三五五頁。
(26)同右、二八八―二九〇頁。
(27)横山『日本の下層社会』一六五―一六六頁。
(28)同右書の一〇九頁に興味ぶかい事例がのべられている。

2　人民の道徳と人民の秩序

これまでのべたように、一般的にいえば、通俗道徳的自己規律の真摯な実践は、現存の支配体制の内部でのささやかな上昇を可能にして支配体制を下から支える役割をはたし、社会体制の非合理的なカラクリを見えにくくするものとしなければならない。むしろ、通俗道徳を教える思想家は、現存の支配体制をすすんできわめておめでたく讃美しているばあいが多い。たとえば、幽学が、いまは「天下泰平」のありがたい世の中だとくりかえしてのべているのはおそらく真意であり、江戸への道中で天保饑饉の惨状をつぶさにみたときさえ、江戸の大名屋敷について「美景言ふばかりなし」、「実に天人の住家とばかりあやしまる耳」(1)と感心している言葉にも、皮肉のかげさえもない。大名屋敷や江戸城や日光が華麗につくられているのをみても、それを搾取の結果と考え、そこに農村の貧困の原因をみる視角は幽学にはなく、それらの華麗さはこの世のすばらしさや偉大さのあらわれと意識され、かえって現存の秩序にたいする恩頼感をふかめている。

社会体制だけでなく、自然もまた完全な恩頼感をもって眺められた。たとえば、尊徳は、生産労働の意義を積極的に評価した思想家として重要であるが、その前提には自然はかぎりなく恵みぶかく豊かだから努力さえすれば無限の富がえられるという農本主義的世界観があり、その意味でたとえば「天つ日の恵《めぐみ》積置く無尽蔵／鍬でほり出せ鎌でかりとれ」というのである。幕末の対外問題さえこの立場のゆえにきわめて楽観的にとらえられたのであって、天地の中和に位し「膏土沃壌、五穀豊登」の日本は、「窮髪不毛」の外国の交易要求を許してその「嘉穀」を「年々之を巨艦に積み、以て諸窮髪の地に施せば、則ち痛快言ふべからざる也」とされるほどであった。(2)農本主義的な視野からは、日本はかぎりなく豊かであるために外国交易もおそるるに足りないのである。このように、人々をとりまく自然と社会は、恵みと安らぎをあたえてくれる根本的に調和的で恩頼しうる存在と意識されたのであり、そのために、人間をとりまいている自然や社会体制の変革によって人々の幸福を実現しようとする志向はうまれにくかった。そして、道徳的実践によって、ある程度の社会的地位の上昇が可能なために、こうした調和的、恩頼的な世界観は破られにくかった。

だが、他方で、通俗道徳的自己規律が実践される実践の場において具体的に考えてみれば、それが変革的な意識へと転化しうる可能性も容易に把握できると思う。たとえば、梅岩や幽学などはみずからは思想と教育の専門家であり、その生活も門人たちに依拠しているから、そのかぎりで封建権力や商業高利貸資本と直接的な交渉をもたなくてもすむ。だが、彼らの教化をうける豪農や一般民衆は、日常生活のなかでたえず権力支配の末端や商業高利貸資本と接触し、苦しめられたりだまされたりしている。だから、タテマエとしては権力者をうやまい服従するように教えられていたとしても、苛酷で不正で奢侈におぼれている役人や高利貸を見るごとに秘められた憤りが内心に蓄積されてゆき、みずから受容している道徳律を基準として批判的な目で支配階級を見るようになってゆく。支配階級の教える道徳をタテマエどおりうけいれ真摯な自己規律を実践しておればおるほど、その道徳律をタテにとった支配階級にたいする批判はきびしいものになる。私は、近世から明治にかけての民衆闘争を支える論理は、こうした道徳主義であったと思う。

ここでは、一揆や打ちこわしについて包括的にのべることはできないが、近世後期の大きな一揆・打ちこわしは、さまざまのかたちで商品経済の発展と結合したあらたな搾取が、商業高利貸資本を媒介にして、巧妙かつ苛酷におこなわれたばあいにおこったものが圧倒的に多かった。そこで、一揆・打ちこわしにたちあがる民衆の方は、奸佞邪悪な役人と商業高利貸資本にむけて彼らの「私欲」を攻撃する、という論理になってくる。こうした事例はあまりに数多いと思うが、たとえば慶応二年の陸奥国信達地方の世直し一揆では、役人と結託した特権商人たちが「百姓の油をせしめんとせし者」であり、高利貸は「苗代に住む蛭と同性也、其訳は困窮人共の脛へ食ひ付、生血を吸ふが如し」、「金持は自由自在成るは、非分の公事沙汰にも金にて勝ち、其振行く所なし(3)」などと最大級のはげしい言葉で非難され、「怨み憤り其の肉を喰んと昼夜此事而已に艱苦仕候(4)」とされる。これにたいして、この一揆において「世直し八郎大明神」といわれた菅野八郎の方は、通俗化された儒教道徳を実践的にうけとめて批判の論理に転化させていた。彼は、仁義礼智信の五常を信を中心としてとらえているが、これは対人関係において信《まこと》をつくすことを意味するものであり、形式や伝統よりも内面的真実に重きをおこうとするものだと評価できよう。また彼は、先祖よりの「申伝へ」として一種の家訓を記しており、それは親孝行・家業出精・年貢皆済などからなる平凡なものであったが、しかしそれはすぐつづいて「仮初《かりそめ》にも人を偽り諂《へつら》ふ事をせず、理非善悪を能弁《よくわきま》へ、弱を助け強を制すの旨を含み、少したり共《とも》曲心を出さず、正直を□として、義と信の二つには一命も不レ可レ惜」とするものであった。(5) 一見してあきらかなように、こうした信念をタテマエどおりつらぬけば、一命をすてても民衆のためにたたかうということにならざるをえない。儒教道徳の普遍主義的側面を民衆の立場にたって実践化してゆけば、変革的な論理がうまれざるをえないのである。そして、彼のばあいは、こうした論理をふりかざして、慶応四年には奥羽諸藩にたいしても王政にたいしても痛烈な批判を展開する。(6)

もっとも、私は、一揆や打ちこわしにたちあがったすべての民衆が菅野八郎のような道徳主義的信念をもっていたとしているのではない。日本の民衆には、おそらくもっとも原始的な時代以来の変革を待望する意識の伝統があり、それは、民衆生活が不安定になってくるとしだいにふくれあがっていった。(7) そのような意識の伝統は、「ミロクの世」観念にも、「おかげまいり」や「ええじゃないか」にも、さまざまのはやり神や御霊信仰のなかにも表現されている。十八世紀末以降の大坂でしばしば流行した砂持において、多数の民衆が鉦、太鼓などをたたいて深夜まで徘徊したというのも、天保十年に畿内を中心として「蝶々踊り」が発生して他人の家へ勝手に「踊込」んだりしたというのも、(8) そうした伝統的意識の表出である。「農家立教」が、「百姓は義理を知らず候へば、我情を押而こらゆる事成がたく、只手前勝手をのみ思ひ候故、人情にもとりたる事には従はざるものに候」[9]というのは、封建イデオロギーがついにとらえることのできなかった民衆の自己主張の伝統を指摘したものである。

ここで、やや唐突ではあるが、柳田国男が「ザットナ」についてのべていることに注目しておきたい。「ザットナ」とは、塩釜神社の神事で、それは正月十五日に子供たちが町内をまわり、「行跡の良からぬ事を、其者の背戸門の辺に来り、同音に世間の見聞に与る所を歯に衣着せず言ひ散らして、いづくとも無く別れ去るなり[10]」というものである。ここでは、子供が主役になっているとはいえ、その土地の有力者にたいして遠慮なく批判することが祭礼として制度化されていることが重要である。柳田は、これを、神輿などが日頃から遺恨をもつ家などへ暴れこむ習慣と結びつけ、神意をかりて日頃の怨念をはらし世間の常識的な規範を守らせるように強制する伝統が民衆生活のなかに根ぶかく存在していたのだ、と考える。

集団の力をかり、また神意をかりて日頃の怨念をはらし欲求を実現するこうした伝統は、一揆や打ちこわしを道徳的にも悪とする封建イデオロギーに対抗してそれを肯定し待望する意識の系譜を暗示するものではなかろうか。若者組が村ぎめの休日を要求したりして村役人の村落支配を破壊するのも、ひろい意味ではこうした系譜の意識といえよう。そして、こうした変革を肯定し待望する意識の伝統と前述したきびしい道徳主義が結合するところに、一揆や打ちこわしの巨大な政治的社会的エネルギーがうまれたのではなかろうか。そのばあい、支配者にも道徳のきびしい実践を要求する論理は、運動を支える論理としての一貫性と説得性をもっているが、広汎な大衆をいっきょにかつ熱狂的に運動に参加させる点では弱いだろう。反対に、非日常的な変革待望の意識の爆発は、巨大で急速に伝播するエネルギーをともなうけれども、組織性、論理性、持続性をもちにくい。そこで、一揆や打ちこわしの指導部はきびしい自己規律に鍛えぬかれた計画性、組織力、説得力などをもった強靭な人々からなり(十七年間もひそかにオルグ活動をおこなった一揆指導者がどのような精神の持ち主であったか想像してみればよい)、そのまわりに非日常的な形態で憤懣を爆発させた広汎な大衆が結集してくるというふうに、両者がうまく結合することで一揆や打ちこわしは巨大な政治的社会的エネルギーとなりえたのではなかろうか。

それはともかく、菅野八郎のような批判の論理は、儒教＝封建イデオロギーの思想系譜にたつものであり、また支配者にたいして仁政を要求するものだから、本質的には封建的だということになるだろうか。そうではない。道徳主義をタテにとって中間搾取やさまざまの特権が打破され、もしそうした闘争が持続的に展開されるならば、農民的商品生産の自由な発展をふまえた市民社会的な秩序へと志向する可能性がうまれるだろう。慶応二年のこの一揆が、特権を否定した自由な小商品生産者たちの理想社会を志向していたことはよく知られている。その社会を構成するのは、誠実で勤勉で自由でゆたかな小商品生産者としての農民たちであろう。だから彼らは、自分らの理想社会をつぎのように表現することができた。

　右の御役も御免に相成、尚又米こく・諸色・質利足直段下げに相成、信達一同平均して、七月一日両社御祭礼も立直し、糸の大市大繁昌、是より在々所々の糸市も大繁昌、御城下は不㆓申及㆒山里共に賑々しく皆々万才を寿《ことほぎ》けり、目出たし〳〵(11)。

この一揆は、幕藩権力そのものを否定したあらたな権力の構想をもっているのではない。しかし、封建的負担は本年貢だけに限定され、それも一ケ年あるいは三ケ年の全免を要求しているのであるから、じじつ上、封建支配の大きな後退を要求している。だが、彼らは、封建的社会体制以外の社会体制を構想するどのような思考素材(思想史的伝統)ももたないから、封建的社会体制を自明の秩序原理としてうけいれたままでこのように主張しているのである。だから、実質的にはすでに自由な小商品生産者たちからなる市民社会的な秩序をもとめていながら、それにふさわしい権力構想をみいだすことができていないのだ、ともいえよう。ただ、すくなくとも菅野八郎のばあいには、封建的身分制的秩序を自明の前提としている点では一揆にたちあがった一般の民衆と同様であるが、そのあり方を主体的に問題にしてゆこうとする態度がきわめて強くあらわれている。ペリー来航にさいして、夢に神君家康があらわれて海防策を彼にさずけたとして、そのことを老中に直訴するのは、(12)霊夢というやや宗教的な媒介を通して一介の農民が全国的な政治問題をみずからの問題としてうけとめていったことをしめすものである。また、慶応四年に、奥羽諸藩や王政をはげしく批判したさいには、衆心を失った権力は必滅だという認識があり、そこには民衆の利益にふさわしい社会体制を自由に探求する可能性がすでに芽生えていると思う。

　嘉永六年の南部藩大一揆の指導者三浦命助の獄中記は、一揆指導者の内面生活を知りうる貴重な史料であるが、そこにはまだ即自的な形態においてではあるが、近代的な自由な生き方が追求されていると思う。彼は、入獄という特殊な条件に規制されながらではあるが、田畑を売ったり借金したりすることを恐れてはならないとのべた。なぜなら、「田地なくとも日びに働ばしのぐもの」(13)であり、「手ど」＝身につけた技術さえあればいくらでも稼げるからである。このような見地から、彼は少なくなった田畑からでも多くの利益をあげうる商品作物について説明し、ソロバンと手仕事を覚えれば他所へ移っても生活できるとのべた。だからまた、勤労とその成果としての金儲けを積極的に肯定し、「金せん人にをどら《（劣らぬ）》のように働き、たくさんにをん遣可レ被レ成候」(14)などとのべた。また、健康のためには酒と魚がよいとのべ、薬の製法についてはくりかえしのべた。そして、このような小ブルジョア的な積極性の基礎にあるのは、「人間は三千年に一度さくうどん花《げ》なり、田畑は石川らの如し[15]」、「やしみ日には早く休み、我みのたましいを我心にて可レ奉レ拝。人の為のをんかだつ（形）は、乍レ恐月日のをんかだつの如し。同《おなじく》はまいあさ我玉しいをはいし奉るべく候[16]」という人間観であった。この引用部分の解釈はむつかしいが、民衆思想に共通してみられる人間の心の究極性についてのべたものであり、こうした信念を根柢においてすべてを統一的にとらえたからこそ、前記のような主張を首尾一貫させえたのだと思う。

ところで、以上のような積極的な主張は、じつは、正直、孝行、勤勉、服従などの諸徳を誰にも劣らず守っているという信念と不可分のものであった。なぜなら、そうした道徳的実践についての確信がありさえすれば、生活の手段などは状況に応じて自由に選択しても非難される理由などはないからである。だから、たとえば彼の子供にたいする教訓が、「一、大勢ノ子ドモラ、人ニ損ヲカゲルナ、ヌシミヲシルナ、アグシンヲオゴシナ、イツワリヲシルナ、手マヲトルナ、身ヲウルナ、親ニ孝行ヲツクセヨ、大勢ノ子ドモ様[17]」というような通俗道徳型のものであったことはむしろ当然なのである。その意味で、大いに金を儲けてどんどん遣えと教えた獄中記が、「万延二辛酉年二月廿四日ニヨグ（欲）ヲ離レ申候、以上[18]」という言葉で終わっていることは象徴的ともいえる。ちょっと考えると、大いに金を儲けることと欲を離れることとはすっかり矛盾しており、命助の思想も曖昧で混沌としたもののようにみえるかもしれないが、じつは両者は緊密に結びついており、欲を離れた人間になることによって自由に金儲けができたのである。だから、三浦命助獄中記の評価にさいして、通俗道徳的な実践についての信念の強固さが、彼の自由な思索を支えていたことを把握しなくてはなにもわからなくなってしまう[19]。

近世後期の民衆思想が、あるばあいには近代市民社会的な理念をきわめてスムーズに受容しうるような状況にあった事例として、宮城公子は杉田仙十郎のばあいをあげている。すなわち、宮城は、仙十郎の蟄居中の記録のなかから「誠」についてのべた「備前黒住佐原氏」の格言と道歌を引用し、それにすぐつづいて「フランクリン氏[三]十二徳」が書き加えられていることを指摘して、儒教に由来する「誠」の論理と近代資本主義のエートスとしてのカルヴィニズムが結びつけられてゆくとしている。[20] ところで、この「備前黒住佐原氏」とはじつは黒住宗忠のことであり、[21] したがって、幕末の一民衆宗教と近代市民社会の理念の典型とヴェーバーが考えたフランクリンの道徳が本質的に一致するものとして受容されていたことになる。だが、こうした事態をあまりに奇妙な錯誤だと考えるなら、それはモダニズムのドグマであろう。あらたに形成されつつある内面的なものの権威は、みずからにふさわしい論理を今日の私たちが想像する以上に自由に探求しつつあったことを見落してはならない。

もちろん、三浦命助のばあいも、幕藩体制とは異なった社会秩序を構想していたのではない。彼にも、異なった社会体制を構想しうるどんな思考材料もなかった。しかしこの南部藩の一揆は、仙台領へ越境して訴えたり、支藩の藩主に訴えたりしてすでにそうとう高い政治性をもって行動している。彼は、こうした一揆の指導者にふさわしいひろい視野をもった人であった。だから彼は、安政二年に出奔して京都へゆき、二条家の家来と称して帰国したりしたが、それはあらたな政治的動きをみせていた朝廷・公卿の権威を彼なりに利用しようとするものだった。また、獄中記では、「天ハメグマセ玉ドモ国守《コクシュ》ノメグミナキユエニ誠ニナンギ致ナリ[22]」と公然と南部藩を批判し、松前か江戸か公儀の土地へ移れと家族に伝えた。このようにして、彼は、南部藩の支配とは異なる社会のあり方を、幕藩封建制の枠組にとらわれながらではあるが、できるだけ自由に探求していたとしなければならない。

三浦命助や菅野八郎にとっては、眼前の役人たちや高利貸たちが非道なものであることはすぐわかることであり、だから彼らにたいしては、はげしい批判をあびせた。だが、彼らは、眼前の権威や権力を批判しようとすれば、より上の強力な権威や権力に依拠せざるをえなかった。三浦命助がはっきりと「国守」を批判したばあいも、その批判は幕府への信頼と対をなしており、また現実の幕府政治を批判しても、その批判は神君家康がつくったあるべき幕藩制への恩頼をよりどころとしている、というような具合である。

だが、明治二十年まで生きていた菅野八郎のばあいは、すくなくとも明治十年代後半には、現存の政治権力にも人々の生活態度にもすっかり絶望して、いまの世は「真坂下り」だという終末観をいだくにいたっている。そのばあい、自然と人間は連続的にとらえられ、「人気」が悪くなったからそれが天地に通じて陰陽を悩ませ、そのために気候不順となって不作となり、万物不足して人々の欲情がつのり、ついに人々は「信義勇」を失ってしまった、とされる。そして、このような乱世がきわまったあげくに世直しがおこり、「年々万作続きて天気人気も晴々」とした世の中が出現する、というのである。(23) この見解は、「治乱二百年廻り」という信念にもとづいて展開されているが、そこには、人々がすっかり道を失ったときに天変動地とともに世直しがおこって、すべての人が平和に幸せに暮す世の中がくるという世直し概念の伝統が生きていると思われる。そこでは、幕藩体制や天皇制国家という既成の権力を自明のものとして受容するような態度はすでに失われており、未熟ながら独自の世界観・歴史観にもとづく変革の展望がある。それは、世直し観念の伝統をふまえながらも、それを彼の体験によって発展させたものであり、神秘的観念的性格の強いものである。民衆思想は、人々の日常道徳を説くさいには経験をふまえて明晰にのべることができたのだけれども、社会の根本的変革をイメージしようとすれば、世直し観念の伝統と結びついて独自の神秘的幻想を展開せざるをえなかったのである。

幕藩体制とも天皇制国家とも異なった社会体制を民衆が独自に構想しようとすれば、それはかならず独自の世界観にもとづいたものでなければならない。現存の社会秩序は精神的なものの権威にもとづいて成立しているという転倒した意識が支配しているために、民衆は至高の精神的権威を自分のうちに樹立したときにのみ独自の社会体制を構想しうるのである。そして、近代社会成立期においては、このような精神的権威を民衆が獲得するためには、それが宗教的形態をとることはほとんど不可避であったろう。

のちにのべるように、近代社会成立期の民衆闘争は、すくなくともそれが大規模な農民戦争型のものになるばあいには、宗教的形態をとるのが世界史的な通例であり、この点では、小規模で特定の宗教思想と結びつかない一揆や打ちこわしをくりかえした日本のばあいが、世界史的にみて特殊な性格のものだと考えられる。[24]ところで、近代社会成立期の民衆闘争が宗教的形態をとるための歴史的前提は、封建社会の内部においてすでに封建支配の網の目を逃れた宗教的異端や秘密結社が各地に存在することである。ヨーロッパの中世には、千年王国説や再洗礼派の異端諸宗派が各地に存在しており、トマス・ミュンツァーもこれらの異端と結びつくことからその運動を展開した。[25]清朝治下の中国にも、無数の宗教的秘密結社があり、そこからやがて白蓮教徒や天理教徒の反乱がおこってくる。そして、幕藩体制下の日本においても、かくれキリシタン、不受不施派、かくれ念仏という三つの系譜の宗教的秘密結社があったのだけれども、ただ世界史的にみて異例なのは、これらの異端の宗教思想も宗教組織も近代社会成立期の歴史過程でなんの役割もはたさず、萎縮したまま終わるということである。このことは、集権的封建制としての幕藩体制の構造的性格の一端をものがたるものなのであろう。

もっとも、日本のばあいでも、みずからの宗教的権威をタテにとってすべての既成の権威を批判するという方向は、萌芽的ながらこれらの宗教的異端のなかに存在していたと思われる。たとえば、秘事法門は、みずから親鸞の位に入った（「入親鸞位」という）として既成の教権制的権威を否定するもので、本願寺の権威を認めず、仏像や仏画を拝むことを拒否して自分の心を拝むのだといい、魚鳥を自由に食べ、入信のために特別の儀礼を設けて信者と不信者をはっきり区別し、そのことによって特別の教派《ゼクテ》をつくっていた。(26) すなわち、仏となった自分の心が究極の権威なのであって、既成の教説も教団も儀礼もすべて否定されたのである。そして、もしこのような自己の宗教的権威を確信する教派がいたるところで発展してゆけば、そこにはげしい宗教的な争いがおこり、その結果、一つの時代の精神的、イデオロギー的権威は根本から動揺させられたであろう。しかし、日本のばあい、秘事法門にみられるように、こうした動向はきわめて未成熟で萌芽的なままに終わってしまった。そして、宗教的異端の未成熟というこの特質は、近代日本のイデオロギー史的特質を根本から規定するものであると考える。なぜなら、はげしい宗教闘争を通じてこそ近代市民社会に特有の言論、集会、結社、思想と信条などの自由権が成立してくるからである。ヨーロッパでは、それらの自由権は、なによりもまず宗教的言論、宗教的集会、宗教的結社などの自由として主張され容認されていったのであって、こうして人々の内面的世界にたいして権力は干渉しないという市民的国家の原則が樹立されたのである。

もし日本の近代化過程において宗教的異端を考えるとすれば、黒住教、金光教、天理教、丸山教、大本教などの新宗教がそれにあたるだろう。ある時期の天理教、丸山教、大本教には、そうした性格がよくあらわれている。これらの新宗教において、神憑りを通して宗教的権威が成立すると、それはやがて現世の権力にたいしてもみずからの権威の至高性を主張するようになり、そのことは幕府や天皇制国家による精神的権威の独占とあいいれないものとなるのである。このことに関連して、やや唐突であるが、これらの新宗教の基盤である民間信仰的な伝統においては、神と天皇には同じ用語がもちいられたということを指摘しておきたい。たとえば、その住居はともにミヤとよばれ、歩行することはともにミユキとよばれ、配偶者はともにキサキとよばれた。(27)

富士講の行者食行身禄《じきぎょうみろく》は、みずからを「菩薩」とよんだばかりか「王」とよび、自分の妻を「女御」、娘を「姫」とよんだのもそうした事例であり、[28]ここで身禄は自分を天子になぞらえるとともに神にもなぞらえているのである。つまり、日本の伝統的意識において、神秘的な体験を媒介として宗教的権威が成立すると、それは現人神天皇のミニチュア版になるのである。

このことは、天理教や大本教、ことに後者において確証される（たとえば、大本事件で開祖の墓が徹底的に破壊されたのは、それが「オクツキ」とよばれ天皇の御陵に極似していたからであった）。どのように未熟なものであっても、このような至高の宗教的権威が成立することは、国家権力による精神的権威の独占と原理的に対立する。だから、天皇制国家主義に随順する以前の天理教、丸山教、大本教などは、徹底的に弾圧されたのである。有力な宗教的異端が存在しなかったこと、あるいは一時的には存在しても徹底的に弾圧されたことは、国家権力による精神的権威の独占という天皇制イデオロギーの特質と裏腹の関係をなしている。

こうして、日本の近代化過程においては、宗教的異端の伝統は弱かったのであるが、しかし、既成の権力に民衆の幸福を期待しえないことがさまざまの痛切な体験をくりかえすことによって理解されると、宗教的権威をふりかざした世直しがもとめられざるをえない。それは、宗教的幻想を媒介としたトータルな社会変革の構想である。宗教的幻想を媒介にしてしかトータルな解放を構想しえないところに、あるいは、宗教的な幻想を媒介としてではあるがともかくもトータルな解放を構想しうるところに、私たちは、近代社会成立過程における民衆の歴史的位相をみているのである。明治初年の天理教、明治十年代の丸山教、明治三十年代以降の大本教に、民衆の立場にたつ世直し観念が濃厚にあらわれていたことは周知のことである。これらの宗教的世直しが、天皇制国家に対決して実現しようとしていたのはどのような社会なのか、明治初年（明治七年頃から十年代における）の天理教を例として概観してみよう。

まず、天理教の神は、「一列を一人も余さず救けたい」[29]という世界全体の普遍的な救済をめざす普遍神である。そして、この神は、この世の創造神であり絶対神であるから普遍的な救済が可能なのだが、そのためには「しんぢつの神のざんねん」（四の三五）[30]がはらされねばならない。つまり、真実の神をないがしろにした人々が罰され、あるいは悔いあらためさせられなければならない。この立場から、一方では、「せかいをままにする」「上」、「高山」が批判され、「これからハ神のちからと上たるの／ちからくらべをするとをもへよ」（三の八三）とされる。つまり、神の権威と力が現世の支配者の権力と徹底的にたたかうのである。天理教の神は、「上たるハせかいぢうをまゝにする／神のざんねんこれをしらんか」（三の一二一）とはげしく憤る神であり、「どんなかやしをするやしれんで」（六の九〇）ときびしい復讐をはかる神である。他方で、この神は、民衆にたいしては悔い改めて正しい生活をせよ、と迫る。人間は、本来は神の子であり、そのゆえに人間の本性は善であり、悪い人間も「一寸のほこりがついたゆへ」（一の五三）にすぎない。しかし、人々が救済されるためには、この「ほこり」がはらわれ人々が悔いあらためなければならない。「ほこり」とは、基本的な人間悪であって、をしい、ほしい、かわいい、よく、こうまん、にくい、うらみ、はらだちの「八埃」とされる。こうして、天理教の神は、現世の権力をきびしく批判するとともに、民衆にたいしては改心して道徳的生活をおくるように命ずる世直しの神である。それでは、このようにして実現される、神が支配する理想世はどのようなものであろうか。こうした理想世をあらわすと思われる若干の引用をしてみよう。

だん／＼と心いさんでくるならバ　せかいよのなかところはんじよ（一の九、「よのなか」とは豊穣満作のこと）

その、ちハやまずしなずによハらずに　心しだいにいつまでもいよ(四の三七)
また、すけりうけ一れつどこまでも　いつもほふさくをしゑたいから(一二の九六、「りうけ」とは穀物の豊穣のこと)
せかいぢういちれつわみなきよたい《兄弟》や　たにん《他人》とゆうわさらにないぞや(一三の四三)

これは、勤勉で誠実な民衆がみんなで協力しあってつくっている小生産者たちの理想社会である。そこでは、人々の心は「いさんで」いきいきとしており、健康でやすらかになが生きする。農作は人々のまじめな労働によっていつも豊かであり、したがってまた社会は平和である。中山ミキは、「一に百姓、二に働き人、三に職人、四に商人、これ早く救けたい(31)」とのべたといわれるが、こうした民衆たちの願望がすべてみたされているような社会である。

天理教も丸山教も、宗教的粉飾をはぎとってみればこうした小生産者たちの理想社会を希求していたのであり、その世俗的思想にはどんな神秘性もない。それは、勤勉で誠実な民衆なら誰でも望んでいたような社会である。しかし、このようなある意味では平凡な理想が、現実のなかでは確実にふみにじられてゆくことがあきらかになったとき、民衆はみずからの理想を支配のイデオロギーから分離して表現するために宗教という媒介を必要としたのである。

明治中期以降になると、日本の民衆が発展させてきた平民的道徳は、しだいに強く天皇制イデオロギーのなかに編成されてゆき、欺瞞的で偽善的で私たちをしめつけるものにすぎなくなっていった。他方で、その欺瞞性や偽善性をみぬいた人たちは、どちらかといえば道徳の外へでて偽悪やシニシズムのポーズをとりやすかった。これにたいして、平民的道徳のもっとも良質的な部分をうけつぐことで天皇制国家に対決しようとした思想系譜はどこにもとめたらよいだろうか。内村鑑三や田中正造の思想は、平民的道徳をそのもっとも良質な部分でうけつぎ発展させようとすることを、すくなくとも一つの思想的モメントとしていたのではないかと考える。

(1) 「性学日記」千葉県教育会編『大原幽学全集』四六九頁。
(2) 「報徳外記」『日本倫理彙編』十巻、四三六頁。
(3) 庄司・林・安丸編『民衆運動の思想』二八四—二八五頁。
(4) 同右、一四〇頁。
(5) 同右、九二頁。
(6) 同右、一四六・一六三—一六四頁。
(7) 百姓一揆や打ちこわしなどの民衆闘争と、より土俗的な民衆の変革待望との関連については、「民衆蜂起の意識過程」(「安丸集」第2巻—二)の「3 打ちこわしとオージー」参照。
(8) 高島一郎「エ、ヂヤナイカ考」『歴史学研究』三三七号、四〇頁。なお、宮田登『近世の流行神』には、世直し的願望をこめた流行神の事例が数多く紹介されている。
(9) 『近世地方経済史料』五巻、一八七頁。
(10) 柳田国男「祭礼と世間」『定本柳田国男集』第十巻、四〇二頁。
(11) 『民衆運動の思想』二八五—二八六頁。
(12) 同右、九〇—九四頁。
(13) 同右、一六頁。
(14) 同右、二五頁。
(15) 同右、一六頁。

(16)　同右、一八頁。
(17)　同右、六五頁。
(18)　同右、八一頁。
(19)　この獄中記について、杉浦明平は、「あまりに貧弱な内容で、命助にはたしてかの大一揆を指導しうる能力があったかどうかをさえ疑わしめるていのものである」、「まことになさけない内容」だとしているが(『維新前夜の文学』一九・二〇頁)、私の立場からいえばこれはまったくの謬見であり、そしてこのような謬見がうまれた根拠も、おそらくは民衆道徳をその通俗性のゆえに前近代的なものととらえ、そこにどれほどの自己規律がこめられているかをみようとしない近代主義的な先入観にあるだろうということになる。私は、獄中記を紹介した森嘉兵衛の見解(『南部藩百姓一揆の指導者三浦命助伝』一一〇―一二〇頁)に賛成だけれども、孝行や服従や欲を離れることもふくめて高く評価しなければならないとする点で、森の見解とおそらく異なるだろう。
(20)　宮城公子「日本近代化と豪農思想――杉田仙十郎・定一について」(『日本史研究』九五号、一二・一五頁)。
(21)　黒住宗忠は、ふつう黒住左京と称しており、「佐原」とは「左京」のことである。黒住教は、幕末期に豪農商層にひろく受容されたから、杉田仙十郎に影響をあたえたことも当然に考えられる。
(22)　『民衆運動の思想』七三頁。
(23)　東北経済研究所編「世直し指導者菅野八郎著作」(『東北経済』第九号、九〇―九一頁)。
(24)　「「世直し」の論理の系譜」(「安丸集」第3巻―二)参照。なお、藤谷俊雄は、日本の民衆闘争には宗教性が稀薄だとする私たちの見解を、一般的な特質としては承認しつつ、およそつぎの三つの批判点を提出している。第一に、「おかげまいり」と「ええじゃないか」を宗教形態をとった民衆闘争として評価しなければならない。第二に、一揆や打ちこわしが非宗教的であったのは事実だが、いっさいの宗教意識と無縁だったとはいえない。第三に、「世直し」観念が神道説の系譜にたつために思想的な成熟が困難だったというが、それが「人民階級のイデオロギー」として発展しつつあったことを見逃してはならない(『「おかげまいり」と「ええじゃないか」』一六一―一六二・一七〇―一七二・一八三―一八五頁)。このような藤谷の批判にたいして、藤谷も同意する一般的な特質をふまえたうえでなら、私たち(ひろた・

まさきと安丸）もまったく同意見だといいたい。むしろ、藤谷の批判が私たちの意見でもあることは、よく読んでもらえばわかると思う。だが、私たちが問題にしているのは、世直し観念がなぜ「ええじゃないか」のようなオージー的性格をもったものとして爆発するのかということであり、また、そうした性格が克服されるとすればそれはどのようにしてかということであり、この私たちの主題をめぐってこそ批判をうけたいのである。

(25) F・エンゲルス『ドイツ農民戦争』（国民文庫版）五九頁。
(26) 大原性実『真宗異義異安心の研究』による。
(27) 柳田国男「神道私見」『定本柳田国男集』第十巻、四四五頁。
(28) 井野辺茂雄『富士の信仰』四八—四九頁。
(29) 天理教会本部『稿本天理教教祖伝』一一九頁。
(30) （　）内は「おふでさき」の番号、以下同じ。
(31) 『おふでさき註釈』一一九頁。

◈『歴史学研究』三四一号、一九六八年。

この号は、「特集　天皇制イデオロギー——「明治百年」批判」で、色川大吉・鹿野政直などこの時代の民衆思想史研究を代表する論者の論文が集められている。私の作品としては、「日本の近代化と民衆思想」（本巻—一）をふまえたうえでの新しい模索のはじまりといえよう。

II

近世後期の思想状況

三　近代社会への志向とその特質

近代化とは、なによりもまず急速で巨大な生産力の発展のことである。だがこの生産力の発展は、特有の歴史的性格をもった階級関係、政治体制、人間類型、文化などを生みだし、またそれらを前提として相互媒介的に展開する。だから、一国の近代化とは、生産力の発展を軸としてダイナミックに展開する階級関係、政治的諸関係、人間類型、文化などの総体である。そこで、近代社会への志向の究明は、右のように絡みあった諸側面とそこにはらまれている諸矛盾の全体的なスケッチとなる。生産力の発展をもとめる思想だけを抽出する視角も、民主主義や個人主義の発展を志向する思想だけを問題にする視角も拒否しなければならない。

「近代化」ということの内容を詳細にみてゆくなら、機械制大工業の成立、科学技術の発展、普通教育の普及、マス・コミと交通の発展、統一国家の形成、議会制民主主義の確立、個人主義の確立、近代的家族の成立などを中心として沢山の要素をあげることができる。人によってはまた、右のような諸要素の成立の過程に神の権威の失墜や人間の堕落をみることもできるであろう。ところがこれらの諸要素を一人の思想家や特定のグループが過不足なく一身に体現することは不可能であって、それぞれの個人、集団、階級などはそれぞれの問題状況と問題意識によって近代化の諸要素のうちのいくつかを担いいくつかを担わない。また特有の歴史的性格をもった担い方をする。

私はかつて、「近代化」とは①生産力の発展、②民主主義の発展、③個人主義の発展、という三つの基本的な要素の複合体であり、この三つの要素は相互に他の二つをある程度までその前提として結びついているが、しかし他面では矛盾と対立を内包していること、この三つの要素の結合についての楽天的な信念は、一八世紀末から一九世紀初頭にかけてのイギリスとフランスにだけ一時的に存在したにすぎず、近代社会はこの三つの要素の統合に悩み抜いたこと、近代思想をそのような矛盾・相剋をはらんでダイナミックに運動している過程として分析しなければならぬことなどを主張したが(1)、このように考えることによって私は、それぞれの個人、集団、階級などが近代化のどのような要素をどのような特質をもって担うか、またそのことによってその個人、集団、階級などは階級関係、政治的諸関係、人間類型、文化などの近代社会の全体にどのような構造的な連関と矛盾をもってくみこまれているかを分析しようと試みたのである。

たとえば、最近しだいにその影響力を強めてきた日本の近代化を産業化＝資本主義化とほとんど同義語として捉える立場は、歴史的全体のなかから近代化＝産業化という要素のみを抽出し、明治以来の日本社会に特有な近代化＝産業化が歴史的社会の全体にどのような構造的連関と矛盾をもってくみこまれているか、個人主義や民主主義の問題とどのような結びつきをもっているかという問題意識を欠如している、と考えたのである。

近世後期の日本社会においては、もっとも豊富な知識をもつとともに、もっとも自由かつ大胆に思考しえたのは、ごく少数のインテリであった。彼らはあるときは学問を好む諸侯の知遇を得、あるときは三都の大商人や地方都市の商業資本や地主に寄寓し、また塾を開いたりして、生活の資を得ていたから、彼らはある程度まで封建的束縛から自由であり、気に入らなければ特定の封建領主の束縛を離れることができた。彼らは、各地を遊歴して広い社会的な視野をもつことができ、洋学の知識をおおきな拠りどころとしながら自由に広い視野をもって思考する条件に恵まれており、たくましい気骨の持主でもあった。こうした意味で彼らは自由人であったが、しかし彼らの生活は開明的で物好きな大名や商業資本に依存する寄生的なもので、その自由は寄生するところをいくらか自由に選択しうるということにあったにすぎないから、そこには自由で独立した個人の集合体としての近代的市民社会を構想する条件が欠けていた。

この章でまず問題とする重商主義を構想したのは、右のような立場にあったすぐれたインテリたちであった。彼らは洋学によって国際的な視野に立ち、商品経済の発展という当時の社会においてはもっとも重要な経済的事実を前向きにとらえ、それを日本という一つの国家《ネーション》の形成の問題に結びつけて考察することによって、日本の近代化＝産業化の方向をもっとも正しく見通し、日本の近代化の主導コースを設定することができた。しかし彼らは、封建支配者の立場からのみ思考するという封建思想の限界になお深くとらえられ、彼らの主張する変革のコースの実現を特殊に有能な封建支配者の絶対主義化に期待することになった。

一方同じころ、右にのべたインテリたちのように広い視野も知識も持たないけれども、農村の窮乏を眼前に見て地道な農業生産の発展に一生を捧げた人たちがいた。彼らをこの章では老農と呼んでおくが、彼らの大部分は一般農民に比べれば視野も広く大都市にも行ったことぐらいはあるが、しかし自分の村を中心とする郷村社会に密着した生活をしていた。彼らはしばしば村役人であり豪農と呼ばれる有力な農民であって、日本農村の実質的な指導者であった。彼らは国家や商品経済の問題を積極的にとりあげるだけの視野と知識をもたなかったために、近代化の主導コースに従属しそれを下から支えるものとなった。この人たちの思想を老農イデオロギーと呼んで第2節に論じよう。

近代化＝生産力の発展の主導権を、全社会的な規模では重商主義的絶対主義的コースに掌握され、現実の生活の場では豪農や老農に掌握された一般農民層は、しかし封建領主階級に真正面から対立する唯一の階級であった。だからこの階級は、封建制の攻撃においてもっとも厳しく鋭かったのであるが、生産力の発展の主導権を掌握できなかったために、その批判・攻撃はしばしば非合理的となり、歴史発展の主導権を奪うことに失敗した。この農民的イデオロギーの特質を最後に扱うことにする。

これら三つの階層あるいは階級は、それぞれ特有の形態で近代化を志向しており、特有の歴史的役割と諸矛盾をもっている。社会思想史の見地からは、近代化の担い手は以上の三つにほぼ代表されると思うが、それぞれの特徴的な役割と諸矛盾の分析を中心として本稿を進める。

1　重商主義

封建支配者の経済理論

藤原惺窩や林羅山の朱子学は、仏教の彼岸性を厳しく批判し現世的生活の重要性を強調しながら成立した。だが彼らにとっては、現実の社会生活とは君臣父子夫婦兄弟朋友などの間の倫理的な関係にほかならず、人間生活の経済的側面は否定的なものとしてのみ考察された。羅山にとって、「貧富貴賤ハ、ミナ天命」であるから、「天命ニソムキ、ミダリニ富貴ヲモトメテモナラヌ」(『春鑑抄』)のであり、この天命をしらずに自分の利益を求める態度こそ現実の倫理的社会生活を乱す「私欲」として糾弾された。

物質的財貨にたいする欲望と儒教倫理を対立させ、富にたいして否定的な態度をとるという右のような思想は、近世を通じての正統イデオロギーであり、幕末においてもなお主流をなしていた。こうした思想は、いうまでもなく生産活動から離れた武士階級の思想であって農民や商人の現実生活がこうした思想を原理としてなされたのではない。いや、武士階級自身の生活の現実もこうした思想とは遠いものであったが、社会的タテマエはあくまでも右のようなものとして近代的生産力の発展の傾向に対立していた。だがこのようなタテマエの空疎さを嘲笑するように、近世封建社会は成立後いくらも経過しないうちから商品経済の発展にともなう武士と農民の困窮という宿命的な困難にぶつかった。この問題を意識的にとりあげた先駆的な経済思想家として熊沢蕃山や荻生徂徠があげられよう。

蕃山にとって主要な問題は、武士と農民の貧窮だった。彼によれば「今天下の借銀高は、天下の有銀の百倍にも過」ぎ、これは公儀の金銀米穀を残らず出しても百分の一にも足らぬ巨額である（『大学或問』）。このような判断にもとづいて「仁政を天下に行はん事は、富有ならざれば叶はず」（同書）とのべるとき、蕃山は「富有」が政治の中心課題だと考えるに至ったのである。そしてこの立場から、「人君仁心ありといへ共、仁政を不レ行ば徒善也」（同書）とか、「貨色を好の凡心ありといへども、人民に父母たる仁心ありて仁政を行ひ、其人を得て造化を助る時は仁君也」（『集義和書』）とかのべているが、これらの言葉も家臣や一般民衆の経済生活の豊かさに主要な価値観をおいて君主の任務や善悪を論じているのだから、もはや倫理的価値が絶対化されていないとともに君臣関係もそれ自体としては絶対化されず、富有さという別な原理をもとにして批判的に相対化されている。徂徠はほぼ同様な意味で「和漢古今共ニ治世ヨリ乱世ニ移ルコトハ、皆世ノ困窮ヨリ出ルコト、歴代ノシルシ鑑ニ掛テ明也、故ニ国天下ヲ治ルニハ、先富豊カナルヤフニスルコト、是治ノ根本也」（『政談』）とのべ、太宰春台も「食貨は、上天子より下庶民迄、天下の人の治世の道を云也」（『経済録』）とのべた。右のような意味で、蕃山や徂徠の主張はユニークなものであり、近代的社会観形成への一つの画期をなす。本多利明などが蕃山と徂徠を自分らのすぐれた先達と考えた（後述）のは、右の意味で理由のあることであった。

だが、蕃山や徂徠が「生産力の発展」という私たちのテーマにどれだけ近づいたかを検討してゆくときまったく否定的な答えしかえられない。なるほど彼らは富有ということを彼らの教説の中心においたけれども、富有になる方策は、奢侈を押えること、武士を土着させ商工もなるべく還農させること、貨幣をなるべく少なくして現物経済にすることなど、資本主義的生産様式の発展とは正反対の復古的主張に終始した。こうした主張は、人間の必要や欲望の増大を必然的なものとはみず、人々がある分度をはみでた生活をしないようにすることに重点をおく。近代社会が急速で巨大な生産力の発展とそれにともなう不断の緊張感によって特徴づけられるなら、封建社会は単純再生産とそれにともなう守旧的な生活態度によって特徴づけられる。封建社会の成立期には、封建領主階級はある意味で生産力発展の担い手であったかもしれないが、幕藩体制のように武士階級が城下町で寄生的な生活を営む場合には、彼らは生産過程にも流通過程にも積極的にはまったく関与せず、そこに与えられている成果に依存しているにすぎぬから彼ら自身は生産力発展の担い手にはどのような意味でもなりえない。こうした社会では、武士階級が富有になる方策は、より多く農民を搾取するか、定められた収入のうちで支出を倹約するかである。ところがこのうち前者は農民の窮乏という事実によって不可能だとすれば、現実には後者の可能性だけが残される。さきにのべた土着論も、奢侈を押える制度も、貨幣経済の排除も広い意味からすれば倹約し支出を減らす方策にほかならない。こうして彼らの経済論は、さまざまの倹約や制限の体制として構想されざるをえない。徂徠はいう。

扨《さて》上下ノ差別ヲ立ルコトハ、上タル人ノ身ヲ高ブリテ、下ヲ賤ムル意ヨリ制度ヲ立ルニハ非ズ、総ジテ天地ノ間ニ万物ヲ生ズルコト、各其限アリ……其中ニ善モノハ少ク悪キモノハ夥シ、依《(ママ)》レ之衣服程食物家居ニ至ル迄、貴人ニハ良物ヲ用ヒサセ、賤人ニハ悪キモノヲ用ヒサスル様ニ制度ヲ立ル時ハ、元来貴人ハ少ク、賤人ハ多キ故、少キモノヲバ少キ人用ヒ、多キモノヲバ多キ人用レバ、道理相応シ無二行支一、日本国中ニ生ズル物ヲ、日本国中ノ人ガ用テ事足コト也。（『政談』）

右の引用で徂徠はまず生産――富の獲得には限度があるという。もちろんあらゆる生産――富の獲得には一般に限度があるが、ここでいう意味は富の総量はすでに所与のものとして決定されているという意味である。そこでこうした前提に立てば、より多くの富を獲得することはもともと問題になりようがなく、ある与えられた富のもっとも適切な分配だけが問題になる。そしてこの分配の体制が「礼法ノ制度」であるというわけである。「上下ノ差別ヲ立ルコト」は朱子学などではもっぱら道徳規範の問題であったが、徂徠はいまや「貴人ニハ良物ヲ用ヒサセ、賤人ニハ悪キモノヲ用ヒサスル」分配のための領主による強制の体系であるところにその本質を見いだした。しかもこの差別の強制（経済外強制）は概念的抽象的な差別の強制ではなく、「衣服家居器物、或ハ婚礼喪礼音信贈答供廻ノ次第迄」（『政談』）日常生活のこまごましたことにおよぶ詳細かつ具体的なものでなければならなかった。徂徠などの古学派によれば、人間の欲望というものは限りがなく放置すれば野放図に暴れだす厄介な代物であるから、こうした人間的欲望の現実性を知れば知るほど、ますますその制限の体制を詳細かつ強固に主張しなければならない。「土着」は、武士も農耕にしたがって自給自足すれば出費が減少するから必要であるばかりでなく、武士が土着すれば百姓にたいする右のような支配をより詳細かつ強固に行なって百姓の「我儘」を押えることができるから必要であった。山鹿素行も「礼」をもっとも強調しているが、その理由は「礼行はるるときは分定る」、「国費財乏は礼の不レ正」によるという点にあった（『謫居童問』）。

生産物の総量を不変と考えるかぎり議論は右のようなものでしかありえない。そして右の議論では富有になる方法は君主の経済外的強制を強化すること――封建支配の強化にほかならない。蕃山や徂徠が現実にたいして鋭い観察力をもてばもつほど経済理論家としてはいよいよ封建反動を強調しなければならなかった理由はそこにある。右のような事情を人々の主体性という見地からいえば、右の主張は君主の完全な能動性と被支配者の完全な受動性を意味している。そこでは、近代的社会理念に訴えるならまったく個人の好みや才覚によるような日常生活のこまごましたことまでが君主により決定されねばならない。古学派においても、民衆はもっぱら「愚民」としてのみ把握されているが、それは君主の完全な能動性と民衆の完全な受動性という彼らの理論にとっては必然的だった。分配関係だけに注目する彼らの立場からは、民衆の欲望は正常な分配関係を乱すものであったから、民衆はまったく上から規制してやるべき愚物とみえたのである。こうして現実の生活（生産活動を中心とした）において民衆が発揮しつつあった自発性や独創性は、本来のあるべき分配関係を乱すものとしかみえなかった。彼らの立場は、個人の自主性・能動性を原理として構築される近代的な社会原理とは正反対のものであるが、それは単純再生産という前提に立ってもっぱら分配のみを思考する立場の必然的帰結であった。

重商主義における「富」の性格

徂徠が、政治権力による人間的欲望の制限の体制として封建制をとらえたとき、客観的にみれば彼は、荘厳な儒教倫理の衣装のしたから封建制の本質をきわめて赤裸々にとりだしているのであり、したがってまた封建制の本質的な限界を人々の眼前にあばいてみせているのである。

本多利明は、蕃山と徂徠が経済にもっともよく通じた学者であるとして高く評価したうえで、すぐつづいて次のようにのべた。

(この二人の主張は)元来限ある土地より出産する産物を用て、際限なく増殖する万民の衣食住の用に達し、猶《なお》有余あらしめんとする計策の外なし、是無理なり。(『経済放言』)

右の引用で利明が批判しているのは、蕃山や徂徠が当然のこととして前提した単純再生産という封建的経済制度の前提そのものである。なるほど空疎な儒教倫理をふりまわすだけで現実の人間生活には無益な一般儒者と異なって経済の問題を思考の中核にすえた点では、蕃山や徂徠は偉大な先覚者だけれども、単純再生産という彼らの前提は人間の必要や欲望の増大の必然性を認識していないから誤っている、と利明は考える。佐藤信淵も奢侈を押えることに核心をおく封建的経済論に反対して「世上の経済家富国の法を論ずるに、大抵皆蓄積を以て主とするは、此れ大なる誤なるべし」(『経済要録』)とのべた。海保青陵は、商工には奢侈な生活をするものが多く、それは「農へソロ〳〵ウツ」っているとのべ、つづいて次のようにのべた。

サレドモ昔ヨリ入金ノ多イヨウニシテ奢侈スルユヘニ、自分不相応ニ立派ヲシテモデキルナリ、扨リッパヲシテモ、コレハ入金ノ多クナルヨウニシテ奢侈スルユヘニ、奢侈が出来ルハ天ノ理ナリ、奢侈トハ出金ノ多キコトナリ、出金ノ数ト入金ノ数ト合ヘバ、刑罰ニモアハヌコトナリ。(『稽古談』)

青陵にとって、奢侈は天理でさえある。青陵は奢侈を肯定しているだけでなく、右の引用で奢侈もできない武士階級の無能を嘲笑しているのであろう。仁井田好吉が「古今富国ノ道ヲ論シ候ニハ、奢侈ヲ禁ジ倹約ヲ勤候事定リタル道ニ御座候得共」、現在では「強テ是(奢侈)ヲ禁ジ候テハ人情ニ戻《もと》リ、悦服難レ仕御座候」(『富国存念書』)とのべているのも信淵や青陵の考えに近づいている。

右のような思想は、①奢侈の増大という社会的現実を基盤にしているから、しだいに空疎でヒステリックになりつつある封建的な倹約論よりはるかに力強く現実的である。②しかも奢侈をするためにはより多くの財貨

（青陵の言葉では「入金」）を獲得しなければならぬという主張を内包しているから、あきらかに拡大再生産という方向をむいている。さらに、③封建的経済論は、人間の自然的な欲求にたいして政治的支配者が外から厳格に制限・非難・禁止するところに成立したのだが、奢侈を肯定するなら青陵の場合に典型的にみられるように奢侈ができるかどうかはそれぞれの人間の能力に依存することになる。だからこうして人間は自分の生活をゆたかにしてゆく可能性をみずからもち、そのことを通じてはじめて外的制度や倫理で拘束されるだけの受動的なものから、みずから自己の可能性を切りひらいてゆく主体となってゆく（こうして愚民観がある程度まで克服される事情はのちにのべる）。

それではより多くの富はいかにして得られるか。

重商主義者は、富の源泉を外国貿易にもとめ、外国貿易による利益はきわめてぼう大なものと考えた。たとえば利明によれば、外国貿易の利益をもってすれば「如何ナル大業ニテモ成就セズト云コトナシ」（『経世秘策』）であり、信淵によればその利益は年貢租税の十倍をこえるほどである（『経済提要』）。このような認識は、封建的経済制度はすでに力を失いつつあるが、産業資本はいまだ覇権をにぎれず商業が強大な力をもつ時代の状況を反映している。この時代にはすでに富農経営やマニュファクチュアが発展していたけれども、この発展自体がはるかに強大な商業資本の発展に依存しており、マニュファクチュアなどは「全然商業の拡張若しくは制限によって左右される」（『ドイツ・イデオロギー』）。こうした歴史的段階では、商業こそ富の最大の源泉とみえるのであって、国内においても日本の富の一六分の一五は商人の掌中にあると利明は考えている。利明ほど徹底していないが、武元立平も「在方一統困窮仕候内に、間には豪富の者も相見へ候。是は如何にして富有に相成候ぞと申に、耕作許にて身上仕出し候にては無㆓御座㆒、多くは酒油店商質屋にて御座候」（『勧農策』）とのべている。

だが、商業にもっぱら富の源泉をもとめるという立場は、逆にいえば国内における農工業生産力の発展を信じないことであるから、彼らは国内の産業体制については、一応、単純再生産という前提にたっていたことになる。だから彼らは封建的経済体制を批判したといっても、国内の産業体制については蕃山や徂徠と同じ封建的な原理に立っていた。彼らの封建制批判は、封建制に真正面から対立する産業資本や農村においてブルジョア的発展を推進しつつあるあらたな近代的生産者階級を基礎においたものではなく、封建的支配体制はそのまま維持し、むしろそれを利用して商品流通を把握しようとするところに成立した。

統一国家論の登場

一般に重商主義は国民国家の形成期にあらわれる。商業の覇権が成立するこの時代に、諸国民は封建的な孤立性を破り、商業戦という対抗＝競争関係にはいりこむ。重商主義は、商品の生産はあまり問題とせず世界の富の総量は一応一定と考えるから一国の利益は必然的に相手国の損失となった。商業戦は、戦争や保護関税や輸出入の国家統制などの国家の政策に依存する面がきわめて大きいから、諸国民ははげしい対抗関係にあるものと意識されて国家意識の高揚をうながし、強力な国民国家を形成する方向に向う。

利明にとって、「異国交易は相互に国力を抜とらんとする交易なれば、戦争も同様」(『経世秘策』)であり、「万国の力を抜取には何を用て抜取となれば、交易を以抜取の外なし」(『西域物語』)だった。青陵も「国ヲ富スト云ハ他国ノ金ヲ吸取ルコト也」(『海保儀平書』)とのべた。いまや諸国家は富の奪いあいという鋭い対立関係にはいりこんだのである。

青陵の「覇道」の提唱は、こうした立場からなされた。彼によれば、王道は自国と他国を区別せず、ともによいようにはかることであり、覇道は敵味方の区別をはっきりして味方のよいように相手の悪いようにはかることだが、いまのような世の中では王道はありえなくなった。なるほど外国の富を抜き取るのはけしからんことで他国の富を抜き取らぬのは「善キ人柄」である。だが現在の時勢そのものが覇道の世の中なのだから、「外々ノ国デ他国ノ金ヲ吸フ仕掛ヲスルニ、此方バカリ人柄ヲ善フナサルレバ、此方ノ金尽ク他国へ吸取ラル、ニチガヒナ」いであろう(同書)。青陵はすべての社会関係は「ウリカイ」であり、それを「世界ノ理」だと宣言したのであるが、もしそうなら重商主義の見地からは「ウリカイ」において人々は相互にどちらかが損または得をするという対立関係にある。それならば自分の方が得をして損をしまいとする覇道こそ「天理ニシッカリ合テ居」(『養心談』)るものでなければならない。また、こうした覇道をおこなう君主は、覇道をおこなうためには仁や義や徳の体現者であってもなんの役にもたたない。なによりも智のある者であり、「余程スルドキ男ノ才気ノ錐ノ末ノ様ニイラ〳〵スル程輝ヤク男デナケレバナラヌ」(『海保儀平書』)。一国の富饒のためには、君主は権謀術策にもっともたけたマキャベリストでなければならぬのである。

右の立場で青陵が「国」といっているのは、諸藩を指している。近世では「国」「国民」「国主」などという言葉はひんぱんに使用されるが、ほとんどが右のように各藩領や山城国、近江国などという場合の国をさしており、日本全体としての「国」「国民」の意識はほとんどみられない。武士階級にとって忠誠の対象はこの「国主」であって幕府でも朝廷でもなかったし、庶民にとっても「他国人」は現在とは質的に異なった疎遠感をもった存在だった。(2) こうした意識は封建的な地方的孤立性の反映であるが、自然経済を原理とするかぎりこうした「国」の意識は人々の生活が相互に無関係であるという意味での孤立性そのものをあらわすにすぎない。だが青陵のいうように、「国」と「国」とが貿易の利害をめぐってはげしく対立するようになれば日本は小国家間の分裂抗争状態に陥るであろう。そこで青陵はこの困難をさけるために、豊臣秀吉の故知にならって「日本ヲ一ト味方ニシテ、外国ヲ敵ト見ル法」(『稽古談』)を提唱している。なんらかの全国的な統一組織によって外国貿易をおこなえ、ということであろう。林子平の「上書」も、重商主義的立場にたって、「何卒御国(仙台藩)にても日本中へ行渡候程の大産物を四五品取立申候て、他邦の金銀を御国へ取入」れるように主張し、つづいて「国貧しく御座候得ば、自ら義理と恥とは不ㇾ知様に罷成候」とのべている。ここで子平は、仙台藩の立場にたって重商主義的政策をとることは他藩の利害に反するが、それはやむをえないことだと考えているのである。「上書」では、子平の見解はこれ以上にすすんでいないから、この点で青陵より未成熟である。だがこの立場は、彼が『海国兵談』で日本全体のために論じていることと矛盾しており、日本全体の立場に立とうとすれば、青陵の見解に近づかねばならぬはずである。

日本の国内で「国」と「国」が貿易の利害をめぐって分裂抗争することがどれほど悲惨であるかを理解すれば、私たちは利明や信淵が日本全体の立場にたって立論したことの重要性にも気づくであろう。たとえば利明は、「日本ニ生ヲ稟《うけ》タル者、誰カ国家ノ為ヲ思ヒ計ラザラン……善事ハ倶《とも》ニ扶ケ悦ビ、悪事ハ倶ニ避ケ憎ムベキハ、固《もと》ヨリ日本ニ生ヲ稟タル身ノ持前也」(『経世秘策』)とし、この立場から「国の為家の為になるべき事は、迂遠なる事、手戻することは悉く省き去り、理は是理なり、非は是非なりと、則そこで的面にいひ詰」める(『西域物語』)と決然と断じて、『経世秘策』や『西域物語』を書いたのである。[3] いうまでもなく、重商主義は一六―八世紀における西欧の絶対主義的中央集権国家の政策であって、重商主義は強大な常備軍と官僚制をもったこの最初の近代国家と不可分に結合している。外国貿易によって他国の富を抜きとることに富の源泉をもとめるなら、強力な中央集権国家による貿易の管理や保護、とくに強大な軍事力を背景とした強力な保護がどうしても必要なのである。

利明は主として交易国営や物産の開発などの経済政策に関する論策を書き、政治制度についてはほとんどのべていない。政治制度の変革についてのべなかった最大の理由は、幕府の嫌疑をおそれたからであるらしいが、わずかの史料からでも利明の構想した国家の性格はよくわかる。その国家は、本拠を「カムサスカ」にうつして「古日本国」と号し、郡県をおいて「士人」を支配さす、郡県の有司は身分にかかわらず有能な者を採用する、そしてオランダに倣って交易をおこない、「東はノールドアメリカに至る、西方は内海を一万町計《ばかり》隔て、ラホッカより段々と南方へ地続き、満州、山丹、唐太、サカリイン島あり、南方は正面の前に向て、東蝦夷の内二十二島、松前島、日本国、琉球国、其外周廻の小島共皆古日本カムサスカに属し従ふべき自然具足の島々共なり」（『西域物語』）、このようにすれば日本はオランダにまさる世界一の強国にさえなるであろう（これは太平洋戦争において日本の権力者がめざした国家構想にそっくりである。明治維新にさきだつことおよそ七〇年、一八世紀の末に利明はすでに近代日本の国家構想を先取りしているのである）。このような国家は郡県制と官僚制をともなった中央集権的統一国家である。したがって個々の封建領主は排除されるかすくなくとも著しく弱体化させられねばならぬはずである。だが、利明はこうした側面については「唯今の法令に不相当にても国の為には換がた」い（同書）とのべているだけである。この国家が重商主義政策と結合した強い侵略的衝動をもっていることは当然だが、べつのところでは、日本周辺の島々へ積極的に国民を移住させて金銀銅鉄および百穀百菓珍産物を出産して日本へ入れるように主張し、すぐつづいて「戦争を歴ても、土地人民を得べきは本意とする処なり」（『蝦夷道知辺』）とのべている。

信淵の理想国家の構想はよく知られているが、ここでは「混同秘策」によって大要をのべる。①その制度は江戸に「皇城」を中心とした教化台、神事台、太政台の三台、農事府、物産府、百工府、融通府、陸軍府、水軍府の六府と大学校からなる中央政府をおき、国々には教化台から派遣した「国司」を中心に各台府の役人がおり、諸侯といえども国司の支配をうける。諸国諸郡の学校はすべて中央政府の教化台の、同じく神社はすべて神事台の支配をうけ、警察司法もすべて太政台に統一される。軍事力も陸水軍府にほぼ統一される。②諸侯は大国といえども二〇万石以内とし、三万石以下の小国はすべて中央政府よりの蔵米取りとし、領地はなくなる。諸侯の参覲は著しく緩和され、滞在費は中央政府がだすが、従者や装備は著しく制限される。幕府は諸侯よりやや大きいものとして存続するが、中央政府は天皇中心である。③篤胤学に由来する産霊《うぶすな》の神教を支配のイデオロギーとし、この産霊の神教をあきらかにすることにより日本を強固な統一国家とするばかりでなく、やがて全世界を支配統一することに国家目的をおく。

このような国家は明らかに官僚制的中央集権的統一国家である。封建制は完廃されていないけれども無力なものになっており、天皇を中心とした絶対主義国家である。信淵によれば、その経済学の奥儀である復古法や垂統法(いずれも君主が交易の権を一手ににぎり積極的に交易をおこなうことを中心とする)は、個々の幕藩領主には不可能であって「王者か覇者」でなければ実現できない(「子虚に答へたる復古法」)。個々の藩主に献策する場合には復古法や垂統法の奥儀を説くのではなく、ただ国政にいくらかその方策を加味するように説くにすぎないのであった。そしてこの立場からすれば、上下の困窮を根本的に救う力は、もはや個々の幕藩領主にはないのだった。

封建制を事実上否定するところに成立するこの国家は、利明の場合にみたように強い侵略的衝動をもっている。彼はイギリスと日本を対比して(利明もイギリスやフランス・オランダと対比しながら立論している)、ともに海洋中の大島であり、そのうえに物産も豊富だが、イギリスが富強になったのは航海通商したからにほかならぬ、日本はイギリスよりはるかに物産にめぐまれているから、航海通商の業をおこすなら「其便利なること実に世界第一の上国」であるとし、そのためにはまず船舶をきずき、天文・地理・測量の学を明らかにして航海の術をきわめ、機械を精巧にして武備をかため、かくて「先ず清朝及び安南・暹羅等の諸国へは使を遣し、其礼を厚くし其聘を豊かにして以て和親を結び、而して後に日本及び蝦夷国の産物を輸送し、其他諸国の品物軽重を考て以て有無交通し、以て互市の利を収め、且ますます蝦夷地を開発して、先づ「カムサッカ」を攻取り、「オロシヤ」国より置所の鎮兵を擒にし、此方より戍兵を遣し、城郭を構へて日本の領地となすべし」(『防海策』)という商業的軍事的海外侵略を主張した。そして、イギリスやロシヤのような「蠢爾たる蛮夷の国」でさえこうして富強になったのだから、物産ゆたかで周囲を大洋に囲まれ航海に便利な日本は、時到り運応じて海外を経略すれば「実に世界の総主となる」(『経済要録』)とのべている(信淵は太平洋戦争に到る超国家主義の理論を利明よりもさらに詳細にのべているわけである)。

篤胤学の影響は、こうした信淵の思想に著しく空想的誇大妄想的性格を与え、いっそうラディカルな海外進出論とそれにともなう統一国家論を展開させた(利明がその理想国家を「古日本国」と呼んだのも神道的な復古主義の影響かもしれない)。だが、篤胤学的な空想や狂信はたんなるナンセンスやたわ言ではなく、こうした空想や狂信に媒介されそれを跳躍台として理想国家の構想ははるかにつきつめた形態で展開したのだから、この空想や狂信のなかにかえって彼の現実批判の激しさと焦慮を読みとることができる。

利明や信淵のような思想は、彼らほど鮮明でないが、他にも若干の例をあげうる。さきにのべた林子平もそうだし、たとえば馬場正通は主として産業的見地から蝦夷地より「カムサスカ」方面の開発の重要性を主張し、

「我邦に限りある物産のみを守らんよりは、他方に取て用をなすこそ万民安堵の基本なれば、彼島々（「ウルッフ」「カムサスカ」などをさす）は皆是我邦の手足奴隷なり」（『辺策発矇』）とのべており、帆足万里も茶を交易品として重視し、ルソンなど南方の島々を植民地とせよとのべている（『東潜夫論』）。そのほか、古賀侗菴や工藤兵助も海外貿易や蝦夷地開発の重要性を主張した。そして、こうした主張と結合した統一国家論は、尊王攘夷論の狂熱から目ざめた幕末維新の政治運動のもっともすぐれた指導者たちの基本的な立場と一致しており、維新政権を通じて日本の近代化の主導的なコースに継承されてゆくはずである。

以上にのべたことと関連して彼らの欧米諸国観にふれたい。それは本質的に二つの側面をもっている。まず、富の獲得をめぐって日本と西欧は「戦争も同様」に相対峙するものである。この面で重商主義者は、国民意識の覚醒を強調し、信淵のごときは国学イデオロギーを援用して日本の優位性を神秘的に主張しさえした。だがつぎに、彼らは、欧米諸国にたいして侵略的重商主義国家の先輩として絶大な尊敬心をもっている。たとえば利明は、西洋諸国には聖人はいないから聖人の道は知るまい、との質問に答えて、「地球世界の事は広大なる国々あれば、聖人は何程もあるべし、今現在なる聖人も幾人もあるべし」（『西域物語』）とのべているほどである。利明らにとっては、航海・天文・測量などの術に長じ交易をさかんにすることこそ聖人の道にかなったことであったから、西洋諸国は日本よりはるかに聖人の道に近いのであった。①だから西洋諸国がほとんど理想の国だという場合に、儒教倫理の規準からではなく交易や器械の発達や経済的な富強のいかんからいわれている。たとえば利明にとって、西洋諸国は「万国ノ内ヲ侵シ掠ムルコト其数ヲ知ラ」（『経世秘録』）ぬ侵略国家であったが、これは利明の西洋崇拝を弱めるどころかこうした点にこそ西洋諸国を学ばなければならない理由があった。利明にとって、「他国を侵しても本国を増殖せんこそ国の務」（『西域物語』）であった。信淵によれば、西洋諸国は夷狄であり、退嬰的な東洋人にくらべるならはるかに欲心の強い「豺狼」のごときものであり、イギリス人はことにそうであるが、西洋諸国のこの貪欲さは攻撃されるのではなく、かえって「愚老熟々《つらつら》以《おもん》みるに、総て闘争は活物己が欲を逞《たくま》しくするを求めるの業にて、血気ある者の無きこと能《あた》はざる大欲心、人類に於て其争ひ甚大なり」(『防海余論』)として積極的に肯定され主張される。国家と国家が経済的利害を中心にして相争う社会として近代社会は構想されているのである。②ところで西洋諸国のこの侵略性は当然我国にもむかってくるものであるから、彼らが西洋諸国を崇拝すればするほど日本の危機も強く意識されることになり、西洋諸国に対抗するに足る国民国家の形成が彼らの主張の核心となる。だから右の西洋崇拝と「日本ニ生ヲ稟《うけ》タル者、誰カ国家ノ為ヲ思ヒ計ラザラン」(『経世秘録』)という民族意識は緊密に結合しており、一方が強まれば他方も強まるという関係にある。こうした立場は、幕末政治思想史ではきわめて高い位置にある。西洋諸国の圧力が鎖国日本の岸辺を洗うころ、日本の国家意識は水戸学や国学の系統で神国日本——尊王攘夷論として形成されたが、この立場は神国日本の自覚が強まれば強まるほど西洋諸国を夷狄として独りよがりの道学的観点から攻撃することとなり、それだけますます空疎な名分論になってゆくという構造をもっていた。国家意識の形成と西洋文化の貪婪な摂取は国学や水戸学においてはほとんど二律背反の関係にあり、西洋諸国の圧力が国の富強(結局は国の近代化＝資本主義化)の問題としてつきつけられていることはまったく理解されなかった。これに反し、重商主義者こそ、欧米諸国の圧力は近代化＝生産力の発展＝欧米文化の吸収によってのみ対抗しうることを理解したという意味で、日本の近代化の主導コースを設定したのであった。[4] ③日本の近代化にさいして西洋文化の摂取がどのようになされたかという問題は沢山の研究者の関心をひきつけたが、有力な結論は「(洋学は)軍備充実ないし殖産興業の面における封建制補強のために働かされた下僕としての地位に甘んぜしめられた」とするものである。(5) こうした立場の人たちは佐久間象山の「東洋道徳、西洋芸術」(『省諐録』)という言葉などを引用して彼らが西洋に学ぶものは技術的な側面にかぎらねばならぬとしているようにいうが、象山によれば西洋諸国は、「学術技功制度文物」(文久二年の上書稿)のすべてが日本よりはるかにすぐれた大国であった。なるほど幕末において西洋模倣熱はまず軍事技術からおこった面がつよいが、しかし西洋のすぐれた軍事技術の基礎にはすぐれた経済組織があり、さらにその基礎にはすぐれた政治制度や人間類型があった。ひとたび国の富強という目的を設定するやいなや、西洋の模倣は技術的な側面から経済的政治的その他の広範な領域におよばざるをえないという性格のものであった。

変革主体について

利明は、「渡海運送交易ハ国君ノ天職ナレバ、商民ニ任スベキニアラズ」とか、「(金銀銅が)日本ヲ出テ異国ヘ抜ケ行ヌ様ニ制度建立アリタシ」(『経世秘策』)とのべている。信淵にとっても、渡海運送交易などをするのは国主であるが、その理由を信淵は一国の君主となる人は前世に善行をしたから上天の寵愛をうけてこの世では国君となって万民を救うのだと説明している。商人は、彼らからみれば、士農を困窮させた張本人で、国君の任務はこの商人階級を抑圧して商人に代って交易を積極的におこなうことにあった。(6) 信淵は、民衆支配の体制を詳細にのべているが、彼によれば百姓は元来「甚愚昧なる者」であり、放置すれば「放蕩無頼に為りて骨折ることを憚り、博奕を好み、姦淫の頑要《のらあそび》にのみ耽り、只徒に月日を送る者多」(『農政本論』)く、その当座さえなんとか暮せるなら、のちのちのことは考えようともしないもの、要するにどうにも始末のつかない愚民であった。だが百姓がこのように愚かなものであればあるほど、君主はますます強くこうした民衆の自然的性情である怠惰や貪欲を押えることによって、彼らの幸福をはかってやらねばならぬのであり、その意味でより強い政治的支配を必要とするのであった。信淵の理想国家である「垂統国家」は、詳細な分業の体制であるが、このように民衆を各産業に分置しこれを指導し、生産物を処理(交換)するのは専制的な官僚体制の役目である。ここで民衆は、近世封建社会で事実上認められつつあり農民生活の不可欠の部分をなしていた地域的な市場での彼ら自身による自由な売買さえも許されていない。その意味で農奴の「自由」さえもたぬまでに生活のすみずみまで規制し支配されている。だから「垂統国家」は、財貨の拡大再生産を強く指向する分業の体制であることに注目すれば明らかに近代化の方向に向っているが、反対にそれが民衆の厳しい隷属状態によって遂行されようとしていたという意味では明らかに封建反動である。ところが、社会変革の主体が君主にもとめられるなら、現在の社会の諸困難の責任はすべて君主にあることになり、眼前の世界に不満であればあるほど、支配者ははげしく非難されることになる。たとえば利明は次のようなはげしい言葉を吐いている。

官職有司口ニ仁政ヲ言テ心ニ得ズ、農民餓死シテ良田畑亡処セシハ、誰カ過失トナラン、皆国君ノ罪過ニ帰スベシ、不忠不貞云ベキ様ナシ、天罰モ遅キモノカナト、我ヲ忘レテ憤怒ノ心ノ生ル……。(『経世秘策』)

「天罰モ遅キモノ」だというとき、利明は現存の支配者は打倒されてしかるべきだという反封建思想をのべているのであるが、現存の君主が信頼できず民衆もまた信ずるに足りないとすればどうすればよいのか。この点について利明は、自分の説くところは「唯今の時世人情にては容易に領解しがたからん」と考え、そのゆえに「大器大慮あり智と徳とを兼得」た大人物があらわれなければならないが、そのような人物は百年のうちにも容易に出現するものではない、とする。こうして利明は進退きわまり、「爰《ここ》を以て大儀はなりがたき者にや」

（『西域物語』）とのべるほかなかった。

信淵によれば、君主の任務は天地の神意を奉行して国をゆたかにすることであるが、その方法を具体的に説いているのは佐藤家の家学であり信淵の経済学である。だから、君主がその政治を正しくしようとすれば、そうした神意の体得者である信淵自身およびその弟子たちの教えをうけなければならない。たとえば、国家の富強を永久に保つ方法とされる「泉源法」について、すべては「講談所」の「講師」の指図によらなければならず君主の勝手にしてはならない、なぜなら君主は必ずしも明君であるとはかぎらないからであるとのべているが、ここで「講師」は君主とその家臣をふくめてすべてを指導教化する最高の存在であって、「講師」にたいして「国君」「諸大臣」から村役人にいたるまで連印の誓紙をだして信淵の経済道を信じ「講師」の命に服することを誓わなければならない。こうして、信淵の理想国家では、「講師」つまり経済道に明るい最高の哲人、結局は信淵自身およびその弟子たちが支配することになるはずである。『混同秘策』や『垂統秘録』は、理想国家の実現過程を説明していないが、もし信淵の思想から敢えて演繹するなら、現在の支配階級が「天地の大道」を唱える信淵の思想に心服して彼の命に服することによって実現される、ということになろう。また彼はべつのところで、君主に自分の経済道を行なうように説き、もしそれを聞きいれないならば、その君主は「人類には非ず、必ず妖魔の種属なるべし」（『経済要録』）とし、そのような場合には自分の弟子たちは早くその国を立ち去らねばならないとしている。

このような議論をみると、利明にとっても信淵にとっても当為としては君主が交易などを積極的に行なう主体でなければならなかったが、現実の領主階級にたいしてほとんど信頼感をもっていなかったことがわかる。彼らはしきりに仕官をもとめているけれども、現実の領主については「天罰モ遅キモノ」であり「妖魔の種属」と判断せざるをえぬところに、彼らの致命的な困難があったのである。当時の支配階級は、懶怠で奢侈で無能力であったから、彼らが支配者に絶望したのは当然であるが、それでは町人や農民はどうだったろうか。民衆は武士的見地からは狡猾かもしれぬが、それなりに勤勉で有能であり、そのことは青陵も利明も信淵もその他の学者も共通して認めることであったが、重商主義者からすれば彼らが有能であればあるほど、ますます強く抑圧しなければならぬのであった。しかし、無能なものをもって有能なものを抑圧することは不可能なことであるから、重商主義者の理論は破綻せざるをえない。ここから、民衆の能動性に基礎をおかねばならぬというもう一つの主題がうかびあがってくる(後述)のだが、さしあたり重商主義者の理論は破綻し、進退きわまった利明は「爰を以て大儀はなりがたき者にや」と慨嘆し、信淵はますます狂信的にならざるをえない。

　私の考えでは、この「変革主体」の問題は近世後期の政治思想史においてもっとも困難な問題であった。一般に、重商主義的諸政策によって富国強兵をはからねばならぬこと、そのためにはある程度の中央集権的統一国家をつくらねばならぬことなどは、幕末の政治運動のなかで炯眼な人たちのある程度まで共通した認識だったが、そうした一連の問題を「変革主体」の側面から考察することはもっとも遅れた。彼らはすべて理論的には支配者の立場にたち支配階級の手によって社会変革を遂行しようとするのだが、現実には支配階級の無能ぶりに絶望せざるをえず、しかもその本来の階級的性格からして民衆の主体性にも依拠できない。そして現存の支配階級にも被支配階級にも依拠できないというこの実感から、過大な自意識と孤立感につつまれたエリート意識が生まれた。幕末政治運動に広くみられる志士意識は旧社会は根本的に変革されねばならないが、それを変革する階級的主体をみだしえず、変革の主体をきわめて孤立した少数のエリートにもとめざるをえないという判断と状況から生まれた。たとえば佐久間象山は、自分を天の特別の寵をうけた天才だと考え、「もし〱

此方の身(象山のこと)にわざはひにても受け候事有レ之候はヾ日本はもはや大らんと存じ申すべく候。甚ぶんに過ぎ候事を中様に候へども当節の議論日本国中の命脈は此方に有レ之と存候」(元治元年の書簡)という恐るべく過大な自意識をもっていたが、これは日本を救う大方策は自分だけにしかわかっていないという強いエリート意識にもとづくものだった。こうした意識は、一方で当時の支配者にたいする事実上の不信任の表明であるけれども、他方では変革の主体勢力を発見しえぬという進退きわまった立場の表現でもある。幕末の志士たちが自分を「狂」と意識した例は多いが、それは孤立したエリートのせっぱつまった焦躁感をあらわしている。(7)

重商主義と民衆

すでにのべたように、日本の重商主義の致命的な欠陥は、近代的生産力の主体的な根拠である功利的個人主義を抑えて、君主の完全な能動性と民衆の完全な受動性のうえにその主張を展開しようとした点にあった。商品流通を通じて財貨を集積するという場合、個人的な営利欲を主体的な根拠として現実に商品流通を把握している商人階級を排除して国家がこれをおこなうのはまったく不可能なことであったから、重商主義者は経済論の見地からも「主体」の問題ではまったくあやまっていたのである。商品流通を積極的に支持したが、商人階級は支持しなかったという日本の重商主義の特質はその封建性の強さをあらわしている。だがそれにもかかわらず、君主の完全な能動性と民衆の完全な受動性という考えは、利明や信淵では一応一貫しているが、しかしそこに彼らの矛盾があり、当時現実に生産力発展の担い手となっていたのは民衆であるから、彼らは右の態度を貫徹させることができず、一面では民衆の自主的な活動に期待する立場に立たざるをえなかった。

彼らが外国貿易に富の源泉をもとめたことはすでにのべたが、外国貿易が富の源泉になりうる理由は二つ考えられよう。第一は詐欺または掠奪であり、第二は自国内に自国で消費しなくてもよい財貨をつくり、これを輸出する方法である。第一の方法は、交易といっても強い軍事力をもった侵略的政治権力を背景としたものであるが、重商主義にそうした主張が含まれていることはすでにのべた。しかしこの方法は恒常的な富の獲得をかならずしも保証しないから、発展した重商主義は、第二の方法を採用し、国内に輸出を目的とした商品の生産を振興することを主張するようになる。重商主義は、富の源泉を外国貿易にもとめたという意味では直接には国内における生産力の発展を指向しておらず、したがって国内の産業体制については従来の封建制下の農業をそのまま維持しようとするけれども、他方で右のようにして輸出用の商品をうるために国内において商品生産の発展——産業体制の変革を主張せざるをえぬのである。だから重商主義は、その元来の前提に反して国内に産業ブルジョアジーの発展を促すものであり、こうして封建制を根底からくつがえしてゆくことになる。利明、青陵、信淵らは、興味ある個人差をもつが、こうした方向をつよく示している。

利明によれば、交易によって外国の富を日本へとりこむためには、自国の産物を外国へ売って外国の金銀銅を日本へ抜き取らなければならない。だが取引そのものは等価交換なのだから、自国に自然に生じた産物と外国に自然に生じた産物を交換するかぎりでは、わが国が得るものと失うものは互角であり利益は生じない。そこで利明は、「人巧産物」と「自然産物」を区別して前者を輸出することにより利益がえられるのだ、という。「自然産物」とは土地から自然に生ずる主として農業生産物をさし、「人巧産物」とは人工を加えた第二次生産物をさす。そしてヨーロッパ諸国は「人巧」をたくましくして奇器名産を作ることに長じていたから、それを輸出して富強になったのであり、富国の道は奇器名産をなるべくおおく生産することにある。以上のような利明の主張の核心は、外国に輸出するための奇器名産を積極的に生産すること——商品生産の発展の主張である。

ここで「奇器名産」と呼ばれているものはほぼ奢侈品をさしているが、重商主義者は国内ではきびしく奢侈を制限しながら、外国にたいしてはだんだん奢侈になってゆくという、歴史的傾向性を利用して奢侈をおこなわせ輸出を増大させようとする。重商主義者が、自分らの主張を覇道と考え、他国との対立を強く意識したひとつの理由は、利益のある交易は奢侈品の輸出であり、奢侈品の輸出は必然的に相手国の貧窮を招くと考えたからである。「時勢の好に応ずるの珍奇華麗なる器物を作て、悉《ことごと》く之を他国に輸《おく》りて交易の品とし、自国の中にては厳く用いることを禁ずべきのみ、此論権謀の術数に近く、王道に遠きが如くなれども、今の世に当て人心の奢靡を競ふこと滔々として天下皆是なり」(『経済提要』)という信淵の言葉は、右の立場の明快な表現である。信淵の大著『経済要録』をみれば、美玉、宝石類からはじまって金銀銅などの鉱産物、土器、硝塩類、染料、紙、百菓、衣類、漆器、畜産物、薬物、玩具類などほとんど無数の産物があげられ、一々その採集法、栽培法、製法などがのべられている。これらのうちには奢侈品と目されるものがきわめて多いが、それらはすべて右の目的のための輸出用商品とみなければならない。信淵は、田一反に米をつくってもせいぜい二石、銀にして一二〇匁にしかならぬが、綿をつくれば実綿五〇貫、銀にして三六〇匁になるとのべて、水不足の土地は悉く米をやめて綿をつくれと主張し、また後述のように商品生産を目的とした一種の大農場経営さえ提唱した。

ところで、右のような商品生産の担い手であり、現にさまざまの創意を発揮してある程度まで自主的活動主体として登場してきていたのは民衆——一般農民であった。だから重商主義は、商品生産を発展させようとするかぎり民衆の創意にみちた自主的な能力に期待せざるをえない。この点は、支配者の完全な能動性と被支配者の完全な受動性というさきの原則に反しているが、拡大再生産を目標とすれば生産者の主体的な努力に依存せざるをえなくなり、こうして重商主義は自己矛盾を通じて近代的民衆観へ近づいている。

利明は、君主は国内に産物が多くなるような政策をとらねばならぬと主張し、すぐつづいて「左すれば（民衆が）相互に自業を励み、精密に丹精するゆへ、自然と国内に名産物多く出来」（『経世秘策』）、貿易の利益になるとのべている。この場合に、君主の政策がうまくおこなわれるという前提にたっているけれども、この政策を媒介として生産者である民衆がみずからすすんで「相互に自業を励み、精密に丹精する」ように期待されている。べつのところでも、彼は「余りに国民の愚魯は他国より掠めるの憂ありて大事に係れば、左なき様にあり度ものなり」（『西域物語』）とのべているが、これも主として産業育成のためには生産者である一般民衆が「能技」を発揮して「珍産奇器」を生産しなければならぬとする見地からなされている。また彼は、「庶民勇進で倶に丹誠」したならば「如何なる大業といへども悉皆成就せずといふことなし」（『経世秘策』）とさえのべ、さらに西洋諸国では庶民のうちにも沢山の智者がいて政治を評議しまちがったことは誹謗し譏言するゆえに支配者も国の政治に念をいれざるをえないとのべて、民主主義的な政治形態への若干の理解すら示している。こうして利明にとって、経済的発展は民衆の主体的な努力と結合せずにはありえぬものであり、さらに政治問題さえ、立派な政治がなされるためには有力で有能な庶民の存在が必要だった。(8)

商品生産の促進という観点からもっとも興味深い民衆観をのべているのは青陵である。青陵によれば、土地の生産物というものは、髪を梳いて落ち毛をとれば髪がますますよく生えるようなもので、とればとるほどますます多く出産するものである。これまでのように百姓が働けば働くほど運上を多くとるというやり方では民衆の反抗をますだけだが、民衆のために生産物を増加するようにはかってやり、増加した生産物を売捌いてやるようにすれば百姓は大いに喜び、「己レガ労ヲモウチワスレテ、産物ヲヤタラニ出ス心ニナルユヘニ産物多ク出ル」（『稽古談』）ようになる。仁政とは年貢を軽くしてやることではなく「民ノ方カラ働ントス、ミテ働ク」

(同書)ようにしてやることである。このような議論では、富の増大は民衆が一生懸命働くことにあり、さらにその主体的な根拠は一人一人の民衆の営利欲にあることが認められている。こうした立場から青陵は次のような興味深い主張をしている。宋の時代に王荊公が青苗法をたてたときに蘇轍がこれを非難した。青苗法は春に人民にかねや籾を貸し秋に一割の利子をつけて収納するものであるが、蘇轍がこれに反対した理由は、民というものは愚かなものであるから手元にかねや米があればすぐ使ってしまい、秋になっても一割の利子をつけて上納することができず、そのために青苗法をおこなえば罪人が沢山でるようになる、ということにあった。これに反対した青陵の意見は次のようなものであった。たしかに民は愚かなものであり手にはいったかねや米はすぐ使ってしまい、秋の上納にさしつかえて罪人ができるだろう、だがこの愚かな民のなかにも来年は懲りて秋の上納にそなえて真剣に稼ぐものもあろうし、またはじめから覚悟して一生懸命に稼ぐものもいくらかはあるだろう、政治の究極の目的は「兎角土地ヨリ沢山ニ物ノ出ルヲヨシトスル」(『稽古談』。以下おなじ)のであり民のうちに罪人ができても、また「下デ徳(経済的利益)ヲトロフトモ、上デ徳ヲ取フトモ、ソレニハカマワズニ、土地ヨリ物ノ出ル方、富国ノ計策ナリ」で、困窮人や罪人がでぬようにという蘇轍の温情主義は政治の真の目的をしらぬものである、「今青苗ノ法ヲ立ツルトキニ百人中始メハ七十人油断シテ三拾人出精シテモ、ツマルトコロハ三拾人ノ出精ダケ天下ニ穀ノフエルト云フ」ことが大切である。

右の議論で青陵は、民衆みずからが損得をわきまえて出精するものになるようにしなければならないと考えている。しかしそのためには民衆は手元にあるかねや米を無計画にすぐ使ってしまう愚かなものから計画をもってかねや米を生産に投下してこれまでより一層勤勉にみずからすすんで働くような自主的で有能な存在にかわらねばならない。蘇轍の考えは「民ノ愚情ニ叶ヘル」ものであって、民衆を主体的な生産者としないところに欠陥があるのだった。青陵は、たえずあらたな意欲をもって知性を働かせ、拡大された再生産を積極的におこなってゆく商品生産者を造出しなければならないと考えたのである。さらに、右のように主体的な商品生産者となった民衆はみずから主体的であるがゆえに自分の生活に責任をもったものになっている。青陵が、産物が多くなれば罪人が多くなってもかまわぬ、一〇〇人のうち三〇人が富裕になるだけでもよい、とのべたときに、民衆は自分が罪人になるかならぬか富裕になるかならぬかの責任をおわされるのである。だからここでは「年貢さへすまし候得ば、百姓程心易きものは無レ之」という「農奴の平和」はすでに存在せず、人々はみずからゆたかで有能になる可能性をもつとともに貧窮におちいる可能性ももつことになる。封建思想は、君主の完全な能動性と被支配者の完全な受動性を原理とするから君主は被支配者の生活に全責任をもつのだが、ここでは支配者は全責任をもたず、個々人の努力と能力がその幸福を保証する。この立場から青陵は「富メル人出精シ勉励スルユヘニ富ムナリ、貧ナルハ懶怠ニテズルケユヘニ貧ナルナリ」(『稽古談』)とさえのべている。

　だが彼らが主張する民衆の商品生産者的な主体性は君主の政策によって発揮されるものであった。たとえば信淵は百姓は元来「甚愚昧なる者」であるが「能其心を尽して教るときは、驚くべきの妙を発する者なり」(『草木六部耕種法』)とのべている。この言葉を、百姓は「驚くべきの妙を発する者」だというところに重点をおいて理解すれば、信淵は民衆の能力にきわめて大きな期待をかけることにより近代的民衆観に大そう近づいたことになり、こうした民衆の能力はじつは「教る」という君主の主体的な行為を媒介としてのみ発現するものだということに重点をおいて理解すれば、封建的民衆観の固執に近づく。そして、君主の主体性に民衆の主体性をよびおこす役割を与えたということは、すでに民衆の自主的能力に依存せざるをえない時代が迫っていたことを示すとともに、だが民衆はみずから社会発展の自覚的な担い手になるほどに成長していなかったことを示しているとみられよう。重商主義はこうした二つの顔をもった過渡期の思想であり、民衆の主体性になんらかの程度で根拠をおいた統一国家を構想したという点で重商主義は本来の意味での近代的国民主義《ナショナリズム》の端緒となったのである。

封建思想は愚民観を原理とせざるをえぬことはすでにのべたが、近世中期以降の思想家たちは強い愚民観をのべるとともに他方で民衆が狡猾なこと(つまりは有能なこと)をくりかえしのべている。たとえば青陵自身も一方で強い愚民観をのべるとともに「下々ノ智慧有テ計策ヲ働クコト、今ノ世程カシコキコトアルマジ」(『稽古談』)とのべている。こうした民衆の狡猾さや有能さは従来はまったく困ったことであり排除すべきことであったが、右にのべたような重商主義者の思想において、はじめて社会の発展はこうした民衆の智慧のうえにきずかれることになったのである。

なお、ひとつの問題を附加すると、同じ重商主義者でも民衆の主体性に期待する度合は大そう異なり本節で主にとりあげた青陵、利明、信淵の三人でいえば、民衆の主体性にもっともつよく期待するのは青陵で、君主の主体性の要素は信淵がもっともつよい。そうすると一見青陵がもっとも近代的で利明、信淵の順となるようにみえるが、統一国家の構想は青陵にほとんどなく信淵がもっとも精密であって、この点では近代性の順序は逆になるようにみえる。この一見不可解な事態が生まれた理由はじつは明瞭なのであって、信淵はもっとも強い対内外の危機意識をもったために当時の日本の現実をはるかにとびこえてかなり空想的に近代化の方向を模索せざるをえず、青陵は反対に危機意識がうすいためにそれだけより現実的だったのである。危機意識がつよいために信淵は、当時の社会から一挙に飛躍的に新しい社会体制をつくろうとし、そのためには強大な専制権力によって民衆を強制しなければならないと考えたのである。そこに彼の思想の矛盾があり、空想である所以があるが、そうした矛盾や空想を通じて私たちは彼の危機意識と目的とその思想の歴史的位置とを、より明晰に理解できるのである。

2　老農イデオロギー

重商主義者は、商品流通の把握を通じて近代的生産力の発展方向を近世後期の歴史的段階においてはもっとも正確に前進的にとらえ、この生産力発展に照応的な国家形態を構想することによって、近代化の方向設定にもっとも成功した。だが彼らは、近代的生産力の発展方向を主として商品流通という限られた視野から把握したため、封建制に真正面から対決することをさけ、近代的生産力の本来の基礎が自由で創意ある民衆の活動にあることを部分的にしか理解できなかった。だが一国の近代化を根底からささえるものは、重商主義者は部分的にしか理解しなかったけれども、政治的にも経済的にも民衆の創意ある主体的な諸活動であるから、民衆的主体性の実態が重商主義的近代化のコースをも根底では規制する。こうして私たちは、当時の民衆的な世界の究明という課題にゆきあたる。当時の農村において、生産力発展の主導権をにぎっていたのは、しばしば彼ら自身有力な耕作農民でもあり村役人でもあった「老農」といわれる人たちであるから、まず彼らの思想を検討しよう。

尊徳を例として

二宮尊徳(金次郎)は、老農型の近代化コースを代表する思想家であろう。彼は、一七八七(天明七)年、相模国足柄平野の一角に二町三反余を所有する小地主の長男として生れた。だが彼の父は酒好きのうえに気の弱いお人善しで、おまけに病気になったので、二宮家はしだいに没落し、尊徳は困窮のどん底で成人した。そして一四歳で父を一六歳で母を失うや、幼い二人の弟を母の実家へ預けて自分は伯父の家に身をよせた。尊徳崇拝者たちの伝記によれば、この時期から二〇歳に到るまでのあいだに一家を再興し、しだいに土地を買いあつめて小地主となり、小田原藩家老服部家に奉公する二六、七歳ごろまでは文字通りの勤倹力行の生活をした。修身教育を通じて国民化された勤倹力行の模範金次郎のイメージは、この時期の尊徳を潤色したものであった。

けれども、それがどれほど超人間的であったかをべつとすれば、勤倹力行そのものは当時の農民の一般的な生き方にすぎぬのだが、奈良本辰也は彼の勤倹力行の内容を分析して重要な二つの特質を指摘した(9)。第一に、彼はなるほど超人間的に労働したけれども、農業の面ではもっぱら荒地や廃田など貢租のかからない土地を利用し、その他の面でも他家に奉公したり薪や米を城下町に売りにいったり、いずれにしても課税の対象とならぬ労働に主力をそそいだ。第二に、買得した土地はほとんどすべて小作に出し、蓄積した貨幣はかしつけて自分で労働しない寄生地主的または高利貸的方法で致富した。もしごく普通の農業労働にのみ従事するなら労働の成果の半分以上は封建権力によって収奪されるのだが、この二つはともに封建権力の苛酷な収奪をさけてその間隙に致富する方法であり、尊徳はこの方法を巧みに利用して急速になりあがったのである。無意識的にしろ、彼は自分の労働力をかならず割のよい仕事に投入したのであって、高利貸と寄生地主は自分の労働力投入が零だという意味で、もっとも割のよい致富の方法だった。

尊徳の生涯は、小田原藩の一二〇〇石の家老服部家の家政立て直しをひきうけて小田原にのりこむ時期をもって前後に二分されるだろう。かつて巧みな成りあがり者だった尊徳は、それ以後桜町仕法や日光仕法など封建支配者の依頼をうけて、荒廃した支配者の財政や農村を復興させるユニークな理財家農政家となる。だが、封建支配者の委任をうけた尊徳は、もはやかつて封建支配の間隙をぬって巧妙な成功者となった方法はとれなくなり、致富の方法は著しく異なったものとなった。こうして登場するのが「分度」である。分度とは収入の限度内に支出を制限することである。服部家の家政立て直しをひきうけた尊徳は、まず五年間をかぎってその間は主人は家政に一切口出ししないという約束をとりつけ、ついで「食は必ず飯汁に限り、衣は必ず木綿に限るべし、必ず無用の事を好むべからず」という三箇条を誓わせたが、これは分度の設定を意味する。武家である服部家にとっては、年々の収入は原則として固定しているのだから、ここでの致富の方法は収入の限度内に支出を制限するほかなかった（彼は服部家の家政整理をひきうけるや米の投機をやったが失敗したらしい）。高利の借金を低利に借りかえるなどいくつかの方策がとられたとしても、根本は倹約の厳守にあり、それは鍋炭をおとして薪を節約するというように微に入り細をうがったものだった。

その後の活躍においても、彼はすべて分度の設定から出発している。桜町仕法を例とすれば、彼はまず耕作状況や農家の生計まで詳しく調査したのちに、一〇年間を平均して桜町領の生産額を定め、それを基準として領主宇津家の貢租取分を一〇年間一定に定め、領主から一〇年間の為政上の全権の委任をうる。彼は、農村荒廃の主な原因が苛酷な貢租にあることはよく知っていたので、こうした領主取分の制限＝分度の設定が彼の仕法の前提となった。同時にすべての領民はそれぞれの収入に応じて倹約すること＝分度が設定される。こうして分度とは、封建体制内のすべての人々が収入にあわせて支出を制限することであり、収入を一応一定とするなら富裕化をはかるただひとつの方法であった。こうして彼は、「分度を守るを我道の第一とす」（『二宮翁夜話』以下おなじ）とのべるのだが、これは素行や徂徠の社会理論の中心命題である制度（欲望を制限する体系としての「礼」）の主張と完全に一致しており、この意味で尊徳は封建的経済論の自覚的な主張者のひとりにすぎない。

だが右のような主張は、生産過程と分離している武士階級にとっては、外的制度による人間の内的欲望の制限の体系、つまり封建制にすぎないが、生産者にとっては倹約を通じてあらたな経済活動をおこすという契機を内包していた。彼は、「我が倹約を尊ぶは用ひる処有が為」であるとしているが、ここでは諸制限の体系は生産拡大のテコとして小ブルジョア的志向をはらんでいる。

彼は、「天下の政治も神儒仏も其実衣食住の三つの事のみ」とか、「それ人は米食虫なり、此米食虫の仲間にて、立たる道は衣食住になるべきものを増殖するを善とし、此三つの物を、損害するを悪と定む」とかのべている。引用の意味は明白であろう。衣食足って礼節を知るという考えなら儒学にもあるが、尊徳によれば衣食住の物質生活そのものが究極の価値であり、倫理も政治も人間の物質生活を離れては無意味である。このような衣食住の現実生活の尊重という立場からすれば、当時の神儒仏の思想はまったく空疎なものにみえたのであるが、さらに貧富は天命であり人間の力ではどうにもならないという儒者や宗教家に共通した考えを批判して、貧富は人間の主体的な努力の結果であると主張している。たとえば、「貧となり富となる、偶然にあらず……人皆貨財は富者の処に集ると思へども然らず、節倹なる処と勉強する処とに集るなり」とのべ、また「三度たく飯さへこはしやはらかし思ふまゝにはならぬ世の中」という歌に、なげやりな諦観的生活態度を見出して、「是勤る事も知らず働く事もせず、人の飯を貰ふて食ふ者などの詠めるなるべし」と批判し、人間は努力さえすれば「何事も思ふまゝ」であるとさえのべた。

尊徳の思想の歴史的な意義は、苛酷な収奪のもとに屈従や諦観や、ひょっとしたら自暴自棄な生活を強制されていた農民に、衣食住という人間の物質生活がもっとも重要でありその生活は人々の主体的な努力によって無限にゆたかになるのだ、と教えた点にあろう。すでにのべたように、封建支配者の経済論はある与えられた生産物のより適切な分配、そのための人々の欲望の制限の体系として構築されたために、民衆にたいしては忍耐や諦観を説教する以外になかった。だがひとたび生産者の立場にたち、生産が人間の努力によって無限に上昇してゆくことに注目するなら、人々は今度は創意と希望に充ちた積極的な生活者となりうる。彼が衣食住の生活財の重要性を強調したかぎりで彼は生産者農民の立場にたっており、この生産者の主体的な努力の意義を強調することによって積極性にあふれた明るい人間像へ近づいた。「天つ日の恵《めぐみ》積置く無尽蔵鍬でほり出せ鎌でかりとれ」という歌は、農本主義的限界の内部においてであるが、積極的な生産者的人間像のイメージをもっともゆたかに表現しているであろう。

こうした立場はいくつかのコロラリーをもっていた。いま『二宮翁夜話』からいくつか指摘すると、仏教は来世の極楽を説くがそれはおそらく勧善懲悪のために説いているのであろうとして、大切なのは此の世において苦痛を消滅させ極楽をつくることだとし、それは家族が睦じく田畑がよく稔って産物が沢山とれることだとしている。また、幸不幸や貧富が人間の主体的な努力の如何によると考えたことに関連して、呪術や迷信を否定し「禍福吉凶は方位月日などの関する所にあらず」とのべている。また、一食に米一勺ずつ倹約し凶年にそなえてそれを積立てよという考えに反対して、「富国の道は、農を勧めて米穀を取増すにあり、何ぞ減食の事を云んや」とのべ、「十分に喰て十分に働け」と主張した。ここで完全に封建的な思想家の愚民観やその退嬰性についてのべる必要はないが、一面で生産者の能動性に期待した重商主義者たちも結局は支配者的な論理にたっており、積極的な生産者的人間像の構成に寄与するところは多くなかったのであり、尊徳はひとつの到達点を示している。

だが尊徳が構想している明るい能動的な人間像は、本当にそのようなものであることを証明するためには現実において富を得、生産力を発展させなければならない。そこで彼はどのような方法により富を得、生産力を発展させようとしたか。彼は自分の方法を約言して勤・倹・譲といっているが、すでにのべたように倹と譲はただそれだけでは単純再生産を前提として人間生活を制限する方策にすぎぬから、尊徳の歴史的な意義はみずから生産活動を通じてより多くの富をうる勤の内容を分析して示しうるであろう。そこで尊徳のいう勤の意味をひとつの例で示そう。彼は、親戚の若者に諭してお前はまだ若いから夜遅くまで働いて草鞋をつくりそれを次の日工事場にもっていって草鞋の切れ破れた者に無料で与えよ、そうして「受る人礼せずといへども、元寝る暇に作りたるなれば其分なり、礼を云人あれば夫丈けの徳なり、又一銭半銭を以て応ずる者あれば是又夫丈けの益なり」とのべた。この話は彼の年少のころの経験にもとづいているのだが、ここで彼は自分の労働の値うちを零と考えろ、そうすればどんな労働も必ず利益をうみだすものだ、と主張しているのである。

このように、労働から生まれる成果をあまり期待せずに遮二無二に働け、という思想は彼の生涯を一貫していた。彼は勤倹力行しさえすれば成果はおのずと現われるものだと考え、けっして労働の合理的因果的な必然性としてその成果をえがきださなかった。彼はなるほど、「貧となり富となる、偶然にあらず」として貧富の原因を倹約や勤勉にもとめ、そのかぎりで労働＝努力とその成果を因果関係として把握したが、どれだけの労働がどれだけの成果を生むかというような定量化された合理的な因果関係としてとらえることはできなかった。彼が詳細に仕法書をつくって定量化できたのは、なにをどれだけ倹約すればどれだけの成果＝富をうるかというような場合に限られるのであって、富の拡大再生産については、ただ猛然と勤倹力行すればいつかおのずといくらかの富をうるであろう、と主張するにとどまった。さきの例でいえば、自分の労働の値うちを零と考えれば、労働の成果は最悪の場合に零で他の場合には多かれ少なかれ報いられるから、こうした前提にたてば勤倹力行は必ず富をもたらし無限の勤倹力行は無限の富をもたらすはずである。

ここまで展開してみれば、彼の労働論、生産論の限界は明白である。私たちは無限に労働できないし、労働の成果は定量的に保証されていないのだから、無限の富はまったく形式論理的な必然性しかもっていない。要するに彼には労働生産性の思想、したがって労働過程の合理化の思想がなかったために、彼の思想は小ブルジョア的な発展を達成する武器としてはまったく不充分なのである。尊徳は土木工事にすぐれた腕前をもっており、金肥の導入など農業技術上の指導もしている。また、静岡県は米作技術上重要な正条植と短冊苗代が全国でもっとも早く普及した地方に数えられるが、それらは報徳社によって普及されたもので他県では正条植を「報徳植」と称していた。このように尊徳とその後継者は農業技術上でも大きな功績を残しているけれども、尊徳もその後継者もこうした技術上の改善よりも労働主体の勤勉さに農業発展の道をもとめ、道徳的色彩のつよい勤倹力行主義のコースを進んだ。

尊徳は、仕法雛形において農村復興の方策をぼう大な計算書として提出しているが、この雛形についても右と共通した問題を指摘できる。たとえば、土地の開発を論じた雛形乙で、乙一は荒地一反の開発料に金一両をかしつけ一年を経て返却し、次々と別人にかしつけて六〇年を経れば六町が開拓される、乙二では、同じく一反歩の開発料に一両をかしつけるが一割を利子にとり次年度からは利子分もかしつける、つまり年利一割の複利計算で貸しつけてゆけば六〇年にして二七町余を得る、同様にして年利二割とすれば四六八八町、年利三割とすれば実に五二万七八九五町を得る、といった調子である。尊徳はこの煩雑な複利計算をおこなって富国はどんなに容易に得られるかを論ずるのだが、これはまったく空疎な算数にすぎない。計算のうえではこんなに容易に土地が開発されるのに現実には荒地が多いのは、尊徳が考えた計算書を人々が知らなかったからでなく田地の開発の可能性は封建制の存在と技術的自然的条件によって制限されているからである。尊徳の計算は、開発されうる土地が無限にあるという空疎な前提にたっており、封建貢租の撤廃と技術的条件の変革こそが新たな開発の第一の前提であることがまったく見落されている。もし技術的な前提なしに土地をひらけば一般的にはより条件の悪いところにひらくこととなり、その結果は労働生産性を減退させ、その耕地は小ブルジョア的な合理性から後退した厳しい勤倹力行によってかろうじて維持される。だからそこに新たな土地や生産物が得られたとしてもそれは能率性を無視した厳しい労働の貧しい成果にすぎない。

ここで著名な「作為」の論理にふれよう。尊徳はたしかに天道と人道を区別し、「人道は作為の道にして自然の道にあらず」とのべ、荒地(自然)をおこして耕地と為し(作為)、雑草(自然)をのぞいて米麦をつくる(作為)など、人間主体の自然にたいする働きかけを重視した。この限りで彼の人道は、近世初頭の朱子学のように人間主体を「自然」の論理のなかに埋没させて諦観と受動性をうえつける思想と異なるばかりか、作為の「論理」にたっていてもその主体は君主だけで被支配者は「作為」の対象としてまったく受動的な存在であるような徂徠の場合とも異なっており、外的自然にたいして能動的に働きかけそれを変革してゆこうとする生産者の思想を表現している。(10) だが、尊徳のいう「作為」とはこのようにわれわれをとりまく外的自然にたいする働きかけを意味するだけでなく、人間の内部の「自然」にたいする働きかけをも意味していた。もとより、人間が外的自然に有効に働きかけるためには自分の内的自然に働きかけそれを変革して人間的諸能力を開発しなければならぬが、彼のいう内的自然への働きかけはこのような人間的諸能力の開発を意味するのではなく、「欲を押へ情を制」するというような人間性への諸制限の体系を意味している。このことは、「夜話」の最初の数頁をよめば明らかなことであるが、こうした「作為」の内容こそ、彼が能動性に富んだ生産者のイデオローグでありながらその能動性を合理的発展的な方法によって発揮しえず、人間性にたいする厳しい諸制限の体系を通じて、したがって前近代的な倫理規制の強制によってごくささやかに発揮しえたにとどまることを示している。

大蔵永常

永常は、農業生産力の発展を技術の改良と商品作物の栽培と販売のための農産物の加工という三つの観点から推進しようとしたユニークな農学者である。(11) 一七六八(明和五)年、彼は豊後国日田の農家に生まれた。彼の生家は中位の農家だったらしいが、彼の祖父は農業に委しく、「就中綿を作る事に妙を得て家僕に作らしめ」(早川『大蔵永常』)たといい、父は農業のかたわら土地の製蠟工場につとめ、ことに「蠟晒し」には独得の技術をもっていたという。日田は当時商業の要路にあたっており、ここで永常の生家は商品作物の栽培と加工に従事する半農半工的な農家だったわけである。永常自身も少年期に日田の生蠟問屋に丁稚奉公していた。彼はおそらく二〇歳前後に故郷を去り、薩摩へ入国し、当時薩摩藩が独占していた砂糖の栽培製造技術を身につけたらしく、やがて九州各地に製糖技術をつたえ、一七九六(寛政八)年には海路を大坂へ向った。彼の大坂行は、薩摩流の製糖技術を看板にかかげ、一旗あげるためであったらしいが、それは失敗し農具と苗木の取次販売などをしながら農村を遊歴し各地の農業に関する知識を身につけた。そしてやがて『農家益』(一八〇二年)からはじめて『農具便利論』『除蝗録』『綿圃要務』『広益国産考』など約三〇冊の農書を著作し出版した。

これら沢山の著作のなかで彼があつかった作物の種類は五〇余種で、宮崎安貞が『農業全書』で一五〇余種、佐藤信淵が『草木六部耕種法』一冊で二〇〇種近い作物を網羅的に扱っているのと比べて対照的に少ない。永常の農学は、特定のとくに利益がある作物について各論的につっこんで究明することをめざしていた。彼が稲作をとりあげるにしても稲作の概論が目的でなく、『除蝗録』がウンカを除くための鯨油の使用法をもっぱら説いているように、ことに重要だと思われる特定の技術を解明することを目的とした。彼がとくに重視した工芸作物は、ハゼ、サトウキビ、綿などであったが、これらはいうまでもなく当時もっとも有力な商品作物であった。永常は、これらの作物の栽培法だけでなくその加工法もあわせて詳細に説いたのであって、その点では彼はすでに農学者の域を脱している。そして彼は、これらの栽培・加工についてのすぐれた技術者として知られていたのであって、後年渡辺崋山によって田原藩に招かれたのも砂糖や蠟の製造技術者としてであった。だがこれらの技術を喜び迎えたのは、崋山のような領主層であるよりは、むしろ大坂周辺に代表される農民的な商品経済の担い手たちであったようである。永常の主要な生活の基礎は、これらの農書の出版にあり、それらは大坂を中心として広く、おそらくは全国的に読まれたらしいから、彼は尊徳や信淵より農民たちにはるかに広く知られた農学者だった。

おおくの農学者と同様に永常も農学に志した動機は、飢饉のさいの農民の悲惨な状況にあったらしい。だが永常は、山野自生の凶荒植物の利用か昔ながらの社倉・義倉制度のむしかえしにすぎぬ従来の凶荒対策を批判し、あらたな農業技術によって飢饉をさけようとしたのである。これには大雑把にいって二つの方法があって、第一は『除蝗録』に代表されるように、あらたな農業技術を導入して凶作の直接の原因(『除蝗録』ではウンカ)を除くことである。『除蝗録』で「蝗(ウンカ)を去る術は世の飢饉をすくふ第一の備へにて、是より大なる仁術はあらじ」というのはこの立場である。第二は商品作物の栽培と加工である。たとえば、享保の凶作のさいにハゼを植えた地域はこの年はことにハゼの実のりがよかったために、ハゼを売り「其価を以て米にかへ」て飢饉をのがれたのである。この点は、当時の経済思想の実状を考えるならとくに鋭い指摘である。多くの経世家は、凶作のときには貨幣が無価値であると説き、商品経済へまきこまれることをさけて現穀を貯蔵し自給自足的自然経済にもどることが凶作を防ぐ最良の方法であると考え、黄金を懐中にして餓死した例を沢山あげているが、事実はこれに反し凶年において一般に都市居住者よりも農民の方がはるかに激しい飢えに迫られたのであり、同じ農村でも凶作の被害をもっともひどくうけたのは商品経済が未発達な東北地方であった。なお様々な事情があるにしても、永常がいうように商品作物の栽培加工を積極的にすすめることによって凶作からも貧窮からも逃れる道がひらけるのであった。

以上のような主張を通じて永常は、貧窮や飢饉の原因を農民の心がけの問題ときりはなして農業技術にもとめた。そして心がけの問題ときりはなされることによって技術は技術として実証的につっこんで探求される道がひらけた。しかもこの技術は現金の獲得によって定量的にその効果が計量されるのであるから、商品経済の発展と技術の発展は相互に刺戟しあって発展し合理的な農業経営についてのイメージをつくる。こうして農業生産が合理的な考察の場にひきだされ、そこに尊徳などにはなかった「労を省く」という労働生産性の概念も生まれ、全国の農具についての実証的な比較研究として『農具便利論』も著作された。

彼はほとんど全国を旅行し、それぞれの旅先での個別的な農業技術を集積して彼の農学をつくった。この土着性の欠如が彼の農学を技術論的なものにしたひとつの原因である。さらに、このような旅行そのものが、農具その他を扱う商人と結びついてなされたのだが、彼の農書は大坂を中心とする大都市の農具商油商などの宣伝パンフレットとして書かれた側面をもち、彼の農学はますます農本主義的イデオロギーから遠ざかるのである。だが、こうして技術をイデオロギー問題ときりはなすことは、一面では技術をそれ自体として実証的合理的に研究する道をひらくものであったが、もう一面では現実の社会制度にたいする批判を欠如させてしまった。

安藤昌益のように現存の社会体制を根本から否定しないまでも、重商主義者はもとより尊徳などが現存の社会体制やイデオロギーのそれぞれ特質ある批判者であり、あらたな人間類型の創造へ向っていたときに、永常はごく平凡な心学思想をのべただけでイデオロギー問題を回避した。もっともすぐれた農学者であった永常は、農学をイデオロギー問題からきりはなし農民の現実生活にたいしては外的な傍観者となった。反対に、イデオロギー性のつよい信淵や尊徳、またおおくの老農たちの農学は、農業技術の発展をそれ自体として究明しようとする態度がきわめて少なく、イデオロギー面にとらわれて日本農業の発展を精神主義的に解決しようとし、日本農業の変革をその生産力的根拠にまでさかのぼってなしとげることができなかった。

農業技術の展開と農学思想

農業生産の発展を基盤として模索されていた「近代化」の性格を理解する前提として近世後期における農業技術の発展をまず概観しよう。(12)

近世後期における稲作技術上の進歩は、主として品種の改良にあった。この時代に選抜された品種名は、地名に由来するものがおおく選種者個人を記念するようなものはなく、寺社参詣などの農民の旅行によって伝播された。伊勢参りは、農業の最先進地帯である畿内の品種を全国に伝播することによって品種改良に大きな影響を与えた。一七三五年には水戸藩に伊勢モチ、伊勢コポレ、伊勢北国、伊勢カルコの品種名がみえ、一七三七年には周防国に伊勢三郎、伊勢モチなどがあっていずれも伊勢参りの影響を思わせる。同じときに西国、西国モチの品種名もみえて西国巡礼の影響を推定できる。明治以後における稲作技術発展の主柱は、品種改良と化学肥料の普及にあったが、そのひとつはこうして近世後期に名もない農民たちによって商品経済と交通の発展という歴史的条件のうえで信仰の問題と結びついてはじめられていたのである。品種改良が組織的におこなわれたのは明治にはいり近代遺伝学がしられてからであるけれども、幕末から明治中期へかけてのわが国農業技術発展の事実上の指導者であったいわゆる老農たちの関心も品種改良にあった。たとえば幕末の伊勢では、伊勢錦、関取、須賀一本、竹成などが育成されたが、伊勢錦についていえば、これは木綿、鋸などの行商で産をなした老農岡山友清（一七八九―一八七八年）によって選抜されたもので、彼は松阪、津、宇治山田に頒布所を設け、解説を附した袋入りの稲種を伊勢参宮の人々に無料で頒布し、のちには大坂まで出向いて普及をはかった。明治三老農の一人中村直三は、農民の困窮を日夜目撃して農事改良にのりだすのだが、直三の主要な方法は病虫害につよい多収穫稲の発見と普及であり、前記の伊勢錦は直三が普及につとめた優良品種であった。(13)当時の品種にたいする主な関心は病虫害、旱害、冷害などの自然的災厄にたいする抵抗力の強さと多収性にあって、農民みずから米の販売者となる機会がすくなかったために品質にはあまり関心がなかったが、永常だけは農民も米の販売者として品質改良に努力すべきだとしている。

耕耘技術については、犂を用いる牛馬耕は畿内を中心に北陸その他にも若干普及したが、牛馬耕の全国的な発展は明治以降であり、耕耘技術は「主として鍬の用途による分化発達という形」（古島『日本農業技術史』）をとった。近世におけるほとんど唯一の農具論である永常の『農具便利論』も、鍬は詳細に論ずるが犂は論じない。脱穀調整用農機具についていえば、センバコキは元禄ごろ畿内から普及しはじめ、近世中期に全国的になった。センバコキは、鳥取県倉吉町が全国に供給する特産地であり、生産形態はマニュファクチュアだった。調整用農機具では木臼から土臼への転換が近世中期である。センバコキは日本特有のもので、中国その他米作地帯における打って脱穀するのよりはすすんだ形態であり、調整用農機具も朝鮮、台湾、東南アジアなどは以後も木臼の段階にとどまり、二〇世紀にはいって調整過程を商人資本に奪われる原因をつくった。それはともかく、脱穀調整用農機具は、センバコキ、土臼の段階で近世後期に全国的に斉一化し、それ以後廻転式脱穀機の段階で全国的に斉一化する明治末期まで基本的に不変である。米汰《こめゆり》、千斛簁《せんごくとおし》、唐箕《とうみ》などの選別用農機具も近世中期に発達してそれ以後明治中期まであまり変わらない。以上のような近世後期における農機具発展の停滞性が日本農業における経営様式の変革をおしとどめ労働生産性の概念を発展させず、したがって農民思想が合理主義を排除して農本主義的色彩につつまれることになった技術史的根拠である。

わが国の米作農業にとって重要な発展である種籾の塩水選、短冊苗代、播種量の減少薄蒔化、正条植、肥料の種類と量の変化などはすべて明治以降主として政府の農事指導によって発展する。たとえば選種法の場合、『農業全書』いらい強調されてきた雄穂雌穂説はまったく無根拠だったが、右に列挙したような重要な技術に近世後期の農業はほとんど貢献しなかったのである。しかし右にのべたもののうち、正条植については、一七八八年の越中の『私家農業談』は熟練した早乙女は目分量でタテヨコ見事にそろえて植えるとしており、一八四〇年ごろ縄を用いる正条植が大原幽学によって下総国香取郡で奨励された。それよりも大きな影響をもったのは報徳社による正条植で、一八四八年、尊徳門下の安居院義道が遠江国浜名郡で伝授したのをはじめとし、「報徳植」として静岡県下はもとより他県にもしられた（伊勢参りに行った報徳社の人々によって伝播されたという）。報徳社はまた種籾の塩水選も普及させ、明治期になるが短冊苗代の普及にも功があった。肥料についても、商品経済の発展にともない魚肥油粕などの購入肥料が普及しはじめたことはいうまでもない。

以上のように、近世後期の稲作技術には品種改良を中心にあらたな発展が芽生えつつあったが、散在する零細な耕地で営まれる集約的多労働経営を揚棄するにはほど遠かった。すでに『民間省要』は、「百姓の田地二十石以上百石余の者、十が一も自分の地を手作するはなし、人を抱え馬を求て中々作りてあふ物にあらず、小作に預けて他の手より米をとり、其内にて年貢を勤るなり」とのべているが、こうして農業経営の基本的な変革は阻まれ、貨幣経済の発展は寄生地主制に結果せざるをえなかった。むしろこの時代に経営様式の変革をおしすすめたのは、綿、菜種、養蚕、楮、ハゼなどの商品作物の栽培とその加工であった。綿は河内、摂津など上位五カ国が全国産額の三八％をしめ、マユは同じく上位五カ国が六二％、大麻は五三％、藍は五一％をしめるという具合に商品作物の特産化がすすんでいた（古島、前掲書）。これらはそれぞれの地方の仲買の手を経て大坂その他の大都市の問屋に集められ、問屋は特権的な仲間をつくって全国に販売していた。そしてこの全国市場を下からささえむしろその積極的推進者となり特権的商業資本の独占的支配とはげしく闘争しつつあったのは、畿内先進地帯をはじめとする農民的商品経済の担い手たちであった。大坂を根拠地として沢山の農書を出版した大蔵永常の農学は、こうした農民的商品生産の発展にもっともふさわしいもので、彼は稲は「作徳」のすくないもので稲ばかりつくっても「作り損」になるが、サトウキビを植えれば三倍の利益をうるとか、百姓は菜種をつくらぬと勝手が悪いものだとか、「凡綿は人手にかゝること十四五段程を経て用をなすものなれば、国民をにぎはすの大益なり」（『綿圃要務』）とかのべている。

右のように永常は反稲作思想に近いものさえもった商品作物栽培の主張者で、最後の引用では商品作物の栽培を加工業の発展と結びつけるという高い段階を示している。また彼は、専売政策は商人の利益を奪うものであるとして反対し、産物会所についても支配者による強制をやめてその業にとくにくわしいものに少しの土地を与えて「手本」とし、人々に自然に学ばせるようにすれば「人々の心より出でてするわざなれば却りて早く行はるゝもの也」（『広益国産考』）とのべて、民衆の自発性に依存する自由経済の主張に近づいている。

商品作物の栽培加工の主張は、すでにのべたように重商主義者にもみられるもので、たとえば佐藤信淵は綾部藩に行って、田で米をつくり一反にかりに三石を得るとしても換金すれば三両にすぎぬが、綿をつくれば繰綿一八貫、代金にして九両を得る、うち三両で米三石を買えば六両が残る勘定になるから田にも綿をつくれと説き、村役人たちを「錯愕」させた(『責難録』)。さらに信淵は、私の知るかぎり、近世における商品生産を目的とした大農場経営のただ一人の主張者である。それは「種樹園法」と呼ばれているが、要点は原野や山林をひらいて東西一五町南北一〇町面積一五〇町の一大農場をつくり、ぶどう、菜種、藍、漆、みかん、桃、楮、さといもその他をつくり、大都市に販売することにある。そしてここで作られる作物はいずれも販売を目的とするものであるから、なるべく利潤が多く利廻りが早いものをつくり、近くに大消費地があり運送に便利な大河の近くを選ばねばならぬとしている。商品作物の大がかりな栽培を目的とするこの大農場経営の主張はきわめてユニークなものであるが、この農場は領主が有能な支配人を選び困窮人を集結して開設する農奴主的大経営の性格をもち、またこれほどの大農場経営であるにかかわらず牛馬耕その他の大農具の導入が少しも考えられていないなどという前近代的な特色をもつ(14)。信淵のこの主張は彼の多くの主張と同様に空想的な性格が強いが、私たちはこうしたもの以外に商品生産を目的とした大農場経営の主張がついに登場しなかった事実の方に注目すべきであろう。近世後期における農業生産の前進は、散在する零細な耕地で営まれる多労働経営を揚棄するにはほど遠かったのであって、田畠の区画整理についても九例しか知られていないという。そのうちの一例は大原幽学によるもので、彼は下総国香取郡長部村の名主遠藤良三衛門の所有地一町五反を区画整理して一三枚とした。その目的は乾田化して二毛作ができるようにすることと正条植に便利なようにするためであったという。また幽学は、「先祖株組合」において組合員の土地を「一纏」にして共有の田畑をつくった。しかしこれらは幽学が幕藩体制下の土地制度を変革して土地共有をもたらそうとするものとされ、のちに幽学とその門下が弾圧される有力な口実となった。

老農イデオロギーの歴史的位置

大蔵永常の反稲作的反農本主義的農学は、近世後期において重商主義者のなかに類似のものがあるにしても、特別なものとしなければならない。その他の人々――尊徳、幽学、中村直三も含めてその当時各地において農業生産を指導していた有名無名の沢山の農学者・精農たちは、深く農本主義的な狭い視野のなかにとじこもり、若干の農業技術上の変革と圧倒的に強い精神主義的方法によって農業生産の発展に貢献していた。彼らの多くは、『農業自得』の田村仁左衛門、『民家要術』の宮負貞雄、『会津農書』の佐瀬与次右衛門などのように村役人であり、またその地方における最上層の農民であった。そうでない場合も、武士出身の幽学の門下が香取郡の村役人・上層農民であったように、その活躍の基盤は同じ階層にあった。永常はただひとりこうした村役人的豪農的存在とあまり強く結びつかなかったけれども、それは彼が大坂・堺の農業用品を扱う商人に結びついて現実の農村社会の外部で生活したからである。けれども、永常にしてもたとえばその農学の重要な要素となりまた出発点となった鯨油による虫害の除去とハゼの栽培の技術は、彼の生地日田においていずれも庄屋であった二人の先覚者から継承したものであった。永常は、二人の先覚者から農業技術だけをきりはなして継承したけれども、それは永常が商業資本的なルートにのっかり故郷を離れた浮浪者となったからであって、現実の二人の先覚者は農業技術の指導者であるとともに村落の有力者であり村役人であり豪農であったのだから、永常の農学もその由来は同じ階層にあったことになる。

村落の有力者や村役人でもあり、上層の農民でもあって、かつ地方における農業生産の指導者であり多かれ少なかれ農学知識の普及者だった人たちを私は「老農」と呼び、彼らに共通するイデオロギー的特質を総括して「老農イデオロギー」と呼びたい。彼らのうちには尊徳のように著名なものもとより含まれるが、今日ではすでに忘れられたか、ごく一部の人々の間にだけしめやかに語りつがれている無数の老農たちがいて、その底辺は民俗学者によって故老とか世間師と呼ばれるものに連続しており、無数の名もない人たちが老農的な農学とイデオロギーを底の方からささえていた。これまで、尊徳をこうした立場の典型および到達点として、永常を反農本主義的な例外としてのべ、彼らの活動の技術史的基盤や社会的基盤についてものべてきたので、最後に彼らのイデオロギー的特質を概括しよう。

彼らにとって、農村の窮乏はもっとも明白かつ重要な眼前の事実であった。彼らはこの困窮の根本的原因が領主の苛酷な収奪にあることを漠然と理解しており、だからこそ尊徳は領主取分に「分度」を設けることをその仕法の第一の前提とした。だが彼らは、農村の困窮を救う第一の方法が社会体制の変革にあるとはけっして考えなかった。彼らは、彼らが体得しえた若干の農業技術の普及とはげしい勤倹力行の精神主義を結合することにより、農業生産は徐々に増大しそれにともなって農村はしだいにゆたかになってゆくであろうと確信し、日本の近代化のいわば改良主義的コースを設定した。たとえば中村直三(15)は、一八五六年、百姓一揆にたちあがろうとする農民たちに、一揆をやめて農事改良による生活の安定をはかるように説き、一揆鎮圧に一役買ったし、尊徳も名主の押領を訴えようとする百姓たちに、確証があるにしても訴訟は簡単に勝てるものでないしもし勝っても入費が莫大となるからどっちにしても訴訟は大損だと説いて内談をすすめている。

宮負定雄は、下総国香取郡に住む篤胤門下の国学者で『民家要術』『農業要集』を著し、宮崎安貞、信淵、永常などの農学に学んで農業技術の普及につとめ、「厚利の物」を沢山につくり「世に知らる、産物」としなければならぬ（『農業要集』）とのべて商品経済への対応もしめすのであるが、彼の社会思想の要点は、君に忠、父母に孝をつくし「妻子を恵みて教へ、奴婢を憐みて仕ひ、朋友に信を以て交り、家業を怠らず勤め、正直律義にして子孫相続し、公の御掟に違はぬまでの事なり」（『民家要術』）という封建体制の擁護にあった。幽学にしてもその教説の要点は、「自分の勝手」を排除してそれぞれの身分・地位のものがそれぞれ「分相応の道」をつくすところにあり、領主にたいしては期日に遅れずに年貢を完納するというような封建的忠順を説くものであった。だからかつて、篤胤以後の国学について松本三之介が説いたように、これらのイデオロギーは被治者の倫理や意識を編成することによって崩れかかった幕藩体制を下からささえようとするものであり、その意味でいまやようやく政治の舞台に登場しつつあった民衆に「政治的実践を放棄せしめ、服従と犠牲を説き、彼らをして改めて既成の秩序に繰入れることを自己の任務としたのであった」（『国学政治思想の研究』）。

だが、このイデオロギーは、方法的にきわめて不充分だったけれども農業生産の発展と農村の近代化の方向をめざしており、しかも農民自身にむかって説かれた面が強いから、こうして登場してきている民衆をどれほど既成の秩序に繰りいれようとしても、もはや民衆は儒教的政治思想が主張したようなたんなる統治の対象でありしたがって愚民であることはできず、それ自身ある世界観をもって自覚的な存在たろうとするものであった。尊徳も幽学も直三も真正面から封建制を批判したことは一度もなかったが、彼らは生産活動から遊離した煩瑣で空疎な当時の儒仏の世界観をひどく軽蔑して生産活動をもっとも重要な基礎とした日常的な生活の哲学（あるいは宗教）を樹立しようとしたのである。尊徳や幽学だけでなく、宮負定雄や小西篤好のような草莽の国学者、不二道や実行教や金光教のような新宗教、直三の心学などは、従来の支配者的な世界観を神儒仏ともに批判して独自の生産者的な世界像をつくろうとしている。それらは神秘的で、生産活動も社会生活も合理主義的に把握する契機をほとんど欠如しており、商品経済、国家、人権、科学などという近代社会の重要なエレメントをほとんど理解できなかったが、非生産的な封建領主階級の論理とも異質なものであって、領主階級の遊惰や空疎さや寄生性を神秘的な直観を媒介としてかぎわける程度の生産者的な健全さをもっている一方、同時に村落の支配者としては一揆に立ちあがる農民に秩序の破壊者をみていた。彼らは、農村においてまずしいながら生産力発展の主導権をもっており、だからまた政治的社会的主導権も維持されたが、彼らの視野はせまく近代的産業社会についての理解を欠いていたから政治も経済も全国的な分野では重商主義者の設定したコースの主導権のもとにおける下位の同盟者とならざるをえなかった。討幕派から維新政権へと継承されてゆく日本の近代化の主導コースにおいて、農村の把握と支配は右にのべた農村の現実の指導者を通じてなされてゆくはずである。

天皇制イデオロギーは、その神秘性、家族的共同体意識、天照大神信仰を軸とした神国意識、精神主義的な生活態度などにおいて、老農イデオロギーにおけるほぼ同一の特徴を吸収しそれを基盤として形成されるものであり、こうした基盤をもつことによって天皇制イデオロギーはやがて人々の生活の奥深く浸透してゆくはずである。

3　民衆運動の思想

後期国学と教派神道

本居宣長においてひとつの頂点に達する国学は、なによりも儒教的な道徳規範の偽善性を攻撃して人間の自然的な性情の尊重を主張した。だが宣長にみられる「物のあはれ」的な人間は、自然や社会への積極的な働きかけの契機をほとんど含まない受動的な人間の内的心情のことであった。したがってこの「物のあはれ」的な人間は、みずからの主体性に基礎をおいた社会体制を構想することができず、社会思想の分野では「惣て世の事は、善きも悪しきも、神の御行為にて、人力には叶ひがたき事のみ多く候」（『玉かつま』）という諦観を説き、時の政治権力に無条件で服従するように説いた。

平田篤胤は、わが国の「古道」「神の道」を明らかにしてそれを現実社会の規範にしようとした。篤胤の神道観は宣長のそれの継承であったけれども、宣長にとっては神道とは人智をもってはまったく理解できない不思議であったから、神道はなにより太古の不思議として存在しており、人間がその具体的内容に容喙して体系化を試みたり現実の人間の行動規範とすべきものではなかった。だが「物のあはれ」的な心情の世界に身を委せることのできなかった篤胤は、神道に具体的規定を与え、論理化体系化してすべての人が従うべき行動原理にしようとした。篤胤の国学におけるこの神道説化は、宣長の歌学的側面の継承者たちから「かにかくに論《アゲツラ》ふ」（本居太平）ものであり、師の排した漢意をもってする牽強附会だとされたけれども、都市を中心としたせまい文人的な世界の外に拡がる豪農商層に受容され、急速に伝播した。篤胤によれば、この世は人間の善悪を試みるためにしばらく生存させられる「寓世《かりのよ》」であって、大国主神が主宰する「幽世《かくりよ》」こそ人間の本来の住所であり、この「幽世」において現世における人間の隠善・隠悪は厳しく賞罰される。だから人間は、来世の審判を常に意識して徳行につとめねばならない。このようにして篤胤の神は、人間にたいして現世の徳行を厳しくせまり、現実社会における積極的な行動人たることを要求した。篤胤学におけるこの実践者的な相貌は、当然にまた宣長的な人間像の変革と結びつき、「児女子の如くはかなき」人間にかわるに雄々しい人間をもってし、理智の排斥にかわるに可能なかぎりの論理化体系化をもってし、さらに蘭学などの自然科学的な知識を積極的に吸収して自然科学と神道との矛盾を克服しようとした。

宣長学が町人層に受容されたといっても、それは上方のゆたかな町人に文人的な教養として受容された面が強く、篤胤学は東日本の農村に住む豪農層によって生活や行動の原理として受容された面が強い。篤胤学とは系統がちがう橘守部も、その門弟の多くは北関東の豪農たちであり、桐生足利の蚕糸織物業者も多かった。これら草莽の国学者のイデオロギー的な課題は、篤胤によって展開された神道を日常生活の規範とするという方向をおしすすめて、荒廃した農村の秩序を彼ら豪農層を中心に再編成することであった。篤胤の神道は、日常生活の原理としては忠孝などの家父長制的共同体的道徳を中心としており、儒教思想とほぼ同一のものに帰着する。しかしそれは儒教の形式的規範主義を排除して、庶民のなかに広く浸透していた産土信仰や伊勢信仰を基盤にして宗教的に再構成されたものであったから、庶民の日常生活の細部にまで神の権威として浸透する可能性をもっていた。篤胤門下の国学者桂誉重は、越後国新津の大庄屋であったが、激化しつつある農民一揆を背景に、「小作水吞ハ地主大百姓ヲ屑《いさぎよし》トセス自慢ニ未納ヲ手柄トシ……都《すべ》テ何コトモ如レ此順逆転倒ニ成掛リシ兆見エテ不安ナルモノナリ」（松本『国学政治思想の研究』より再引）という危機意識にたって、領主地頭村役人などはそれぞれ朝廷の代理者なのだからその命に無条件に服するのが万民の道であると主張した。そしてこうした主張は、草莽の国学者たちに共通するものだった。このように彼らの課題は、村落の支配者や寄生地主としてのみずからの地位を国学イデオロギーを援用して守ることにあったが、同時にまた彼らは宮負定雄や田村仁左衛門のように農業生産の指導者であり、あるいはまた社倉米を貯えて凶作にそなえたり貧民を恵み未進を肩代りしてやったりする村落の指導者だった。(16)

国学の受容層も部分的に含みながらさらにその下層に、しかしはるかに広汎に拡っていた信仰は、産土信仰、伊勢信仰、富士信仰などであり、薬師、えんま、稲荷、地蔵などの無数の機能神やはやり神であり、山伏、みこ、まじない師などが行なうさまざまな呪術であった[17]。民衆は村落の共同社会を通じ、講や縁日を通じ、これらの神々と結びついていたのであるが、近世後期になると右のような民衆信仰を土台としていくつかの民衆的な新教団が結成され、日本の民衆のイデオロギー的展開に重要な役割を果すことになる。富士講は、心学の発展にややさきんじて元禄期にすでに食行伊藤伊兵衛によって、富士の神仙元大菩薩は農事の時を授ける万物の祖神であり、士農工商はこれを信仰して各自の業に励むことによって幸福をえられる、という庶民の日常の行動原理を含んだ教義を展開していた。この教義は、一種の四民平等観をもっていた伊藤参行を経て、武蔵国鳩ケ谷の町人三志小谷禄行に伝えられ、不二道(不二孝)となった。禄行は、富士信仰と固く結びついていた呪術にたいしては否定的な態度をとりつつ、惟神の道の立場から将軍と天皇を讃美し、社会奉仕や孝を中心とする家族道徳の実践を強調した。禄行の思想は、尊徳に影響を与え、伊勢錦の選抜者岡山友清も信者だった。不二道は、のちに分裂して主流は実行教をつくるが、それは宗教的性格のうすい農本主義と国家主義にもとづく精神運動および社会奉仕運動となった。

右にのべた富士講は、江戸を中心としたもので、天保期を頂点とし嘉永の弾圧以後はほとんど活動を停止したが、周辺農村からは丸山教が成立した。丸山教の教祖伊藤六郎兵衛は武蔵国橘樹郡の地主であったが、彼は青年期の大患を克服する過程で信仰を固めた。丸山教は、呪術的要素が強いが、明治期には農民的な世直しの要素をはらんでいた。備前国では、黒住教と金光教が成立した。黒住教の教祖黒住宗忠は、大きな神社の神職だったが、肺患に苦しみつつあったある日、突如として自己の生命が太陽＝天照大神と合一するという神秘的な経験をもち、天照大神の信仰を説くことを自己の使命として自覚するにいたった。彼は、「活死《いきしに》も福もひん苦も心なり」(村上『近代民衆宗教史の研究』より再引)という唯心論的立場から、誠の心にかえるときに病気も貧苦もなくなり「陽気」になると主張し、地主や比較的上層の民衆、岡山藩の藩士に信者をえた。金光教の開祖川手文治郎は、没落した養家を再興した上層の農民だったが、彼は七殺の祟りをするという艮《うしとら》の金神《こんじん》の信仰を転回して、艮の金神はじつは祟りの神ではなく、誠の心をもって随従するものには幸福と救いを与える愛の神であるという信仰に到達した。この信仰の立場から、たとえば方位の迷信を否定して、「丑寅へ百間長屋でも建てるようにならねばなるまいがな。つかい勝手のよいのが、よい家相じゃ」(『金光大神』)とのべているが、ここには呪術を否定した人間中心の合理的な生活態度の尊重がみられる。また彼は「天が下のものは、みな天地乃神さまの氏子じやろうが」(同右)という一種の平等観をもっていた。

以上にのべた幕末期の新興教団を一貫しているのは、それらが民間信仰を基盤として生まれながら、その呪術性をある程度まで克服しつつ日常的な生活原理を説こうとしていること、そのかぎりで人間の現実生活を尊重してその改善のための人間的な努力を重んじたこと、しかしなお深い神秘性におおわれ、その社会構想は個人の発展を抑圧した家父長的共同体的な精神主義的秩序だったこと、多くは天照大神信仰と結びついた一神教的傾向をもち、したがって天皇信仰と国家主義イデオロギーへの傾斜をもち、のちには天皇制イデオロギーの有力な基盤となったこと、そして教団差に注意しなければならないが、幕末から明治初頭の社会的変動期に、おおくは地方の農村や小都市における比較的上層の農商民を中核として急速に発展したことなどである。

天理教は、大和国の先進的な農村において病気なおしとお産の神として出発したが、それは凶作と貧窮と没落してゆく民衆を背景としていた。[18] その発展は明治維新の動乱期以降で、その教義には呪術的な現世利益と結びついた「よなおり」の思想が含まれていた。「よきぢ（地）があらバ、一れつにたれもほしいであらうがな」という「みかぐらうた」や、「大名廃止、やりもち廃止、かごかき廃止」という言葉は、「よなおり」思想の表現であり、この傾向は維新政府がおこなった天理教弾圧によって強まり、厳しい反権力的表現をのこした。商品経済の発展を媒介として没落しつつある民衆の世直し的な要求は、のちには丸山教にもみられるし、京都上賀茂神社の社人梅辻規清の烏転神道にも、「人心訛惑致させ」「上下の分立た」ざるようにする要素があったという。[19]さらに農民や都市貧民の打こわしにおいて、万物造化の神であるという「梵天」が世直しの神として打こわしに立ちあがった民衆の先頭にかかげられた。[20]そして「ええじゃないか」は、伊勢信仰と世直し思想が結びつき巨大な爆発力を発揮した典型である。

　これらの例において、民衆のなかに深く根をおろした素朴で呪術的な世界の主宰神・創造神についての信仰が、世直しの要求と結合している。世直しの要求が、安藤昌益や大塩平八郎においても神代復古として表現されたことは、右のような神道意識の根深さを物語っている。世直し思想は、右のような民衆的信仰に基礎をおいたがゆえに「ええじゃないか」に代表されるように巨大なエネルギーを爆発させたのだが、その信仰は呪術性のつよさのゆえに世直しを現実的なプランのないたんなる爆発とエネルギーの消耗におわらせた。草莽の国学や心学や教派神道の系譜に属するものは、根深い同じような神道意識を基盤にして成立したけれども、ある程度まで呪術性を克服し、現実生活を確実に、だがきわめて徐々に改良する日常生活の原理となり、こうして呪術的な信仰の先をこして社会体制の再構成への可能性をつかんだ。ごく大雑把にいえば、国学も教派神道系の新興教団も第2節にのべた老農イデオロギーと基盤および課題を共通にしていたのである。それらは、神道意識、天皇信仰、国家主義、農本主義、家族主義、ある程度の開明性と強い非合理的精神主義などにおいて共通しており、村落の支配者層に受容されて、天皇制イデオロギー体制への地ならしをしまたその基盤となった。困窮した民衆の世直し思想は、幕末維新の変動期には急速に高まったが、近代化の方策を豪農商層にさきどりされ、宗教としての達成においてもはるかに貧弱だった。

大塩の乱

儒学思想が明確に民衆の立場にたって封建支配を真向うから批判した事例としては、私たちはただ大塩平八郎の叛乱(一八三七年)を知るだけである。[21] ここでは平八郎の思想と乱の性格を、「近代化」の志向にかかわるかぎりで略述する。

平八郎の社会批判は、自分の利益にのみ心を奪われて重い貢租をとりたてて民衆を苦しめている役人と、この役人と結託して民衆の困窮につけこみ莫大な利益をあげている富商に向けられている。彼は天保飢饉における民衆のすさまじい困窮に心痛して、その原因が(決して天災でなく)無能で貪欲な役人とこれと結託した富商にあると考え、「下民を悩し苦め候諸役人を先誅伐いたし」、つづいて「大坂市中金持の丁人共を誅戮」し、これらの町人たちが隠している金穀を「摂河泉播の内田畑取持不レ致もの、たとへ所持いたし候共、父母妻子家内の養方難ニ出来一程の難渋者へ」分配すべく挙兵したのである(「檄文」)。

すでに指摘されているように、右のような幕藩体制の現実にたいする鋭く激しい批判においても、平八郎はけっして幕藩体制(封建制)そのものを攻撃したのではなく、東照神君の仁政を回顧しつつ、民衆をいたわり保護する本来のあるいはあるべき幕藩体制へ戻れと主張しているにとどまる。だから彼の主張があるべき幕藩体制への復古をめざしているかぎりでは、彼は少しも反封建的ではない。しかし、民衆をいたわり保護する本来のあるいはあるべき幕藩体制のイメージをいだいて、それを幕藩体制の現実に対比するとき、彼は現実の社会にたいする激しい批判の思想的な立脚点をもつことになり、奸吏と富商にたいする憤りや民衆救済の熱情は、感覚的な次元を脱して思想的な強さをもつことになる。

一般に儒学思想が、前近代的な支配のイデオロギーであると主張するのはまったく正しいが、しかし儒学のいう仁や義は普遍的な理念という側面をもち、この理念の立場から現実の社会生活を批判する立脚点をも提供するものである。「君に大いなる過ちあればすなわち諫む、反覆して聴かざればすなわち位を易《か》う」とか、「民の利とするところに因りてこれを利す」という立場（以上孔子）、また「民を貴しとす、社稷これに次ぐ、君は軽しとなす」（孟子）という立場は、なにほどかの民衆的立場にたってそこから支配者に治者としての責任を問いただし、責任を果す能力のない支配者は打倒してもよいという考えを内包しているのであって、無前提に前近代的支配を擁護しているのではない。

近世初頭の朱子学は、現実社会（自然）とあるべき社会（当為）とを巧妙に一致させて、独特な自然法的体系をつくりあげて社会批判のモメントを欠落させてしまったが、社会的矛盾の展開は必然的に朱子学的自然を解体させ、一方には社会的現実のリアルな認識を、もう一方にはもはや現実社会とは鋭く異なったあるべき社会のイメージを生みだす。いうまでもなく大塩は陽明学の立場に立っており、陽明学は激しい実践への志向を基礎とした高度に唯心論的な理想主義の哲学である。大塩学説の核心である「帰㆓太虚㆒」とか「致㆓良知㆒」とは、要するにいっさいの妄念や情欲をとどめない純粋な心的状態に到達することであり、またそうした状態に到達する方法を究明することである。そして平八郎は、社会的害悪はそうした精神的境地に達しえず欲望をほしいままにするところに生まれた、という風に唯心論的に理解した。この唯心論がきわまるところ彼は「夫れ良知は天を生じ、地を生じ、……礼智を生ずるの主宰なり」(『洗心洞劄記』)という観念論的転倒におちいり、「草木の花を精算し、又其蘂《ずい》を縷析し、玉石の文を細看」するという経験的ないし科学的方法を「労して功なし」(同右書)と頭から否認して、唯心論的説明を徹底させた。だが、完全に欲望を否定した唯心論的理想主義は、徹底させればさせるほど社会的現実との距離をふかめざるをえない。欲望をほしいままにして民衆を苦しめているのは奸吏と奸商であり、彼らに追従する腐儒たちであるから、平八郎の立場は、つきつめてゆけばますます激しくますます孤高な幕藩体制の現実にたいする批判にゆきつく。

このような幕藩制批判の類型は、さかのぼれば、「当時天下を太平之天下と申に而は無レ之由平日申候由、如レ此御治世を如何なれば左様申候」という幕吏の審問に、「壱人之乞食一人の訴人有レ之候間は、誠の太平とは不レ申事と平日之弁申候」と答え、罪に陥ることをかえりみず、「道に疵の附かぬ様返答仕」るとのべる宝暦事件の竹内式部などにみいだされ、さらには『聖教要録』の出版を罰した幕府について、「夫れ我を罪するものは、周公孔子之道を罪する也、我罪す可、而して道は罪すべからず、聖人の道を罪する者は時政之誤也」とのべた山鹿素行にもゆきつくだろう[22]。そして儒教理論が確認している当為に固執して現実の幕藩制社会を批判する立場は、儒教的理念と現実社会との乖離が明白なものになる幕末期になるほど強まり、幕末の志士たちを多かれ少なかれ規定して成否をかえりみず身を挺して誠をつくすという行動類型の形成に作用している。

しかし、儒教的理念の立場から現実社会を批判するという右の立場は、それ自身ではどれほど尖鋭なものになろうとも、尖鋭になればなるほど独断的な理想主義にならざるをえないために幕藩体制の現実を克服する現実的な方策を発見できない。だがこうした独断的な批判も、究極まですすめるなら現実に幕藩体制の担い手たるべき武士階級にたいする絶望とならざるをえず、ひとたびこの絶望に到達すればその批判と理想を実現する方策を別に探らざるをえない。平八郎が「村々小前のものに至迄」へ呼びかけ農民たちを組織して奸吏と奸商を襲おうとしたとき、彼はすでに唯心論的な理想主義の立場を離れて幕藩制社会の現実のなかに彼の批判と理想を実現する主体をみいだしているのであり、儒教的政治理念からは保護されいつくしむべき対象にすぎない民衆が歴史変革の主体として登場することによって、儒教的政治理念は打破されているのである。農民の組織化といい、儒教的政治理念の打破といっても、それはもとよりささやかな萌芽にすぎないが、平八郎の激しい幕藩制批判のエートスは、精神主義を克服して、民衆的主体性という歴史的現実的に進歩的な要素と結合することによって現実的な力たりえたということが大切である。平八郎が民衆的主体性に依拠したといっても、彼の民衆理解はその到達点においても、「女は織し男は耕して淳朴深し、城中の妖俗はいまだ相侵さず」という素朴なもので、意欲的な創造主体としての側面がとらえられていない。また彼には、封建制そのものにたいする批判がなく、したがってまた商品経済や近代国家の歴史的性格についての認識がまったくなく、前述のように自然科学的方法をまったく否認するなど、「近代化」の立場からみれば限界が目だっている。

そしてこうした限界が、その激しい実践的理想主義にもかかわらず、その運動を簡単に敗北させ、民衆からさえ大して支持されないというみじめな結末をもたらしたのである。だが、乱そのものの完全な失敗にもかかわらず、大塩の乱は武装蜂起という具体的行動をもって幕藩制社会の矛盾を誰の目にも明白なものとしてあばきだしている。だからこそ大塩の乱はただちに備後三原、越後柏崎、摂津能勢などに「大塩平八郎門弟」「徳政大塩味方」などを称する騒擾をひきおこし、民衆は支配者のたびかさなる布達にもかかわらず逆賊大塩を「大塩様」「平八郎様」とよび、「大塩死せず」の噂がいつまでも消えず、平八郎に関する芝居、落語、講釈、あほだら経などが大流行し、檄文は大坂地方はもとより各地でひそかに写し伝えられた。平八郎の幕藩制批判は、そのさまざまな限界にかかわらず生前の平八郎が知っていたよりはるかに広汎な民衆的基盤をもっていたのである。

農民一揆の思想

「近代化」の問題を主として商品流通の見地から把握した重商主義者も、若干の技術的改良と勤倹力行の強調からより精神主義的に把握した老農たちも、その内容についてはさまざまの限定が必要であるが、一般民衆ことに農民の創意ある積極的活動に期待せざるをえなかったのであり、儒教的な倫理意識をつきつめた大塩平八郎も、幕藩体制にたいする批判を現実的な運動にまで進めたときには一般民衆に訴えねばならなかった。すべてこれらの事実は、一般民衆の歴史的成熟のいかんが一国の近代化を根底から規制していることの表現である。そこで私たちは一般民衆の思想的動向いかんという困難な課題に直面するのだが、その近代化の志向は一揆や打こわしにおいてもっとも明白にあらわれているはずである。

近世の一揆は、現在知られているだけで一六〇〇余件にのぼり、明治初年のものも一括すれば二〇〇〇件に近い。これらの第一のピークは天明期、第二のピークは天保期、第三のピークは慶応期で、前二者は全国的な飢饉・困窮を条件としており、慶応期のものは生活の困窮に加えるに幕末動乱の一環としての性格をもち、明治初年の一揆に連っている。[23] 一般民衆の困窮の根本的な原因は領主による苛酷な収奪にあるのだから、これらの一揆に一貫する根本的な要求が封建貢租の減免にあったことは当然である。だがこの要求をめぐる闘争も、商品経済の発展を背景として、それに対応しようとする幕藩領主の諸政策や民衆の社会的成長に条件づけられる。

商品経済発展の主導権をめぐる闘争は、専売制度と特権商人に反対する運動として近世中期以降に広汎に展開された。一七五五（宝暦五）年、土佐紙生産地帯の土佐の津野山郷において藩営専売反対一揆がおこり、一揆はようやく鎮圧されたが、藩は直轄専売を廃して一定の買上量を定め余剰分は「平紙」として自由販売を許した。一七八六―七（天明六―七）年には同じく池川・用居・名野川の農民が専売反対一揆をおこし、平紙売買の自由をかちとった。そしてこの二つの一揆のあとで土佐紙製造は飛躍的に発展したが、それは自由売買の平紙についてであって、藩へ上納する御蔵紙は品質が低下し定額の買い上げも困難だった。

一八三一（天保二）年と一八三七（天保八）年の長州藩の瀬戸内地帯の大一揆も、藩営専売とそれに結びついた藩権力による商品流通の規制に反対し、また藩権力と結びついた特権商人や村役人を打こわした。一揆がおこったのは、長州ではもっとも農民的商品経済の発展した地域であったが、藩は一揆の要求をほぼ容認せざるをえなくなり、この一揆の圧力を契機に藩政の大改革（天保改革）が展開した（井上『日本現代史Ⅰ』その他）。一八二三（文政六）年の摂津河内両国千七ケ村の訴訟にはじまり維新期まで断続する摂河泉三国の農民・在郷商人による大坂特権商人にたいする大統一闘争は、商品経済の自由をもとめる闘争のうちでも最大の規模と持続性をもっている。

幕府は大坂の商業資本を株仲間に組織して流通を独占させることによりこの最先進地帯の商品流通を上から掌握支配していたのであるが、一連の大統一闘争を通じて農民・在郷商人はしだいに商品流通の自由をかちとり、この地域の経済はしだいに幕府の掌握から離れていった。その他の沢山の例についてのべる余裕はないが、商品経済を上から掌握しようとする幕藩権力とそれと結合している特権商人に反対する闘争は、すくなくとも先進的な諸地域ではほぼ成功していることに注目すべきである。これらの地域では藩営専売はほとんど成功せず、むしろ権力による統制が撤廃され自由な売買がみとめられたときに商品生産の大発展がみられるのであって、そこに民衆が近代的生産力の担い手として登場している事実を確認できる。

これらの闘争が勝利した最大の理由は、農民的な商品流通が利害の共通性を広い地域の民衆の間に成立させており、それが民衆の広汎な同盟を成立させたからである。摂河泉の前述の訴訟(国訴)は藩や国の境界をこえた村々の自主的な同盟であったし、一七八一(天明元)年の武蔵・上野両国の幕府による織物糸綿貫目改会所設置反対闘争もそうしたものであった。ことに摂河泉の場合は、その組織性と持続性においてブルジョア的社会秩序形成の萌芽と呼んでよいほどであるが、このようにして形成された民衆的な経済圏こそ大蔵永常の近代的農学が展開する基盤であり、海保青陵や佐藤信淵の重商主義もこうした事態をかなりの程度まで背景として成立した。

専売反対闘争が激しく闘われる場合には権力と結託して利益を得ている特権商人や村役人にたいする打こわしをともなっていた。しかしもっとも大規模な打こわしは、一七八七(天明七)年と一八六六(慶応二)年の大坂・江戸をはじめとしてほとんど全国にわたる都市の打こわしである。一七八七年に例をとれば、天明の大飢饉と米価騰貴に苦しめられた大坂の貧民が五月一一日にまず大規模な打こわしに立ちあがり、それはたちまち京都、伏見、奈良、郡山、堺、和歌山など畿内はもとより、駿河、小田原、広島、熊本、長崎、甲府、石巻などに及び、五月一八日には江戸にとんで、二二日まで打こわしがつづいた。一八六六年の打こわしも神戸、大坂にはじまって全国におよび、一九一八年の米騒動に連るとされている。これらの打こわしにおいて、まず第一にその猛烈な破壊力と伝播力が注目され、このことと関連して主力が都市貧民にあったことが注目されよう。農村における打こわしは、これら都市の打こわしと共通する面もあるが、長州藩の天保一揆や後述のヤーヤー一揆にみられるように、商品経済の発展を下から積極的に推進しようとする商品生産者農民による生産を防衛し民衆的な近代化のコースを発展させる闘争であり、都市の貧民主体の打こわしとは異質であろう。しかし、いずれにしても打こわしは、現存の社会秩序からどんな利益をうることも空想しえなくなった困窮した民衆のもっとも徹底した闘争であった。

一般に一揆や打こわしは、生活の困窮に迫られた民衆の本能的な蜂起に基礎をもっており、ことに都市の打こわしにはその性格が強い。そしてこれらの闘争が民衆の本能的な欲求にもとづいている点にその巨大な爆発力と破壊力の根源があるが、しかしたんに本能的な欲求にとどまるかぎりにおいては、あらたに主体的な秩序をかちとることができず、したがってたんなるエネルギーの昇華になりやすい。そこでこれらの闘争における思想的到達点を検討しよう。

農村の一揆は、現在各地方で義民として知られているような類型の指導者による、ときには数年以上におよぶ組織活動にささえられていた。彼らはどんな拷問にも耐える不屈の闘士であり、拷問をする役人に向って「公等能く我身体を束縛するも豈《あに》能く我が精神を束縛せんや」とのべる気概の人であった。闘争の指導者が動揺した場合には、「惣代が案内出来不レ申ば惣代の名目をひけ、左様な未熟なもの惣代には立てぬ」と口々に騒ぎたて、ついに惣代を代官のところへ「引返」させる農民大衆がいた。これらの農民層の権利意識については、一揆をさえぎる役人に向って「汝等も百姓に養るなり、此道理を知らず百姓抔《など》と罵るは不届者なり、其処のけて通せと大音に呼ば」わった信州伊那の南山一揆があげられよう(以上の引用は羽仁「幕末における社会経済状態、階級関係および階級闘争」による)。以上のような高い思想的な到達点は、ことにはげしく闘われた一部の一揆にみられるものだけれども、しかしけっして例外ではなく、幕末になるほど広汎なものになってゆく。

大塩平八郎が「神武帝御政道」に復古することを主張し、そのためには村役人のもとにある「年貢等にかかわり候記録帳面類は都て引破焼捨」よと「摂河泉播村々　庄屋年寄百姓並小前百姓共へ」（「檄文」）訴えたとき、平八郎は世直し＝打こわしに思想的な根拠を与えている。だから彼の思想は「徳政大塩味方」を称する一揆（一八三七年七月能勢地方）にただちにうけつがれ、同年五月の張紙の一つは、平八郎の主張をくりかえしつつ、「この故に難波橋筋より西南、先達て焼かざりし処、悉く焦土となすべし、奉行出張せば其儘に差置かじ、それを恐しと思わば速に関東に立退くべし、もしこの札ひき捲り候はば、その町を一番に焼払うべし、何れも城を目指して詰掛る積りなり」（岡本『大塩平八郎』）という反幕思想と結びついた打こわしで支配者をおびやかした。一八六四（元治元）年に横浜の外人社会に伝えられたという「此土地は神の人に与えしものなれば、耕作者は所謂所有主に租税を納むるに及ばず」（井上『日本現代史Ⅰ』）という野州浪人の貼紙の風説は、神政思想と結びついて搾取の廃止を主張しているし、やや遅れるが一八七〇（明治三）年に陸奥国登米郡の神職七郎作なるものが、やはり神政的な復古思想の立場から、「そもそも復古の趣旨たるや細大もらさず宇内一般すべて旧に復するの精神なり、各自の先年他へ渡し置きたる地面も一新の廉に基き公然取戻しの権利あれば、しばらくも躊躇すべからず」（井上前掲書、田村栄太郎『世直し』）とのべて貧農を土地革命にかりたてた。

一八六七（慶応三）年、空前の規模の民衆をまきこんだ「ええじゃないか」は、このような世直しの思想を宗教的狂熱のなかに歪められた形態で表現している。「ええじゃないか〳〵、なんでもええじゃないか」ということは現存秩序にはもはや拘束されないということであり、事実民衆は「つね日頃憎い奴や権柄なもんのとこイ、わざと踊り込んで「ええじゃないか」ちうて畳建具を破ったり大事さうな道具類を取って踊ったりしてやった」（羽仁「幕末における思想的動向」より再引）のである。「ええじゃないか」は伊勢信仰と結びついた民衆の終末観的な解放の期待の狂熱的な奔出であるが、「よきぢ《(地)》があらバ、一れつにたれもほしいであらうがな」などというさきにのべた天理教開祖中山ミキの言葉は、相似た信仰系列にたちつつ解放の要求をより明確に表現しており、この系列はやがて世界を「枡かけひいたごとくに」平等にしようとする大本教思想に継承される。世直し＝平等な社会の実現という思想は、けっして安藤昌益の天才的な頭脳のなかだけにあったものではなく、右のように幕末維新期の民衆に広汎に一貫してみられるものであった。ただ、それらの世直し思想が、神代復古としてまた伊勢信仰その他の神道意識と結合して神秘的宗教的な表現をとる傾向があり、世直しの最大の爆発は「ええじゃないか」のランチキ騒ぎのなかに昇華されてしまったという点に、これらの思想と運動の限界がみられる。神道意識と結合している点にやがて天皇制イデオロギーと結合吸収されてゆく可能性がみえており、打こわしというそれ自身は革命的行動がランチキ騒ぎに結果する傾向に、彼らが主体的に秩序形成するほどに成熟していなかった事実がよみとれる。

　商品経済の自由な発展をもとめる創意に充ちた活動主体としての生産者農民の革命的闘争の典型としては、一八六八(明治元)年の会津、越後の一揆(ヤーヤー一揆)があげられよう。この一揆で特徴的なことは、打こわしの対象と方法について厳格な申し合せをおこない掠奪を防止したことであって、一揆の頭取は次のように下知したという。「ややあ者共火の用心を第一にせよ、米穀は打ちらすな、質物へは決して手を懸けまじ、質物は諸人の物成るぞ、又金銭、品物は身につけるな、此働きは私欲にあらず、是は万人のためなるぞ、此家の道具は皆悉く打こわせ、猫のわんでも残すな」(庄司吉之助『世直し一揆の研究』)。この一連の一揆は南会津郡では年貢の一カ年免除、質物の無利足元金引換、貸金の無利足十カ年賦、米をのぞく諸生産物の自由売買、名主役の「惣立替」、名主のもとにある「帳記、旧記、諸証文惣取上げ」などを要求しており(庄司前掲書)、越後南蒲原郡では要求のなかに「村吏の員数は人民の協議に依て定め、又其人は普通投票法を以て公選すべし」（『越後佐渡農民騒動』）という一項が含まれている。さらに一八七〇（明治三）年のものとして伝えられる阿呆駄羅経の「高天原でわ、のど口ぬれない、りっぱじゃけれども内証がつまらん」（同書）という文句には、王政復古論にまどわされぬ健全な農民的常識を基礎とした維新政権批判がみられる。これらの要求において、商品生産の発展を通じて上昇しつつある農民達が、すべての特権を否定した自由で平等な共和制的な社会像を主張しているのであり、打こわしは、こうした共同社会を実現するための手段であった。だからまた彼らは自分らの理想社会を次のように表現することができた。

　右の御役も御免に相成、尚ほ又米こく、諸色、質利足直段下げに相成、信達一同平均して、七月一日両社御祭礼も立直し、糸の大市大繁昌、是より、在々所々の糸市も大繁昌、御城下は不㆓申及㆒小里共に騒々しく皆万歳を寿《ことほぎ》けり、目出たし、目出たし〳〵。（庄司前掲書）

これはもはや宗教的狂熱のなかにもランチキ騒ぎのなかにも昇華されるものをもたない生産者たちが主体的に形成しているゆたかな共同社会であり、下からの徹底して民主主義的な近代化のコースである。こうしたコースは、全国的展望をもっていなかった点、明治元年にいたってようやく政治過程に登場した点、また一地方の運動にかぎられた点などのために、結局は日本の近代化の主導コースとはなれなかったけれども、近代的生産力の発展をもっとも徹底した民主主義革命を通じて実現しようとするラディカルな輝かしい闘いであった。日本の近代化はこうしたコースを徹底的に抑圧し、天皇制的支配体制のなかに編成することによって遂行された。

(1)　安丸良夫「近代的社会観の形成」(『日本史研究』五三号。「安丸集」第4巻―六)。

(2)　井上清『日本現代史Ⅰ』序説参照。

(3)　この主張は、厳密には『西域物語』の方では「国(日本全体)の為」と「家(藩)の為」とが一致するものとしてのべられている。幕末に尊攘討幕派の志士たちは「国の為」と「家の為」は一致するものではなく、「国」のためには「家」を犠牲にしなければならない、という考えに到達してゆく。

(4)　たとえば佐久間象山は、万国の長所をとりいれねばならぬと説き、つづいて「牽強捏合本邦限りの私言」を弄している国学者を批判し、おそらく同じ理由から大橋訥庵の『闢邪小言』を批判している(『象山全集』巻二、巻五)。

(5)　遠山茂樹「尊王攘夷思想とナショナリズム」(『尊攘思想と絶対主義』所収)。そのほか丸山眞男『日本政治思想史研究』、沼田次郎『幕末洋学史』、遠山ほか編『近代日本思想史』なども同様な見地にたつ。もとよりこれらの研究がのべているような傾向があったことを否認するものでない。

(6)　このような考えは、彼らの欧米観にも影響し、これらの諸国が富強になったのは、個人の自由な活動によるとは考えず、君主が主体になって交易、航海などをしたからであると考えた。

(7)　吉田松陰が「狂愚」、高杉晋作が「東洋一狂生」、木戸孝允が「干令狂夫」、平野国臣が「鎮西之狂客」、月性が「清狂」、山内容堂が「南海の狂太夫」などと称している(鹿野政直『日本近代思想の形成』)。平賀源内や司馬江漢の場合には世にいれられぬ英才の憤りや悲しみがすね者的な諦観に帰着しているのにたいして、「狂」の意識には「諦め」の要素はうすく、「狂」とみられても自分の主張をつらぬくという孤立したエリートの能動性と主体性が内包されている。

(8)　藩営専売を主張し重商主義的政策への傾斜をみせた経世家はかなりの数になるが、重商主義の発展には産業育成が必要であり、そのためには生産者である民衆の主体的な創意が必要だということは必ずしも明瞭に意識されなかった場合がおおい。たとえば林子平は、輸出用商品の生産を一般農民の余業または副業と考え、その生産のためには婦女子や老人があたり良田をそれに費してはならぬと考えた。この場合子平は、彼の主張をどんどん展開させてゆけば商品生産者(小ブルジョア)の能動性・主体性に依存するところまでゆきつくことを理解できなかったのである。

(9)　奈良本辰也『二宮尊徳』三二―三四頁など。だが第二点はかつて奥谷松治『二宮尊徳と報徳社運動』が強調したことで、奈良本はあまり重視していない。なお尊徳の研究はこの二著がすぐれている。

(10) 丸山眞男(『日本政治思想史研究』三〇八―九頁)と奈良本(前掲書一三九頁以下)はもっぱらこうした側面にのみ注目して尊徳を高く評価し、以下にのべた事情を見落している。奈良本はまた『夜話』の「我道は荒蕪を開くを以て勤とす」という言葉をひいて尊徳が田畑の耕地面積を拡大するという仕方で農業生産力を拡大しようとしたとことさらに強調した(前掲書、一五〇・一五二頁)。しかしそこでいわれている「荒蕪を開く」とは荒れた土地の開拓を意味するだけでなく借財や驕奢や怠惰や博奕など(それらが「荒蕪」)をなくするという意味もふくんでおりむしろその面がつよい。後者の意味では彼もまた平凡な封建徳目の説教家にすぎぬ。奈良本は尊徳の一面を誇張している。

(11) 永常については、早川孝太郎『大蔵永常』参照。

(12) 農業技術の発展については、古島敏雄『日本農業技術史』下巻、農業発達史調査会編『日本農業発達史』による。

(13) 彼らが藩や国をこえて広汎な人々に優良品種を伝播しようとしたことは重要である。一八三八(天保九)年に越中の前沢村で新品種が撰抜されたが、同村ではこの種子が他出するのを恐れて成熟期には村境に見張りをたてた(井上晴丸『日本資本主義の発展と農業及び農政』)。岡山や中村においては、宗教的信念と結合した強い公共精神が右のような活動をささえていた。

(14) 中田公直『佐藤信淵ノ農政学説』参照。

(15) 中村直三については、筑波常治「中村直三論」(『思想』四〇七号)参照。

(16) いわゆる草莽の国学の社会的役割については、松本三之介『国学政治思想の研究』、芳賀登「天保期国学の社会的性格」(『史潮』第六四・六五合併号)参照。

(17) いかにのべる近世後期の民衆的新興教団については村上重良『近代民衆宗教史の研究』参照。

(18) 成立期の天理教については村上重良「幕末維新期における民衆宗教の創唱」(『日本宗教史講座』第三巻)参照。引用も同論文による。

(19) 河野省三『神道史の研究』。

(20) 一七八三年の上野信濃の打こわしや一八六五年の上野の打こわしなど。田村栄太郎『世直し』参照。

(21)　大塩平八郎については岡本良一『大塩平八郎』参照。引用の多くは同書による。

(22)　羽仁五郎「幕末における思想的動向」。

(23)　京都大学農学部農政史研究室『百姓一揆年表』、土屋喬雄「明治初年農民騒擾年表」。一〇年毎の発生表から中期以降の分を転写しておく(明治の分は土屋年表)。下線のものが本文にのべた三つのピークにほぼ相当する。しかし最高の発生率を示すのは明治期(一八六八—八四年)である。

年　次	総件数
1703〜12	37
13〜22	56
23〜32	42
33〜42	46
43〜52	78
53〜62	66
63〜72	72
73〜82	49
83〜92	141
93〜1802	67
1803〜12	64
13〜22	82
23〜32	102
33〜42	163
43〜52	58
53〜62	107
63〜67	91
68〜84	229

一揆の研究は多いが、包括的な研究としては現在においてもなお羽仁五郎「幕末に於ける社会経済状態、階級関係及び階級闘争」と井上清『日本現代史Ⅰ』がすぐれていると思う。本稿もこれらに負っている。

◈日本史研究会編『講座日本文化史』第六巻(前田一良編)、三一書房、一九六三年。

本論文は近世後期の諸思想に幅広く言及しており、比較的に初期の私の思想史像がまとまった形で提示されている。近代ヨーロッパについての社会思想史的研究の成果を参照しながら、図式的ながらも、比較史的に思想史的全体像を目ざす立場である。しかし、「日本の近代化と民衆思想」(本巻—一)以降の私は、本論文には言及しないで、「日本の近代化と民衆思想」を出発点において、そこからさまざまの論点を分岐させてゆくという方向を選択している。本論文のような方法では、思想内容への外在的概括としてはそれなりに説得性をもちうるとしても、思想主体への内在性という点で大きな限界が生まれてしまう。私の研究歴からすると、本論文は、思惟様式の内在分析という方向で方法論的反省を自覚化する以前の作品ということになろう。なお、本論文末尾の「農民一揆の思想」は、ここではまったく先行研究に依拠して書かれているが、間もなくこうした分野が私の重要な関心事となり、「安丸集」第2巻所収の諸論文となった。

III

民衆思想の可能性

四　『日本の近代化と民衆思想』あとがき

一九六〇年六月十八日の夜から翌朝にかけて、私は国会議事堂前の路上で一夜をすごした。私たちの世代の者にとっては、忘れがたいあの六〇年安保闘争の最後の夜のことである。私たちは、その日の朝、夜行で東京駅につき、デモや集会をくりかえしたあと、デモ解散地点の八重洲口からひきかえして、国会を包囲するいく万ともしれぬ民衆にまじって、議事堂正門前近くの路上に座りこんだのであった。その日の午後、安保改定阻止国民会議の指導するデモ隊に加わって、私たちが議事堂ぞいの道路を通ったとき、すでに議事堂をとり囲みつつあった若者たちは、本当にたたかう意志のあるものは無力な請願デモをやめて我々とともに国会を包囲しようという意味のことを呼びかけていた。私たちは、その呼びかけをそれぞれいくぶん異なった鬱屈した気持で聞き流しながら、きめられた解散地点までゆき、そこでかなり興奮した討論をしたあと、夜にはいってからもどってきて、包囲する部隊に加わったのであった。私たちの座りこんだあたりは、多様な諸団体の雑居地帯で、学生たちの姿はほとんど見かけなかったように思う。議事堂がほの白く夜空にうかび、ヘリコプターが飛びかい、ときどき投光器があたりを照らすなかで、はりつめた気持で一夜をすごしたことを覚えている。夜半すぎに、右翼の暴漢になぐりこまれたことなども、私のそれまでの人生にはなかったあたらしい体験であったし、棒切をもって「武装」(?)した学生たちを見たのも、あれがはじめてのことであったような気がする。

あの夜の国会議事堂周辺には、あらゆる人々の眼が注がれていたと思う。包囲する民衆を指揮していたのは全学連の若者たちであったが、あの日あの場所にいることを選んだ人々のなかには、労働組合員も共産党員も「市民主義」者もふくまれており、私のようにあいまいな政治意識をもつにすぎないものはもっと多かったことであろう。多様な諸勢力がそれぞれの仕方であの場に居あわすことを選んだのであり、またべつの諸勢力は、それぞれの仕方であの場に居あわせないことを選び、じつはそのことによってもあの場に固有の仕方で居あわせたのであった。日本社会の多層的な現実が、よくもあしくもそこに凝縮していたのであって、歴史にはときとしてそうした凝縮された時空があるように思う。国会議事堂前の路上に包囲する民衆の一人として一夜をすごしたというようなことは、それがなにごともなく終わってみれば、あまりにささやかな経験にすぎなかったともいえる。しかし、それはまぎれもなく私自身の現実経験であり、固有の濃縮されたかたちでの日本の現実の全体性の経験であったと思う。その後の私は、なんどかその経験を反芻してみて、あのころから私は、私自身の立場を固有のかたちをなしたものとして選びはじめていたと思うようになった。

だが、私がつよい印象をうけたのは、安保闘争そのものであるよりも、むしろその後の事態の推移だったように思う。

安保条約の「自然承認」のあとに登場したのは、池田「高度成長」内閣であった。池田内閣は、「忍耐と寛容」を政治姿勢とすると称して当面の政治危機を回避するとともに、「所得倍増」をスローガンとして、国民意識を私生活の充足→「高度成長」のもとでの消費的満足の追求へと領導していった。十年間で「所得倍増」！　これだけむきだしの功利的で「唯物論」的(?)な目的が、一つの国家権力の主要なスローガンとなったことがかつてあったろうか。私は、ああ、この手か、この手でくるのか、と思った。そして、じじつ、安保闘争のひきおこした政治危機は、私がたまたま現場にたちあうという幸運をもったあの六月十八日をさかいとしてたちまち終焉し、国民意識の私生活主義化が顕著になっていった。「近代化」論は、こうした動向の理論的なにない手として、この時期にはなばなしく登場し、アメリカを軸とした帝国主義的支配体系の擁護と国民意識の私生活主義化に手を貸した。E・O・ライシャワー、W・W・ロストウたち、また、彼らの理論をわが国に紹介し宣伝した人たちのことを記憶している人は多いだろう。民衆は現存の体制のもとでの私生活的欲求の充足をもとめているという観察を主要なよりどころとして、ドラスティックな転換をとげた著名人たちのことも、記憶にあたらしいであろう。

そのころの私は、「日本の近代化についての帝国主義的歴史観」(『新しい歴史学のために』八一・八二号、一九六二年、「安丸集」第5巻—六)という「近代化」論批判の小論を書いている。この小論は、「近代化」論の全面的批判をめざしたものとしてはもっとも早い時期のもので、いま読みかえして言葉の幼さが目に痛いが、そこで私は、「近代化」論のイデオロギー的役割の暴露にとどまらず、「近代化」論の挑戦を私たちの歴史学の内在的革新の契機にしなければならないことを強調している。学説史といえば、講座派と労農派の論争であり、講座派内部の見解の相違の整理であるというような状況のもとで、私は歴史学を学びはじめていたのだが、そうした状況に私はうまくなじめなかった。思想史という領域を選んだことも、こうした学説史にうまくなじめなかった結果でもあり原因でもあった。だが、マルクス主義の歴史理論を全面的に批判しのりこえるものだと自称する「近代化」論が、時代の脚光をあびて登場してくると、それは私の内部に危機感と緊張とをつくりだし、私がとりくまなければならない一連の課題をしだいにはっきりと照らしだすことになった。

こうして、私は、面倒な学説史よりも重いものを手中にした、と思う。私がとりくまなければならない課題とは、きわめて抽象的な次元から多様な具体的次元までをふくんでいたが、私はさしあたってのテーマを、維新変革をはさむ近代化過程における民衆の意識ないし思想の変革の問題に求めた。このテーマを選んだ一つの理由に、そのころ出版されたこの方面の二つの力作、神島二郎『近代日本の精神構造』とR・N・ベラー『日本近代化と宗教倫理』からうけた刺激があり、私は、神島ともベラーとも異なったやり方でこの問題に迫りたいと思ったということもある。しかし、より根源的には、日本の近代化過程の真の意味を民衆の生き方・意識の仕方を通して考えなおしてみたい、そのような方向で考えることが、「近代化」論やその後に展開したあらたな国家主義的歴史観にたいする歴史の最深部からの批判になる、と考えたのである。こうして、私は、学問の世界でもはじめはいくぶん突飛にみえたかもしれない独自の考えをもつようになるとともに、社会や人生についても、しだいに容易にはゆずることのできないいくつかの論点をもつようになり、要するに私自身となっていった。だが、そのことは、私が確固とした政治意識や社会意識をもつようになったということではない。私の政治意識と社会意識とは、そのころもいまも、あいまいでお人好しなヒューマニズムの諸断片をいでず、生活者としての私は、小心翼々と生きてきたにすぎない。しかし、それにもかかわらず、そのような私にも、もはや容易にはひきさがることのできない言いぶんはあるのであり、私の歴史学は、そうした私の人生におけ る立場と相互に密接に媒介しあったものとして形成されるほかはなかった。（いうまでもないことだが、私がここで容易にはひきさがれないものがあるとのべているのは、私の人生における立場のことであって、本書に展開されている歴史学上の主張のことではない。この二つは、いかにふかく媒介しあっているにしろ、べつの次元の問題である。）

本書は、歴史をおしすすめる根源的な活動力は民衆自身だという理解にたつ。しかし、民衆はそのようなものであるからこそ、民衆は歴史をおしすすめることによって自分の内部にかえってあらたな問題をかかえこむのである。支配の専門家たちは、支配者たちのあいだに伝承されてきた諸手段・諸技術を継承することによって、その間の事情を利用することができる。他方で、そうした利用によって、支配者たちもあらたな矛盾をかかえこむのだが。こうして、歴史における民衆の問題は、単純に意気軒昂としたものであることができず、困難と苦渋とにみちたものであるほかない。そうした困難と苦渋を生き、しかも根源的には不思議な明るさを失わない民衆の生き方・意識の仕方を通して、歴史のより根源的な真実に迫りたいというのが、本書の著者としての私の立場である。そして、そのためには、どのような方法と素材とが設定されねばならないのかというところに、私なりの苦心があったのである。

もっとも、私個人の感情としては、そうした困難と苦渋とを生きぬいた民衆のなかの最良質の部分を、本書で画いたより以上に偏愛しているといえるかもしれない。私にとって、民衆的思想運動の創始者たち、民衆宗教の創唱者たち、百姓一揆の指導者などは、しばしばそうした人物である。私が知るかぎり、彼らはきたえぬかれた人間に特有の不思議な人間的魅力にみちた人たちであり、かぎりないほどのきびしさとやさしさとをかねそなえた人たちである。もちろん、ある人はもっと圭角があり、また、思想形成の途上でたおれたとしても、思想形成＝人間形成の主要な方向をそのようなものとして私は考える。晩年の木喰が刻んだ微笑仏も、私が提出できる証拠の一つである。そこでは、地蔵や観音はもとより、仁王など、本来は忿怒相のものさえも、かぎりなくやさしいほほえみをうかべた、老いた農民の相貌に刻まれている。そして、木喰自身は、九十歳をこえても無一物で放浪するきたえぬかれた修行者であり、その微笑仏は、老いた修行僧のはげしい精力と情熱との産物だったのである。きたえぬかれたはげしさやきびしさにささえられて、人々の心の奥の襞々にまでしみとおるようなやさしさとやわらかさとがはぐくまれたのである。それは、近代的人間類型とはまったく異質のものではあるが、それなりに首尾一貫した、みごとで魅力的な人間像である。本書の目的の一つは、こうした人間類型についての歴史的リアリティの一部を語ろうとすることであるが、こうした試みが、いわゆる近代的人間類型や近代的思惟の歴史的意義やその研究をないがしろにしてよいということを意味しないことは、ここにことわるまでもないことである。それどころか、民衆の意識や思想について考察することは、いわゆる頂点的思想家の思想的営為の本当の意味を照らしだすための基礎作業の一つでもある。それに、いまになって考えてみると、本書のような試みが、じつはより基底の問題意識においては、「徳川氏時代の平民的理想」などの北村透谷や、「我日本古より今に至る迄哲学無し」とのべ、日本人の「浮躁軽薄の大病根」について痛憤した中江兆民などの志を、ひそかに継承しうるものではないかとさえ思うようになってきた。透谷や兆民がその思想的営為の苦闘を通して、直観的に展開したいくつかのテーゼは、その後の思想史的系譜においては、かえりみられることもなく路傍にうち捨てられてきたのではなかったか。それはともかくとしても、中山みき・出口なお・百姓一揆や困民党の指導者などをふまえて透谷や兆民を論じ、透谷や兆民をふまえて中山みき等々を論じうる日がくれば、私たちの思想史的地平がすっかり革新されたものになるだろう、とはいえよう。

だが、本書は、いうまでもなくそこまではいっていない。民衆の生き方と意識の仕方とを歴史的にとらえなおすという方法を視座とすることによって、近代化していく日本社会の偽善と欺瞞のふかさを、また、そのさいに歴史の暗闇にうち捨てられていった人々の想いの重さを、ほんのわずかばかりあたらしい視角から照らしだすことに成功しているとしたら、本書の著者としての私は、ひとまずは満足しなければならない。そして、そのさい、観察者としての私の眼が、暗鬱な翳りをおびているとすれば、その原因の一端は私の個人的性格や不安定な健康状態にも由来するかもしれないが、より根源的には、「高度成長」のおかげで荒涼と荒廃した現代の日本社会にむきあう私の眼が、歴史という場へもおくりかえされざるをえないからであろう。

本書は、その著者にとっては、あくまでも客観的な歴史研究であり、私としては、本書にたいする批評がその歴史研究としての客観性や、それを真に可能にする方法とはなにかというような問題をめぐって、具体的に展開されることをのぞみ、できることなら私の人生観や生き方にたいする批評にすりかえられないことを希望するものではあるが、本書成立の個人的背景をのべることが読者の理解をたすけるばあいもあるかと考え、いささか贅言をついやしたのである。

本書は、この十年足らずのあいだに書いた民衆思想史関係の論文のなかから、主要なものを選んで編んだものである。

本書第一章は、『日本史研究』七八・七九号(一九六五年)にのせたもので、私のあたらしい課題への出発点となったものである。第二章は、『歴史学研究』三四一号(一九六八年)にのせたもので、右の論文の補論というほどの気持で書いた。私のはじめの計画では、この二論文を基礎にして、一冊の書きおろしの著作を発表するはずであり、そのために若干の史料も集めたのだが、この計画は実現しなかった。この計画が実現しなかったのは、二、三の個別的事情をべつとすれば、その後、問題関心の焦点がすこしずつ移動したからである。第三章は、ひろた・まさきとの共同研究で、『日本史研究』八五・八六号(一九六六年)にのせたものである。内容的には、第一篇と第二篇とのつなぎ目にあたるテーマを追求したものといえよう。他人との共同研究の成果を個人の著作のなかに収載することは奇妙なことであるが、とくに許可をえて本書に収めた。ひろたの好意に深謝するとともに、本章にかぎっては今後も二人の共同研究の成果として取りあつかっていただくよう読者に要望する。第四章は、『思想』五八六号(一九七三年)にのせたもの、第五章は、今回はじめて発表するものである。この二つは、下書の段階ではかなり長い一論文だったのであるが、その一部を『思想』編集者の要請にもとづいて、べつに発表したのである。これよりさき、庄司吉之助・林基と私との共編で『民衆運動の思想』(岩波書店、一九七〇年)が刊行され、そこに私は「民衆運動の思想」という解説論文を書いたが、これが百姓一揆などの民衆闘争をとりあげた私の最初のまとまった論稿である。本書第二篇は、この解説論文のほぼ前半部分を、史料をあつめなおし、理論的にも考えなおして、あたらしい次元へ発展させようとしたものである。最近、『日本庶民生活史料集成』をはじめとして、一揆関係のすぐれた史料集があいついで刊行されたために、本書第二篇のような分析もようやく可能になったのであり、これら史料集の編者たちや史料の発掘者たちの学恩に感謝している。

以上が本書所収の諸論稿の初出と由来の簡単な説明であるが、本書に収載するにあたっては、誤植を訂正しごくわずかの表現を改めたほかは、初出のままである。表題も、第二章と第四章のそれをすこし改めたほかは原論文のままである。

自分の最初のまとまった著作が本書のようなものになろうとは、まったく思いがけないことであり、むしろ予想しうべくもないことであった。私は、一人の師について学んだのでもなく、誰かの学問体系をひきついだのでもなかった。私は、自分の貧しさを気まずくかかえこんだまま、いらだち、自己嫌悪しつつ、それでも自分の道を歩むほかなかった。しかし、そのような私も、多くのすぐれた先学・先輩・友人に恵まれた。私は、多くの先学・先輩・友人のはかりしれない援助をうけて、やっと本書のような具体的成果にたどりつけたのである。愚鈍で病弱で懶惰なうえに、いくらか狷介で人づきあいの悪い私に、教示と示唆とをあたえ、はげましなぐさめ、悲哀と苦痛とをやわらげてくれたこれら諸氏にふかく感謝する。
最後に、本書の出版を薦められた青木書店の山家豊氏、本書の出版を具体的に推進していただいた同書店編集部の島田泉氏に感謝する。

一九七四年七月十七日

安丸良夫

◈『日本の近代化と民衆思想』青木書店、一九七四年。

五 「民衆思想史」の立場

1 「民衆思想史」の登場

一九六〇年代に民衆思想史研究というあらたな研究動向があった、といわれるばあいがある。もちろんこれは、日本史研究者たちの小さな世界での、ささやかな話柄の一つにすぎない。しかし、こうした動向を代表する研究者として、色川大吉・鹿野政直と私との名前をあげ、その批判的な総括を試みている人は二、三にとどまらないし、日本史研究者たちの世界の外からも、かすかながら反響が聞えてくる。

いうまでもないことだが、民衆の意識や思想を歴史的研究の対象としたこと自体においては、右の三人には、なんらの先駆的意義もない。柳田国男の民俗学、百姓一揆などの人民闘争史(階級闘争史)的研究、丸山眞男とその学派の政治思想史的研究、農村社会学や社会心理学の立場からの調査研究などは、量質ともに、それぞれかんたんな概括を許さない重い成果として私たちの前にあるが、さらにたとえば、津田左右吉『文学に現はれたる我が国民思想の研究』や西岡虎之助『民衆生活史研究』なども、民衆の意識ないし思想の歴史的な研究を、その主要な関心対象としている。また、私自身にいくらか近い世代を考えてみても、村上重良、芳賀登、布川清司などの研究は、私が民衆思想史について論ずるよりもずっと以前から精力的にすすめられており、それぞれ、厖大といってよいほどの多数の著作として、その成果が世に問われている。だが、それにもかかわらず、六〇年代の民衆思想史研究があらたな研究動向だとされ、色川『明治精神史』(黄河書房、一九六四年、『新編明治精神史』中央公論社、一九七三年)、鹿野『資本主義形成期の秩序意識』(筑摩書房、一九六九年)、拙著『日本の近代化と民衆思想』(青木書店、一九七四年)などが、その成果だとされるのは、そこに問題意識・方法・歴史感覚などにおいてある転換があり、その視角からいくつかの史実が発見されたりあらたな光があてられたりしたからであろう。そのさい、色川などの発掘した史実そのものが鮮烈な印象をあたえたということもあるが、それらの史実がキラキラ輝いて見えるのは、かなりの程度まで、色川などに特有の史眼を通して私たちがそれらの史実に接したからだということを、忘れてはならないだろう。

それでは、六〇年代「民衆思想史」(以下「 」付でこの研究の流れを表わす)研究には、問題意識・方法・歴史感覚などにおいてどのような転換があったのか、ということになるのだが、この点をなにか学問的に共有された主張や学派のようなものとしてとらえることは、ほとんどできないと思う。おそらく、右の三人にかぎっても、私たちはそれぞれ異なった資質と発想をもっており、研究者として自立してゆく由来にも、それぞれに異なった諸事情があったのであろう。また、私たちは、共同研究はもとより、いっしょに議論するという機会さえ、きわめて乏しかった(ひろた・まさきと私とは、すこしは議論したが)。それに、いっそう厄介なことには、「民衆思想史」は、あらかじめ明快な方法や理論があってそこから出発したものではないために、その問題設定や方法が歴史学の既成の成果とどのような関係にあるのかはっきりしていないということがある。『明治精神史』と『資本主義形成期の秩序意識』には、それぞれの立場からユニークな方法論が書かれているが、いずれも自分の探求過程を省みて整理したもので、歴史学理論としての位置づけには、なお不明確なところがあると思う。「民衆思想史」研究の特色は、あらかじめ約束された方法や理論をもたず、徒手空拳、みずからのその時その場での課題になりふりかまわずたちむかっていったことにあった、といってよいほどである。「民衆思想史」研究のこうした状況は、一方では科学主義・法則主義が、他方では実証主義が、それなりに洗練されて支配的なものになってゆくという歴史学界の状況になじまず、蟷螂《とうろう》の斧にも似たところがある。公言するかどうかはべつとして、「民衆思想史」は信用していないとか、ジャーナリスティックに時流に便乗したものだとか思っている研究者は多い。「民衆思想史」研究は、自分の主体的問題関心を大胆におしだして課題追求をしてゆくが、しかしそれだけに主観的で、理論や実証は素人っぽい、つまり学問的でないというわけである。

こうして、今日では、「民衆思想史」研究にたいしては、歴史学者たちのあいだにほぼ共有された評価が成立したかにみえる。史実発掘や問題設定に若干の独自性は認めるが、支配イデオロギーとの関連が追求されていないこと、民衆とはいいながら概念内容が曖昧で、事実上は村落支配者層の研究にすぎず、中下層民衆の意識が追求されていないこと、下部構造の変動と民衆思想との関連が一貫して追求されていないこと、民衆思想研究から現代の民主主義的変革への展望が明確でないことなどである。おそらく、これほどに重大で自明的な欠陥があるとしたら、「民衆思想史」研究はすでに克服されたか、あるいはすくなくとも克服されつくさねばならないものではなかろうか。

「民衆思想史」研究は、個々人の思いつき(といってもそれなりの由来をもつのだが)から出発した性格がつよいから、研究者個人の直観や好みやものの考え方が充分に客観化されないままにその分析方法や評価のなかにもちこまれており、問題意識や方法や研究目的について表現しようとするばあいにも、特殊な主観的要因のつよい部分は、タテマエ的な揚言からこぼれおちてしまったり、含羞から省略されてしまったり、研究者自身によってさえそれほど自覚されないままに終ったりしやすい。自覚された方法や学的体系よりも、一人の人間としての思いいれや直観から明瞭には区別しがたい史眼のようなものの占める割合が大きいともいえる。そこで、「民衆思想史」研究のこうした性格からすれば、右にのべた批評や疑惑はかなりよく当っていることになるのだが、しかしまた、そこには、ほとんど自明的な欠陥や限界を指摘することによって既成的な学問体系からの逸脱を戒めるという口吻がなくはない。たしかに、マルクス主義歴史学の長い方法論史と巍然たる体系性のまえでは、「民衆思想史」研究は、あまりに曖昧でやわだとするほかないが、しかし、産湯とともに赤ん坊も流し去ってしまいたくないならば、曖昧でやわなもののなかから核心を選びだし、できるだけ客観化された骨組をもったものへと、私たちの学問をきたえてゆかねばならない。

この小論は、拙著『日本の近代化と民衆思想』についてのいくつかの批評にたいして、私の方法的含意をより明瞭にすることによっていくらか自説を敷衍し、より説得的なものにしようとする努力の一部だが、そのさいの問題関心は右のようなものである。したがって、批評された論点のひとつひとつに詳細に答えることを目的としていないし、自説の正当性を単純に反復して読者を悩ますつもりもない。全体としての考え方や方法意識にとって重要だと思う論点のいくつかを、わずかでも掘りさげる方向で考えてゆきたい。

2 「通俗道徳」論批判について

この小論では、右の拙著第一章と第二章、とくに第一章のいわゆる「通俗道徳」の問題をとりあげよう。拙著にいう「通俗道徳」が、近世から近代へかけての民衆思想の展開を考えるうえで、ある程度の重要性をもっていることは、大部分の評者が承認しているところである。もちろん、そのばあいでも、「通俗道徳」の妥当範囲やにない手やイデオロギー機能などについての手きびしい批判があるが、維新変革をはさむ日本の近代化過程の特質を見通すさいに、拙論の視角にある程度の有効性を承認しようとする評者は少なくない。しかし、評者のなかには、布川清司のように、拙論の立場を一貫して痛烈に批判してきた人もいる。そこでまず、布川の批判(1)をとりあげてみよう。

布川は、その批判を三点に分けている。

①「近世中後期以降、日本中の一般民衆がすべて通俗道徳を目的的に実践した」とし、こうした思想類型だけで近世中後期の民衆思想をとらえるのは、根本的な事実誤認である。こうした誤った結論を導きだした最大の原因は、安丸が思想史料の時代差・地域差・階層差に配慮せず、事実上は、村落支配者や「頂点思想家」を素材にして民衆思想を検出してしまったからである。

②中下層民衆の思想は、「通俗道徳」ではなく、功利とそのための不服従の論理である。彼らが「通俗道徳」を実践しているように見えるばあいがあっても、それはホンネではなく、功利のための手段にすぎない。

③安丸は、「近代主義」的価値基準にまだふかくとらわれており、そのために民衆の「功利性・自己本位性」「エゴイズム」に積極的な評価をあたえることができず、「禁欲型」の人間像の方が「開放型」の人間像よりも価値が高く役割も大きいという偏見にとらわれている。

周知のように、布川は厖大な地方文書を駆使して四冊の著作を刊行しており、そこでは近世民衆の(倫理)思想は、功利性・不服従などと総括的に規定されている。右の批評は、こうして得られた布川の結論をわずか五十頁ほどの拙著第一章に対置したものであり、三点に分けられてはいるが、おなじ主張をやや観点を変えてくり返したものといえる。批評の方法としては、拙著の問題設定や方法の固有性を内在的に理解する手続きなしに、自分が苦心して到達した結論を機械的に拙著に対置させて一気に書きあげたものであるために、私からすれば、外在的で同情に欠けたものということになる。

布川の批判のうち、私はさしあたり①をとりあげるが、私の答えは、「近世中後期以降、日本中の一般民衆がすべて通俗道徳を目的的に実践したという結論」は私のものではなく、「通俗道徳」だけが民衆の現実の意識だとする考えははじめからなかった、ということである。この点は、まず第一に、私は私なりに時代性と階層性とに配慮して、「通俗道徳」の自覚的な実践は享保期に三都やその周辺の比較的にゆたかな商家などを社会的基盤としてはじまったものであり、十八世紀末以降に窮乏した農村で村落支配者層を主導層としてよりひろい範囲で展開し、明治二十年代以降に底辺部の民衆までまきこんだとしており、「通俗道徳」が圧倒的多数の民衆の精神を呪縛するのは明治中期以降だという見通しにたって立論していることからしても、自明だと思う。だが、第二に、方法的に見てより根本的な誤解だと思うのは、私が「通俗道徳」を規範・当為・社会的通念などとしてとらえていることを、布川はまったく無視していることである。この点は、拙著第一章の書きだしの部分でもあらかじめ指摘していることであって、そこにはたとえば、「こうした通俗道徳が、つねにきびしく実践されていたのではない」、というような言葉も記してある。布川や高木俊輔は、[2]「通俗道徳」論は民衆の現実意識を概括したものと考えるのだが、それが規範であるとは、反規範的な意識状況を念頭においてのことにほかならない。反「通俗道徳」的な奢りや遊惰への願望が、商品経済の浸透や旧来の共同体的生活規制の弛緩のなかで勢いをましてきたとき、「家」や「村」の生活をこうした動向に対抗して再編成する論理として「通俗道徳」へ向けての自己鍛練が試みられるのだから、その基盤にあるのは、目前の利得や楽しみを求めているはるかに厖大な現実意識であり、「通俗道徳」は、こうした現実の意識状況に向けられた、さしあたっては少数者の挑戦である。

たった一人の人間や一つの小さな集団をとりあげても、人間の意識は多層的・多元的であり、ほとんど無限に複雑なものだとするほかない。しかし、この多層的・多元的な意識状況にも特有の構造や秩序があるのであり、私たちが有効な分析視角を設定したときに、その特有の構造や秩序が見えてくるのである。「通俗道徳」論は、さまざまの欲求や願望や信仰などがからみあっている現実の意識状況の複雑さを単純化するためのものではなく、ただこうした現実の意識状況が構造化され秩序づけられてゆく特有のあり方を問題にするものである。とりわけ、より歴史的な状況論としては、商品経済が進展し社会的動揺がふかまるとき、人びとには目前の利得や楽しみの機会がふえ、その意味では人びとは旧い規範を破って多様な欲求をもったより個別的な主体として登場せざるをえないこと、しかし、人びとが才覚や吝嗇や狡猾などによって一時的に利得を得たり、あらたな奢侈や遊びのなかに自分をとらえこんでしまう新しい喜びを見出したりしても、ほんのすこしひろい視野にたって考えれば、一時的な利得や喜びはかえって没落と不幸との原因になってゆくということが、ひろい範囲で民衆みずからの経験となっていたという理解が、立論の前提になっている。そして、こうした状況のもとでは、眼前の利得や喜びにうちまかされずに、みずからと「家」や「村」の繁栄・永続にふさわしく、みずからの生を一つの首尾一貫した生き方として編成する様式が必要だと意識されてゆくのだが、「通俗道徳」とは、こうした生の場での様式のことである。私が主張したのは、日本社会が近代化してゆくある特定の歴史的時代において、民衆的な次元である特有の生き方＝生を編成する様式として首尾一貫した説得性と有効性とをもつことができたものはただ一つしかなかったということであり、またそこには鋭い緊張がはらまれていて、そのゆえに厖大な人間的エネルギーが噴出することになったのだということである。そのさい、さまざまな欲求や願望やカタルシスなどが、こうした生き方と葛藤し緊張しあいながら存在していたことは、むしろその立論の前提なのである。

このように考えると、「通俗道徳」型と布川のいう自己本位型のどちらが量的に多かったのかという設問は、あまり意味がないことになる。「通俗道徳」型も自分の利益をめざしているともいえるのだが、それはただ目前の利得や欲望にとらわれてはならないとして、自分のなかの二元的な緊張した意識を生きているのである。現実の意識状況としては、「通俗道徳」も布川のいう自己本位やエゴイズムも、個々人のなかに葛藤し交錯しあったまま共存していることになろう。そして、実際問題としては、「通俗道徳」に徹しきった者も、目前の利益や欲望だけをひたすらに追求した者も、おそらくは極端な少数派だったろう。なぜ「通俗道徳」に徹することができないのか。それは、人びとは商品交換や年貢納入などの現実の経済関係の場で、商品や財貨の所有者として他人とむきあい、そこでは人びとは商品や財貨の所有主体＝エゴイストとして人格化されて登場するからである。たとえば、梅岩門下の商家の旦那衆にとって、日常の経済活動の一つ一つの局面は、こうした利害のせめぎあいからなりたっていたにちがいない。ところが、梅岩だけは、門弟たちから贈られた生活の資によって生きているのだから、誰かと死活を賭して利害を争う必要がないために、模範的に道徳的な生活態度をつらぬくことができるわけである。したがって、「通俗道徳」に完全に徹しうるのは、梅岩や民衆宗教の教祖のような極端な少数者なのだが、彼らは信奉者たちのおかげで経済的な世俗生活の外にでている特殊な人間だから、そのように生きうるのである。

ここで、布川の立論を支えているのは、ひろい意味での争論の史料だということにも留意しておきたい。布川が厖大な地方文書を思想史の文献として読みなおし、私たちに豊富な素材を提示し、思想史研究の視野を拡大したことは、高く評価しなければならない。しかし、ひろい意味での争論史料が、地方文書として残されやすい性格をもつことは自明であろう。そして、争論とは、抽象的にいえば、さまざまの手段をつくしてみずからの利益を主張することにほかならないから、そこから自己本位や功利性をひきだすのは、ほとんど同義反復ともいえる。村方騒動・国訴・百姓一揆などには、さまざまな「自己本位」の主張の仕方があろうし、その具体的なあり方を明らかにするのは、民衆意識の歴史的研究にとって有意義なことである。しかし、そこから、自己本位や功利性や不服従という抽象度の高すぎる一般的結論をひきだすとき、歴史の具体性とダイナミクスとが飛びこえられてしまう。布川は、国訴や村方騒動という特定の限定された次元をとりあげながら、そこからただちにより一般的本質的規定としての自己本位や功利性の抽出へと移ってしまうのだが、国訴や村方騒動で「自己本位」である農民が、日常生活者としては「通俗道徳」的だとしても、なんの不思議もない(むしろ自然なことであろう)。宮城公子も、近世後期の畿内の村方騒動と国訴の争論史料から「小商品生産者」の論理を抽出し、「通俗道徳」論は畿内先進地帯にはあてはまらないとしているが、[3]おなじ理由で論証の次元が納得できない。それに、宮城の主要な関心対象であるはずの大塩中斎門下の豪農たちについて考えただけでも、その思想性の核心部分を「商品価値の担い手としての対等」性とか、「数量的合理的思考」、「形式的平等への志向」などと概括しうるものでないことは明らかではなかろうか。

布川と私は、結論からすればほぼ正反対の主張をしており、おたがいの結論だけをつきあわせたばあいには、ぬきさしならない対立面だけが目だつ。しかし、実際のところは、どちらも特定の視座を設定し特有の素材を分析しているのだから、それぞれの視座・素材・方法の固有性をふまえたよりひろい視野にたってそれぞれの研究を位置づけてみれば、単純に対立しあっているというよりも、むしろその内実では補いあい支えあっている可能性もある。いや、すくなくとも私は、布川の成果をうけとめることで、自分の主張が生かされてゆくものだと考えている。歴史の全体性を構造化してとらえる眼をもつなら、自分の視座・素材・方法などがいかに特殊的なものであるかということも自覚されるはずである。そして、歴史にたいするあらたな穿掘力は、こうした特殊的な立場設定＝研究戦略なしにはありえないだろう。

3 「通俗道徳」の位相

「通俗道徳」論の有効性をある程度承認しようとする評者たちも、その有効性の範囲や程度についてはもっと厳密に限定するように求めている。とりわけ一様にとりあげられているのは「通俗道徳」のにない手の階層性の問題で、「立場がちがえば思想もかわる」(布川)という歴史学の大前提を、安丸はどうしてあのように易々と無視してしまうのだろうか、というわけであろう。この点についての批判は、「通俗道徳」のにない手は村落支配者層(豪農層)であり、私の挙例も大部分がその階層のものかそのイデオローグと見なされるべきものだということ、中下層の民衆の思想ないし意識は「通俗道徳」とは異なるはずだとする点などで、ほぼ一致している。だが、これからさきは見解と強調点が岐れており、「通俗道徳」を村落支配者層の思想に限定したうえでその有効性を認めようとするもの、中間地帯や後進地帯の村落支配者層に限定しようとするもの、「通俗道徳」の階級的イデオロギーとしての性格を強調するものなどがある。そして、中下層民衆の意識については、布川のように「自己本位性」「開放型」とするばあいや、深谷克己(4)・猪飼隆明(5)のように、村落支配者層のそれとは異質な「平民的・プロレタリア的禁欲主義」を重んずるばあいなどがある。

「通俗道徳」を自覚的にとらえ、そうした意識形態による思想形成・自己形成を主導したのが村落支配者層(都市では商家の主人など)やそのイデオローグであったことについては、私にも異論がない。拙著『日本の近代化と民衆思想』の第一篇第一章と第二章は、こうした階層を主導層とした日常的な生活の場での思想形成を主題的にとりあげたもの、第二篇は、より下層の一般民衆の非日常的な闘争の場での意識形成を主題的にとりあげたもので、第一篇第三章は、この二つの主題を媒介する位置にあるといっても、大雑把には誤っていない。しかし、そのことから、「通俗道徳」論を村落支配者層という特定の階層に限定し、さらに時期や地域についてもより限定的に考えようとするなら、私の立論の趣旨とそこにはらまれていたかもしれない歴史学的な洞察力への可能性の大部分は失われてしまうだろう。

私の考え方を明らかにするために、深谷と猪飼が提出している批判点のひとつをとりあげてみよう。それは、「通俗道徳」を豪農商層からのちの地主・資本家などにつらなる階層の「禁欲」に限定してとらえ、エンゲルスの『ドイツ農民戦争』に依拠して、「社会のもっとも下づみの層が運動にうつるためにはどうしても経過しなければならない必然的な段階」としての「平民的・プロレタリア的禁欲主義」というべつの「禁欲主義」を措定し、二つの「禁欲主義」を原理的に区別しようとするものである。エンゲルスは、この「平民的・プロレタリア的禁欲主義」は、ピューリタニズムなどの「ブルジョア的禁欲主義」と「まったくちがう」としており、この指摘が二人の論拠になっている。

二人の批判が、エンゲルスが○○といっているから日本でも○○のはずだという論理でなされており、中下層民衆の意識内容に具体的にたちいったものでないこと、マルクス主義の古典にむきあう態度が私とは異なっていることは、ここでは論の外におこう。それよりも、エンゲルスの指摘は、農民蜂起にさいして登場した予言する指導者の言葉に関していわれたものであることに、ここでは留意しておきたい。そのことを猪飼は、「彼らの階級的結集、民主主義的運動、あるいは民主主義の実現の過程でそれに付随して発生する歴史的属性」

だと敷衍しているが、これは、私にとっては、抽象的にすぎる説明である。「民主主義的運動」が展開するとき、なぜ、どのように、「禁欲主義」が「付随して発生する」というのだろうか。この点をたとえば、「闘争をよりシヴィアなものにする」ために必要だったのだなどと説明するとすれば、それは、意識が自由に選ぶことのできない必然性をもっていることへの洞察を欠いた、便宜的にすぎる機能論におちいることになろう（エンゲルスの記述も、この部分だけをとりあげると、闘争のために必要だったからという趣旨の便宜的なものになりすぎているように、私には思える）。こうした「禁欲主義」は、民主主義運動一般の属性などというものではなく、たとえば中世末期に典型的に発展する大衆的な蜂起に特有のものであり、とりわけ、エンゲルスがそこでとりあげているハンス・ベーハイムのように、蜂起する民衆に向かって悔いあらためと快楽の放棄とをはげしく要求する宗教的予言者に特徴的なものである。こうした性格の蜂起の「禁欲主義」について、私が無関心だとか識別能力をもたぬとかするなら、それは、拙著第二篇（およびそのより未完成なかたちとしての庄司吉之助・林基・安丸共編『民衆運動の思想』解説）をほとんど無視することになろう。ドイツ農民戦争や太平天国のような大蜂起にさいして、蜂起した集団のなかにはげしい「禁欲主義」的規律の高揚が見られること、日本の百姓一揆についても、やはり蜂起の「禁欲主義」が萌芽的にしろ存在したことについては、私自身なんの疑問もない。しかし、拙著第一章が問題にしているのは、日常生活を人びとが生きぬいていく方法としての「禁欲主義」なのだから、深谷と猪飼の援用するエンゲルスの指摘とは、次元を異にしていると考えるほかない。

拙著第一章の方法的特徴は、梅岩などのような民衆的思想運動の指導者の思想形成や論理構造をおさえて、そこから、広汎な民衆の思想形成の方向を展望しようとしたことにある。そのばあい、梅岩などの思想形成やそれを支える論理構造や人間像などの分析においては、ある程度まで説得力をもちえたと思うのであるが、こうした思想形成の前提でもありそれをとり囲んでもいる広範な一般民衆の現実の意識状況については、ほとんど触れていない。この問題についてとりあげているのは、ただ一点――つまり、バクチ・飲酒・芝居・祭りなどのハレ的奢侈的な領域がしだいに膨脹するということであり、「通俗道徳」は、こうした傾向に対抗する「禁欲」型の思想形成とされている。そして、ハレ的世界の膨脹を支えるのは、たとえば若者組などに結集した一般民衆であり、それに対抗して芝居・祭り・若者組などを取締るのは村落支配者層なのだから、そのような意味では、「通俗道徳」をめぐる階級関係は、拙著ではむしろ重要な関心事となっており、ハレ的な世界を抑圧して村落支配者層が村の秩序を再掌握してゆく過程として、近世から近代にかけての日本の農村秩序を展望しているわけである。つまり私は、広範な民衆の現実の意識状況について考えるさいに、主として民俗学の成果を借用して、ハレ的領域の膨脹としてのみとらえ、したがってまた一般民衆の意識状況をほとんどもっぱら「通俗道徳」に対抗的なものとして把握したのである。だが、いまから考えると、これは大きな誤りであったし、私からすれば納得しがたい批判が生まれたのも、私の側のこの欠陥とかかわるところが大きかったのではないかと思う。

右の欠陥を指摘したものに、宮田登の批判がある。(6)

禁欲とか自己鍛練に馴染まないまま、日常生活を営む大部分の民衆に対して、著者はこれを通俗道徳の基準からはずし、民俗的世界への埋没ということで説明しようとした。ただ民俗的慣習を変革する態度が明確になった事例によってのみ通俗道徳へのつながりをみようとしているかのようだ。民衆思想が人間の無限の可能性を喚起させるものならば、その根にあたる日常生活の民俗的なあり方を、たんにマイナスの面でとらえることだけでは済まされないように思える。

これは、的を射た批評である。拙著は、一般民衆の意識をハレ的局面の膨張としてのみとらえたが、ケの局面では、まじめによく働き、親や主人のいいつけをまもり、村人と仲よくくらすなどという規範が、長い伝統のなかに定着しており、「通俗道徳」は、こうした日常規範と呼応するものであったからこそ、広範な人びとに受容されたのであろう。拙著でも、「通俗道徳」型の諸規範が、「ある意味では日本の民衆の伝統的な生活慣習にほかならず、それ自体はすこしも珍しいものではなかった」などという指摘を何回かしながらも、実際には一般民衆の側のそうした側面については、具体的なイメージをまったく提示することができず、それゆえにまた、一般民衆が「通俗道徳」を受容する根拠についても、十分には説得的でなかったのだと考える。

高取正男は、「江戸時代以来、次第に力をもちはじめた貨幣経済は……「オオヤケ」と「ワタクシ」の二側面のうち、つねに「晴れ」を意味する前者の部面から、はじめは村落生活、やがては村内各戸の生活のなかに力を及ぼしはじめた」とのべている(7)。以下、高取の論旨をいますこし追ってみよう。貨幣経済が未発達で塩が主要な交易対象であるような段階では、塩商人は村の塩宿へきて、村人は塩宿を介して塩を入手する。このようなばあいには、塩商人と塩宿のあいだには貨幣経済が成立していても、塩宿と村の各戸とのあいだには自然経済が支配しており、村外の商人との交渉は、一面では塩宿を通してなされる村の「オオヤケゴト」としての性格をもっている。ところが、貨幣経済がさらに発展して、村の各戸がそれぞれ自立的に村外の商人と売買関係をもつようになると、これまで、村の生活のなかでバランスと秩序をもっていた「オオヤケ」と「ワタクシ」、ハレとケの関係がくずれ、どの家もその家からして「オオヤケ」的・ハレ的な側面を急速に膨張させることになる。こうした変化を、高取は、いつまでもケ的な性格がつよい台所と、ハレ的な性格のつよい座敷とを対比しながら、説明している。すなわち、農家が来客を迎える場所は、もともとはイロリ端だったのだが、武家や神官・僧侶・庄屋層などをまねて、来客用の座敷をつくる習慣が拡がってゆき、明治以後には分家筋のものもふくめて一般化した。生け花や茶の湯のような座敷での儀礼にむすびついた伝統芸能も、こうした座敷の普及のあとを追って受容層を拡大した。だが、台所のようなケの部分では、消費生活をできるだけきりつめて貨幣経済の影響から家の経済を守ろうとする態度が根づよく、台所や日常の食器類の改善への関心は、大正期の都市中産階級の登場をまたねばならなかった。「ひとりひとりが各種の共同体の影に隠れないで、積極的に、そして直接に「オオヤケ」の世界に出て働き、世間の波にもまれながらも他人からうしろ指をさされないようにするには、日常的な「褻」の生活、「ワタクシ」の部分が抑圧され、圧迫をうけても仕方がないと諦め、さらには、台所の改善のようなことは後まわしにし、日常生活は極度に切詰め、それでもって世間体を整え、世間と足並みを揃えるのはよいことだと素直に信じこんできた」。それは、ハレとケ、「オオヤケゴト」と「ワタクシゴト」の「悲痛なアンバランスの表出であり、結果として、前者の野放図な肥大化であった」――と。

民俗学の明らかにしてきた諸事実と歴史学の明らかにしてきた事実や論理が、内面的にふかくかかわりあっており、両者がじつは相互に支えあうような性格をもっていることを、私に最初に教えてくれたのは高取だったのだが、どうやら私の民俗学への関心は、ほんの表面的なものだったらしい。もし右の宮田や高取の指摘をふまえて考えてゆくことができたとしたら、「通俗道徳」を受容する基盤が一般民衆のなかにどのようなかたちで存在しており、「通俗道徳」の受容がどのような葛藤や緊張のなかでなされるものかということについて、私はもっとふかい洞察力をもちえたにちがいない。

4 方法論的展望

私の頭脳がいかに粗末な出来だとしても、「通俗道徳」論だけで近代化過程の民衆意識史を裁断してしまえると思ったことは一度もない。事実、勤勉や倹約よりも「安気」に暮す方を選ぶ人たちもいたろうし、「家」を離れて自由に生きようとした人たちもあったろう。幕末から明治初年にかけては、世直しへの期待がはるかに多くの人びとをとらえていたかもしれない。「通俗道徳」がより広範な人びとをとらえるようになってからも、生活を楽しむ余裕と文化的感受性とをもった都市中間層や知識層はしだいにその数を増したろうし、反対に、守るに値いするほどの「家」をもつことのない下層貧民はいっそう多かったろう。もっとも貧しい人たちのあいだでは、家エゴイズムの臭気と家父長制的な規範や権威が欠如しているかわりに、独自の相互扶助の精神があり、犯罪者をかくまったり逃亡をたすけたりすることも少なくはなかったろう。たとえば、近世の鉱山や宿場の労働者、門付けの芸人、乞食、サンカ、さらには博徒の集団や盗みを生業とする人たちの集団等々も視野にいれるなら、私たちの民衆思想史ははるかに複雑で興味ぶかいものになるだろう。また、おなじく「家」を単位とする生活規範といっても、都市・農村・山村・漁村ではそれぞれかなりのちがいがあろうし、地域による気質的な相違なども小さなものではなかろう。

しかし、この類いの指摘をいくらつみかさねても、「通俗道徳」の説得性→その通念化という拙著第一章・第二章の主旨を、いまの私はまだ疑うことができない。そのことの究極的な根拠は、「通俗道徳」は、「家」を単位とした自立という近代化過程の日本の民衆が直面していた基本的課題にもっともふさわしい論理であり、そのようなものとしての有効性と説得性とを歴史のなかで鍛え洗練してきたおそらく唯一のものとして、私には見えているということにある。そして、おそらくこの「通俗道徳」の説得性→通念化を媒介にして、日本の民衆の生活様式・思惟様式がその生涯を通してくり返しくり返して形成されなおされてゆき、そこに日本人に特有の性格構造や身ぶりや感受性や行動様式の特質なども形成されていったはずである。もちろん、それらの基盤には、もっと旧くて長い歴史的伝統や風土や民俗的なものの持続があるのであろう。しかし、最近、中井久夫が、精神病理学の立場から、日本人の「勤勉と工夫」の倫理を支えている性格構造とその歴史的背景を論じたように、性格構造の特質さえもじつは歴史的に形成されたものであり、中井のいう「執着性格」は、「通俗道徳」論にほぼ照応するものなのである。(8)

最近、山之内靖は、マルクス『経済学批判』の「序言」における周知の唯物史観の「定式」を問題とし、そこでのべられている法律・政治・宗教・芸術・哲学などの「イデオロギー諸形態」と、現実の土台に「対応する」「いわば日常的状態においてとらえられた「社会的意識諸形態」とは別箇の範疇」であるとした。(9)山之内の狙いは、人間の意識の問題を上部構造＝イデオロギーの領域へ押しこむことによって、意識の問題についての矮小で機械的な把握におちいりがちな土台―上部構造論にたいして、意識が「実在的な現実性」であることを強調し、歴史のなかにおけるその非還元的なリアリティを具体的に認識するように迫ることにあったろう。マルクスの理論のこうした把握は、山之内ものべているように、「序言」のマルクスの言葉をいくら仔細に検討しても、それだけでは明らかにできない性質のもので(というより、「序言」だけなら旧来の解釈の方が自然ではなかろうか)、マルクスの理論体系全体についての再認識からひきだされたものである。そして、山之内のように考えてよいとすれば、「序言」にいう「社会的意識諸形態」とは、「本質的には経済的土台のうちに内包されたところの、あるいは経済的諸関係の網の目に生活する諸個人の活動的存在と直接に連繫をもつところの、日常的意識態様にほかならない」ということになり、経済史研究もまたこの「日常的意識態様」と切り離しては成立しえないことになる。山之内のこうしたマルクス理解が、ウェーバー・大塚理論を念頭においていることはいうまでもないが、「日常的意識態様」の「実在的な現実性」を積極的に承認し、その具体的な認識を迫るというその立場は、私には、私の問題設定を理論的な立場から支えてくれるものであるかのように見える。もちろん、私の考え方は、山之内のようにマルクスの歴史理論のふかい検討から生まれたものではない。しかし、私の考え方もまた、通俗化された土台―上部構造論にたいする長い不満をふまえて生まれたものだった。もちろん私は、これまでの歴史学が明らかにしてきた階級的視点を無視するものではない。しかし、敵対する諸階級が経済史分析によって確実に析出されたとしても、彼らが明確に弁別しうる敵対的イデオロギーをもち、それがまた日常的生活意識の場でもはっきり形象化されているはずだという気楽な考え方をもつことができない。生活意識(思想)の場では、複雑な葛藤をへながら人びとは単純に進歩的でも単純に反動的でもないある生き方を設定して生きてゆくのであり、イデオロギーというのは、こうした広範な人びとの生き方→生活意識(思想)をふまえながらも、さらにいく層かの媒介をへて編成された、より体系的ななにかなのであろう。そして、イデオロギーの方は、状況に応じて編成しなおされてゆき、生活意識(思想)の方は、これもいくたの変遷をへながら、国民的エートスや社会通念や文化類型や性格構造等々にまで沈澱してゆくのであろう。

したがって、「通俗道徳」は、かつて中村政則が評したように[10]、より「歴史貫通的」であり、さらにいくぶんか階級的にも「貫通的」である。ところが、中村が対比するように、鹿野政直『資本主義形成期の秩序意識』の方は、「民衆の日常的な生活意識の次元からとらえる」ことを主張する点では私とおなじ立場にたつように見えるのに、「段階的・発展的であって、民衆意識の成長のプロセスが丹念に追求されている」。この相違を中村は、鹿野の方が私より「近代的市民精神」についての評価が高いという価値意識のちがいから説明するのだが、私は、もうすこし具体的に、両者の問題設定や分析手法のちがいから説明しうると思う。いま、簡略化のために、右の大著は敬遠し、「〝近代〟批判の成立――民衆思想における」[11]をとりあげてみよう。

この論文は、拙論「日本の近代化と民衆思想」も念頭におきながら、明治二十年代から三十年代にかけての民衆的な立場からの〝近代〟批判が成立してゆく過程を分析したものである。この論文では、二十年代は「〝近代〟批判前史」とされ、民俗学や社会心理学の成果への関心を語りながらも、歴史学的に追求できる事例として三つ―天理教の発展、貧民問題の社会問題化、青年会運動がとりあげられている。つぎが本格的な「〝近代〟批判」が成立する日清戦争以後の時期で、そこでは、田中正造・田岡嶺雲・夏目漱石・徳冨蘆花・明治の社会主義者などがとりあげられている。そして、これらの大知識人たちの思想こそが、日本近代社会の直面していた矛盾や暗黒を見つめつつ形成されたものであるがゆえに民衆的な立場からの〝近代〟批判であり、それゆえにこの時代を代表する民衆思想だとされてゆく。たとえば、明治の社会主義は、「民衆の側から展開されたさまざまの〝近代〟批判的秩序構想の中核」という評価になっている。そして、論文の末尾では、右にあげた天理教なども田中正造以下もふくめて、「民衆思想の展開を、〝近代〟批判の成立という観点から大まかにあとづけてみた」、と総括されている。一見して明らかなように、その時期その時期の歴史現象のなかから、運動史レベルのもの、社会史レベルのもの、大知識人の思想などが自由にとりあげられており、それらが時代の推移と結びついた顕著な歴史現象であるために、「段階的・発展的」叙述が可能になっているわけである（大著の方は、はるかに複雑になっているが、基本的な方法は変らないといえよう）。このように整理してみると、鹿野の論述しているような現象の基盤にも、「通俗道徳」によってみずからを縛って懸命に生きている厖大な民衆が存在しており、この事実の圧倒的な重みときしみあいながら、たとえば田中正造等の思想的営為があったと考えてみることは、たいして不自然な見方ではないように思う。そして、もしこのように考えてよいなら、鹿野の「段階的・発展的」な研究が、より「歴史貫通的」な「通俗道徳」論と矛盾しないばかりか、むしろ補いあうような性格をもっていると考えることができるのではなかろうか。

どのような研究も、固有の問題設定と分析のための論理的次元をもつものであろう。大げさな挙例だが、たとえば、『資本論』の論理次元は資本主義的経済社会一般であり、柳田国男のばあいは、日本の常民の生活や生活意識一般である。それを抽象にすぎるとか具体的でないとかと批判するとすれば、それは、こうした抽象次元を設定することによってなにが明らかにされなにが明らかにされないかを区別できない方法論音痴というものだろう。「通俗道徳」論は、私なりに設定された方法的論理的な問題設定の次元をもっており、そこから照射しうる問題群と照射しえない問題群とをもっている。こうした問題設定の固有の次元を無視して、時代差・地域差・階級差の設定やイデオロギー論的分析の必要などを、なにか自明的により正しい方法的立場であるかのように要求するのは、みずからの方法的前提がいかなる性質の抽象のうえに成立しているものであるかを自覚しえないでいることを告白することにならないだろうか。

おわりに

さまざまなかたちをとった言及もふくめると、拙著への批評はかなりの数にのぼる。そのうち、この小論では、「通俗道徳」論をめぐる批判に関連して、いくつかの論点に触れた。「通俗道徳」論についてもなお言いたりない点があるが、そのほかに、支配イデオロギーへの展望と連関の問題、日本の近代化過程における宗教意識の展開のとらえ方の問題、拙著第二篇が抽象的だとか経済構造との関連を無視しているなどとする批判への反論(および私の問題設定の根拠の理論的説明)、民俗的なものと歴史的なもののかかわり方の問題なども、掘りさげて考えたい論点である。また、私の考え方は、ルカーチ、マンハイム、ゴルドマンなどの著名な研究に教えられた社会的歴史的な意識形態論とでもいうべき立場にたつものなので、その理論的展開も必要だと思っている。いずれ機会をえて、これらの論点についてもすこしずつのべてゆきたい。

(1) 布川はその著作のなかでくり返し拙論を批判しているが、ここではそのもっともまとまったものである拙著書評(『日本史研究』一四九号)をとりあげる。
(2) 高木俊輔、拙著書評(『中央公論』一九七五年一月号)。
(3) 宮城公子「変革期の思想」(『日本史研究』一一一号)。
(4) 深谷克己「『歴史学研究』三四一号特集「天皇制イデオロギー」について」(『歴史学研究』三七八号)。
(5) 猪飼隆明「日本近代社会形成期における民主主義の問題——いわゆる「通俗道徳」の本質をめぐって」(『歴史科学』五九・六〇合併号)。
(6) 宮田登、拙著書評(『史林』五八巻三号)。
(7) 高取正男『民俗のこころ』(朝日新聞社、一九七二年)、以下の記述は同書一九八—二三四頁による。
(8) 中井久夫「再建の倫理としての勤勉と工夫——執着性格問題の歴史的背景への試論」、笠原嘉編『躁うつ病の精神病理』所収、のちに『分裂病と人類』第二章。
(9) 山之内靖『社会科学の方法と人間学』(岩波書店、一九七三年)第一部第一章。
(10) 中村政則「現代民主主義と歴史学」(歴史学研究会・日本史研究会編『講座日本史 一〇 現代歴史学の展望』東京大学出版会、一九七一年)。

(11)　鹿野政直「〝近代〟批判の成立――民衆思想における」(『歴史学研究』三四一号)。

〔追記〕

私がこれまでに書いてきた著書・論文についてはさまざまな形での批判・批評があるが、ここでは書評を除いて、拙論への批判・批評を主題もしくはそれに準ずる内容としている論稿を掲げ、読者の参考に供したい。これらの論稿を見ると、①以外は日本史学界の外部からのものであること、「通俗道徳」論がもっぱら批判と批評の対象とされており、それ以外の拙稿はほとんど関心対象となっていないことなどにおいて、いちじるしい特徴がある。

①赤澤史朗・北河賢三・高木潔「思想史の方法について――六〇年代「民衆思想史」の方法的検討」(『人民の歴史学』三四号、一九七三年)。

②島薗進「日本の近代化過程と宗教」(『ジュリスト増刊総合特集21　現代人と宗教』一九八一年)。

同「日本新宗教の倫理思想――近代化論から「心なおし」論へ」(『日本の仏教4　近世・近代と仏教』一九九五年)。

③小松倫明「戦後社会科学における視角と方法の問題――丸山眞男・安丸良夫氏を中心として」(埼玉大学教養学部卒業論文、『天空の雪　小松倫明遺稿集』一九八一年)。

④藤井健志「新宗教の内在的理解と民衆宗教史研究の方法」(脇本平也・柳川啓一編『現代宗教学2　宗教思想と言葉』東京大学出版会、一九九二年)。

⑤川田耕『〈立て直し〉の倫理――江戸後期から明治後期にかけての通俗道徳』(京都大学大学院文学研究科(社会学専攻)修士論文、一九九二年)。

同「道徳と主体――江戸後期から明治期にかけての通俗道徳」(『ソシオロジ』三九巻二号、一九九四年)。

⑥「著者とともに論じる『近代天皇像の形成』」(東京外国語大学海外事情研究所『地域研究ブックレヴュー』一〇号、一九九三年。表題にある拙著合評会の記録だが、論点が多岐にわたっているので、ここにあげておく)。

◈『一橋論叢』四四五号、一九七七年。

なおずっと後年のことだが、私への批判・批評のまとまった論文集として、安丸良夫・磯前順一編『安丸思想史への対論――文明化・民衆・両義性』(ぺりかん社、二〇一〇年)が刊行されている。また本論文では、私の「通俗道徳」論への批判が論評の主題となっているが、右の『安丸思想史への対論』でも、小松和彦とひろた・まさきは、「通俗道徳」論批判をきびしく展開している。私の思想史研究への批判が、なによりも「通俗道徳」論批判という形をとっていることは、興味深い研究史的事実である。

六　生活思想における「自然」と「自由」

はじめに

柳田国男は、日本人の道徳用語が漢語ばかりとなる以前には、人間の好ましい長所にあまりはっきりとした区別を設けなかったとして、マメという語の多義性を例にあげている。マメヤカは律義で正直なこと、マメメシイは注意深くよく働くこと、マメナは強健なことを、それぞれの含意をなんらかの程度に重層させながら意味している。こうした用語法には、個々の規範が心身の全体的なあり方と明確に分離していない状況がよく表現されており、柳田も、「殊に我々のなつかしいと感ずることは、今日の定義では技能と名づくべきものと、道徳のうちに算へてよいものとの、分界をはつきりと立て丶居なかつたことです」とのべている(1)。

右のマメにくらべれば、勤勉、倹約、正直、孝行などの諸徳目には、規範が心身の即自的なまとまりから分離されてきて、葛藤的に定立されるようになってきた段階が表現されているといえよう。もちろん、これら諸徳目に内容的に相当する規範意識にははるかに長い伝統があるにちがいないが、これら諸徳目がことさらに規範として定立されるという動向は、歴史的発展の所産である。幕藩制的社会関係が確立する一七世紀後半におそらくその重要な画期があったと思われるが、文献史料のなかでは、享保期の町人社会において最初の段階を明確に画しうるとしておいてよかろう。そのさい、こうした諸徳目の定立をめぐって、人びとの生活意識のなかで内面的葛藤がはっきりと自覚されていたとはいえないとしても、不安や見えすいた言い逃れや偽善などがなんらかの程度に意識されるというようなことは、けっして珍しいことではなかったはずである。

石田梅岩や食行身禄《じきぎょうみろく》が登場したのは、人びとの生活意識のこのような危機においてであった。彼らの思想は、人びとに平易な日常道徳の実践を説くという点では、きわめて通俗的な内容ともいえたが、しかし彼らは、この道徳を首尾一貫した原理として徹底的に実践するように訴えた。彼らの教えによれば、この道徳は、人びとの生活意識や生活習慣の複雑な構成の一部として、意識や習慣の他の諸次元と曖昧に折衷されてはならず、人びとはこの平易な実践道徳を一貫させることで、自己の生活意識と生活習慣とを完全に統御しなければならないのであった。そして、この自己統御は、世界の全体性のなかで自己をどのように意味づけるかという課題と不可分のものであったから、彼らは、その実践道徳の主張を、こうした世界観的な課題と結びつけて果すこととなった。

この世界観的な課題を、梅岩は天地―自性、身禄は仙元大菩薩《せんげん》―人間、安藤昌益は転定《てんち》―男女《ひと》という存在論的規定によって果した、とひとまずいってみることができよう。個別的な含意を捨象すれば、天地という此岸の普遍存在と、それを内的本質とした自己(人間)の一体性ということになる。彼らの思想は、その具体的内容においてはいちじるしく異っていたが、天地―自己(人間)というこの存在論的な規定と、この規定のもとでの緊密に統御された自己意識という点では、むしろよく似ていたのである。こうした思想の登場は、朱子学的自然法が解体して自然と人間とがそれぞれ異質の存在の次元を構成し、公と私とが区分されて、「分裂せる意識」が醸成されてゆくというような思想史的把握の脈絡からすれば、まるで逆転現象のように見えかねない。しかし、梅岩、身禄、昌益などの思想が意味していたのは、こうした「分裂せる意識」の時代が訪れたからこそ、強靭に統合された自己意識を実現しなければならないのだという、内的衝迫の高まりであったろう。

信長、秀吉、家康らが、超越的神仏につながる諸勢力を実力で圧伏して以後、神仏の権威は大幅に失われ、日本人の意識はいちじるしく此岸化した。もちろん、超越的な神仏の権威や彼岸についての観念は、江戸時代にはいると全面的に失われたのではなく、その民俗信仰的な諸側面はいっそう活発になったとさえいえるが、それでも、普遍性をもった世界観を構成しようとすれば、超越的な神仏よりも此岸的な天・天地などをよりどころとせざるをえない時代が到来していた。[2] 今日までひきつがれているこうした思想のありようには、絶対神の伝統なき日本における安心のよりどころといったおもむきがあるが、こうした世界観の型は、基本的には江戸時代に形づくられて、私たちの精神の鋳型として定着してきたものであった。

だが、昌益や身禄はもとより、梅岩のばあいにおいても、彼らの天地—自己という規定を、今日の私たちの通俗的な自然をよりどころにした安心に、安易に結びつけてはならない。というのは、彼らは、葛藤する意識と無意識の渦のなかで、本当の自己とはなにかと問いつめ、天地—自己という存在論的規定のなかに、彼らが本当の自己として発見したものをゆたかにもりこんだからである。おそらく彼らは、青春期以来の苦心の探求過程をへて、自分でも思いもかけなかったような独自の天地—自己の観念に到達し、それをただ直截にのべるほかなかったのであった。

このようにして展開された彼らの思想は、その一面においては確かに当時の人びとの生活意識をふまえたものでありながら、しかし、その思想史的役割の内実は、むしろ人びとの通念にそむき、その転換を求めたというところにあった。商業行為の倫理的正当性(梅岩)、家職こそがどんな祈禱にもまさる宗教的実践であること(身禄)、農耕労働と衣食住・性などからなる人間生活そのものの至上価値化(昌益)などの主張には、彼らの思想のこうした特徴がよく表現されている。こうした主張は、江戸時代の社会の通念において劣等性をおびていた諸次元の価値化・意味化といえるが、彼らの思想は、こうしたまったく斬新な価値化・意味化を中核にすえることで、しばしば宇宙大的に膨脹する自己意識となり、階級的に歪められたイデオロギー的所産に対抗することとなった。

彼らの思想は、生活の実際や目前の利害やその時代のイデオロギーや現実意識の諸相などときびしく葛藤しながら定立されていたのだから、その点からすれば、人びとの生活の場でそのまま受容されることの困難な性格のものであった。しかし、人びとが自己拡散を免れて、なんらかの統合された生活思想をもとうとするとき、人びとは自己意識のモデルを求めて彼らの思想に近づき、それにあわせて自己を点検し訓練した。こうして、梅岩や身禄が造形してみせた精神の型には、近代化してゆく日本社会における人びとの生活思想の構成の仕方の原型が見られるとともに、その既成化された通俗的形態からはうかがいしれない独自の輝きがあった。

1　石田梅岩のばあい

石田梅岩についてのエピソードのなかに、もっとも幼い時期のことを伝えるつぎのような話がある。十歳ごろの梅岩が、ある日自分の家の持山へ行って栗を五つ六つ拾って帰り、昼食の時に父に見せた。父がどこで拾ったかとたずねたので、他人の持山との境であることを答えると、父は、それはべつの家の持山の栗の木の枝が我家の持山へかかっていて、その実が落ちたものだ、そのことを詮議せずに拾ってきたのは不届だ、すぐに返してこいと命じた。こうして梅岩は、昼食を中止して、栗を返しに行った。(『石田先生事蹟』)

このエピソードには、梅岩伝に特有のかなり奇矯な過道徳主義が、すでにはっきりと現れている。このエピソード自体は、のちの回想のかたちをとって、父の叱責のなかに親の慈悲を思ったと、教祖伝風の美談に仕立てられているが、このとき幼い梅岩は、父を恨み栗を惜しんで泣き叫んだというのだから、結局栗を返しにいったのではあるが、内心には大きな葛藤が存在していたことになる。

こうした過道徳主義的な人間形成が、深い内的葛藤をはらんでいたことは、たとえば、「我レ幼年ノ時分ヨリ生レツイテ理屈者ニテ、友達ニモキラハレ只《ただ》く イヂノ悪イコト多ク……」(『石田先生語録』)という回顧に明確にのべられているといえよう。梅岩は、自分のこうした性格に一四、五歳ごろに気付いて悲しくなり、改めようと努力したが、三〇歳ごろにはあらまし改めることができたと思うものの、それでも「言葉ノ端」にそうした性格があらわれた、とのべている。引用が意地が悪いという言葉を用いているからといって、道徳的な生き方をきびしく教え込まれて育った梅岩に、単純な悪意やいたずらなどを想定するのはふさわしくない。おそらく、それ自体としては非難の余地のない道徳的正論の底に、偏狭な意地悪さが込められていたのであって、そこには、過道徳主義的なパーソナリティが陥りがちの秘められた攻撃性が読みとれる。意地の悪い性格を改めようと努めた長年の努力のあとでも、なおおなじ性格が「言葉ノ端ニ見《あらわれ》」たというとき、この暗い衝動についての自覚が、ほとんど精神分析学的な明晰さで語られている。

二四、五歳から二七、八歳にかけての梅岩が、「専一ニ曲《くせ》ゴトヲ嫌ヒ気ヲ煩」ったというのも、おなじ内的葛藤をよく伝えている伝記的事実である。梅岩は、二三歳のとき、「人の人たる道」を説き勧めたいという志をもって、ふたたび上京して商家に奉公したのだが、商家の新参の奉公人がことごとしく「人の人たる道」を説いても、うるさがられるか偏屈者とされるかがオチというものだろう。だが、生れついての「理屈者」だった梅岩は、そんな周囲のうけとめ方や評判にはおめず臆せず、「人の人たる道」をふりかざして周囲の人びとに迫ったことであろう。深い説得力を欠いたままに、偏屈な道徳主義者として孤立している不安な梅岩を容易に想像できるのであって、右の再度の上京の翌年あたりから「気ヲ煩」ったというのは、ほとんど必然的な成りゆきでさえあった。主家の隠居した母親が、こんな梅岩を見かねて、人間は木石でないからと、「遊興」を薦めたというのも、いかにもその時代にふさわしい素人精神療法といえる。「脾胃」を患ったのもこのころとすれば、梅岩が陥っていた葛藤と困難とがどんな性質のものだったかということが、いっそうよく理解できよう。

梅岩がはじめて自宅に講席を開いたのは、享保一四年、四五歳のときのことで、「人の人たる道」を教えたいと志して上京してから二〇年以上の歳月が流れていたが、その間に彼の道徳思想のなかで、たとえば具体的な徳目などが変更されたということではなかったろう。しかし、梅岩が確信をもってその思想を語りうるためには、長くて苦しい探求のなかで右の葛藤をこえる必要があった。この探求過程は、開悟の体験を核として集約される性格のものだったから、彼の思想を理解するためには、彼がその開悟においてなにを達成したのかを検討する必要がある。

具体的な経緯はわからないが、三五、六歳ごろの梅岩は、二〇歳代につづく二度目の大きな精神的危機にとりつかれた。そのころの梅岩は、朱子学的な語彙で思索するようになっていたので、彼の疑惑は、朱子学的にいえば、「性」とはなにかということであったらしい。そして、彼は何人かの師家をたずねて「性」や「心」について問答したが、満足できなかった。彼が隠遁の老僧小栗了雲に出会ったのは、こうした精神的彷徨の渦中においてのことであった。

了雲は、「心」について語る梅岩に、言下に、「汝ハ心ヲ知《しれ》リト思《おもう》ラメド、未レ知《いまだしらず》」と答え、自分の説明がよく聞えなかったのかと思ってふたたび話しはじめた梅岩に、やはりあなたは「心」を知らないとのべた。自分がこれまで真剣に思索し他人にも説いてきたまさにその問題について、あなたはなにも知らないといわれて、梅岩は虚をつかれ、愕然とした。しかし、梅岩は自分の見識をのべようとしてもいうことができず、「卵ヲ以テ大石ニ当」るような思いをした。こうして、彼は大きな疑惑にとりつかれ、それから一年半ばかりのあいだ、「如何々々」とそのことだけを考えつめた。そうしたある日、母の看病で疲れた身体で門口を出たとき、「忽然トシテ」開悟に達した。この体験を、梅岩は、つぎのようにのべている。

其ノ時アヲギ見レバ鳥ハ空ヲ飛、フシテ見レバ魚ハ淵ニ躍《おどり》、自身ハ是レハダカ虫、自性ハ是レ天地万物ノ親ト知リ、喜悦誠ニ大ナリ。

天ノ原生シ親マデ呑尽シ自讃ナガラモ広キ心ゾ（『石田先生語録』）

この体験を了雲に話すと、了雲は「如是《にょぜ》々々」といって耳を傾けてくれたが、「自性ハ万物ノ親ト見タル処ノ目ガ残リ有リ。自性ト云フ物目ナシニテコソ有レ、其ノ目ヲ今ニ一度離レ来レ」（同右）といった。こうして梅岩は、また昼も夜も思索を重ねたが、疲れはててまどろみかけたある明方、梅岩は、裏の森で鳴く雀の鳴声を聞いた。そしてその瞬間に梅岩の腹は大海のように広大で静謐な存在に感じられ、雀の声は静かな大海を鵜が水を分けて進む水音のように聞えた。宇宙の生命性と梅岩の心身が一体化するこの神秘的体験において、梅岩はふたたび「忽然トシテ」開悟し、「自性見識ノ見」を離れた。この境地を彼は、

呑尽《のみつくす》心モ今ハ白玉ノ赤子トナリ〔テ〕ホギヤノ一音《ひとこえ》

と詠んだ。

二つの開悟は、いずれも「忽然トシテ」とのべられてあり、分析的に記述することは難しい。しかし、私た

ちは、梅岩が人間の「心」とはなにかと考えつめ、疲労困憊の極限で、彼の「心」と天地の大自然とでもいうべきものとが一体の存在であるという不思議な体験をしたということを、確実に知ることができる。これは、苦しい思索のはてに到達された境地であるが、思弁的なものではなく、体験的に深いものであった。

この開悟について、梅岩はまた、「人ハ孝悌忠信、此外子細ナキコトヲ会得シテ、二十年来ノ疑ヲ解《とく》」(『都鄙問答』)とのべているが、孝悌忠信を自明の規範とすることは、早い時期から梅岩の立場であったはずだから、この言葉は、一見のところでは奇異に思える。しかし、ここで梅岩が語ろうとしているのは、開悟の体験をへることではじめて、孝悌忠信が真の内発性に支えられた規範となった、むしろこの規範が自己の内的欲求そのものとなったということであろう。これまでの梅岩も、孝悌忠信、五倫五常を説いていたのだが、それはどこか外側から人間に求められる当為とでもいうべき性質を帯びており、そのために、他人に対しては、権威的なものをふりかざして迫るようなところがあったり、自分の内面でも、規範の実現を求めていらだつような気分や不安を感じとっていたのであろう。

開悟という体験は、こうした内的葛藤をいっきょにのりこえ、統合された本当の自己に到達することを意味していた。このばあい、自己という言葉をユングに近い意味につかうとわかりやすい。すなわち、ユングの心理学においては、人間の心の意識された次元の中心を「自我」、無意識的な次元も含めた心全体の中心を「自己」といって区別する。意識的な次元で「自我」を確定し、無意識的な次元をそれによって抑圧してしまうと、人間は意識の次元ですでに既成化したものにとらわれ、自分で気づかないような葛藤をかかえこむことになる。安定した深い自意識をもとうとすれば、人間は無意識からの呼びかけに耳をすまし、その声に従って自分を再規定しなければならない。意識と無意識とを包摂する心の中心としての「自己」は、いわば方法的な仮定であって、永遠に到達不可能だともいえるが、私たちは無意識からの呼びかけに耳をすますことで、現在の「自我」をこえたより高次の統合性へと近づくことができる。宗教的な悟りは、おそらくそうした「自己」にきわめて近いところまで近づくことを意味している。フロイトが無意識の世界を探って性欲やリビドーに到達したのに対し、ユングが宗教的理想に近いアーキタイプに到達したことは、梅岩について考えるさいに参考になる。

さきにのべたように、第一の開悟は、母の看病によって肉体的にも疲労していた梅岩を突然訪れたし、第二の開悟は、夜を徹して心について思いめぐらして疲労した梅岩の明方の体験であった。どのばあいにも、自分の年来の問題について考えつめた梅岩が、肉体的には疲れはてて日常的具体的な意識が曖昧になったとき、突然訪れたのであった。ユング派の心理学者である秋山さと子は、「あらゆる神秘体験は、意識水準の低下したときに、無意識内に心的なエネルギーが集中し、アーキタイプを刺激して、そこから浮上するイメージやアイデア」であり、そのさいには心の中にはげしい情動が湧きおこって、世界と自分とが一体となったようなすばらしい気分になるとのべているが、[3] おなじようなことが梅岩にも生じたのであろう。そして、開悟によって、「人ハ孝悌忠信、此外子細ナキコトヲ会得」したというとき、「孝悌忠信」が彼の心のもっとも深い層からの希求として定立され、そうした希求にみちた存在として自己を純一に統合しえたことを意味していよう。そして、こうした希求にみちた存在としての自己のうちに、梅岩は、天地の大自然と一体化した生命的な喜びを感じたのであって、たとえば『都鄙問答』の冒頭で易の彖伝《たんでん》を引いて、「天ノ与ル楽ハ、実《げに》面白キアリサマ哉、何ヲ以テカコレニ加ヘン」というのは、たんなる修辞ではなく、梅岩自身が生き生きと感得できる生命的な喜びのことだったと思われる。

この開悟の体験は、理論的にいえば、朱子学の教える「性」に到達したことを意味していた。「性」が本体・本質、「心」は人びとが日常的に経験できる意識現象であって、この「心」から出発して、「心ヲ尽シ性ヲ知リ、性ニ至リ、其性ニ従フ処ヲ行フ」(『石田先生語録』)というのが、梅岩の教えである。しかし、「性ヲ知ル」というべきところを、人びとが得心しやすいように「心ヲ知ル」というのだと、梅岩は説明している。この「性」は、「草木ノ生々スル性モ人ノ性モ異ルコトナシ」(同右)とあるように、天地万物を存立させている生命的な存在性のことであり、人間と万物をつらぬく本来的なものである。開悟は、こうした存在性を一体化的に体験することであるが、それが身体性をともなう深い現実感覚であったことは、呼吸を天地の陰陽だとし、呼吸によって人間は一瞬の断絶もなしに天地の陰陽と「一致」しているとし、そこに人間が「一箇ノ小天地」であることの証拠を求めていることからも理解できよう。

ここで、エクスタシーをともなう宗教的な悟り一般について一言しておくと、こうした悟りが十分な修練なしに実現されると、独りよがりで妄想的なものになりやすい。エクスタシーをともなう悟りは、日常的な意識を低下させ、無意識な次元の水準をあげることで、かなりの程度で人工的に実現可能なのだが、十分な修練をへないで実現されると、日ごろの抑圧の裏返しとしての欲求の妄想的な表出などとなり、病理現象に近くなる。そのため、こうした悟りを重んずる宗教教団などでは、訓練を積んだ教師や審神者がいて、未熟な開悟者を指導するのである。

だが、梅岩のばあいは、開悟に先だって長くて苦しい求道の過程があり、開悟の後もいっそう確信をもって道徳的実践に励んだのだから、開悟はたしかに決定的な飛躍ではあったが、放恣な至福体験などとはまったく異っていた。自己と天地の大自然とが一体だという体験が存在するといっても、それは「孝悌忠信」を実践する自己として練りあげられているのであった。開悟は、道徳的実践にむけての純一な自己統御のためのテコないし凝集核となっているのだが、緊張にみちた求道は、開悟のあとでも続いたらしい。そのことは、梅岩の開悟から三年目に了雲が死んだころ、やっと「本心」とはなにかを知ることができたとし、それにつづいて、

我本心ヲ決定スルカラハ、レン直（廉直）クニ道ノ行ハル、コトハ下リ坂ニ車ヲ推《おす》ガ如ク、力ヲ入レズ行ハルベシト思ヒシニ、扠々《さてさて》行ヒ難キコトハ天ニ梯子《はしご》ヲカケテ上ルガ如シト思フ。（『石田先生語録』）

とのべていることからも知られよう。

だが、それにしても梅岩は、およそ四二、三歳ごろまでに明晰な確信に到達することができた。たとえば、

学問ノ至極トイフハ、心ヲ尽シ性ヲ知リ、性ヲ知レバ天ヲ知ル。天ヲ知レバ天即孔孟ノ心ナリ。孔孟ノ心ヲ知レバ宋儒ノ心モ一ナリ。一ナルユヘニ註モ自《おのずから》合《かな》フ。心ヲ知ルトキハ天理ハ其中ニ備ル。（『都鄙問答』）

というとき、天や孔孟という普遍にかかわらせて、自己の心が純一に統御されてゆるぎないものになったという確信が語られているのであろう。こうなってくると、梅岩の信念は当るべからざる勢いとなり、「性ヲ知ル時ハ、五常五倫ノ道ハ其中ニ備レリ」といえるばかりか、「万事ハ皆心ヨリナス」とさえいうことができた。外的なことがらの多様性は、心ないし「性」のありように問うことで完全に統御され、世界の全体が一元的な明徴性と統合性とを獲得するのであった。

こうした立場からは、たとえば神仏も人間の外に存在する神格としての個性を失ってしまう。梅岩は、天照大神、氏神、祖霊などに敬虔に礼拝するようにと教えたが、じつはそれは、「皇太神宮・聖人モ釈尊モ私心ナクワタラセ、三国ニ分レ玉フ神仏聖人ヲ凡テ申奉ラハ、御本躰ハ渾然タル一理ナリ。渾然タル一理ハ直ニ天地ナリ」（『石田先生語録』）という立場からのことだった。そして、「渾然タル一理」・「天地」は、みずからの心でもあるのだから、神仏を拝むのは自分の心を尊ぶことだともいえる。極楽浄土を西方に実在する土地というの

は愚民を教えるための方便だとし、「彼国〔極楽浄土〕ト云ハ唯心ノ浄土ト云コトニ決定セリ。浄土ト云モ我心ノコトナリ」(『都鄙問答』)というのも、まったくおなじ考え方を仏教信仰にかかわらせてのべたものである。また梅岩は、狐狸が人を化すことについてたずねられて「呵々大笑」したが、この一種の呪術否定＝合理化も、神聖性を失った客体的世界の成立を意味するのではなく、「天理」と「性」の普遍性のことにほかならなかった。

こうして梅岩は、天地―自性という存在論的規定のなかで、統御された一元性へまで練りあげられた自己意識をもつことができた。それがたんなる道徳律の世界でなく、心身の深い希求に根ざした緊密に統合された生のパターンであったことが、とりわけ重要である。梅岩の思想は、すべてこの練りあげられた生のパターンから発した確信だったから、単純だが力強く、人の意表をつくような大胆なところも少なくなかった。独自の三教一致説をとったこと、経典の文字にとらわれず「心の磨種《とぎぐさ》」として自由に取捨し、師了雲からの師伝もことわったこと、世評をかえりみずに独自の教化方法をとったこと、商業の倫理的正当性と売利の倫理的合理性を主張し、一種の人間平等思想を唱えたことなどは、このようにして達成された内容の一部である。

だが、梅岩の思想のこうした諸側面についてはよく知られているので省略し、ここでは、梅岩の思想が町人社会の現実意識に対してなにを訴えようとしたのかを考えてみよう。

梅岩の思想の大部分は、梅岩に道を問うた人びととの問答の形式で伝えられているが、それらの内容の多くは、町人社会におけるきわめて実際的な生き方にかかわる問題をとりあげている。そのばあい、梅岩に道を問うた門人たちは、自分では世間並みに日常道徳を実践していると信じていたり、世間の評判も悪くないような人物であることが少なくなかった。だが、梅岩の思想の特徴は、常識的ないし通念的な道徳実践のうちにひそんでいる打算や利己主義を容赦なくあばきだして、日常道徳を首尾一貫して実現するように求め、目前の利害などが介在することを一切容認しないところにあった。人びとに迷いや困惑があるのは、道徳的立場に一元化できないからであって、みずからが陥っている曖昧で折衷的な意識のありようを克服しないかぎり、迷いや不安がなくなることはない。だから、たとえば、伯父からの返すあてのない借金の申しこみについては、父母が望むだけ貸し、「財宝尽ナバ、如何様ノ賤《いやしき》働ヲシテ成トモ〔両親を〕養ベシ」ということになるし、売掛金が回収できなくなって借金が返済できなくなったときにどうすればよいのかという質問に対しては、「汝世間の者によろこばるゝは誰も望む所といふ。喜ばるゝが望みならば、家財残らず売払ひ赤裸になり、借金を済《すま》さるべし」と答える。この二つの事例は、借金をめぐる具体的処置としては矛盾しているようにも見えるが、生活の場での打算や折衷を排して、道徳的立場を一元的につらぬくという点で、原理的に一貫しているのである。

当時の町人社会において、人びとは、一方では、勤勉、倹約、正直、孝行などの実践を自明の生活規範として重要だとしながら、他方では、打算や恣意的な欲求などをそのなかに曖昧に組みこんで生きていたことであろう。現実生活においては、一方の利得は他方の損という利害の相克を人間は永遠に免れることはできず、人間は規範と打算を折りまぜて生きるほかない存在だともいえるが、この相克は、享保期の町人社会ではとりわけ人びとの内面的な危機となっていた。梅岩は、これに対して、規範の側からの一元化という明晰でラディカルな解決策を提示してみせたのである。

ところで、梅岩自身は、奉公をやめ、門弟から援助をうけ、自炊生活をするというような形で、利害相克の現実の社会生活から自分を切り離すことで、道徳的に純化された生き方のモデルをつくってみせた。それは、生活者なら誰でもがとらわれるほかない打算や配慮を欠いている点で、子供っぽく愚かしくさえ見えるような内容の生活の型であった。『石田先生事蹟』は、梅岩のそうした生活ぶりをよく伝えていて面白いが、二、三の例を引いてみよう。

○先生書を見ゐたまふに、近所の小童《こども》来りて、たはぶれに外より案内をこへば、答へして出で給ふ。小童是を笑ひ、はしり逃げて、また来り前のごとくすれば、先生もまた始のごとく、答へして出でたまへり。

○先生道を往来し給ふに、夏は陰を人に譲り、みづからは日あたりをあるき、冬は日あたりを人に譲り、自らは陰を歩行《あるき》給へり。

○先生何《いず》かたにもあれ、茶店に休み給ふときは、見苦《みぐるし》く敷貧しと見ゆる所に休給ひて、茶のあたひは、おほくあたへ給へり。

梅岩は、日常的生活規範の実践を説いているのに、彼自身は普通の町人らしい生活のあり方からはずれて、独身で自炊しているというのは、奇妙な矛盾ともいえよう。たとえば、独身生活については、「教ハ五倫ヲ専ラニシテ、我ニ於テハ五倫ヲ廃セルハ如何」と、彼を問いつめる人もいた。五倫、すなわち親子、夫婦などを含む五つの基本的な人間関係について教えながら、自分は家族生活をしていないのは矛盾している、というのである。これに対する梅岩の答えは、自分のような愚かな者には、妻子をもっては学問を学び道を行うことはできなかったのだ、という趣旨である。自炊についても、欲心の克服がいかに困難かということにふれて、世間の人びとの模範となるような生き方を実現するためには、自分のような「柔弱」な者はこうした生活によって無欲の境地に到達する必要があったのだとしている。門弟たちの援助で生活することについても、「何トヤラ我心サツパリト晴天白日ノヤウニ無所アルユヘニ」、援助を受けなくて済むならなるべく受けないようにしたいとのべている。そして、ある意味ではその主張と矛盾しているともいえるこうした特殊な生き方を選ぶことで、人びとの内面に深く訴えかける生の様式を練りあげることができたことは、「先生曰、吾身には忠孝なけれども、常に人の不忠不孝をなほしたく、一人なりと教導《おしえみちび》きたしと思ふ事病となれり」(『石田先生事蹟』)というとき、はっきりと自覚されていた。

それはともかく、自己が純化・統合された道徳性そのものであるなら、もうどこでもなににに対してもたじろぐことはない。梅岩は、大胆で率直で明晰なわけである。そして、こうした梅岩の生のありようを、梅岩の門に集った町人社会の人びとからとらえれば、道徳的なものと打算やエゴイズムや恣意的な欲望などがないまぜになっている生活意識が、梅岩のみごとに統合された明晰な立場(生活と思想、またその一体性)からたえず問いなおされ、吟味しなおされているということになろう。人びとが現実生活の場で直面している問題をもって梅岩のもとをおとずれると、梅岩は、生活者としての民衆が曖昧で折衷的な意識を生きていることを発《あば》きだして、もっと緊張した一貫性のある生き方を樹立しなければならないのだと説く。それが、人びとが潜在的にいだいている不安に訴えて、もっと人間らしい生き方を求める努力をひきおこす。こうした出会いにおける梅岩の語り口には、相手をビシビシ追いつめてゆく迫力があって、「生来ノ理屈者」の面目躍如たるところがあった。

だが、梅岩の思想が透徹して鋭かったのは、町人社会の生活規範にかかわるような範囲内でのことであった。彼の思想は、その根底に天地―自性という存在論的規定をもっていたから、理論的にいえば、たとえば、四季の変化や山川草木のような自然現象も、幕藩権力の政治や政策にかかわるような次元なども含めて、この世界のすべてについての一元的な論理のはずであった。しかし、実際にはこの存在論的規定は、家族や地域社会程度の限定された人間関係を固有の経験の場として成立したものであったから、自然現象や社会体制の全体にかかわるようなところで、具体的な認識力をもっていたわけではなかった。それどころか、梅岩に固有の経験の場は、自然現象や社会体制のような次元ではこの世界の基本的なあり方を肯定し、むしろそれに恩頼することによってのみ、安定的に存立しうるものであった。世界の基本的なあり方に対するこの恩頼は、生活思想としての透徹したラディカリズムとは対照的に、梅岩の思想の保守的な側面を形づくっていた。

梅岩は、公儀の制札の前は笠をぬぎ腰をかがめて通り、触状を読むさいには威儀を正して敬《つつし》んで読んだ。こうした態度を、梅岩は、

人ト成テハ聖人ノ教ヘト御公義ノ法式トヲ守ルヲ要《かな》メトス。御公義ノ法式ニ背カザレバ何国ニ住テモ恐ル、コトナシ。コレ安楽ヲ得ル一ノ徳ナリ。（『石田先生語録』）

とものべた。今日の私たちなら、「聖人ノ教へ」と「御公義ノ法式」とが、なぜこのように並置できるのかと、問い返すことができるところであるが、梅岩にとって、それはともに天地とおなじ普遍存在であった。幕藩権力に対するこうした態度の根拠には、戦国の争乱に対比したばあいの幕藩制社会の安定性ということがあったらしいが、この安定性はそれなりに価値あることだとしても、幕藩制社会とその権力とを人間がつくった制度として相対的に評価するというのは、梅岩の立場ではなかった。そして、幕藩制社会とその権力とを、天地とおなじ自然存在としてしまえば、人が完璧に自己統御された生き方をするといっても、その行きつく先では、既成の秩序への無条件の随順があるということにならざるをえない。

梅岩は、湯武放伐説を肯定したり、支配者が倹約を守ることで年貢をゆるめよと主張したりしている。そして、倹約に関連しては、年貢をゆるめれば民が富むとし、「民富ル時、耕作ニ力ヲ入、糞等《こやし》ヲ用ユルユヘニ穀アゲテ用ヒ尽サレザルニ至リ、飢饉年有テモ餓死ナシ」（『石田先生語録』）としたが、そこには近代化の胎動を予感させる民富の観念さえもないとはいえない。しかし、それにもかかわらず、こうした主張はきわめて抽象的に展開されているにすぎないのであって、社会思想家としての梅岩は、幕藩制社会という既成秩序への恩頼を

出ることはけっしてなかった。そして、手島堵庵《とあん》から中沢道二《どうに》らへつらなる梅岩門流は、梅岩の思想のこの側面をいっそう強め、既成秩序に随順するように自己を統御することによってこそ、人間は「自由自在」に生きうるのだと説くようになった。「道とは自由自在の出来るといふ名ぢや。無理すると自由自在は出来ぬ。無理のない本心にしたがへば、自由自在で安楽にござります。これを道と申しまする」(『続々鳩翁道話』)という心学道話の一節は、こうした「自由」の境地を十分に物語っているといえよう。

2　食行身禄のばあい

食行身禄《じきぎょうみろく》は、俗名を伊藤伊兵衛という江戸の商人であった。伊勢国一志郡の山間の農家に生れ、一三歳のとき江戸へでて親戚にあたる商家に奉公し、のちに独立して呉服店・薬種店・醬油店などを開いた。一七歳のとき、富士講の行者月行《げつぎょう》劊仲《そうじゅう》の教えをうけ、それ以後熱心な信仰者となった。

身禄の思想は、実践道徳としてみれば、その最後の言葉として知られる正直、慈悲、情、不足に要約しうるようなものであったから、梅岩のそれと大同小異だとしてよいかもしれない。しかし、身禄のばあいは、社会の全体的なありようを批判し、この世界の全体的な変革を求める終末観的な観念が顕著であった。身禄の思想のこの側面が、それ以前の富士講の伝統とどのようにかかわっているかは、十分に明らかにできない問題であるが、師劊仲の思想を受けついだことは確かであろう。劊仲は、元禄元年に「天地御しおきのふりかわり」の時節が到来したとし、同一三年には京都へ上って「一字不説身路《みろ》くの御世の御書物《かきもの》」を関白近衛基熙に提出しようとしたが、「新法」のことは取上げられないということで、目的を達しなかった。その翌年にも、二回上京しておなじ「書物」を提出しようとしたが、やはり失敗に終った。享保二年に劊仲が死ぬと、そのあとをうけて身禄が六世行者となったが、享保四年に劊仲が「朝日の東宮様」に生れかわり、やがて即位する、そうなればいよいよ「みろくの御世」が実現される、と身禄はのべた。劊仲が即位するのは、享保七、八、九年ごろと予測されており、天皇となった劊仲と将軍吉宗とが、「みろくの御世」を実現する「御役人」となる、とされた(『一字不説之巻』[4]他)。

このように、「みろくの御世」が「ふりかわり」という根本的な転換によって実現するとされたのは、「南無⿰参甫僊様《ちちははさま》」の支配が失われた、という立場からのことであった。⿰参甫僊は、富士講独得の造字で、元の父母ともいわれ、世界の創造神のことである。これはまた、富士山の神格として広く用いられた「南無仙元《せんげん》大菩薩様」と同格同体で、太陽と月をあわせて神格化した「南無長日月光仏様」とも同格同体なのであろう(仙元大菩薩は「南無⿰参甫僊様」の子供とされるばあいもあり、三者の関係は必ずしも明確でない。どちらかというと、「南無⿰参甫僊様」がもっとも根元的な神格といえるが、以下では、この三者についてとくに区別しないことにする)。すでに宮崎ふみ子が明快に論じたように、[5]身禄には独自の神学的歴史観があり、それによれば、この世が始まってから六千年は仙元大菩薩が直接に支配した時代、それから一万二千年は「神代」で、人間は「不《そなわらざる》レ備事を願ふ」(実現の条件が備っていないことを神に祈願する)「影願《かげねがい》」の時代、そして、元禄元年からは、「神代の影願を御潰し被レ遊、是よりは身禄の御世御直支配に成る」のであった(『参行伝置』他)。

それでは、なぜ一万二千年以前に仙元大菩薩の直接支配から「神代」へ転換したのであろうか。それは、仙元大菩薩がこの世に存在するさまざまの悪をみずから退治することを、そのあまりの慈悲心のゆえに悲しみ、自分の代りに神々をこの世の「番衆」にしたからである。いま諸国の山々や堂宮にいるのはそうした神たちで、天照大神はこれら「惣神ノ司《つかさ》サ」である。ところで、人間は、元来、仙元大菩薩の直接の分身で、この世界に人間ほど尊いものはないのだが、神は「わきものゝ種筋」で、人間より劣ったものだ。それなのに、人びとはそのことを知らずに神々にさまざまの現世利益を祈願しているが、そのゆえに人間は人間に本来的な心を失って色欲にとらわれるようになったのだ……。ここらは、きわめて特色ある思想なので、「小泉文六郎覚書」から身禄の言葉を引用しておこう。

人間ハ元の𪆐僎様仙元大廾《ぼさつ》様真の御身を御分ケ、真ノ菩薩を御授ケ置被レ遊候得ハ、真直《まっすぐ》にて天地の間に有程のものゝ中に人間より外に貴とき物ハ無レ之候得共、右之通一万弐千年余影願と被ニ成置一候ニ付、色々奇妙事に奪はれ、様々の願をたて、神と人との売買事にして罸《ばち》・利生《りしょう》を頼候。其馳走を悦ひ罸・利生を致候事畢竟影願故、人間ン色々に拵らへ来り、色欲二つを第一に思ふが故に、大切成ル人間ン本心を奪ハれ、此故に火車・天狗・畜類迄に備りたる宝の玉を奪ひとられ遣ハれ候。

右の引用で、天地の間に人間より貴いものはないというとき、人間は明らかに神より貴い存在だとされている。神というのは、天照大神からはじめて「火車・天狗・畜類」などの俗信仰までを包括する概念であるが、とりわけ、供物礼銭などを奉じてなされる現世利益的な祈願が、神と人間との「売買事」としてきびしく非難され、こうした信仰のゆえに人間は色欲にとらわれてしまったのだ、とされている。

「みろくの御世」は、こうした神の支配の否定によって実現されるもので、「惣神の司サ」である天照大神も、当然にその支配権を失う。ここらあたりの身禄の思想は、きわめて明快であって、

それより和《は》天照大神宮和御役目お御取り上被レ為レ遊、百弐拾まつしや《（末社）》ども和みなはらい被レ為レ遊候。そのかわりおふじごんげん同やうに百まつしや御かゑ被レ遊候。……それより和神世にて和無ニ御座一候。（「御添書之巻」）

と断言されている。

神が「わきもの、種筋」であるのに対し、人間は仙元大菩薩の分身であり、それゆえに人間は「上下共ニ皆身禄𦬇《ぼさつ》」である。だから、神々に供物礼銭などを差出して現世利益を願う必要がないのであって、人間本来のあり方にたち戻って、それぞれにそなわった家職をつとめさえすればよい。

身禄𦬇といふ仏ハ外に無レ之候。只上下万民心が禄に家職を能《よく》知りて働候が身禄㐻《みろくう》御世也との御事也。

（「小泉文六郎覚書」）

神にこしらへあがめられてハ真に助かる事なし。御伝への通り面々に備わりたる家職を只一筋に心を禄にして昼夜かせぎ働き、あなた〔仙元大菩薩〕を奉レ頼悪なき時ハ、天と一躰の身禄の心を御授ケ改めて下され候得ハ、万劫宿人《まんごうしゅくじん》と成り自由を得て苦しびを不レ知候。（同右）

引用のうち、「宿人」というのは、「小泉文六郎覚書」に頻出する表現だが、その意味は、文字通りに人に宿るということで、人間に生れてこの世に生きることをさすらしい。人間は、仙元大菩薩の分身でそれ自体が身禄菩薩とされるもっとも尊い存在なのだから、家職につとめて人間らしく生きさえすれば、いくたび生れかわっても人間となることができるはずだし、またそれがもっとも幸福なことなのだというのが、「万劫宿人と成り自由を得」という言葉の意味内容であろう。また、「神代」を否定する瀆神的ともいえる言葉は、「一字不説之巻」「御添書之巻」「小泉文六郎覚書」などに見えるもので、「三十一日の御巻」では、氏神や各地の高山の神々は仙元大菩薩が人間生活を守るために配したものだから拝せよ、人間は正しい道を行えば「神仏にちかい」などとなっていて、既成の神仏にもいちおうの敬意が払われている。このちがいは、「三十一日の御巻」では、前三者ほどに明確に終末観がのべられていないということに対応しているが、人間のあるべき生き方として家職を中心においている点は共通している。

この家職の観念は、「子《ね》に伏し寅におきて、はたらき和《は》よるひる、めん〳〵のそなはりたるかしゆうく(家職)おひとすじにして……」とくり返される勤勉な生活態度の主張と不可分で、それがまた身禄自身の生活経験に根ざしていたことはいうまでもなかろう。宗教者としての食行身禄の個人名ともなった身禄という言葉は、仏教の弥勒菩薩に由来しながらも、人間の心身を本来あるべきように正しくあらしめるという意味らしいことは、

人間はこゝろさい路《ろ》くにもち候得ば、人間よりほかにたつときものは無㆓御座㆒候。それ故にんげんが御ぼさつおもつくり申候得ば御ぼさつが御出来被㆑成候。（「一字不説之巻」）

身路《みろ》くぼさつと申仏和《は》無㆓御座㆒候。そうじてにんげん和不㆑及㆓申上る㆒いさいの御事身路くに参り申を身路くの御世御ぢきねがいと申候。（同右）

などとあることから理解されよう。[6]弥勒という仏教用語が、人間の主体的なありようを意味する言葉へとすっかり意味転換しているのであって、人間のこの主体的なあり方のゆえに人間は仙元大菩薩の分身であり、またそれと一体なのである。

富士信仰は、もともと、「御身抜《おみぬき》」を礼拝し、「躰《からだ》かたまるの御文句」などの祈禱文を唱え、「おふせぎ」などを用いて病気なおしなどを行う、現世利益的な山岳信仰であり、身禄の同時代においても、彼の小さな集団を除けば、そうした信仰形態をとっていた。身禄は、こうした信仰を伝える人びとを「富士願人《がんにん》」と称して、みずからの信仰集団と区別したが、さらにその師劊仲の悴惣兵衛とその仲間も、「餓鬼・畜生」をたのんで「ばちりしやう」(罰・利生)で民衆の心を惑わし、「銭とり」に信仰を利用していると非難した。身禄が、仙元大菩薩と人間は一体だとし、加持祈禱などの呪術的信仰を否定して、家職に励む生活実践にその教義の中核をすえたこと

は、現実の宗教史的事情のなかでは、こうした信仰形態への批判と対抗を意味していた。そして、呪術と現世利益信仰を否定して、庶民の生活実践そのものに宗教的価値をおいたとき、そこに人間生活の高揚してやまぬ価値化・聖化が生れ、人間の生の全体がまったく新しい相貌をもって私たちの前に現れることとなった。仙元大菩薩―人間という存在論的規定のなかで、身禄がどのような新たな統合を実現したのか、そのあらましと特徴とをとらえなおしてみよう。

身禄の思想においては、仙元大菩薩は元の父母ともいわれ、世界の創造主を意味する。仙元大菩薩は、また太陽と月で、太陽が光(火)を月が水を与えて万物が生育する。仙元大菩薩が世界の創造主だといっても、それは世界のそとにあるのではなく、日月、光水として万物を形成させている世界内的存在である。そして、仙元大菩薩が万物を生育させるというばあい、万物のなかでももっとも重要なのは米であって、米はボサツといわれる。人間が菩薩であるというのは、この米＝ボサツを食べるからであり、仙元大菩薩＝富士山と月日と米＝ボサツと人間とは「一仏一体」である。「一仏一体」は、こうした一体観を表すために身禄が慣用した表現で、たとえば「三十一日の御巻」に、つぎのような言葉がある。

米は水より出て芽お生じ、昼の陽季(気)請て育《そだち》、夜は月の陰季(気)お得、露をそだち、而る後実《み》のる事誰故や。一切の五穀皆月日仙間の加護ならずや。然ば真のぼさつ外に種はなし。体に日に三度の食する故に、難レ有事貴賤くらべ有《あらん》や。菩薩にて体納るなれば、是一仏一体の利(理)なり。

米を菩薩というのは、江戸時代ではそれほど珍しくないことで、たとえば『慶長見聞集』にも、「米を𦬇《ぼさつ》といふこと、種のとき文珠𦬇、苗の時は地蔵𦬇、稲の時は虚空蔵𦬇、穂のときは普賢𦬇、飯の時は観世音𦬇、一体分身、皆毘沙門天にてまします。飯は三宝とて、過去今世未来三世の諸仏也」と記されている。これとほとんどおなじ表現が『清良記』にもあって、こうした用語法が近世前期にある程度まで一般性をもっていたことが推察できるが、後述のように、安藤昌益の思想も米＝菩薩観を一つのよりどころとして形づくられた。

これまでのべた身禄の思想が、こうした伝統的観念をふまえていることは明らかだが、より一般的にいえば、民俗信仰の世界が再解釈されて、独得の存在論的規定のなかに新しい意味を担って統合されているのが、身禄の思想の重要な特徴の一つであった。三宝荒神、鬼門、金神、九品の浄土、閻魔大王、観音、盆祭りなど、そうした事例は多いが、そのさい、人間の身体性、とりわけ性、妊娠と出産、食などが重んじられている。たとえば、大黒のばあい。

> 大黒と云神も仏もなし。元仙元大菩薩様直の御身を御分ケ御仮し置被ㇾ遊候五倫五体の此人間出生、仙元大菩薩様御夫婦にて御授ケ被ㇾ遊候其道具と云ハ、今人間の玉茎なり。一切の物作り候品々に道具なくてハ不ㇾ叶、是を物しりの才覚にて玉の茎に名を付け、人間ンの元とする理にて、大黒とこしらへせい（背）ひきく（低く）色黒く頭巾と名付しハ、幼少の時ハ頭巾の如く皮をかぶり居候へ共、男女の道知り候得は頭巾を取たるに縦江《たとえ》、笑顔を作しハ彼の交合之時ハ笑《えみ》を含ミしに縦江、延命小袋とハ此打出の小槌を以五倫五体の有難きぼさつを此小袋江打込まんと快ぶ顔色を拵《こしらえ》たる也。[7]（「小泉文六郎覚書」）

仙元大菩薩―人間という存在論的規定のなかに一切合財が包摂されるとき、民俗信仰は古い意味を失って、思いがけない新しい意味を獲得する。そこには、強引といえばまことに強引、いちずといえばまことにいちずな人間至上主義がつらぬいている。「天地の間に有程の物の中に人間より尊き者ハなし」というのは、ゆたかな身体性をふまえた規定だし、こうした観念が延長されて、「世界の万物の事有とあらゆる事品々皆人間ン体より割出すを知るべし」ということにさえなる。人間の身体とその能力や欲求は、仙元大菩薩から分け与えられたものであるがゆえに、それ自体が聖化され、至上の価値性と基準性とをもつのである。身禄は、ある意味では利欲を求める心をきびしく否定したのだけれども、しかしまた、「我身に備わりたる欲、日々のいとなミの欲ハ欲にてハなし」とのべて、人間存在にとって本来的な欲としての食欲や性欲を聖化＝価値化したのであった（同右）。

だが、「影願」にたよるほかない「神代」においては、人間に本来的なこのような生き方は見失われている。仙元大菩薩だけを例外として、「天子天日《てんか》（天日は天下、将軍のこと）我等お初として、こゝろに大分小分によらず、ぬすみいたさぬものわ一人も無ニ御座一候」（「御添書之巻」）というのが現実である。そして、こうした批判は、すべての人間と社会的現実にむけられているのだが、「一字不説之巻」「御添書之巻」では、とりわけ、綱吉、吉宗、天皇などの最高権力者たちにきびしい批判が集中している。そのため、この二書は、この時代の政治思想の検討に欠かせない素材を提供している。(8)

「一字不説之巻」では、聖徳太子と日蓮と綱吉に批判の矢が向けられているが、前二者については、富士山と結びついた伝承をふまえて、この世を奪いとろうとしたゆえに罪に沈んだという。綱吉については、生類憐みの令をさして、「鳥るいちくるい（畜類）の御事に、大分の人のいのちを御とり、その上南無仙元大菩薩様の御たいせつの御菩薩金銀を、鳥るいちくるいの事に御ついやし被レ成故に、御他界いごわつみに御しづみに被レ成候」とされ、綱吉の悪政のゆえに「源氏の御世」（将軍権力）が紀伊徳川氏へ移ったとする。そして、さきにものべたように、享保二年に死んだ劊忡が、同四年に「朝日のとう宮様」に生れかわり間もなく即位するから、吉宗が将軍となったこととあいまって、同七年から八、九年にかけて「万事様子替り可レ申候」とされた。享保改革の動きが具体化するのは、同六、七年以降とされているから、身禄の思想のこうした側面は、幕政の動きをかなりリアルに見つめながら形成されたように思われる。だが、身禄はまもなく享保改革に失望し、吉宗の政治を、「せかいになきほどのあしきはつとう《（法度）》」と糾弾するようになった。貨幣制度を改めて諸国の金銀をとりあげたこと、穀留をして穀物価格を騰貴させたことなどが、その具体的内容であった。さらに必ずしも吉宗だけの批判ではないが、関所や番所を設けて通行料をとるような政策も、人びとの自由な交通を妨げるとして批判された。

また、身禄の思想は、将軍とならんで天皇の役割を重んじており、実際行動においても、劊仲が「みろくの御世」の実現を朝廷へ願いでたことが、大きな影響を与えていた。天皇の役割については、たとえば、

> 天子の御役目和《は》、片ふり片旱《てり》、火なんすいなんあくやまい、五穀がふろくに出来候はゞ、天地の役人共に我が身のあやまりあらば我が命おとるべし。天地のおさまるようにと役人どもにゆいきかせ、それにて役人がつてんいたさぬときには、役人のあやまりなり。（「御添書之巻」）

と、抽象的ながら、天皇に自然現象をもコントロールする神聖な王権としての資格を与えていた。しかし、身禄は、右の引用にすぐつづけて、「天子の身に大分のあやまりのこれ迄あるといふことわ、ずつとしたのひがしより、にしのおく迄、天にも地にもみなしりておるほどに……」とのべているから、現実の天皇に対する批判は手きびしい。朝廷が、官位を授けるさいに金銀を貪っていることなども、具体的な批判点だったらしい。

これらを総合して、現実の政治権力に対する身禄の批判は、おそらくつぎのように要約できよう。

> 天子天下お初めとして、おもてむきのみちばかりけつこうにみせて、こゝろのうちにわしりておれども、あくにばかりに金銀をつかいすて、かみゑたつものばかりよきやうにいたし、したのものはすこしのことにもあらため、とがにおとし、まえじり《（前尻）》のことに金銀をばかしとられ、やくにもたゝぬはつとう《（法度）》きびしく

して、ぼさつおも高値にして、金銀おもせかゑ《(世界)》つうよふ《(通用)》いたさぬようにいたし、米も三石の余迄になり候御ぼさつお七八斗迄に高値に上げさせ、米下値売候わば越度に被二仰付一候やうに、くわん八州ゑも米出さぬようとのふれながし、たみのいたみをいたし候事。（「御添書之巻」）

「たみのなみだをしぼりとらせ」て金銀をむさぼり、それを悪事や虚栄のために使い捨て、支配する者の利益ばかりをはかって民衆には苛酷な厳罰主義的な政治を行い、金銀の通用を不自由にして穀留を行い、米価を騰貴させたことなどが、その内容である。身禄は、現実政治をこのように批判するとともに、それと対照的な立場として、徳川宗春の『温知政要』をもちだして高い評価を与えている。徳川宗春は、享保一五年に奥州梁川藩から迎えられて尾張藩主となった人物で、『温知政要』には襲封にさいしての施政の基本理念がのべられている。倹約、尚武、厳罰などの享保改革の基調に敢えて異をとなえ、人びとの欲求と現状にあったトレラントな政策をとるのが、その立場である。このように、宗春の立場は、享保改革批判をあからさまに表現していたから、襲封の翌年には、吉宗は使者を派遣して宗春を問詰し、のちに隠居を命じた。「慈と忍」を重んじるという寛容な政治理念が、収奪と厳罰を露骨にしている享保改革の現実と対比されて、身禄に支持されたのである。身禄はまた、会津藩と水戸藩の治政も高く評価したが、それもやはり愛民的な政治姿勢という視点からのことであった。

こうした身禄の政治思想の究極の目的は、結局、「万坊《(方)》のしう《(衆)》生のたみのたすかりよきやうにとりおこのふ」（「御誕生の巻」）ということにつきる。仙元大菩薩の「お伝ゑ」でも、「万法のしう生のたみ」のためにあしきことは、遠慮なく改めよ、とさえいう。そして、現実はそうした理想とは対極的な状況にあるとされたから、この世界の根本的な変革が不可避だという終末観的な観念が強調されることになる。

そうじて三国の役人共みな御あらため御かゑ被レ為レ遊候。それより和神世にて和無二御座一候。そうじて三ごくの天地の役人ども、草も木もなべての川のうろくず迄も、生あるほどのものみな御あらため、ろくになり候やうにとの御伝ゑなり。(「御添書之巻」)

というような言葉に、そうした思想の要約と帰結とを読みとってもよいだろう。

身禄は、享保一五年六月一五日、例年の通り富士山へ登り、八年後にこの地で断食入定することを決意した。江戸へ帰った身禄は、家産を使用人らに分配し、油の行商や人足などで家族の生活を支えながら、熱狂的に布教するようになった。「気違身禄」「乞食身禄」といわれたのは、このころからのことであろう。翌一六年には、「一切の決定《けつじょう》」のために三日間の断食をして登拝し、

一字お開御ぜんより三日のからだんじき(空断食)仕り御礼申上候。これよりしてわ身禄の御世、御山の御名も参《さん》明藤開山《みょうとうかいさん》と御代り御極《きま》り被レ為レ遊候。万法(方)の御みなゑ御伝ゑおき申御事……

と記した高札を、富士山頂と江戸の自宅前に建てた。「身禄の御世」がいまこそ到来するのだという確信が、断定的にのべ伝えられるようになったのである。さらに、翌一七年の登拝にさいしては、山頂で一心に祈禱していた身禄は、「食行身禄仢菩薩」という神の呼びかけの声を二度聞いたように思った。そして、その声にはっとしたとき、今度は「身禄仢菩薩さ」という神の声を、「耳より心に徹し」てはっきりと聞いた。このときの感動を、身禄は、

其儘自我開き申候得ハ心真々《じんじん》と成り明るく、鏡に物の移(映)る様成ル心、何共かとも云難き心に成、覚ゑず泪《なみだ》こぼれ泣居候所に、夜明ケしらみ候。(「小泉文六郎覚書」)

と記している。ここには、朝廷や幕府にみろくの世の実現を期待したり、師劊忡の天子への生れかわりを信ず

るのとはべつの次元の思想性と自覚とがあると思われる。というのは、身禄は、彼こそが「身禄仏菩薩」であり、そのゆえにこの世を救う使命を全面的に担っていることを、告知する神の声を通してはっきりと知ったからである。

身禄は、予定を五年早めて、享保一八年に断食入定することにした。そのなかへ入って死ぬはずの三尺四方の厨子と衣服を自分でつくり、欅の五寸歯に千体の神仏の名を記した足駄をはいて富士山へのぼり、三一日間の断食のあとで死んだ。その死に先だつ享保一七年はよく知られた大飢饉の年であり、穀物価格が騰貴して、一八年一月には江戸で最初の打ちこわしがおこった。身禄の入定が、こうした状況を背景として、救世の使命を実現しようとする宗教行為であったことはいうまでもない。米価が下って「至極の軽キ暮しの者の為」になることが、その具体的な目的として重んじられていたことは、「万法のしう生のたみ」のために死んだ身禄にふさわしい。身禄は、みろくの世（身禄の世）というものが確実に存在し確実に到来するのだという終末観的期待とみずからの死とを、あざやかに「象徴交換」してみせたといえよう。

3　安藤昌益のばあい

安藤昌益は医師で、『刊本・自然真営道』と『稿本・自然真営道』が医書としての性格をもっていることは、よく知られている。門弟静良軒確仙は、『刊本・自然真営道』の序文で、世の医師たちが自然の「妙序」を知らず、「自然ノ気行ニ違《たがえ》ルヿ《こと》」を改めないで誤った医術を行っているから人びとが病み早死するのだとし、昌益はそのことを憂えて、自分の生命をすりへらし寝食を忘れて、「転下《てんか》安失ノ病苦非命ニシテ死ル者ノ為メニ」この書物を著した、とのべている。きびしい危機意識、民衆救済のための強い意志、「神ヲ投ジ」た（全精神を傾注した）活動が、昌益の思想の展開を支えていたのである。

だが、人びとが「自然真営道」を自覚しえぬことから生れる害悪は、身体の病気だけではない。昌益の思想は、人間の心身と自然の運行とを不可分に結びつけるものなので、自然の運行の乱れは人間の心身のあり方に原因があるとされる。すなわち、転定《てんち》（天地）の自然には本来一点の邪汚気もないのだが、人間の欲心や邪気が皮膚や呼吸を通して抜けだして転定活真の運行を乱し、「或ハ六月、寒冷シテ諸穀実《みのら》ズ、或ハ干魃シテ、衆穀、不熟・焦枯シ、凶年シテ衆人餓死シ、或ハ疾癘シテ多ク人死シ、転下皆死ノ患ヲ為ス」（『稿本・自然真営道 大序巻』）にいたる。引用のような記述が東北地方などの饑饉についてのなまなましい経験をふまえていることはいうまでもないが、昌益の思想は、こうしたすさまじい饑饉にどのように対処すればよいのかという課題を、人びとの生き方の問題として考えぬくところに成立したものだといってもよかろう。

ところで、『稿本・自然真営道 二十五』の「私法・盗乱ノ世ニ在ナガラ自然・活真ノ世ニ契《かな》フ論」のはじめの方で、昌益は、不耕貪食の徒の登場から凶年にいたる過程をおよそつぎのような筋道で説明している。すなわち、聖人が出現して不耕貪食し、奢りと権勢をほこると、下民はそれを羨むようになった。そして、この羨望が「骨髄ニ徹シ」、自分が上に立ち栄華をなそうとして思謀を練るようになり、ついに乱を起して上を亡ぼし、旧に倍する「栄侈」を行った。そうすると、またこれを羨んだ下民が反乱をおこし、さらに旧倍の「奢欲」をきわめるようになった。こうした現象がつぎつぎとおこって、

君ハ臣ヲ殺シ、臣ハ君ヲ殺シ、父兄ハ子弟ヲ殺シ、子弟ハ父兄ヲ殺シ、王モ僕ト為リ、戎モ王ト為リ、侯ハ民ト為リ、賊モ侯ト為リ、極侈有リ、極窮有リ、軍戦シテ衆人大ニ患《うれ》ヒ苦ム。此ノ悲ノ人気、転定ノ気行ヲ汚シ、不正ノ気ト成リ、凶年シ、或ハ疫癘シ、転下皆殺ノ大患有リ。

と。右の引用で、昌益は、彼が知っている現実の饑饉を、社会体制としてはいちおう安定している江戸時代の社会をこえて、階級社会成立以来の長い歴史のなかで蓄積されてきたはずの人びとの羨望や怨念に結びつけて説明している。人間が死んでも、羨望や怨念は地上にたちこめる精気のようなものとなってこの世に残され、それが自然の運行を乱して、凶年や疫病の原因となるというのであろう。ここには、志を果さずに死んだ人びとの怨念や遺執がこの世に残り、それが災害の原因になるという伝統的な観念がふまえられている。人間のありようと自然の運行とを不可分に結びつけるのは、昌益の思想の根幹をなす考え方であるが、その背景に右の伝統的観念をおいてみれば、昌益の思弁的な思索の基底に民俗的な伝統へのたしかな感覚があり、その思想化という契機が働いていることが理解される。そして、「人ノ邪欲・妄強ノ悪念ヨリ発《おこ》リ、災難ト為リ、人ニ当リ、飢饉・疫死ノ患《うれい》、絶ズ。皆、人ヨリ発リ、人ニ帰ス」(『統道真伝五 万国巻』)とすれば、人間のありようというものを、その根本にさかのぼって考えなおしつくりかえてゆくほかないと確信されるほかなかったことであろう。

さてそこで、「自然」からはじめて、もう一度、昌益の論理の大枠について考えてみよう。「自然ハ、始メモ無ク終リモ無ク、自《ひと》リ感《はたら》く存在なのに、この世に不幸や害悪が充満しているのは、本来的にいえば、聖人が不耕貪食のために君を立て、上下の身分関係をつくりだしたからである。「自然」にそむく奢りや私欲が生れたのはこのようにしてなのだから、「君ヲ立ルハ奢リノ始メ、万悪ノ本也、人欲ノ始メ」という『統道真伝』冒頭の明快な規定がなされることにもなる。このようにして上下・尊卑・善悪・二別がつくられた結果、下万民も上を羨み私欲をいだくようになった。そして、この私欲の対象となる奢りには、金銀財宝や美衣美食はもちろん、当時の文化的な事象のすべてが含まれているのだから、昌益の思想は、一見したところでは、きびしい反文化主義の立場のように見える。

直耕は、こうした私欲→奢り→文化の対極にある人間の生き方のことで、「男女ニシテ一人、昼ハ耕シ夜ハ交リ、米穀ヲ生シテ之ヲ食イ子ヲ生ム、世界無窮ナリ」というような農本主義的な世界である。その具体化として、『稿本・自然真営道 二十五』では、「凡テ諸国ヲ上ノ地ト為シ、下・諸侯ノ地ト為サズ」という国家的土地所有制のもとで、領主をはじめ奢りと文化にかかわるすべての職種・階層のものが農耕を営むように主張されている。そのなかに商工民や学者などが含まれるのは当然であるが、さらに、「遊民ハ、僧・山伏・社人。慰芸ハ遊女・野郎・芝居等。侈芸ハ謳《うたい》・能楽・一切ノ鳴物也。徒ラ・悪事ハ、斬リ取リ・強盗・火附《ひつけ》・博奕・碁・双六等。背病《せやみ》ハ願人・託鉢《はっち》・凡テ乞食ノ衆類ナリ。是レ等ハ皆、慰芸ハ上ノ侈《おご》リニ倣フテ出ズ。……此レ等ノ類ニ相応ニ田畑ヲ与ヒテ耕シム」と、民俗信仰、民俗芸能、犯罪、被差別民などにもふれている。こうした記述が、とかく思弁に流れやすい昌益の思想のなかで、リアリティに富んだ内容となっているのは、彼が民衆の生活を脅かしているものについて具体的に考えていたからにちがいない。

農業以外の職業として許容されているのは、「常用ノ一品」だけをつくる染屋・桶屋・椀膳屋などの職人と、海浜の村々での塩・魚の生産、山村における薪の生産などにすぎない。しかし、オランダについては、肉食や酒造を記し、造船が万国に並びなくすぐれ、世界中で交易に従事しているとしながら、「生得ハ辱《はじ》ヲ慎シミ、義ヲ守リ《(る)》心術」で、「貪リ争フヿ無キ」無乱の国だと称讃しているから(『統道真伝五 万国巻』)、昌益の思想に単純な反文化主義や復古主義だけを読みとるのは、言葉の表層にとらわれた理解だと思われる。昌益が言いたかったのは、人間の生を支える農耕生活を中心において、それを攪乱したり脅かしたりするすべての契機をとりのぞき、強靭に統合された確信的な生き方を確立しなければならない、ということであったろう。この立場からすれば、自家生産のむつかしい日用品や塩・魚・薪などが交換されるのは当然のことだし、オランダ人のように航海貿易によって生きる人びとも、それが人間の必要にもとづいており、人間らしい道理にかなってさえおればよいのであって、彼らをたたえても矛盾していたことにはならないのだと思われる。

この立場からすれば、農耕に励むかわりに現世利益的神仏にすがることは「妄狂」の行為であり、それら神仏は「売神《どろぼう》ノ法《こしらえ》」ということになる。昌益は、そうした神仏を擁して民衆を誘う山伏、願人、念仏坊主、託鉢、非人、乞食などを徹底的に否定するとともに、民俗信仰的なものに直耕に即した新しい意味を附与した。身禄が、民俗信仰的な神仏を次々とあげてそれらを彼の仙元大菩薩―家職を営む人間という単一の存在論的規定のなかに統合してみせたように、昌益もまた民俗信仰的な諸契機を転定《てんち》―直耕を営む人間（男女）というただ一つの規定のなかへと統合したといえる。

○地蔵トハ、地ハ田畑ナリ、蔵ハ田畑ノ実ヲ蔵《おさ》ム、乃チ直耕ナリ。之ヲ暁《さと》シテ耕シムルハ地蔵ナリ。○観音トハ、直耕ハ転真ノ自《ひと》リ感《はたら》クコトヲ観ル。音ハ転真ノ息気ノ感ナリ。故ニ観音ハ転真・直耕ノ名ナリ。之ヲ暁シテ耕シム。……○大日如来ハ、日神ノ名、直耕ノ生生・無極ノ主神ナリ。○阿弥陀ハ、阿ハ、春、種蒔キ、弥ハ、夏、芸《くさぎ》リ、穀弥〱《いよいよ》盛ニ、陀ハ、秋ノ実リ、冬ノ蔵メ、陀《かた》キナリ。四十八願ハ、四時・八節、耕ス穀ノ実リ、成就ノ名ナリ。故ニ乃チ直耕ノ名ナリ。（『稿本・自然真営道二十五』）

仏教の諸宗派も、教義はそれぞれ異っているが、「至ル所ハ成仏ノ一ツ」であり、成仏とは「直耕ノ転真」のことにほかならない。直耕を表現しない神仏は存在しないのだから、俗信のなかの迷信的な要素は徹底的に否定される。たとえば、大蛇が神の正体だとか、大雨は竜神の怒りだとか、狐を稲荷大明神として崇めるとか、烏が鳴くと凶事の前兆だとしてうろたえるとか、盲女などが神がかりして神託をなすなどというのは、すべて根拠のない迷信である。幽霊というのは、自分の「心思ノ執着」のゆえになにかが見えるのだし、人魂《ひとだま》というのは、自己の「心火ノ亢散《こうさん》」によって見えるものである。狐つきというのも、自分の「心思ノ願」が迷妄のかたちをとったものにほかならない。自分の心のなかに自分でも十分に意識していない執着や妄念、今日の言葉でいえば無意識的なコンプレックスのようなものがあるから、そうした精神病理的な現象がおこる、ということであろう。

面白いことに、昌益は、夢についても一種の精神病理学的な説明を与えている。すなわち、聖人が出現する以前の直耕の人には、安心無欲のゆえに精神を労することがなく、そのために夢もなかった。ところが、聖人や支配者が不耕貪食のために人の上に立ち衆人を誑《たぶら》かそうと策をめぐらすようになると、「常ニ甚ダ内チ心神ヲ労ス」ようになり、寝入ってからも「魂魄狂動シテ神労シ、総テ夢ト為ル」。したがって夢は、聖人の時に始まったもので、こんな夢を見るから熟睡できないのである(『統道真伝一 糺聖失巻』)。昌益が人間の心の奥に秘む妄執のようなものにつよい関心をもっていたことはさきにものべたが、ここでも人間の心のありようを探求して、人間が無意識のうちに妄執妄念にとらわれていることがどんなに根深いものかを洞察し、そうした妄執妄念に惑わされない、平静で強靭な内面性を確立することが目ざされているといえよう。

昌益は、「自然」を「自《ひと》リ然《す》ル」と読ませ、また「活真」「進退」などの語で説明したが、それは、自然界の運行に重ねあわせて、人間の心身がどのような迷妄にもとらわれない自立的なあり方を獲得するということを表現していた。そこに実現されるのが直耕で、直耕のなかで転定の「妙行」と人間の主体的な営みが一体的に働いて、穀物が生産され、人間はそれを食べて真の人間として再生産されてゆく。昌益は、農業や農家経営についてあまり具体的にのべていないが、「○茶ハ、毎家ノ裏ノ畑ニ之ヲ耕シ用ユベシ。○莨若《たばこ》ハ凡テ用ユ可《べから》ズ。

○菜種・茄・瓜ノ類、凡テ耕シテ食フ可シ。○庭園ヲ築キ植木等スルコト、凡テ之ヲ禁ズ」（『稿本・自然真営道二十五』）などとしているのを見ると、商品経済の渦中にまきこまれて古い生活規範を失い、没落の淵にのぞんだ農民たちに、きびしい禁欲的規律を樹立することでその危機をのりこえるように呼びかけていることがわかる。耕織を怠り遊侈・放逸を改めない者や姦通者は一家一族で殺せと、思いがけないような厳罰主義に立っているのも、たえず没落の淵にのぞむ農家経営についての危機意識の反映かもしれないし、婚姻については、兄妹が結婚してもよいという珍しい主張もあるが、仲人によらず父母の「目功《めつもり》」をもって定めよとし、夫婦の愛情を重んじて姦通をきびしく禁じることなども、ヨバイや若者組の活動の活発な農村社会の現実に対抗して、家の自主性と自立性とを確保しなければならないという立場の反映かもしれない。

ところで、農業や農家経営についての現実に即した具体的な記述に乏しい反面で、転定の自然、その活真の働きとしての直耕と稲・米の生育、米を食するものとしての人間の身体の構造とはたらきなどについては、思弁的な考察があふれだす言葉の洪水のように展開されている。たとえば、米について、『統道真伝五 万国巻』の「転定同根、人物一体、生死一道ハ唯米ノ一ナル論」は、「諸法ノ極意ハ米ノ名也」として、つぎのようにいう。

▲米《こめ》トハ此身《このみ》ノヿ《こと》也。〈コメ・コミ同音中畧ナリ〉此ノ身ハ米精ニ出ヅ。故ニ米《こめ》ハ此身《このみ》也。此ノ身ハ常ニ此ノ米ヲ食フテ則チ此ノ身ニ有リ。米ヲ食ハザレバ則チ此ノ身無シ。故ニ米ハ此ノ身也。此ノ身ハ米也。此ノ身ハ万事・万道ノ本也。此ノ身ノ本ハ米ナレバ、一切万事ハ米ノ異名也。唯心《ゆいしん》ノ弥陀・己身《こしん》ノ浄土ト云ハ、此ノ身ノ言《い》イナレバ、阿弥陀トハ此ノ米ノヿ也。阿弥陀ハ米ナレバ、万仏ハ皆米也。

▲米《こめ》ハ神《かみ》也。コメ・カミ同音也。神ハ人ノ主宰妙神也。人ノ神ハ米ヲ食フテナル。乃チ米ノ精神ナリ。人

ノ未ダ始ザル前《さ》キハ米ニシテ、米ノ精ガ人ニ成リ、此ノ身ハ米也。米ノ精ハ神ニシテ此ノ身也。此ノ身有レバ則チ神有リ。神在レバ則チ此ノ身有リ。皆、米ノ為《な》ル所ナリ。

この思弁的な唯米説(?・)はまだまだ続くが、要するに米とそれを食べることで生きる人間存在に至高の価値をおき、それとかかわりのない聖性のすべてを否定している。さきに、地蔵や観音などが直耕の表現に意味転換したことを指摘したが、ここでは米をボサッと呼ぶような民俗的観念をふまえて、それを極限まで普遍化し、そのなかにすべての聖性をくみこんでしまっている。米を食べるものとしての人間の精妙なはたらきのほかに、神聖なものはなにもないのである。

さらに、米を食べることで人間のなかに「穀精」がみちてきて、人は性欲をもつようになる。

食無ケレバ則チ人無シ。故ニ食ヲ思フハ中真ノ思《し》也。食シテ穀精満レバ精水洩ル。穀精水洩ルヿ無ケレバ則チ人倫生続スルヿ無シ。故ニ次ニ妻交ヲ思フハ又真思也。真思ハ此ノ二思也。此ノ外他女ヲ念《おも》ヒ、欲ヲ念ヒ、栄花ヲ念ヒ、富貴ヲ念フ、凡テ諸念皆私迷ニシテ真ノ思ヒニ非ズ。故ニ直耕シテ食ヲ思ヒ、穀ヲ食フテ穀精満チテ自《ひと》リ妻交ヲ思フ。其ノ思ヒハ即チ中真 自 感《ひとりはたらく》神気ノ機《きざ》シ也。(『統道真伝二 人倫巻』)

昌益は、右の引用では、思と念とを区別し、前者は直耕のなかに生れる食欲と性欲だとしている。昌益は、奢侈的な欲望のすべてを私欲(念)としてきびしく否定したのだが、直耕のなかで必然的に生れる食欲と性欲は、人間に本来的な「真思」として肯定し価値化した。昌益はまた、「神」とか「神気」という言葉を性感情の高まりとしてしばしば用いたが、それはおそらくこうした性行為そのものを自然活真の道の重要な内容とする彼の思想にふさわしいことだった。右の引用のあとに、性交と妊娠と胎児の成長についての記述が長々と続くのも、やはりそれが彼の思想の不可欠の内容だったからである。

これまでのべてきたように考えてみると、昌益の思想は、農業生産に至高の価値をおくことにしろ、米の神聖化にしろ、性行為のおおらかな肯定にしろ、民俗的な思惟様式の伝統に深く根ざしていることが理解されよう。つまり、昌益の思想は、農耕儀礼、豊穣儀礼、生誕儀礼などの象徴的な意味につらなっているのだが、こうした民俗的な観念の含意を極限まで昇華させ普遍化させて、ひとつの首尾一貫した世界観へと造形したものという位置を占めているともいえるのである。そして、この世界観は、あまりに強靭な統合性をもっていたので、異質な諸次元をけっして許容せず、民俗的思惟の伝統のさまざまの契機は、あるいは意味転換をとげて新しい世界観のなかに統合され、あるいはまったく否定されてしまったのであろう。農業生産、米、性などを価値化する観念が伝統文化のなかに存在していたといっても、こうした特徴をもつ伝統文化は、時代の文化体系の全体のなかではたえず劣等性と周縁性とを刻印させられるような位置を占めていたから、昌益の思想は、この劣等性と周縁性の諸次元のなかから核心的な部分をとりだし、それに決定的な位置を与えて、時代の文化と価値の序列を顚倒しようとする果敢なたたかいだったともいえよう。

直耕を中心とする昌益の世界が、それを攪乱するさまざまの契機や力に対して、絶対的な自立性を主張するものであったことは、たとえば、

故ニ転定《てんち》ハ穀ト生《な》リ、穀ト生リタル穀ハ人ト生リ人ト生ルナリ。人ハ人ヲ生ジ、人ハ人ヲ生ズル、是レ転定ト穀ト、穀ト人ト、唯一ニ自然進退ノ一真也。（『統道真伝二　人倫巻』）

というような言葉からも確認できる。転定と穀と人間の生成におけるこの一体性と相互性は、「自《ひと》リ然《す》ル」がゆえに、絶対的に自立しているのである。しかし、そのようにいえるだけではない。転定は人間であり、人間は転定なのだから、人間存在とはべつに転定はないともいえる。したがって、人間が天地を存在せしめている

とさえいえるのであって、たとえば、

人ハ転定ナレバ則チ此ノ転定ノ外有リト為テモ、又転定也。無シト為テモ転定也。故ニ有リト為ルモ無シト為ルモ吾ガ儘《まま》ニシテ自由也。故ニ有リト為ルモ無シト為ルモ自由《ワレニヨル》故、自由也。（『統道真伝四 禽獣巻』）

とされる。右の引用の末尾に近い箇所で、昌益は「自由」に「ワレニヨル」というルビを付しているのだが、それにすぐ続く箇所でも、「吾ガ然スル事ニハ、自然《ワレトスル》故、何カ成ルト云ヘバ、自《ワレ》ガ成ル也。此レ自然《ヒトリシテ》自成《ヒトリナル》也。自然《ワレトスル》ニハ自然《ワレトシテ》成ル也」（ルビは昌益のもの）と、「ワレトスル」「ヒトリシテ」などをくり返している。「自然真営道」とは、転定の自然にしたがって直耕を営む「ワレトスル」自立した生の様式のことであり、それが「自由」（ワレニヨル！）ということだというのであろう。[9] ここでは、自然という言葉も、主体としての「ワレ」を強調する意味に用いられていて、なりゆきまかせの「おのずから」とは対極的といってよいほどに異った意味となっている。

だが、「自然真営道」が「自《ヒト》り然《ス》る」ものであり、「自由《ワレニヨル》」ものだとすれば、それは人間（「男女《ひと》」）に対して、一貫したきびしい生き方を求めていることがいっそう明らかとなる。私欲は、民衆にとっては、支配階級のそれを羨みまねたために生じたものであり、したがって、民衆生活にとって本来的なものではないとしても、しかし実際には生活的現実として存在しているのだから、民衆に対してもきびしい自己統御が求められなければならない。昌益が、直耕こそ「自然真営道」だという断言をくり返せばくり返すほど、あらゆる誘惑にうちかって直耕にだけ自己を統合し統御しなければならないという緊迫した叫びが、私たちの耳近くに聞えてくるような気がする。そして、昌益の立場からする実際的な課題は、周囲の状況がいかに困難でも、みずからは（すなわち、昌益自身とその思想の信奉者たちは）こうした統御された強靭な自己として生きぬくということにあ

ったろう。そうした生き方を、彼は、

> 夫レ真ノ生知ト言ルハ、習ハズ学バザレドモ、耕サザル者ハ転道ニ背クヿヲ知リ、安ラカニ直耕ヲ行ヒテ米穀ヲ生ジ、聖賢ヲ始メ凡テ不耕盗道ノ輩ヲ養ヒ、悪《にく》マズ、反ツテ恐レテ己レヲ慎シミ、転定ト与《とも》ニ直〔耕〕・安食衣シテ微《すこし》モ私巧ノ罪無キ、誠ニ転子也。是レ真ノ生知・安行ノ転子也。（『統道真伝一　糺聖失巻』）

と、画きだす。「真ノ生知」は、現実が私欲や収奪からなりたっていることを熟知しているのだが、彼自身はそのなかで平静な自恃をもって直耕を行い、不耕盗道の輩を養ってやりさえするのである。「道ニ志ス者ハ都市繁華ノ地ニ止ルベカラザル也」（同右）というのも、農業中心主義を意味するだけでなく、「転子」（転定の子）としての生き方を心を落ちつけて実現できるのは、農村的な環境のなかにおいてのことだということでもあろう。昌益その人は、「人ヲ誉《ほめ》ズ、他ヲ謗《そしら》ズ、己レヲ慢《まん》セズ、自《みずから》卑シト為ズ。上ヲ羨ムコトヲ知ズ、下ヲ颪《おろ》スコトヲ覚ヘズ。貴ビズ、賤メズ、諂《へつらわ》ズ、貪《むさぼら》ズ。家営ハ貧《まずしから》ズ、富ズ、借リズ、貸サズ」（『稿本・自然真営道 大序巻』）と、その人となりが伝えられているから、この私欲にみちた現実社会のなかで、「真ノ生知」「正人」の理想を実現した人物だったのであろう。少くとも、昌益の思想の信奉者集団からは、彼はこうした「正人」として尊崇されていた。昌益は、「若シ上ニ活真ノ妙道ニ達スル正人有テ、之ヲ改ル則《とき》ハ、今日ニモ直耕一般、活真ノ世ト成ル可シ」（『稿本・自然真営道 二十五』）としたが、彼自身が現実の支配者と争って上に立とうとしたのではない。そんなことは、彼の思想原理からしてありえないことであろう。彼は、「吾、転ニ死シ、穀ニ休シ、人ニ来ル。幾幾《いくいく》トシテ経歳スト雖《いえども》、誓テ自然・活真ノ世ト為《なさ》ン」（『稿本・自然真営道 大序巻』）と誓って死んだという。「生知」の人は転定と一体なのだから、彼の死は転に帰ることであり、やがてまた彼は米穀となり人となってこの地上に出現し、「自然活真の世」を実現するために奮闘するという使命に生きることができるわけである。これは、精霊的なものの実在を深く信じていたらしい昌益にふさわしい最後の言葉であるが、こうした誓いに彼の思想を信奉する人びとの希望もあったのであろう。

昌益がその生前において、「転真敬会」という結社をつくっていたことについては、私は、安永寿延の著書によってわずかにその片鱗を知るだけである。しかし、それが「真徳に入るの哲」たちの集いであり、会合にさいしては「斎戒沐浴して身を清め、意を清くし」てのぞまなければならなかったというのは、この結社が右にのべたような「真の生知」たろうとする人びとの同信者集団としての性格をもっていたことの証拠だと思う。[10]

また、最近発見されて脚光をあびた大館市二井田の一関家文書のなかの昌益関係史料と昌益の墓は、昌益の死後にその思想を信奉する人びとが、「守農太神」として昌益を祀り、独自の集団をつくって活動していたことを伝えている。右の新発見史料のなかでももっとも重要な「掠職《かすみしょく》手記」によれば、昌益の門人たちは、その跡目を継いだ二井田村孫左衛門の屋敷地とそれに地続きの伊勢堂の古社地に、柴垣・堤に囲まれた「守農太神」の社壇をつくり、昌益の三回忌を行い、肴料理で祝儀をした。この門人グループは、長名役などをつとめる二井田村の上層農民を中心としており、彼らは昌益が二井田村へきてから五年の間に、「家毎之日待・月待・幣白(帛)・神事祭礼抔《など》も一切不信心ニ而相止、其外庚申待・伊勢講・愛宕講抔も相止メ」たという(『大館市史』第二巻、二九四頁)。これが昌益の思想の具体的な実践化にふさわしい内容であることは、すでにのべたところから理解できよう。「掠職手記」は、こうした民俗信仰の廃絶によって、これまでそれに関与してきた修験が大きな打撃をうけることになったとして、その立場から門人グループの行動を訴えでて、社地取潰しと孫左衛門一家の所払いという内済にいたるまでの経過を記したものである。文書の性格からして、昌益が二井田村の上層農民を中心とする門人たちにどのような思想的影響を与えていたかを具体的に知りうるのは、右の引用のような箇所にすぎないが、それでもこうした事実は、昌益の教えをうけた人びとがその生活態度を根本から変革しようとし、独自の生活規律と世界観の樹立につとめていたことをうかがわせるに足りよう。昌益の霊が「守農太神」として祀られたのは、こうした生活規律を支えにして農業経営の安定化と上昇をめざしていたこの農民たちにふさわしく、それはまた昌益の思想の実現形態として、いかにもありそうなことだと思われる。

二井田村に帰った昌益が、ラディカルな政治批判を目的とする結社をつくったとすれば、それが禁圧の対象となることはいうまでもないが、昌益とその同信者集団が現実政治をまったく批判しなかったとしても、彼らが特定の信条をもって結集するかぎり、「邪法を執《とり》行ひ郷人を相惑ハし候」(同右、三〇七頁)ものとして、禁圧の対象になるというのが、幕藩制支配の原則であった。特定の目的や信条をもってあらたな集団を結成することは、その目的や信条はなんであれ、「邪法」や「徒党」として禁止されているというのが、幕藩制国家の支配原則の一つだったからである。そのため、幕藩制支配へのひたすらな随順を説く石門心学の講舎でさえ、一向一揆類似のもの(!?)として禁止せよという主張があり(『草茅危言』)、また実際に高槻藩のばあいのように、心学「信仰」が禁じられたりした。[11] 富士講に対する禁令が度々でているのも、既述のような身禄の政治批判のゆえでなく、俗人が講仲間をたてて宗教活動をしたからであった。独自の結集原理をもった「徒党」が存在するかぎり、その目的・信条や大小・強弱などがどうであれ、そこに一向一揆や「黄巾ノ賊」(富士講について、「漢ノ張角・黄巾ノ賊モ、始メハカ、ル者ニヤ有ン」といわれた(『甲子夜話』))に類比しうるような大規模な反逆の原基形態を妄想してしまうところに、幕藩制支配がどのような抑圧と恐怖のうえに成立していたかということが告白されている。他方で、昌益の跡をついだ孫左衛門とその家族は、「掠職手記」では所払いに処せられたはずなのに、実際には二井田村に居住しつづけていた(前掲『大館市史』)というところに、権力の手の及ばないところで伏流しつづける独自の結集様式の根強さが読みとれよう。権力にむけて開かれていない独自に集団的なものと、そのなかではじめて解放される民衆の心身の活動性にいかに対処するか——。それはその後の歴史の大きな課題であり、権力の戦略の核心であった。

おわりに

今日でも私たち日本人は、人生観や世界観について語ろうとするようなとき、自然という観念によりどころを求めることが珍しくない。自然は、存在論的規定としては、私たちにもっともなじみやすい観念なので、私たちは、自然—自己という規定のなかで、この世界と自己とをある統合性をもった全体として了解する。このような意味での自然という語やそれにかかわりの深い用語法を、人生観や宗教などについてのべた巷間流通の材料のなかから、私たちはほとんど任意に拾いあげてみることができる。

たとえば、松下幸之助は、自分の経営の秘訣は、「強いていえば、〝天地自然の理法〟にしたがって仕事をしていることだ」とのべている。そして、天地自然の理法にしたがうといえばむずかしそうだが、そんなことはない、それは、「雨が降れば傘をさす」というような当然のことで、「当然なすべきことをなす」ということだ、これをより具体的にいえば、「いい製品をつくって、それを適正な利益をとって販売し、集金を厳格にやる。そういうことをその通りやればいいわけである」、という。また、これにつづけて、適正な利潤や厳格な集金の重要性を強調しながら、企業経営が世間・大衆の願望にこたえるものになるように不断に努力しなければならないとし、「私は、世間は基本的には神のごとく正しいものだと考えている」(!)と、さる芸能人のよく知られた「名言」とおなじ趣旨の「名言」を披露している(松下幸之助『実践経営哲学』)。世間・大衆の欲求という神

（普遍）にあわせて、強靭に統合された生きた存在が企業だ、というわけであろう。良い製品をつくれなかったり、仕事を怠けたり、下請や小売店などにきびしい態度をとれないなどということは、企業が〝天地自然の理法〟に背くことである。企業の利潤動機を核心にすえて、それを妨げるあらゆる契機をこの理法にそむく恣意や逸脱として斥けて、そこで働く人びとに人間性のもっとも深い部分からの同調と献身とを求める経営哲学だといえよう。

だが、こうした思想は、松下のような大資本家の経営哲学として存在しているだけではない。ごく普通の庶民も、なにかあるまとまった世界観をもとうとすれば、真心をつくして努力することは天地自然の道理にかなっており、必ず幸福を得られるはずだと信ずる、というような枠組のなかにはいりやすい。もちろん、こうしたマジメ主義・努力主義型の世界観に、現代日本の民衆が簡単にとらえこまれるのではないが、たとえば病気や家庭不和などのかたちで人生の危機に遭遇したばあいなどに、人びとは自分の人生を再点検して、こうした世界観にすがって脱出の試みを行う。多様な欲望がむきだしになっている大量消費社会の反面で、現代日本の民衆宗教やそれと類似の道徳運動などは、たいがいこうした世界観によって人びとが自分を鍛えなおし、新しい統合を実現するように呼びかけている。

民衆宗教は、その内実においては、特定の主宰神や超越的神格の権威を強調するよりも、宇宙大的な生命性に神性を求め、人間の本性をそれと一致するものとし、現実生活のなかでの幸福をその救済とする傾向が顕著で、生命主義的な宇宙哲学と区別しにくいものになってきているので(12)、右のような思考方法になじみやすい。自分の欲求や我がままを抑制しつくすことで自然の理法に自分を一致させ、そうすることで現世で幸福が実現される、と説かれるとき、この世で幸福を求めるという人間に本来的な願望が、徹底的な自己抑制と順応へと

誘導されて、一つの統御された生き方にむけての、容易に反論できない説得がなされるのである。こうして、たとえば、

> まことの働きを知り、何の期待もなく、予期するところもなく、真心で働いた時、自然に与えられる報酬として、肉体の健康があります(病気になっている人は、必ず治る)。物質にも恵まれ、地位も財産もおのずからついてくるのであります。(上廣哲彦『明るい生活』(実践倫理宏正会))

というような言葉は、今日でもなお石門心学の時代に劣らない説得力をもっており、それはまた、「人は宇宙共同体の一細胞であるから、大自然の法則(倫理)にしたがわなければなりません。これは取りも直さず、個を捨てて全に生きるということになるのであります」(同右)という処世哲学に直結している。

自然という概念は、人間のもっているさまざまの可能性をこの世界の全体性と統合する日本的な装置だとすれば、その内実は、この概念を用いる人の関心と立場によってきわめて多様でありうるわけであろう。たとえば、昌益にあっては、自然は現存の社会の対極に構築された人間の自立的な生き方の基本的な枠組を構成する概念なのに、松下等にあっては、自然は現実の社会そのものを指示して、そこへの限りない順応を導きだす役割をになう概念となっている、などなど。そして、抽象論の次元でいえば、今日でも多様な自然概念が存在しうるし、現に存在してもいるのだが、私の恐怖は、現実の日本社会とそこに生きる人びとの活動や欲求の全体が、ますます強固に動かしがたい〝自然〟となり、人びとがそれにあわせて自己統御をはかるようになってゆくのではないかということである。私たちの社会は、いま確実にそうした方向へ動いているように思われる。そして、こうした方向での統合が強力に推進されればされるほど、社会の全体は、一見のところでは、人びとの内面性を巧妙に調達して有効に組織されているような外観をとりながらも、その内実においては、私たちの

本当の願望からはほど遠い奇怪で制御しがたい巨大な存在へと疎外されるにちがいない。

（1）柳田国男「女性生活史」『定本柳田国男集』第三〇巻、筑摩書房、一九七〇年、二九頁。

（2）江戸時代には、仏教各宗の教学理論も「唯心弥陀＝即心即仏＝自心即浄土」というような概念を中核において汎仏教的な性格をつよめ、儒教や神道ともよく似た理論構造をもつようになったことを、大桑斉が明らかにしている（大桑斉「仏教思想論——諸教一致論の形成」、本郷隆盛・深谷克己編『講座日本近世史9　近世思想論』有斐閣、一九八一年、所収）。信仰生活の具体相はまたべつの問題であるが、仏教各宗も江戸時代という一つの歴史的社会のなかで筋道の整った論理を構成しようとすれば、その時代のなかで共有されている固有の思惟様式をとりこむほかなかったのである。

（3）秋山さと子『悟りの分析——ユング心理学との接点』朝日出版社、一九八〇年、一五六・一七六頁。

（4）富士講関係の原史料は、現在、鳩ケ谷市立郷土資料館にもっとも多く収蔵されており、そのなかから岡田博によって『鳩ケ谷市の古文書』というシリーズが精力的に刊行されている。小論では、「一字不説之巻」「御添書之巻」などを岡田博編『鳩ケ谷市の古文書　第四集　不二道基本文献集』（鳩ケ谷市教育委員会、一九七八年）から引用する。また、「小泉文六郎覚書」を最近刊行された『渋谷区史料集　第二　吉田家文書』（渋谷区、一九八一年）から引用する。「三十一日の御巻」は、村上重良・安丸良夫編『民衆宗教の思想』（日本思想大系67、岩波書店、一九七一年）によった。

（5）宮崎ふみ子「不二道の歴史観——食行身禄と参行六王の教典を中心に」『現代宗教』2、春秋社、一九八〇年。

（6）旧稿では、私は身禄の禄を家禄などというばあいの禄と考え、身禄とは人間の心身こそが禄すなわち財産だという意味に理解した（前掲『民衆宗教の思想』解説、六四四頁）。身禄という言葉には、そうした含意もあるかもしれないが、引用のように副詞的に用いられるばあいも少なくないので、本文のように解したい。この解釈の方が人間の主体的な生き方について熱烈に語った身禄の思想によりふさわしいと思う。『日本国語大辞典』によれば、この意味の「ろく」には、陸、碌、直、完などの字があてられるのであるが、この当《あて》漢字との関係では、身禄の禄は碌などの当字と考えることもできよう。

(7) 大黒＝男性性器に対応するのは、地蔵菩薩＝女性性器である。これもなかなか愉快な内容なので引用してみよう。「地蔵菩薩と云仏ハなき事也。大黒の訳と同断、男(女カ)の陰茎を拵へたる物也。六道能化とハ人間の骸六腑、夫れゟ行かんとするハ女の前入口也。六ツの道々迄も底ゟ行渡り和合して菩薩を生ずる。地蔵とハ女の腹なり。地形能《よく》して蔵を立れバ丈夫なり。蔵とハ物をかくす断《ことわり》也。菩薩を出さんとて男女の交合の道、隠してなす。」(前掲「小泉文六郎覚書」)

(8) 以下にのべる身禄の政治思想については、宮崎の前掲論文に詳しい。

(9) 自由という言葉は、中世では、我がまま勝手で我欲を逞しくするというような否定的な意味と、他から拘束をうけない、という二つの意味に用いられた。後者は精神的な境地をさすことが多く、禅宗の用語に関係があったらしい(津田左右吉「自由といふ語の用例」『津田左右吉全集』第二一巻、岩波書店、一九六五年)。江戸時代にもこの二つの意味がうけつがれるが、しだいに他から拘束をうけないで自分の願望を充足できることを広く意味するようになったと思われる。そのなかでも、たとえば、平賀源内の「せめては一生我体を、自由にするがもうけなり」(『放屁論後篇』)とか、百姓一揆の指導者として処分された林八右衛門の「農家の事は貧乏さへ防ぎたらば一存にて何事も自由なるべし」(『勧農教訓録』)というような用例には、現実の社会のなかで他から制約されずに生きたいという意味がはっきり表現されていて、かなり近代的な内容となっている。

梅岩のばあいは、彼に独自の世界観の立場からのことであるが、意のままになる、欲するようにできるという意味で、自由という語を用いている。「天神地祇ハ如レ斯、自由ナル御神ナリ。ソノ自由ノ口(ここでは、保食神《うけもちのかみ》が人間のために食用植物を意のままにつくりだしたことをさす)ヨリ生ズルユヘニ、生ズル物モ又自由ナリ」(『都鄙問答』)というのが、典型的な用例であろうか。のちの石門心学では、自由という言葉は、単独でも用いられたが、「自由自在」という熟語のかたちで多くの用例を残している。その含意は、二二〇頁に引用したようなものがその典型で、周囲の状況にとらわれずに確信をもって生きてゆける境地を意味していた。「身禄の心を御授ケ改めて下され候得ハ、万劫宿人と成り自由を得て……」というさきに引用した身禄の言葉も、やはり身禄に独自な世界観の立場から、意のままになる、欲するようにできるということを意味している。本文に引いた「自由《ワレニヨル》」という昌益の用例は、右の石門心学や身禄などに通ずる意味を含みながらも、「ワレ」の自立性を強調している点で、近世における自由という語の用例の極限的な内容の一つとしてよいのではないかと思う。

ところで、明治一〇年代に自由という言葉が流行語になった一つの理由は、江戸時代以来のこの語の多義性をふまえて、この語が人びとの多次元的な願望に訴えかけるキイ・ワードとしての役割を果したことにあるのではなかろうか。この時代には、自由といえば、言論や結社の自由はもとより、柳田国男が伝えているような泥酔する「自由の権」(前掲『定本柳田国男集』第三〇巻、一八八頁)から、それとはまるで反対の石門心学的な自由の境地にいたるまでの多義性が、おそらくは包摂されていた。そして、一つの自由の主張にはまたべつの意味の自由の願望が、ほとんど無意識のうちにつきまとっていたにちがいない。たとえば、「自由じゃ自由じゃ人間は自由／行くも自由よ止《とま》るも自由／食《くろ》ふも自由に生《いき》るも自由／心は思ひ／口は言ひ／骸《からだ》は動き足《あ》しや走《わし》る」(「民権田舎歌」)とうたわれるとき、自由とは、法や制度の次元をはるかにこえて、多様な人びとのアモルフな願望に訴えかけて「すべてが可能だ」と煽動するメッセージだったのであろう。もちろん、この言葉がそうした衝撃力をもつためには、社会が大きな転換期にさしかかっていることが人びとに予感されていなければならないが、しかし、「すべてが可能だ」とするほどの自由のメッセージをうけとった人びとが、「本当にすべては可能だろうか」という疑惑や不安にとらわれてもいたのは、ほとんど必然的なことだったろう。

(10)　安永寿延『安藤昌益』平凡社、一九七六年、五〇―五一頁。

(11)　柴田実『梅岩とその門流――石門心学史研究』ミネルヴァ書房、一九七八年、一二三頁以下参照。

(12)　対馬路人他「新宗教における生命主義的救済観」『思想』六六五、一九七九年、参照。そこでは、日本の民衆宗教に共通する特性が生命主義的救済観として、みごとな一貫性でとらえられている。

【コメント】『講座日本思想1　自然』(東京大学出版会、一九八三年)所載。

この講座は、相良亨・尾藤正英・秋山虔の三氏を編者として、一九八三―八四年に出版された。『自然』『知性』『秩序』『時間』『美』という五つの主題ごとに一巻をあて、「日本的なものの考え方・感じ方」の特徴を対象化しようとする試みである。この巻の担当編者は相良氏だが、私は尾藤氏から執筆を依頼された。

この巻が第一巻とされたのは、「自然（おのずから）」が日本思想における形而上的究極存在だと編者たちが考えていたからであろう。表紙だけ見ると、この巻の表題は「自然」となっているが、「はじめに」の冒頭で相良氏は、本巻の主題は「自然（おのずから）」だとのべており、「自然（おのずから）」という概念は、西洋の nature とも漢語の自然とも異なるという比較思想史的ないし文化類型論的文脈のなかにこの巻がおかれている。相良氏のこのような「自然（おのずから）」観は、その著書『誠実と日本人』（ぺりかん社、一九八〇年）所収の「「自然」形而上学と倫理」や『日本の思想——理・自然・道・天・心・伝統』（ぺりかん社、一九八九年）所収の「自然」という論文などで詳論されている。日本精神史の伝統における究極存在を「自然」と呼ぶことがかなりの妥当性をもつことについては、私は異論がなく、本章もそうした立場から書かれているが、しかし本章では近世の個性的な思想家三人を取りあげて、自然・天地（転定）というような究極存在に媒介されて、どのような実践的論理が構築されていったかを主題化しており、相良氏とはかなり異なった方向が目指されている。たとえば相良氏は、「「おのずから」としての自然をみる時、もっとも注目すべきことは、質がいかなるものであれ、ものの本性・本質、あるいは秩序といった意味内容がそこに含まれていないということである」と断じているが（『日本の思想——理・自然・道・天・心・伝統』四一頁、傍点は相良氏）、私は相良氏とは逆に「自然」ないし類似の究極存在に原理主義的な統一的批判原理を読み込んでいるわけである。

すぐれた思想家はそれぞれに切実な実践的課題を担っており、究極存在はその課題を弁証するための原理として特別の重要性をもっていて、その課題に合わせて思いがけない方向へ読み替えられてゆくものだ、と考えてみることができよう。「自然（おのずから）」というような概念は、どちらかというと秩序維持的で、原理的・論理的対決の可能性を妨げているともいえようが、そしてその点で相良氏は決して間違ってはいないが、しかしそこには「自然」でないもの、「おのずからでない」ものを拒否する対決の論理も内包されているのである。相良氏は、昌益が「自然」を「ヒトリスル」「ワレトスル」と訓んだ事例をあげているが(同右書、五九頁)、これはあらゆる既成的存在に対決して提示されている自立と批判の論理に他ならない、と私なら考えるところである。昌益は、「自由」という言葉に「ワレニヨル」とルビをつけているばあいもあって、「ワレ」の能動性を強調していることは、本章二四〇頁に記しておいた。

本章では、梅岩、身禄、昌益を生活思想について突き詰めた思索を展開した思想家としてその共通性において捉えている。梅岩と身禄の思想の類似性についてはこれまでにも指摘されていたが、身禄と昌益の思想がよく似た論理をもっているということは思いがけない発見で、そのことに気がついてうれしかったことを覚えている。具体的な思想系譜が大きく異なっていても、民衆思想を根拠づけるコスモロジー的原理に大きな共通性があることについては、「民衆宗教と「近代」という経験」で「天地─自己」型の近世的コスモロジーとして論じている(「安丸集」第3巻─七、三〇二─三〇五頁)。

本章には富士講と昌益についての史料発掘に導かれて書いたという側面があるが、身禄・富士講と昌益については、その後、新しい史料の紹介とともにいくつかの重要な研究が発表された。身禄と富士講の思想については、宮崎(梅沢)ふみ子氏の二論文、「「ふりかわり」と「みろくの御世」」(『季刊現代宗教』一九七六年春季号)、「不二道の歴史観──食行身禄と参行六王の教典を中心に」(『現代宗教』2、春秋社、一九八〇年)が重要で、また多くの史料が岡田博氏の個人的な努力によって翻刻紹介されている。昌益については、若尾政希『安藤昌益からみえる日本近世』(東京大学出版会、二〇〇四年)が、研究水準をいっきょに引き上げた労作である。

◈本論文の書誌については、『文明化の経験』(岩波書店、二〇〇七年)への収載に際してつけ加えられた右の【コメント】参照。

七　二宮尊徳思想研究の課題

ただいまご紹介いただきました安丸良夫と申します。各方面でご研究を続けておられる皆様の前でお話しする機会が与えられて、大変光栄に思っております。

私の若い頃と申しますのは、一九五〇年代から六〇年代にかけてのことですが、日本の近代化をどのように捉えるかということが、研究者の世界では重要な課題とされていました。私は日本史の研究者になりましたので、そういう問題を研究したい、ただし、表面的にではなく、この問題を歴史の深いところから捉えたい、と考えました。そしてそのためには、民衆の意識や生活態度における変化という観点が大切だと考え、そのことを具体的に分析するためには、二宮尊徳と報徳社運動を素材にするのが一番適切ではないかと考えてみました。それで自分としては尊徳と報徳社運動の研究をライフワークにしてもよいというぐらいに思って、掛川へも杉山にもお邪魔したことがあるのですが、結局、私はその方面の研究を完成することができませんでした。もし、その研究が完成しておれば、今日はとても説得的なお話ができたはずなのですが、そういう研究からはずれてずいぶん長い時間が経ってしまいました。しかし、今日はそれでももう一度話をしてみるようにとのお話でありましたので、出てまいりましたが、たぶん中途半端な話になるだろうということをあらかじめお断りしておきます。

ところで一九五〇年代から六〇年代頃ですが、日本の近代化という問題を民衆の意識や生活態度の問題として捉えようという視角は、私だけのものではありませんでした。例えば、アメリカの有名な宗教社会学者でありますロバート・ベラーさんの『日本近代化と宗教倫理』という本は、日本語に翻訳されて大きな影響力をもちました。また先ほど、この会の会長としてお話のあった劉金才先生もご著書の中で、私の見解を取り上げて論じておられ、前回の本学会大会でも私の説を取り上げ議論の対象にして頂いたと伺っております。私の考えは尊徳だけに限定されたものではなく、もう少し一般的なものだったのですけれども、しかし、尊徳に集約して論じて頂いても差し支えはないものです。尊徳と報徳社運動というものこそが、私が取り扱おうとした民衆意識の変容のもっとも典型的な事例であると、自分では考えております。そういうわけで、このような機会にお話しすることができますことは、私としては大変うれしいことと考えているわけでございます。

それでは、尊徳はどんなことをやったのかについて、私なりの考えをこれからお話ししてみたいと思います。先ほどから何人かの方のご挨拶の中で、尊徳の思想の現代的意味ということについて、いろいろお話し頂いたかと思いますが、私も結局はその現代的意味を考えたいわけです。しかし歴史家なので、さしあたっては歴史の方から考えていくという順序でお話ししますので、昔のことが中心になると思います。そういう傾きがあることをあらかじめお断りしておきたいと思います。

さて、尊徳の仕法は、いうまでもなく、だいたい北関東の荒廃した村々で始まりました。現在、私たちはその時代の荒廃した村というものを頭に思い浮かべることは難しいのですが、この時期に関東の周辺部、特に北関東から東北地方にかけては、荒廃した村がたくさんありました。村方騒動が起こったり、飢饉が起こったり、村から人々が逃げ出したりすることが頻繁に行われていたのです。そして報徳社運動は、まずそういう北関東で生まれ、ついで神奈川県や静岡県で展開したわけですけれども、神奈川県や静岡県でも衰亡した村でなければ報徳社に入るものではないとか、自分のところではまだ報徳に入るほど貧乏になっていないとか、そんな風に言われたそうで、やはりこの地域でも貧しい村が報徳社に入るという流れがあったものと理解しております。そして最も重要なことは、そういう荒廃した村が、実は自分たちの力で復興して、それがやがて後に模範村になったということであります。これは皆様がよく理解されていることでありますけれども、これが一番根本的なことであると思います。荒廃した村を復興して模範村が作られた、そしてその模範村が近代日本の地域秩序形成の最も典型的なモデルとなったということであります。例えば杉山村とか稲取村とか、それから三河国の稲橋村とか、そうした村々が報徳仕法を取り入れることで模範村になって、その周囲の村々に、さらには全国的に大きな影響を与えたわけです。

しかし、その場合にもう少し注意しておきたいことは、報徳社の運動だけがそうした荒廃した村を救う運動だったわけではなく、各地にいろんな形で似たような運動が存在していたということです。おそらく報徳社がその中では最も適切な方法や理念を持っていたために最も有名になり、後に大日本報徳社が作られたり、様々な仕方で行政の中にも取り入れられたりしたということではないかと思います。

例えば、北関東の場合ですと、そこには富士講・不二道といわれるものがたくさんありました。これは岡田博さんが綿密に研究されて、富士講・不二道と報徳社の中心的な担い手とは深い関係があったということが明らかにされています(岡田『尊徳と三志を結んだ人たち』)。それから、広がった範囲は狭いのですが、大原幽学の運動が今の千葉県にありました。また、いわゆる平田篤胤の系統の国学、ふつう草莽の国学と言われておりますが、これも貧しい村を復興する運動として、報徳社が展開しはじめたころとほぼ同時代に、平田篤胤の学派の発展という形で急速に広まっていきました。

例えば、三河の稲橋という村は、古橋という大きな家があったわけですが、古橋家は幕末には平田派の国学の家であり、尊王攘夷運動の志士をかくまったりするというようなこともやっていました。そして、それが明治一七年に報徳社運動を導入するという形で、草莽国学から報徳社へという流れをたどります。そのようなわけでいま述べましたような、荒廃した村から模範村へという流れが報徳社運動を考える場合には重要なんですが、しかし、もう少し違った形でも、民衆意識の大きな変動があったということが、最近は明らかにされてきています。その中で最も典型的なものとして、浄土真宗の篤信地帯のことをあげておきたいと思います。

これは有元正雄さんという方が主として研究されたことなのですが、浄土真宗の信仰の深い地域は、日本には大きく分けて二つあります。一つは西日本、広島県から山口県にかけての地域であり、もう一つは北陸三県を中心とした地域であります。こうした地域では、浄土真宗が民衆の生活の中に深く入っておりますので、じつは荒廃した村を生み出すということが、非常に少なかったのです。そして人口や農業生産力が、それらの地域では江戸時代の末頃にはかなり増大していたということが知られているわけです。そして報徳社がはじまったのとだいたい同じような北関東地域にも北陸の真宗農民が入ってきて、荒廃した村を復興するという運動を起こしたということも知られています。浄土真宗は一番大きな宗派ですが、そういう宗派の中に現れた民衆意識の変革を視野に入れて考えると、きわめて広範な規模で日本の民衆の生活意識や生活態度が、江戸時代後半から近代にかけて変革されたということが明らかになるわけであります（有元『真宗の宗教社会史』、同『近世日本の宗教社会史』）。

それで、おそらくは一八世紀の末頃から明治維新を挟んで近代にかけて、大きな生産力発展がさまざまな地域でまたさまざまな形で展開したというように考えられるわけです。こうした生産力発展に関して報徳社が推進したものがかなり具体的に知られています。そのなかでも稲作の生産力の増大ということは、報徳社にとっては重要なことでありましたので、稲作の重要な技術は、報徳社の手によって普及していったと考えられています。しかしここでは、少し人口の流れというものに即して、村の復興がどんな風に展開したかということを、おおざっぱに説明してみたいと思います。

古い時代の日本の人口はどれくらいかということは、余りよくわからないわけですが、ふつう日本史の研究者は、一六世紀の末頃には、千万より少し多いぐらいの人口だったものと考えています。ところが、江戸時代の社会ができて、平和がもたらされ、平野部が開拓されて、ごく一般の民衆も、家族を作るようになりますと、急速に人口が増大して、一八世紀の初め頃には、三千万人ぐらいになったものと考えられています。そして、その三千万の人口が、一八世紀の間はほぼ停滞ないしは少し減少するぐらいであったわけですけれども、一八世紀末ぐらいから、また人口が増大し始めたという風に考えられております。だがしかし、この場合に注意すべきことは、この人口の変化には地域差が非常に大きくて、先ほど申しましたように、報徳社が作られていった北関東はだいたい人口減少の典型的な地域でありました。

これに対し、浄土真宗の信仰が非常に篤かった地域、特に広島県の西の方の安芸国にあたるところと山口県の周防国にあたるところは、最高の人口の増加率を示しました。人口の増加ということには生産力の増大が伴っていたと考えられますので、これらの地域には生産力の発展が伝統的な江戸時代の社会の中で生まれていたものと一応考えることができるわけです。また、もう一つの浄土真宗の篤信地帯である北陸は、広島県、山口県にくらべると人口増加率はやや低いのですが、やはり人口が増大した地域であり、また米作の生産力の非常に発展した地域でありました。こうした人口の動きは日本の社会の中に生まれた変化を表現しており、その変化がおそらくは人々の生活規律の改革、そしてそれによって担われた生産力の発展と結びついていたであろう、という風に考えることができるわけです。

それでは、そういう大きな歴史の流れの中で、尊徳の思想はどういう特徴をもってそういう過程を推進したということになるのだろうか、ということをお話ししてみたいと思います。尊徳の思想については、皆さんは専門的に研究されている方が多いので、私が申し上げるのは余分なことかと思いますけれども、話の順序として少し、私の考えを整理して述べさせて頂きたいと思います。

私は今日のお話をするために、主として『二宮翁夜話』でもう一度自分の考えを整理しました。以下申し上げるのは、『二宮翁夜話』から私が読み取ることができると思うものです。お配りしたレジメの中で、括弧のなかに書いてあるページ数は、岩波文庫版『二宮翁夜話』のページ数であります。それで、いろんなとらえ方があるとは思いますが、私は先ほどツルネン・マルティ先生がおっしゃったような捉え方が基本的には正しいものだと考えます。それはつまり、『夜話』の一番最初の方に書いてある天道・人道ということであります。天道というのは天地自然のものでありますが、この天地自然のものは、畑に雑草を生やしたり、ものを腐らせてしまったりという方向に進んでしまう、そこで人間はその天道の中にありながら、実はそれに向かって、いわば生産者としての主体性を発揮して自然に働きかける、それが人道であり、作為である。これが尊徳の思想であり、そういう意味での人道・作為、あるいは生産者的な能動性の思想とでもいうべきものが尊徳の思想の特徴であると考えます。そのことを尊徳は、「尊む処の人道は、天理に順ふといへども又作為の道にして自然にあらず」（二二頁）などと表現しています。

抽象的にいえば、天道と人道ということになりますけれども、農業生産に典型的な生産者の主体性とか能動性というもの、つまり農業というものは自然に従いながら自然に働きかけるものでありますから、そういう意味での主体性・能動性を表現していると思うわけです。そこに引いておきましたが、尊徳の有名な道歌「天つ日の恵み積み置く無尽蔵、鍬で掘り出せ鎌で刈り取れ」というような考え方は、こういう農業を中心とした生産者的な能動性を典型的に表しているわけですし、それからその成果を受け止めて人々がそれに満足して幸福になるということも、もう一つの道歌、「腹くちく喰ふてつきひく女子等は、仏にまさる悟なりけり」に巧みに表現されています。その辺までは、おそらく皆さんの大部分の方にはご同意頂けるのではないかと思います。

なお、二、三特徴的と思うことをそれに付け加えてお話ししてみたいと思います。農業生産に典型的な生産者的な主体性・能動性と申しましたが、それは家あるいは家族を単位とした小生産・小経営という性格をもっているものであります。小生産・小経営というのは小さいということよりも、むしろ家族を単位として自立性をもっているということ、だから尊徳の思想は、やはり基本的には家族の思想、生産労働を営んでいる家族の思想という性格を持っていると思います。そのような意味で、尊徳は家は船であり、主人は船頭であり、一家のものはその乗り合いであり、世の中は船が浮かんでいる大海であると言い、世界の中のことは、天地の道と、親子の道と、夫婦の道と、農業の道、この四つだという風にいいました。政治や天下国家や外国のことなどは、何かの折りにふれては述べていますけれども、直接の関心事ではなかった、と私は思います。このことは、尊徳がどのような社会を想定してその思想を展開していたのかという問題で、たぶんこの会でいろいろ議論されるテーマの一つになるのではないかと思います。

ところで、この家族を中心とした生産者の論理でありますが、この生産者の論理で家・家族を守るためにはどうすればよいか。その基本的な方法が分度ということになるわけですが、我国は我国だけに限って必要を充すようにせよ、外国へは行かなくてもよい、それから十石の者は十石で、百石の者は百石で、それぞれに分度を定めてその範囲で生活せよと、こういう考え方になるわけであります。そして、このことは既に存在している社会秩序・社会関係を前提としていることになるわけで、この前提のもとで収入の半分を有余として譲るようにせよ、という風に『夜話』には書かれています。すべての収入のうちその半ばで生活を立て、その半ばを譲るというわけです。収入の半分を残すというわけですから、何か随分たくさん残すということをいっているような気がするかもしれませんが、これは農業生産が自営業だということを念頭に置けば、それほど分かりにくいことではなく、おそらく収入の半分で生活をして、あとの半分で来年の農業の準備をしたり、あるいは不作の時に備えたり、いろいろせよということではないかと思います。

そしてこの時代においては、特に北関東などでは、北関東だけではなく日本中そうだと言えるんですが、地域で社会的な対立関係が非常に激しくなってきていました。村方騒動が起こったり、百姓一揆が起こったり、そうではなくとも、借金の処理を巡って様々なトラブルが起こっていました。そしてそのトラブルに当てる分は、尊徳は第一等の親戚一軒との交際費の分に当る範囲に止めよといっています。これは、貧しい人たちに施しをするということの時代の慣行からすると、そういう施しをする分については、厳しく限定をしていることになるのではないかと思います。

さて、そのような意味での家を守るための生産者としての能動性・主体性、そうした立場からの合理主義が尊徳の思想の中に貫いていて、宿命観とか、諦めとか、迷信とかを拒否するというのが、尊徳の思想の重要な特徴であるといえましょう。富と貧とは遠く隔たったものではない、「其本源只一つの心得にあり」(一一四頁)、食を減らすというような消極的な態度をとってはならない、「十分に食て十分に働け」(一四〇頁)、因縁というのは努力とその結果ということで、「禍福吉凶は方位日月などの関する所にあらず、之を信ずるは迷ひなり。……夫《それ》禍福吉凶は己々が心と行ひとの招く所に来るあり、又過去の因縁に依りて来るもあり」(二〇四頁)などと説く尊徳の立場は、きわめて明快です。鍛えられた技能や技術に対しては高い評価を与えるというのも、尊徳の思想の特徴のひとつでしょう。そしてこれらの徳目・規範というものは、個別の能力とか徳目というのではなく、いわば天地の道によって基本的には根拠づけられた、世界観的なコスモロジー的な意味をもったものであります。

しかしこの世界観は、書物などに記されているものではなく、「天地をもって経文」(一九頁)とするものであり、「神儒仏正味一粒丸」(一八八頁)と三教一致的ですが、どちらかというと神道よりで、「神道は、開闢の大道皇国本源の道なり」(七一頁)とされています。そのころ、社寺の神札・護符などを配って米銭を受けとる民間の宗教者などがたくさんいたのですが、尊徳はそうした宗教者たちの活動と区別して、みずからの神道が農業生産を中心とする「開闢の大道」であることを強調しています。

このように考えてみますと、尊徳の思想は生産者的な能動性に支えられた明るい現実主義であり、社会的政治的な大きな時代状況についての発言は、私の考えではほとんどないということになります。たとえば天保改革の時に、水戸藩ではお寺の鐘をつぶして大砲を作る、これは徳川斉昭の行った政策ですが、尊徳はそのようなことはやらなくてもよい、なぜかというと今は太平の時だから、非常の時に用いるようなそういうやり方はとらなくともよい、という風に述べております。また『太閤記』とか『三国志』とか、このような書物は天下をとるとか、そういう大きな政治的な活動に関わるものであり、つまりは人々の間に争いの気風をひき起こすものであるから、若い者に読ませるべきではない、とも述べています。

しかし、尊徳の活動が地域社会で実際に直面していたのは、村方騒動とか借財を巡るいろいろなトラブルとか、ふつう歴史研究者たちが世直し状況と呼んでいるような地域における対抗・対立関係にあったと思います。そしてこの問題については、『夜話』にはかなり具体的な記述があって、この時代の歴史的な状況をよく伝えているといえましょう。この問題についての対処法は、家族を中心とした生活規律というのとはかなり方向を異にしていて、「変通」と「権道」という言葉を使っています。尊徳の思想は基本的にはきわめて規範的で原則的に一貫しているのですが、「変通」と「権道」はそれとは異る非常手段をとることを意味しています。「村里を興復」しようとすると必ずそれに反抗する不平分子がいるものだ、しかしそのようなばあい、こうした人びとに「決して拘《かか》わるべからず障《さわ》るべからず、度外に置てわが勤《つとめ》を励むべし」(三八―三九頁)というわけです。べつの箇所でも、尊徳は、「深く悪習に染みし者を、善に移らしむるは、甚だ難《かた》し。或は悪《にく》み或は諭す、一旦は改むることありといへども、又元の悪習に帰るものなり。是如何《いかん》ともすべなし」(一五四頁)と述べています。尊徳は自分の教化活動に限界があることを承認していたわけで、これは今日的立場からは興味深く、また大切なところではないかと考えます。

この時代における地域の紛争のもっとも典型的なものは、金銭の貸借をめぐるトラブルだったのですが、こうしたトラブルにはたいがい仲介人が登場して、それはしばしば博徒であったり、あるいは村の有力者であったり、いろいろなケースがあるわけですが、さまざまな人物が登場して、双方の言い分を聞いて、一種の示談内済をするものでした。尊徳はそのような慣行的な対応に対して、借金の返済についての新しい方策を主張しましたが、それは無利息金貸付と呼ばれています。

これは、元金は年賦で確実に返済する、最後に年賦一年分を礼金として支払うというもので、最後の一年分の礼金は今日的にいえば利子分にあたるでしょう。しかしこの利子はその時代の慣行的な利子に比べればきわめて低額で、その時代の通念からすればむしろ無利子に近いものだったかと思われます。だが、元金は確実に返済されるわけだし、返済の期限と年賦金もはっきり決まっているのですから、扱い人が出てきて、貸借双方のさまざまな具体的な事情や地域社会の力関係などさまざまの状況に配慮して貸借関係のトラブルを処理するというのとは大きく異っており、きわめて近代的合理的な原則をつくりだそうとするものだったといえましょう。

このようなことはつまり、村方騒動を起こしたり、地域社会でトラブルを起こしている人々にどう対処するか、という問題であって、この問題について尊徳はいま申しましたように、あまりたくさんそういう連中に施してはいけない、また借金については実際的には低利の、しかし確実な返済方法を実現しようとしたのです。そこには、生産者的な主体性・能動性に基礎づけられた自己責任という原理が貫かれているのだと私は考えます。尊徳の思想は江戸時代後期に成立したものではありますが、このような意味ではきわめて近代的であり、近代的な秩序原理に適合的だったのです。

岡田良一郎は、ずっとのちの明治十年代、困民党・貧民党・丸山教などが地域で活発に活動していた時代に、貧困な者には自分の奢侈や怠惰のために貧しい者と、体力や智力が劣っているために貧しい者がいるが、前者はそれを救う必要がない、それは自分たちの責任なんだと述べました。そして、その時期はいわゆる松方デフレの時期で、地域での対立関係がもっとも激しくなっていた時期でありますが、報徳社員は収入の二十分の一以上を貧しい人たちに譲ってはならないと主張しました。こうした岡田の主張は、『夜話』に書いてあることを、恐らくそのまま引きついでいるわけで、そういう意味で考えますと、報徳社というものは、困民党・貧民党・丸山教、これは神奈川県や静岡県に多かった貧民の運動ですが、それからさらに自由民権運動にも対抗して地域の秩序を作り直す、という運動として展開していったものだと思われます。このように考えることで、明治一七年、一八年が報徳社運動が地方に普及する大きな画期となったこともよく理解できます。たとえば『報徳記』は明治一六年に宮内省から発刊され、ついで明治一八年に農商務省から、また大日本農会からも刊行されました。『夜話』も明治一七年から二〇年にかけて出版されました。このようにして国家の援助を受けながら、報徳社運動はだいたい明治一七・一八年を境にして、地方に普及していったものと考えることができましょう。

さて、以上に述べたことをまとめて考えてみると、報徳社運動というものは、生産者的能動性を最大限に発揮することで地域の秩序を作り上げるという点では大変な有効性があったことが理解できるのではないかと思います。そしてそういう意味で、日本の近代化を下から支える地域における運動の論理を代表していたことになると思うわけです。

報徳社運動のその後の発展についてはすべて省いて、尊徳の思想が現代においてどのような意味をもつのかということについて、最後にほんの少し自分の考えを述べて、私の話を締めくくりたいと思います。

尊徳や報徳社運動の時代と現代と、人々の経済生活の条件で根本的に違うところは何かということを考えてみると、それは家族を単位とする小生産・小経営というものが、現代では基本的には消滅しつつあるということだと思われます。現代では、働いている人は基本的には何らかの形で雇用関係にあるわけだし、消費生活の中でも市場の論理が支配することとなります。生産と消費、或いは生産と生活、それから生産手段の所有が家族を担い手として一致している時代には、尊徳の論理は非常に説得性があると思われますが、しかし、それらが現代のように完全に分離してしまうと、尊徳の思想は、社会全体の中ではどうしても周縁的なものにならざるを得ない、と私は思うわけであります。しかし、べつの方向から考えなおしてみますと、人間が家族を中心として生活しているということ自体は、やはり現在も尊徳の時代や報徳社の時代と変わらないのであります。家族の生活を支える生活の論理、生活の倫理という面から考えるならば、やはり尊徳と報徳社の思想と運動には、現在までつながる重要な原理が含まれているのだという風に思うわけです。

ただ、先ほども申しましたように、尊徳の思想には、社会生活や政治についての具体的な発言は非常に少ない。分度というのは確かに、社会的政治的主張で、幕藩権力も分度を守らなければならないわけですが、しかし基本的には、領主権力が守るべき分度は、既存の社会秩序を前提としているわけであります。

そこで、既存の社会関係をなにほどか批評し、批判していくという、公平とか平等とか公共性というようなことが、尊徳の思想をこれから考えていく上で重要になっていくのではないかと、私は思うわけであります。と申しますのは、社会が非常に複雑になり、社会的な経済的な格差というものが拡大していきますと、皆が分度を守ってその中で生活すればいいといっても、それぞれの人たちの置かれている条件は非常に違っているわけであります。これは国内だけで考えてももちろん重要な問題ですが、グローバルに考えれば、いっそうそういう不公平・不平等というものにどういう風に向き合うかという問題が重要になっていきましょう。天道というような考え方の中に、本質的にはそういう問題への解答があるのではないかと考えてみることも、できないわけではありませんけれども、しかし、それではまだ大変抽象的な次元にとどまってしまう。歴史学的にいうと、尊徳の思想は、農業に典型的なような小生産・小経営の思想として生まれたものであって、そういう生産者的な能動性の論理の、いわばエッセンスとしては尊徳の思想は大変優れていると私は思うわけですが、しかし、それは大きな社会問題に対しては、何らかの変更、何らかの読み替えが求められざるをえないのではないかと思うわけです。もし、そういう読み替えをしないで、生産者的な能動性、これは結局自分の責任ということですが、自己責任ということを強調していきますと、それは一種の新自由主義的な改革ということになって、弱者の切り捨てということに結果するものと思われます。そこで、公平とか公正とか公共性とかいろんな言い方が可能かと思いますが、そういう問題が尊徳の思想を考える上で、どういう風に展開していけるものかということが、これからはとても大切だと思われます。また現在のような状況になって、家族を中心とする、小生産・小経営の根拠は崩れたけれども、やはり人々は家族生活を続けなければならないとすれば、その家族の倫理はなにかということを考えるときに、尊徳の思想は大変重要なものになってくるのではないかと思います。

この家族の倫理に関して、『夜話』のなかに『女大学』についての尊徳の興味深い評価があります。『女大学』は江戸時代に普及した女性向けの教訓書で、そこでは女性の服従がきわめて厳しく求められています。こうした内容は「女子を圧する甚だ過たるにあらずや」という質問が尊徳によせられたのですが、これに答えて尊徳は、いやそうでない、あれは「婦道の至宝」といってよいりっぱな内容だ、しかしそれだからといって、「若《も》し男子にして女大学を読み、婦道はかゝる物と思ふは以の外の過ちなり」（一三五頁）と答えています。『女大学』が、男性による女性抑圧の手段に利用されてはならないわけですね。主体的な自己責任の論理が家族関係のなかでどのような形で生かされなければならないかということについての、いかにも尊徳らしいものの見方といえましょう。

私の話は歴史の方をさかのぼった話だったので、現代の問題につきましては、不十分な言い方しかできませんでしたが、私が歴史家として考えている展望はこれまでに述べたようなものでございます。ご清聴ありがとうございました。

◈国際二宮尊徳思想学会第二回学術大会『二宮尊徳研究の過去と未来』二〇〇五年。
この学術大会は、二〇〇四年七月一九日、東京、日本青年館で開催され、私は本論文を報告した。

八　歴史研究と現代日本との対話――「働きすぎ」社会を手がかりに

1　日本史像の変貌

この二〇年ほどのあいだに新しい史実や論点が発見されて、日本史研究の現場は大きく変貌した。多くの新史料が発見・紹介されるとともに、歴史研究の視点と方法も変ってきて、歴史家の歴史に向きあう姿勢に大きな変化があった。敗戦直後から一〇年余りまでの時期の日本史研究を戦後日本史学と呼ぶとすれば、それは日本社会の前近代性・封建性を批判的に究明することに基調をおいており、こうした問題意識は私たちの世代の者が歴史研究へ入ってゆくさいの動機づけとなっていた。だが、社会構成史的研究を中核にすえた戦後日本史学は、一九六〇年前後からゆるやかに解体しはじめ、今日までのあいだに問題関心も研究対象も大きく変容してしまった。ところが、戦後日本史学のパラダイムが崩れるにともなって、歴史の全体像はしだいに見えにくくなって大きな説得力を失い、さまざまの新しい発見の意味も曖昧になったり、その成果を十分に評価して研究者の共有財産とすることが困難になったりしているのではないかと思う。もっと広い視野からいえば、日本社会の前近代性・封建性の究明を掲げることで、現状変革を求める国民意識の動向と呼応していた戦後日本史学が解体すると、歴史家の現場の仕事と国民意識の動向との乖離が大きくなり、研究成果はその問題意識や方法から切り離されて消費市場で切り売りされるようになった。

一九六〇年以降、さまざまの日本文化論・日本社会論が盛況を極めた状況とは対照的に、こうして、日本史研究者の歴史の全体像や日本社会の大きな特質についての発言が低調となった。しかしそれでも、色川大吉・網野善彦の一連の労作や尾藤正英の最近作『江戸時代とはなにか』(岩波書店、一九九二年)などは日本史像の大きな転換を求めており、そこには、私たちがなんとなく通念化してきたようなものの見方への大きな批判が含まれていた。

たとえば網野のばあい、歴史の大きな転換期が一四世紀に求められるとともに、伝統社会の基軸を水稲中心の農業・農村におくような通念が批判されて、農業以外の生産の重要性、畑作の比重の大きさ、非定住民と海の役割などが強調され、単一国家・単一民族観がきびしく批判される。こうした網野学説は、私たちがほとんど無自覚のうちに受けいれてきた日本の社会や歴史にかかわる通念を逆転させてそれに対置されているのであって、いったんそうした視角が明確になると、さまざまな実証研究の成果が網野の体系のなかへ咀嚼・吸収されて壮大な歴史像が形成されるとともに、そうした歴史像がまた具体的な研究を誘発してゆくというような循環的構造をもって発展した。

こうして網野の歴史学は、近現代日本の社会とイデオロギーを批判的に相対化しようとする強い意思と実証研究との結合において成立したラディカルな性格のものなのだが、問題の枠組全体は中世史研究の立場からの近現代日本の通念化されたとらえ方の相対化という位相で構想されており、近現代日本についてのポジティヴな説明原理を提示しようとする立場からのものではなかった。こうした立場をつきつめて、その最近作では、日本の国家形成から現在までの一三〇〇年のうち、「「律令国家」一〇〇年と敗戦までの近代国家七〇年とが、その中で特異な時期であることに気付かざるをえない」とし、日本文化論等で日本の特質とされるものがこの二つの国家の制度やイデオロギーに由来するという見通しをのべ、この二つの国家が支配した一七〇年は日本列島で展開する人類社会史のなかでは「ごく一瞬」にすぎない、と断じている(「日本列島とその周辺」『岩波講座日本通史』第1巻総論、一九九三年)。そのようにもいえるとしても、私は、その「特異」な日本近代こそが説明されなければならないと思うし、高度成長以降の現代日本こそがもっとも「特異」な社会ではないかとも思う(「中世」や「近世」も、それはそれで「特異な時期」かもしれないが)。

この小論では、網野ら先学の作品に敬意を払いながらも、それは論の外において、おぼつかない足どりながら現代日本の状況についてあれこれ考えてみることで、歴史研究と現代日本との私なりの小さな対話を試みてみたい。

2　現代日本への眼ざし

各種の意識調査によれば、現在、私たち日本人の圧倒的多数は自分は中間階層に所属し、生活に満足し、「日本に生まれてよかった」と思っている。生活目標についての質問では、四項中、「身近な人たちと、なごやかな毎日を送る」三八・五%がもっとも多く、他の二つの選択肢も私生活型の幸福を内実としており、「みんなと力を合せて、世の中をよくする」は六・五%である(NHK世論調査部編『現代日本人の意識構造(第三版)』日本放送出版協会、一九九一年)。「豊かな生活」とはなにかという問いには、物質的に恵まれた生活よりも精神的に豊かな生活と答える人がずっと多いが、他方で高い収入の獲得を重視する人は七七%を占め、「階層志向性が弱まったという兆候はまったくみられない」、若年層でこうした志向が強まる傾向もあらわれている、とされる(原純輔編『現代日本の階層構造② 階層意識の動態』東京大学出版会、一九九〇年)。

こうして現代日本では、私生活型の幸福享受とそれにもとづく現状肯定の意識が圧倒的に強い。そしてそれには、敗戦直後の貧困と困難を切りぬけてきた半世紀にも及ぶ由来があるのであろうが、一九七〇年代以降に確固とした傾向として定着したところに大きな特徴がある。たとえば、総理府「国民生活に関する世論調査」で中間階層に所属すると答える比率が九〇％をこえるのは七三年で、この数値は八〇年代半ばにかすかな動揺をみせるが、現在も九〇％近い高率を維持しているし、ＳＳＭ調査(社会階層と社会移動に関する調査)で生活全体に満足と答える比率が八五％となるのは七八年調査で、それ以後二回の調査では八六％となっている。それ以外のさまざまな指標でも、七三、七四年頃にひとつの曲り角があって、一般に保守的な意識が強まったとされており、おなじことのべつな現れとして、主体的な政治参加・社会参加の意識は弱体化してきている。

世界史的にみると、第二次大戦後、六〇年代までは「西」も「東」も「南」も経済的に大きな成長過程を歩んだのだが、七三年のオイル・ショックを契機にスタグフレーションの傾向が顕著となり、「東」では体制そのものが崩壊した。だが、「西」の先進国では日本だけが経済成長をつづけ、そうした事実と符節をあわせるかのように右のような意識が定着したのである。労働運動が七四年春闘と大幅賃上げを境に急速にその闘争力を失い、八〇年代にはいるとストライキをともなう闘争がほぼ壊滅したこと、戦後日本の労働運動と社会運動をリードした国鉄労組や日教組なども実質的には解体したこと、六〇年代以来の革新自治体もあいついで保守中道連合に追い落されたことなども、記憶に新しい大状況の一部である。最近の政変劇で自民党の一党支配が崩れたことは大きな変化ではあるが、しかしそれもこうした大状況のなかでの出来事だったことに留意しておく必要があろう。

私は最近、現代日本を批判的に分析している人たちのいくつかの論著を拾い読みして、彼らがその矛盾の表出形態を言いあわせたかのように働きすぎに求めていることを知って、強い印象をうけた。貧困ではなく働きすぎ。働きすぎの延長線上に過労死があるが、過労死一一〇番の運動をすすめる川人博は、「残業代のために死ぬまで働くという実例」に接したことがないとのべ、研究者も活動家も問題意識の転換を必要としていることを強調している(『過労死社会と日本』花伝社、一九九二年)。資産・収入などで大きな貧富差があることを強調して、そこに現代日本に特有の階級的構造を見ようとする研究者もいるが、そこでとりあげられているのは、実際上は格差であって、古典的な意味での貧困ではないようだ。むしろ、働きすぎの問題を軸として、受験競争などの教育問題、家族崩壊の危機、学校や家庭におけるいじめや暴力、外国人労働者問題など、さまざまの問題が有機的に結びついて現代日本の構造的な諸問題を構成している、ととらえるべきところであろう。

ところで働きすぎであるが、『労働白書』によれば、「総実労働時間」は六〇年代から七〇年代にかけて徐々に減少し、七五年にはいったん年間二一〇〇時間以下となったのだが、その後、「所定内労働時間」には若干の減少傾向が見られるものの、「総実労働時間」はふたたび上昇傾向にある、欧米諸国との比較では年間二〇〇〇時間から五〇〇時間多いので、さしあたり一八〇〇時間を目ざす、ということになる。だが、川人は、こうした統計とその説明では、「過労死まで生む日本社会の異常性の説明としては決定的に不十分である」として、別な統計によって男子平均二六一七時間、男女平均で二四〇九時間という数値をあげている。二つの労働時間統計がいちじるしく異なっているのは、企業と労働省がサービス残業を統計にいれていないからで、欧米にはそもそもサービス残業という言葉がないのだという。また、男子銀行員のばあいは年間三〇〇〇時間と推定されているが、労働省の統計では、金融・保険業の平均所定外労働時間は月九・一時間で、この統計を見たある銀行マンは、「一日平均残業九時間の間違いではないか」とのべたという(川人、同右書)。

熊沢誠も、こうした川人の見解を念頭において、八一年から八六年までの五年間に男性の平日の労働時間は一二分増え、睡眠時間は一〇分減少したこと、七五年から九〇年までの一五年間の四〇歳代の男性の生活時間では、仕事が四〇分増え、睡眠が二三分減少したことを、NHKの「生活時間調査」などによって指摘し、「小さな変化ではありません」とのべている（『働き者たち泣き笑顔』有斐閣、一九九三年）。日本的経営を賞揚する立場からの研究でも、「人的疲弊を増大させる」などという表現（ここでは野中郁次郎『知識創造の経営』による）ではあるが、それが働きすぎをもたらしているという現実がとらえられている。第三次産業の比重が増大し、少量多種生産による市場のニーズへの対応が重視され、営業部門の活動が強化されるという最近の動向のなかで、個々の労働者にとっては自分の労働時間の限定がますます困難になってきており、働きすぎを慨嘆しながらもそうした企業社会への全人格的包摂が強化されているというのが、オイル・ショック以後いっそう顕著になってきた私たちの社会の現実なのだと思われる。きびしい不況という現状のもとで、ここでのべたような傾向がゆるめられるよりもむしろいっそう深刻化していると想定してみることもできよう。

3 日本的経営のとらえ方

終身雇用、年功序列、企業別組合を三位一体とする日本的経営は、一九二〇、三〇年代の重化学工業化のなかでその原型が形成され、戦時統制と戦後改革の時代をくぐりぬけたあと、高度成長期に本格的に形成され、オイル・ショック以降にいっそう拡大・深化したというのが、一般的なとらえ方であろう。日本的経営論をふまえて会社主義という概念で現代日本社会を総括する馬場宏二のばあい、あとの二つの時期はそれぞれ「本格的形成期もしくは発現期」、「昂進期」と命名されており、馬場説をふまえながらも政治的文脈を強調する渡辺治の「企業社会」論では、高度成長期はその形成期でオイル・ショック以降にその確立をみている（馬場「現代世界と日本会社主義」『現代日本社会　1課題と方法』東京大学出版会、一九九一年。渡辺『「豊かな社会」日本の構造』労働旬報社、一九九〇年）。「会社主義」や「企業社会」は、日本社会の前近代性や文化的特質などによって生まれたものでなく、「過剰富裕化」や「資本主義的原理の過剰貫徹」のもとで実現されたとするところに両者の強調点があり、オイル・ショック以降に重点をおいた現代日本社会論となっているわけである。こうした「会社主義」ないし「企業社会」のもとで、人びとは限定しにくい職務と労働時間のなかにあり、集団目標に向けて献身することを競いあっているのであって、働きすぎはもとよりその内実にほかならない。

今日、日本的経済と呼ばれているものは、はじめは労資関係論の視点から前近代性・封建性の問題としてとらえられていた。戦後日本の社会科学の方法的立場は、日本社会の特質を普遍的発展段階論を前提にしたうえでの前近代的なもの・封建的なものの遺存による規定性としてとらえており、それは、近代化＝民主化を求める啓蒙的進歩主義と結びついていた。はじめにのべたように、私たちの歴史学もそうした理論的枠組みをもっていた、というより、むしろそうした立場を代表するディシプリンであり、一九六〇年ごろまでの現実のなかでは大きな説得力をもっていた。ところがやがて日本経済の高度成長が顕著な現実として注目されるようになると、日本社会には経済成長を促す特殊な文化的伝統が存在していたということになり、高度成長についての文化論的説明が優勢となった。二つの説明原理の転換点は一九六〇年にあり、たとえばR・ベラー『日本近代化と宗教倫理』（未来社、一九六二年）は、日本社会の伝統的価値と近代化＝産業化を結びつけて大きな影響力をもった。

だが、日本社会の前近代性を強調する理論は、一九三〇、四〇年代の時代体験をふまえて成立したもので、六〇年以降の高度成長を視野におさめたものではなく、高度成長という現実そのものによって反駁されてしまった。日本資本主義の強搾取を強調することで補強してみても、それではなぜ強搾取が可能なのかということになり、強搾取とその背景としての前近代性だけでは循環論法に陥るだろう。また、文化形態による説明も、たとえば日本的経営の重要な内実をなす企業内組合が、五〇年代初頭までのはげしい労働組合運動への対決をへて成立したことや、オイル・ショック以降に長時間労働がいっそう強化された事情を具体的に説明しようとしない点で説得力を欠いていると思う。

第三の説明原理は、企業行動の内在的分析からポスト・フォーディズム的な現代資本主義の編成原理として説明するもので、ここでは、レギュラシオン学派の立場からトヨタ・システムを論じたB・コリア『逆転の思考――日本企業の労働と組織』(藤原書店、一九九二年)をとりあげてみよう。トヨタ・システム、あるいはコリアがその事実上の創始者の名前によってオオノイズムと名づける経営方式は、まだ日本国内の自動車生産の将来が見きわめをつけがたい状況にあった一九五〇年ごろに、「多品種少量生産」のためのシステムとしてつくりだされたものである。フォーディズムが画一化された大量生産・大量販売の原理であることに対抗して、「量が増えなくとも、生産性を上げるにはどうしたらよいのか?」という「一見単純だが、実は恐るべき問いかけ」に明快に答えたのがオオノイズムである、とコリアは説明する。トヨタ・システムは、「ジャスト・イン・タイム」と「自働化」という二つの原理をもつが、これは在庫を徹底的に排除することを意味するとともに、在庫の背景にある人員過剰を発見し排除することを意味している。労働者の脱専門化と多能工化、労働時間の「分かちあい」、「かんばん」方式などは、右の原理から生みだされるコロラリー(系)であるが、こうした原理やルールを貫くもっとも基本的な原理は、徹底的にムダを排除するというところにあるのだという。コリアは、オオノイズムには明確な原理、ルール、コンセプトがあるとし、それは大量生産・大量販売というフォーディズムに対抗するための戦略として、まだ幼弱な日本の自動車産業のなかで構想された〝逆転の思考〟だったとのべている。

R・ドーア『イギリスの工場・日本の工場』（山之内靖他訳、筑摩書房、一九八七年）も、そのいわゆる「組織志向型」経営について、①後進性、②文化的伝統の独自性、③後発効果の三つの説明原理をあげているが、ドーア自身の立場である③は、ポスト・フォーディズム的解釈といってよい。後発資本主義国たる日本では、企業が熟練工を養成して終身雇用制と年功序列型処遇で彼らを確保するほかなかったのであり、産業別というより職種別に労働組合が発達していて、職種別に同一労働同一賃金を原理とするイギリスとは、企業組織の原理がちがう。そして、日本の「組織志向型」経営には後発資本主義国に共通する特徴があるとともに、先進資本主義国でもある程度までそうした方向へ収斂しつつある、というわけである。もっとも、実証分析を重んずるドーアは、後発効果だけで割りきっているわけではなく、一九九〇年版「あとがき」では、経営者の役割が大きいこと、文化的要因も重要なことを強調している。

ドーアの研究対象となった日本側の工場は日立の二工場だが、同書には「日立の指導精神」と社歌の全文が引用されている。まず「日立の指導精神」は、誠、積極進取の精神、和の精神の三項目からなるのだが、私たちのような日本思想史の研究者からいうと、誠は、相良亨が『誠実と日本人』（ぺりかん社、一九八〇年）などの著作で日本人の規範意識の中核として論じたものだし、和は、聖徳太子の一七条憲法以来の伝統をもつ日本人に馴染み深い集団主義的原理だということになる。こうした伝統的なものと「積極進取の精神」を結合したものが指導精神だといわれると、日本精神史の精髄のあまりにみごとな総合というのか、折衷というのか、驚嘆

してしまうのである。社歌の第二聯は、

鉄《くろがね》をつらぬく誠

たゆみなく励めりわれら

とはじまるのだが、ここまできて私は噴きだしてしまった。労働対象としての「鉄」をも貫く誠とは?! これぞ日本精神の極致、これではいくらなんでも出来すぎではないか、と思ったのである。もっとも、大卒の社員たちは、こうした社訓や社歌を大真面目に受けとっているわけではなく、日立はこうした問題についてはむしろ「ドライ」な企業なのだという。

だが、こうした社訓や社歌が大卒社員にとっていくらか気恥かしいものだとしても、そこに体現されている集団主義的企業原理は、基本的には受容されているのであり、ただその受けとめ方に年齢や経歴や個人的資質などによる特徴があるということなのであろう。そして、こうした企業の側の論理が支配するようになった前提としては、日立のばあいでいえば一九五〇年の長期ストの敗北と、敗北の結果としての妥協、企業内組合の確立があった。トヨタのばあいも、五〇年と五二年の激しい労働争議をへて、「企業を防衛して生活を守ろう!」と呼びかける企業内組合が確立されることで、トヨタ・システムが形づくられた。こうして、日立やトヨタのような大企業のばあい、日本的経営は一九五〇年前後の激しい労資対立をへてその渦中からの経営側の努力と工夫、新しい労働者支配としてつくりだされたものであり、その形成過程とそれを支えた論理は具体的に説明しうるものなのである。オイル・ショック以降に日本的経営がいっそう強化されたとすれば、それもまたきびしい経営環境のもとでの経営上の努力と工夫(レギュラシオン学派が「調整＝レギュラシオン」と呼ぶもの)としてとらえうるものであり、またそこに労働運動の敗北が刻印されているような内実のものである。

しかし、右にあげた日立の社訓や社歌、またオオノイズムの基底にある原理がムダの徹底的な排除にあったことなどを想起してみると、そこに日本の伝統が巧みにとりこまれていて、伝統の再生による原理化といった趣を呈しているという印象がつよく、こうした社会文化的コンテキストなしには日本的経営は成立しなかったとも論じうるのではなかろうか。日本的経営を特徴づける集団目標への献身、その献身におけるきびしい競争と査定、またそこに不可避となる働きすぎなどは、企業の側での経営戦略や労働関係の具体性を通してはじめて理解しうるものなのではあるが、しかしなぜそのようなことが実現可能だったのかと問えば、それを経営者の努力や工夫、また強搾取などと答えても、それはようやく問題の半ばにさしかかった答えにすぎず、問題の全体を、人びとがほとんど無自覚のうちにさえ取り込んでしまう社会文化的コードに照らしてとらえ返さねばならぬということになるのだと思う。

4　「働きすぎ」社会の歴史的文脈

ドーアによれば、雇用保障、年功序列型の賃金と昇進制度、企業内組合などは、後発の近代化過程によく見られる特徴なのだが、それだからといってどこでもうまく機能するというわけではない。たとえば、スリランカの国営企業で工場協議会が成立したさい、会議の場はたちまち非難応酬の場となったが、それは、たとえば昇進の決定は家族やカーストや学閥にもとづくコネのせいだというのが当り前だと見なされていて、家族などを超える第二次集団の目標を個人の目標の上におくような訓練ができていないからだ、とされている。

ドーアの説明との対比でいえば、日本では集団目標への献身やそれにともなう勤勉や規律などへの訓練ができすぎているということになろうが、それではこうした訓練は、歴史をさかのぼって、いつどのようにして形成されたものであろうか。これにはさまざまの説明がありうるが、私は、国民的規模でそうした訓練が行われて人びとの心の習慣へとそれが定着したのは、明治維新をはさむ約一世紀間における日本社会の転換過程に由来するところが大きく、地域社会で家や村を単位としてそうした訓練が行われたのだと考える。一八世紀末の日本には、飢饉、一揆、村方騒動などが頻発して、地域社会は全体として荒廃化の傾向が強く、人口もおよそ一八世紀初頭から停滞ないし減少化の方向にあったのだが、寛政改革をひとつの画期としてこうした状況が少しずつ改められ、地域社会の秩序が再編成されて、生産力と人口も上昇に転じた。こうした方向は、幕藩政改革による側面もあるが、石門心学、草莽国学、報徳社などの民衆的な改革運動・思想運動に影響された側面も重要で、さらにそうした運動の受容基盤ともなった、地域秩序の再編につとめる村落支配者層の広範な動向があった、といえよう。

ひとつだけ例をあげてみよう。越後国新津の大庄屋桂誉重《たかしげ》(一八一六—七一)は、「村長役《むらおさ》」としての責任意識に立って民衆教導につとめ、地域社会の再建に努力していた草莽の国学者だった。桂は、職業労働と奢侈抑制を村民に教え込もうとするのだが、そのさい、「男女夫婦相互《おみなめおとたがい》に相思ふ」ような、「至心実情」をもって、隔意なき一体性・共同性が実現されなければならない、とする。「男女夫婦」の愛と共同性に類比されるような緊密さで、「何事も聊《いささか》隔意なく、過《あやまち》あらば異見をしあい、真実に打ちあけ交」わるという態度で地域民の生活と心意の内部に深くたちいって、彼らの生活態度を変革しよう、というわけである。性への関心は、近世後期の思想史のひとつの興味ある現象だが、ここでは「村長役」のヘゲモニーのもとにおける一体性・共同性のモデルとして、性に大きな意味が与えられていることになる。

性の問題はともかくとして、こうした一体的秩序に対置されているのは、奢侈・怠惰・博奕・酒色などであるが、またこうした方向に走りがちの若者組と彼らを担い手とする休日や祭礼についてのあらたな動向などであった。およそ近世中期ごろから、村の祭礼とそれにともなう行事、踊りや芝居などがしだいに盛大化する傾向があり、それはまたその担い手としての若者組の活動と結びついていた。地域社会の秩序は、こうした動向に対抗して、村落支配者層の主導権のもとでの勤勉・倹約・和合・孝行などの生活規律の実現、またそうした規律による訓練を主体的根拠とする生産増大などによって再編成さるべきものであった。そうした地域秩序の再編成は、かならずしも目立った形をとらなくとも、一八世紀末ごろから各地で模索されており、幕末維新期から明治一〇年代にいたる社会的激動をくぐりぬけて、やがてこうした方向で近代日本の地域社会を形づくることになったのであり、それこそが日本社会の全体が近代化に向けて編成替えされてゆく過程のもっとも基底的な次元をなしていた、と私は考える（「安丸集」本巻―一）。桂はそのひとつの事例であるが、多様な事例も、家と村を共同性へ向けて編成替えし、禁欲的規律で人びとを訓練するという点では、基本的にまったく同一だと考えてよい。ちょっと考えると、共同体の桎梏がゆるみ個人の自立性の増大することこそが近代化のように思えるかもしれないが、こうした村落改革のなかで、「個人的ではいけぬ、村が一つになって所謂一致協力しなければならぬ」、「己人《こじん》的の我まゝ」は「旧幕府時代の弊風」などとされたのである（『但馬偉人平尾在修』）。

　伝統社会には、季節の循環を軸にした生活のリズムがあり、民俗学的にはそれはハレとケの循環としてとらえられてきた。貨幣経済の浸透が顕著になってゆくと、このハレとケのバランスが崩れて祭礼・芝居・踊りなどからなるハレの次元が膨張する。こうした傾向に対抗してケの次元を中核に生活秩序を再構築することで一元化された規律が生まれる。次頁の表でいえば、二つの項の循環を断ちきって、左項を抑圧し右項に自覚的に一元化された生活規範を実現化することが近代化なのであり、それが右にのべた地域秩序の編成替えの過程にほかならない、と私は考える(「安丸集」第4巻—一「民俗の変容と葛藤」)。基本的にはおなじ過程がヨーロッパでも展開したらしいことは、最近の社会史研究からうかがえるが、おそらくこうした過程を条件づける社会的文化的システムに大きなちがいがあり、日本ではこうした過程の全体が国家と資本の側からのむきだしの収奪にさらされるという傾向がずっとつよかったのであろう。祭り・芝居・踊りなどの民衆的伝統文化が抑圧されて秩序のなかにくみこまれ、若者組や宗教的講などの独自組織が抑圧されたり編成替えされたりしたことのなかに、今日の私たちの精神史的状況を省察するうえでの大きな示唆がふくまれていると考えるべきところであろう。

ハレとケの二項対立

ハ　レ	ケ
祭	労働
オオヤケ	ワタクシ
非日常	日常
聖	俗
超規範的	規範的
解放的	強迫的
意識の深層	意識の表層
はなやかな色彩	じみな色彩
(等)	(等)

アナール派の新しい旗手として注目されているA・コルバンは、今年(一九九三年)一月に来日したさいの印象を、「わたしが日本で強い印象を受けたのは、時間の使い方の密度が高く、しかもそれが混乱に陥っていないこと、社会生活のリズムが正確で規則正しいことであった。またわたしは、ひとびとの忍耐心、とりわけ日本の歴史家や学生の忍耐心——それが繊細な礼儀でないとすればだが——にも強い印象を受けた」と書き留めている(『時間・欲望・恐怖』小倉孝誠他訳、藤原書店、一九九三年)。日本的経営などというものとはなんのかかわりもないと思い込んでいる日本の歴史家や彼らの訓練を受けている学生たちもまた、右にのべたような過程をへて構築された自己訓練の伝統のなかに育ったことの刻印を、ほとんど無自覚な慣習の体系(ハビトゥス)として身につけているということであろう。アナール派の心性史家の眼からすれば、そのことがとりわけ印象深い事実だったのである。

5　歴史と現実の狭間で

近世後期から近代への転換期において地域社会で家や村を単位とした生活規律の編成替えが進行し、それが近代化してゆく日本社会の基底をなすというのは、今から三〇年も以前に私が若書きの論文のなかで論じた主題であるが、最近、現代日本研究のいくつかの論著を拾い読みして、問題の枠組みをもうすこし広い展望のもとにおくことでおなじ主題を再論しうるのではないかと思うようになった。この小論はそうした気持を込めて書いているのだが、それだからといって私は、右にのべた私の論点が歴史と現代との対話においてなにか特権的に重要だといいたいわけではない。私は歴史的文脈の事例のひとつを自分の研究歴のなかからとりあげてみただけで、歴史にはさまざまの局面があり、現在と過去とのかかわりにもさまざまの文脈があることを強調したい。そして、歴史と現在とをつなぐ文脈をより媒介的多元的なものにしてゆくことが私たちの現実を見る眼をゆたかにするのだが、他方でまたそのような訓練が日頃は曖昧にやりすごしている文脈を自覚化して歴史研究を活性化してゆくのだ、という立場をとりたい。

I・ウォーラーステインは、最近翻訳された『脱＝社会科学』（本多健吉他訳、藤原書店、一九九三年）で、F・ブローデルによりつつ、古典的自由主義も古典的マルクス主義も、資本主義は独占を排して自由な競争市場をもたらすのが本来の形だと考えがちだが、それは正しくない、資本主義は自由市場であるよりもむしろ独占と投機だ、とのべている。この見解は、無学な私の虚をつくことですっかり納得させてしまった。ブローデルの定義する「経済生活」では、小さな利潤をともなう競争的市場が存在するのに、資本主義のもとでは相対的に大きな独占、反市場、弱肉強食のもとでの大きな利潤が実現するのである。この点は、ブローデルの対象とする一五—一八世紀に妥当するだけでなく、現代にまで貫かれている資本主義の基本的特質だ、とウォーラーステインは指摘する。なるほど、たとえば東欧革命をへてもたらされたのは、市場経済と称してじつは独占と投機＝資本主義だったわけか、ロシアの民衆の苦難はこの資本主義による収奪のゆえなのか、と思ったのである。こうした見方は、もとより素人の軽信と独断にすぎないかもしれないが、ここではウォーラーステインの考えが刺戟的だったことをのべたいだけである。そして、『脱＝社会科学』では、ウォーラーステインはブローデルにほとんど全面的に依拠して世界システムの現在と将来を展望しているのであって、それは、歴史研究と現代との対話としてきわめてラディカルな内実のものだといえよう。

念のために付言すると、私は、現代的な観点に立つことで現在の説明のために都合のよい〝事実〟を歴史のなかに〝発見〟すればよいとか、そうした〝発見〟で現代までを系譜づけることが現代的歴史学だなどと思っているわけではない。歴史研究にかかわっていると、今日の私たちの通念からは理解しにくく奇妙に思われる事実に出会うことが少なくないが、そうしたばあいに私たちはその事実の意味をよく考えてみることで、私たちがみずからのまだ十分に彫琢されていない粗雑で通俗的な通念や感受性を歴史という場へ持ち込んでいて、自分がそう思い込んでいるほどには歴史内在的でも実証的でもないことに気付かせられるとともに、私たちの現在を相対化して省察する手がかりを得かかっているのだと思う。歴史はむしろ奇妙な事実や意外な事実にみちているのだが、しかしそうした事実への鋭敏な感受性と理解力をもつためには、歴史家は人間や社会について深い理解力をもつように自分を訓練する必要があり、そのためにはなによりも現実を見つめ理解しなければならないだろう。現実・現代の問題状況から出発して、私たちが自分の研究者としての職人仕事の意味についてくり返して考え、歴史像の大枠や現代的意味、またその探求方法などについて大きな論争を展開してゆけば、歴史研究の現場はいまよりもずっと緊張と活気にみちたものに変貌してゆくのではなかろうか。

◈『世界』五九〇号、一九九四年。

なおこの時点での日本の思想状況全体のとらえ方については、『現代日本思想論』(岩波書店、二〇〇四年。岩波現代文庫、二〇一二年)の第1章「現代日本の思想状況」参照。

九　「近代家族」をどう捉えるか

1　「通俗道徳」論からの展望

日本思想史を自分の専門に選んで間もない頃、けっして手を出すまいと心に決めた領域が三つありました。部落差別問題と植民地問題・アジア認識のような問題、そして女性史でした。今日までこの自己規律を依怙地に守ってきたのですが、自分が年をとるにしたがって、この三つの領域で研究が活発になってきました。わたしが研究者としての能力を喪失する時期と、研究状況から時代遅れになる時期とが一致して、社会史的な死と自然史的な死とを同時に迎えつつあるというわけです。

そこで、わたしとしてはもう退陣してもよいのですが、その前にこれまでわたしがやってきたことのなかに——さしあたって女性史に限りますが——何か論点はないかと考えてみました。

わたしは「通俗道徳」という問題を提起することから研究者として出発したのですが、この「通俗道徳」とは、家父長制的な家族のなかの女性によってもっとも深く内面化されるものであるといえます。そして、家父長制的な家族——ここでは近代家族を意味していますが——は、「通俗道徳」論をふまえることでその内部がもっと深く捉えられるのではないか、その裏側の問題として「通俗道徳」というわたしの問題提起ももう少し深めて考え直せるのではないか、と考えたわけです。

それで今日は、自分ではこれまでまだやったことのない、近代家族をどう捉えるかという問題を中心にお話ししたいと思います。話の前提としての「通俗道徳」についていては、ごく簡単にお考えいただければよいと思います。わたしたちか、わたしたちよりちょっと古いぐらいの日本人がごく普通に生活規範としてもっていた、勤勉とか倹約とか和合とか親孝行とかいった一連の徳目のことで、近世後期から近代初めにかけて日本社会に広く浸透したと考えています。それは、日本の社会が近代化していく際の日本人の自己訓練、自己規律の様式であり、とりわけ家族のなかの女性にもっとも強く内面化されていたと考えるわけです。

この「通俗道徳」という考え方から近代の家族を眺めるとどういう問題が見えてくるか。近代家族論をやっていらっしゃる多くの論者のなかから、落合恵美子さんの見解を取り上げてみます。落合さんによれば、女性が主婦化して情緒的な家族の結合が強まり子どもの数が非常に少なくなる。このような家族が近代家族で、日本では大正期に始まり、戦後、とりわけ一九五五年から七五年に一般化した。戦争直後に生まれた団塊の世代が主な担い手で、家族の戦後体制といってもいいという。大変明快ですが、この説をとると、近代日本の大部分の家族は、この規定から外れます。戦後も、大部分とはいわないまでもかなりの部分は外れることになりましょう。明快なゆえに限定的になり過ぎていることが、この定義の特徴であります。

そこで上野千鶴子さんの説を参照しますと、「家は近代の産物」と明快に断定されています。家は明治政府の官僚が発明したものであって、日本の近代化に対応した近代の産物というご意見らしい。家を近代の産物とすることにはまったく賛成なんですけれども、国家権力が勝手に、自由に発明できるようなものが家なんだろうかと考えずにはおられません。わたしは、家を形成しようとする民衆の広範な歴史の形成力というようなものが存在していて、明治政府は、それを編成ないし制度化したに過ぎないと考えるわけです。

この家形成の規範が、わたしのいう「通俗道徳」にあたる。上野さんの「家は明治国家の発明」というお考えは、近世後期から近代前期にかけての社会変動をとらえるカテゴリーを抜きにしているのではないか。他の近代家族論の論者、たとえば山田昌弘さんも、上野説によって「家は近代の産物だ」と述べています。しかし実際上は、分析の主要な対象は戦後の狭い意味の近代家族であり、落合さん同様、主婦がいて母性愛を核に置く家族のことを指していると思います。

わたしは、上野さんのように近代家族の概念を広く取る立場に賛成ですが、だが上野さんの場合でも、戦前では主として都市の中産階級の家族という狭い意味での近代家族を念頭に置いての立論となっているのではないかと思うわけです。では、どういう家族が近代の日本で基本的な重要性をもっていたのかというならば、「通俗道徳」を生活規範とする家型の家族が近世の後期以降一般化し、それが日本の近代化をもっとも基底部で支える力になったということではないか。家は、一七世紀に一般の民衆を含めて広く成立し、そのために一七世紀の初めから一八世紀の初め頃までには急速に人口や生産力が増大しました。それ以降の約一世紀は停滞的な状況になりましたが、この家にもう一度再編成が行なわれ、近世後期から近代にかけて家型の家族が自立し、家族の凝集力が非常に高められた。

明治国家は、村とか同族団という中間団体を介さないで家型家族を直接的に掌握する方策をとりましたが、それだけ家型家族の自立性が強くなっていたのです。たとえば、上位の団体である藩が完全に崩壊した武士の家族は、じつに壮絶な歴史を体験しました。生活の基盤が完全に崩壊したにもかかわらず、家族の凝集力をよりどころにして近代への転換期を生き抜いた。こういう家族の力が近代化の基底にあると考えるのです。

家型家族と「通俗道徳」は、戦後的な価値観からすれば前近代的に見えますが、じつは、近代化の過程でむしろ強められ、下層の民衆にまで浸透した。量的に測定することは不可能な問題ですが、たとえば離婚率は、みなさんご存じのように明治の初め頃は非常に高かったのに、だんだん下がって一九三八年に最低になりました。わたしは、むしろ明治末期から一九六〇年頃までが、家型家族が非常に強い自立性をもっていた時代に当るのではないかと考えるわけです。

2　市場経済と家型家族

では、なぜ家型家族が近代化の過程で凝集力を高めて強化されていくのか。それは、生存維持のための共同体が家族を単位としていることによります。近代以前の社会では、社会集団は本来的に生存維持のためのもので、家事労働と生産労働の区別はなかったし、男も女も老人も子どももそれぞれの役割をもっていた。ところが市場経済が発展しますと、生存維持のための経営は市場に対抗的に自立する。市場の力に押し潰されないためには、生存維持の小共同体である家族の結合を強めるほかなかった。江戸時代は村や同族団など中間団体が強い力をもっていて外の世界との間を媒介していたわけですが、近代社会では家族が直接市場の圧力を受け止めて、なんとかその社会を生き抜いていかなければならない。こういうふうになっていたのだと思うわけです。

農業をはじめ職人や商人など生産手段を自分でもつ自家経営型、家族労作経営型の小生産・小経営は、一九六〇年頃までは資本主義に直接的に包摂される労働者よりも多かった。これは数の上でのことで、社会的な生産力全体からいえば全然違うことになりますが。そして、この家族を単位とする小経営が人間の活動力をもっとも伸縮性に富む形で組織することができる。生存維持という家族の目的のため、家族は市場の衝撃を和らげクッションする性質をもっている。「通俗道徳」と家型家族はこういう小経営を人格化ないし内面化したものとして、もっとも活力に富んだものであると思うわけです。

資本主義的市場経済は、この小経営を持続的に収奪することによってのみ発展を継続できるものです。この問題は、マルクス主義フェミニズムの立場からは常識的なことだと思うんですね。たとえば、上野さんがよくひかれるクラウディア・フォン・ヴェールホフは小生産と家族へのこうした収奪を「継続的な本源的蓄積過程」と呼ぶ。「本源的蓄積過程」というのは、『資本論』に出てくるマルクスの表現で、マルクスはそれを資本主義の成立期のもので、本格的に資本主義経済が展開するための前提だとしました。だが、ヴェールホフによれば、じつはそれはずっと継続していると。全世界で考えると、現在でも働いてる人の八〇%ぐらいは広い意味での小生産に属するということになるそうです。この立場からすると、主婦と農業労働がこうした収奪体制の焦点をなすということになります。

もうひとつ、家族が生産手段を失って狭い意味での生産主体ではなくなっても、人間それ自体を生産し再生産する生存維持のための小共同体であることに変化はありません。そして、広義の生産共同体のなかでは、労働とは本来、共同体とその成員の生存維持のためのものであるがゆえに個々人に対しては無償だったわけで、近代家族において家事労働が無償であることの根拠も、こうした生存維持労働の性格に由来しているともいえましょう。

以上のようにとらえたうえで近代家族とは何かを再定義してみることができます。近代家族には、わたしの言い方では三つの形態があります。第一は、小生産者型、家型の家族で、ここまでのところでわたしが述べてきたものです。第二は、専業主婦が家事労働をしている狭い意味の近代家族です。第三は、今日は言及できなかった問題ですが、専業主婦の役割が低下した現代家族。この三つの類型が広義の近代家族に当たると、わたしは考えるわけです。この三つの類型は、ひとまず歴史発展の序列ですが、しかし、社会構成上の実態面では三つが併存し、規範的な面では適宜使い分けられている。非常にモダンな家族の主婦のかたも、夫の実家では古いタイプの家父長制家族の習慣に従うことも少なくないといったことを思い浮かべればわかりますが、現実の家族は三つの家族形態の特徴を含んでいると思うわけです。

近代家族が一般に家父長制的であるという点は、上野さんやフェミニズムの人たちの見解にまったく賛成です。しかし、ひとつだけ注釈しておきたいのは、三つの家族形態のうち、狭義の近代家族において家父長制はもっとも強いのではないかということです。そして、フェミニズムや女性運動の先頭に立たれたかたがたは、基本的には、この狭義の近代家族、都市中産者型の近代家族のなかで生まれ育った人たちで、上野さんの言葉を借りれば、そこに生まれ育った「不機嫌な娘たち」の反乱がフェミニズムや女性運動であるともいえましょう。また、こうした視点から、フェミニズムの社会史とでもいうべきものを構想してみることもできましょう。

3 フェミニズムと家族論の課題

わたしの考えは、単純化していえば、このように近代家族を三つの類型の組合せから捉えようということですが、これはある意味では大変常識的なことでたいしたことじゃないと思います。しかし、そう捉えることで見えてくる問題がいろいろあるのではないか。

近代家族の内部では女性の役割は非常に大きいわけですが、家族のなかの平凡な日常性は、私事として社会的地平からは隔離され閉ざされている。これが近代家族の特徴ですが、いま述べている問題からフェミニズムとは何かといえば、それは、この不可視の領域を可視化することで歴史を捉え直そうとする立場のことです。

だが、この立場に立つ方法が有効であるためには、家族の内部のダイナミズムを具体的に捉える手がかりを見出す必要がある。わたしは、女性史研究の発展のなかでこうした視点からして高く評価することのできる研究成果が、もうかなり蓄積されてきていると思います。

たとえば西川祐子さんが都市の中産階級の住居の部屋割を研究する方法を開拓された。駒尺喜美さんが近代文学を読み直して、非常にシャープに従来の読み方を転換させてみせた。小山静子さんが良妻賢母という規範の思想史を構築された。これらは、具体的な手がかりを設定して有効な分析を提示した事例だと思います。

しかし、これらの事例はどれも都市の中産階級や知識人に偏っている。近代の日本に実際に存在した広義の近代家族は、もっと広く見渡して考えられるべきものであって、そういう立場からの研究が必要だと思うんです。なぜ都市中産階級が中心になりやすいかというと、そのほうが資料を得やすいという、非常に便宜的な理由がある。わたしがやってきた民衆史は資料が少ない。「ない」とさえ言えるんですけれども、資料がないところで何を、もっと広い視野に立ってどう研究することができるかというのが、ここでの問題です。そこには歴史学的な想像力とでもいうべきもの、イマジネーションの力とでもいうべきものが必要なわけで、わたしの話が、そうした方向を多少とも示唆することができたとすれば、幸いであると思います。

◈第七回全国女性史研究者交流のつどい実行委員会編『新ミレニアムへの伝言』ドメス出版、一九九九年。

一九九八年九月五日・六日の両日、神奈川県江ノ島の神奈川県立女性センターで六〇〇人の参会者を得てこの集会が開催され、二日目の午後、上野千鶴子氏と私が報告した。この文章は私の報告である。なお、報告を受けての加納実紀代氏の発言、「会場からの質問を受けて」、および加納氏による「シンポジウムを終えて」を参考のために以下に掲げる。

(安丸報告を受けて)

加納(実紀代) ありがとうございました。ひょっとして安丸さんの近代家族論は、今日が本邦初演ではないでしょうか。論争の場に正面から切りこむようなスリリングなお話で、問題提起がいっぱいありました。お話に出た上野さんの近代家族論は『近代家族の成立と終焉』(岩波書店、一九九四年)にまとめられていますが、女性史では必ずしも受け入れられていないのではないかと思います。安丸さんは基本的に上野説を支持したうえで、日本の近代史全体の問い直しにつながる大きな問題を提起されました。

会場からの質問を受けて

折井(美耶子) お二方のお話は、とても大胆で、面白い内容をもっていたと思います。会場からのご質問のなかから、とくに次の二点について、お二方のお答えをお願いします。一つは、周辺事態法とか労働基準法改正とか「従軍慰安婦」など、現在わたしたちが直面している問題についてどうかかわるのか。二つは安丸さんは民衆史のなかでイマジネーションが必要と言われたが、元「慰安婦」やマイノリティをどう考えるのか、ということです。

安丸 今日のようなお話をする根本の理由は、現在の状況をどう捉えるかにあります。たとえば、「通俗道徳」的な規範は現在ではすでに一般的なものではなくなってきていますが、問題は、そのことが日本の社会全体にとってどういう意味をもつことなのかです。「通俗道徳」は、研究史的には前近代的なもの、封建的なものと考えられてきましたから、その立場からすればなくなることは非常に結構です。しかし、由来は非常に古く、少なくとも一七世紀まではさかのぼる、営々と日本人が培ってきた自己訓練・自己鍛練の様式が「通俗道徳」にあるとすれば、その崩壊が何を意味するかは、むずかしいところがあるのではないでしょうか。わたしたちは、「通俗道徳」的な人間は窮屈で嫌だと思っていますが、あまりに「通俗道徳」的でない人も困るとも思っている。会う約束しても全然来ないとか、こちらがお金を払っても知らん顔とか。われわれも、ある程度はその影響下にあるわけです。

この会場には、近代家族のなかに生きていて幸せというかたもいらっしゃるでしょうが、かなり多数のかたは、家族の崩壊過程を生きておられるのではないかと思います。ご自分はそうでなくても、少し周囲を見回せば簡単に目に入るでしょう。これがどういう意味をもつかが、大変重要だと思います。しかし、こうした問題から、たとえば労基法や慰安婦問題、あるいは援助交際がどうだというようなことにすぐ答えるのは、なかなかむずかしい。そこのところを、あまり単純に解かないほうがいいと、わたしは思います。

イマジネーションについては、こういうことなんです。今日の話の範囲で言いますと、歴史家は史料で実証するのが、ある意味で一番やりやすい。ところが史料は、国家とか制度の側が必要とした場合や何か事件が起こった場合に書き残されるんですね。民衆の言葉、また日常生活をしている民衆のことは書き残されにくい。そういう意味で民衆史の大部分はほとんど闇のなかにある。そこで、歴史のなかで民衆はどういうふうにしてたんだろうかということを、少ない手がかりを用いながら、さまざまなイマジネーションの力を用いて探索していくという方法論が必要だと考えるわけです。

「従軍慰安婦」だった人の証言など、わたしはそのためには非常にいい素材だと思います。こういう、いわば差別された最下層の、抑圧されている人の経験が語られ記録されることは、これまでほとんどあり得なかったことで、とても素晴らしい史料です。もちろん、「元従軍慰安婦」としての経験を語っている人はほんのわずかですけど、語られた経験を手がかりにして、じゃあ、沈黙してる人はどうなのかと考えることはできるし、もっといろいろな方向へ考えていくことはできる。そういう手がかりを大事にしてやっていきたいということが、わたしの立場です。

わたしは、上野さんから見れば歴史家のなかの実証主義者のひとりで、多くの歴史家から見れば上野さんに寄りすぎてよくない人間と、どちらから見ても怪しげな存在らしい。でも、そういう不安定な立場が一番いいと思いますね。たとえば慰安婦問題について、強姦と売春の二項対立というか二分法で考えることについては、もっと中間の、いろんな可能性を含めて考えてゆきたい。それを具体化して探る手続きはいろいろあると思います。「元従軍慰安婦」の人たちの証言には、独自のリアリティのあるものが多い。わたしは、それらを手がかりに、歴史家にふさわしい「従軍慰安婦」問題像を作ってみたいものだと思っています。

上野(千鶴子) わたしは今日は、歴史的な瞬間に立ち会っているという思いがいたしました。たったいまのご発言は安丸さんが「慰安婦」問題を歴史家の仕事として引き受けようという決意をお示しになったことになるのでしょうか。同時に、今日のご報告は予想外でした。『世界』にご発表になった論文「「従軍慰安婦」問題と歴史家の仕事」(「安丸集」第6巻—一三)の延長上のお話を伺えるのではないかと、わたしだけでなく会場の皆さんも思っていらっしゃったでしょうが、蓋を開けてみると「えっ?」と驚く近代家族論でした。今日のご報告は、フェミニズムが日本近代史学に持ち込んだ近代家族論を正面から論じるもので、安丸さんが女性史とフェミニズムの方向に、さらに一歩深みにはまってくださったという、その瞬間を目撃した思いでございます。

しかも、「常識的なことばかり言った」とおっしゃいますが、安丸さんの今日のお話は、ごく最近までは非常識だと考えられてきたことばかりです。たとえば、「家型家族」という表現は、まことに非常識な用語です。こんな用語は今までありませんでした。なぜなら「家」と「家族」は、あい並び立たないものというのが、家族社会学の常識だったからです。「家」をどのようにして西洋的な意味での「家族」にしていくかが、戦後家族社会学の一貫した課題でした。おそらく安丸さんは、「家もまた、家族である」という含意から「家型家族」という造語をなさったのだと思いますが、近代家族論者はこのような用語をまだ使っておりません。安丸さんは不用意になさったのかもしれませんが、新しい概念を造語なさることで、一歩を踏み出されてしまったと思います。

わたしが「家は近代家族だ」と申しましたのは、「家」を、西洋型の「近代家族」に無理やり含めるという意味ではなく、「近代家族」をもっと幅広く捉えて家を日本型ヴァージョンと考えようという提案でした。日本型「家」と西洋型「近代家族」との決定的な違いは、継承性の有無であると考えられてきました。ところが欧米の近代家族論のなかでは、これまで、継承性を問わないと考えられてきた核家族型の近代家族は、ヨーロッパでもアングロサクソン型変種に過ぎない、フランスやドイツでは継承性を重要視した家族の構成をとっているということが議論されてきております。

近代家族論は、普遍的と思われていた家族形態を歴史化し、ローカライズしてきました。したがって「近代家族」には日本型変種もアジア型変種もありうるわけです。そのような「家型家族」が近代化の過程で生まれたということに、安丸さんが賛成してくださったのは、大変心強い援軍であると、頼もしく思いました。

ただ、「家型家族」がようやく概念化できるようになった今日でもなお、新しい女性史が戦前・戦後のなかで主として都市中産階級を対象とし、農村部やそれ以外の「家型家族」の類型に対応するような家族の現実に深く踏み込んでこなかったというご指摘は、まったくその通りです。したがって、「家型家族」といったん日本型近代家族を類型化したうえで、さらに日本近代家族史を再構築していくという課題がこれから待ち受けているということは言えるかと思います。

シンポジウムを終えて（加納実紀代）

上野さんの話は予想どおりの期待どおり、安丸さんのは予想はずれの期待どおり、というべきか。

上野さんは四年前の山形大会で講演し、「これまでの女性史は男性史のつけた史」などといささかムッとくる辛口発言をした。その上野さんにあえてふたたびパネラーをお願いしたのは、この四年間に残念ながらその発言の正しさを証明するような事態が起こっているからだ。

周知のように、自由主義史観派を中心にした歴史修正主義者たちは、証言は史料ではないなどとして「慰安婦」問題を否定した。これは文献資料の絶対的不足から出発した女性史に対する許しがたい攻撃でもあったが、女性史側の反応はにぶく、危機感の共有さえ心もとないありさまだった。そのなかで上野さんは反撃の最前線に立った。

シンポでの話は予想どおりその延長線上に、期待どおり刺激的なものだった。前回の「つけた史」に対して、今回は「指定席」という、これまたいささかムッとくる言葉が出たが、女性史へのラブコールと受けとめたい。たしかに東大に女性史講座を一つ開設させても、男仕立ての歴史の「正統性」は揺るがないだろう。

とはいうものの、歴史をジェンダーの視点で問い直すとは、具体的にどういうことか。ジェンダー史の方法とはいかなるものか。その答えを社会学者上野千鶴子に求めるのはスジ違いというものだ。女性史を学ぶわたしたち自身がみつけだしていかねばならない。

しかし闇夜を手探りするような不安を覚えるのは否めない。また、唯一絶対の真実はない、「事実」ではなくて「解釈」の問題なのだとする構築主義的歴史の見方も不安をかきたてる。それではとめどない相対主義、不可知論に陥ってしまわないか。

その不安をヤンワリ受けとめてくれたのが安丸さんである。驚いたことに安丸さんの話は、本邦初演の近代家族論だった。しかもキーワードは「通俗道徳」である。これはフェミニズムや解放史としての女性史からは否定的にしかみられないものだが、それを安丸さんは、近代家族を支える女性の自律的側面を焦点に提起された。

すでに安丸さんは、「慰安婦」問題に関して、女衒《ぜげん》や業者の果たした役割の重要性をいい、そうした闇の存在が日本近代にもった意味を検討すべきだとしている（「「従軍慰安婦」問題と歴史家の仕事」）。こうした不可視の領域への着目は安丸さんならではのもので、女性史の今後への示唆に富む。

「不安定な立場が一番いい」という発言も同様である。これは上野さんにも共通するが、一元的な価値基準ですっぱり歴史を裁断するのではなく、歴史を多面的重層的に捉えること。ジェンダーという男女の境界への着目は、そのためにも有効性をもつだろう。

しかし、上野さんのいう「リアリティ」の感得にしろ安丸さんの「イマジネーション」にしろ、研究者の「人間」が問われる。歴史家は「過去」にだけ向き合っていればいいのではない。「現在」を生きる存在としてみずからの感性を研ぎ澄まし、たえざる再審に努めねばならないのだろう。

最初の折井さんの話によれば、女性史は遅効性の漢方薬のようなものだそうだ。新ミレニアムを迎えるにあたり、こうした方向にゆっくりと、しかし着実に女性史が歩んでいくことを感じさせるシンポジウムであった。

Ⅳ

「通俗道徳」論
——背景と展望

一〇　「通俗道徳」のゆくえ

はじめに

現在、日本の歴史学は、歴史認識の理論や方法についてきびしい問いをつきつけられている。社会科学・人文科学のどの分野でも、最近は方法論論議が活発に行われてきたように思えるが、日本における日本史学に限ってみると、認識論的根拠にまでふみ込んだ方法論論議はほとんど欠如していたのではなかろうか。いうまでもなく私たちには、マルクス主義理論の範囲内では多くの理論的蓄積があるが、その分、既成的なマルクス主義理論への安易な依拠があり、外国語文献を自由に利用しえないことも大きな制約となっていた。それに歴史学にはなによりも史料にもとづく実証の学だという性格があって、たいがいの歴史家は厖大な史料を駆使して行われる実証研究に自信をもっており、この点からも面倒な認識論的問題にかかわるための内在的理由に乏しかったともいえよう。歴史の真実は、営々と積み重ねられてきた実証研究の成果として我々の側にあるという確信である。「言語論的転回」以降の認識論的論争を広く見渡して論じたジェラール・ノワリエル『歴史学の〈危機〉』でも、実在と表象についての「プラトン以来」哲学者たちも解決できなかった大問題に歴史家がまきこまれることを拒否して、制度化された歴史研究を擁護している。

たしかに個々の事実や史料に即して考えてみると、そこに認識の共有が可能となり、歴史研究が共通してふまえなければならない「事実」や「真実」が存在しているように見えるかもしれない。多くの歴史家は、そうした事実や史料の集積を「共有財産」としたうえで、そこからどのような歴史像を組みたてるかはそれぞれの歴史家の自由だ、ただそのさいに、事実と史料をふまえるということが歴史家としての仕事を成りたたせるための専門家集団の約束事だ、と考えているようだ。そこでは、リベラルな相対主義と実証主義とが結びついて、現代社会のなかに歴史家の居場所が確認されていることになるのであろう。だが私などは、事実にしろ史料にしろ、それをあるまとまりとして見ようとすると、研究者の立場性がたちまち明らかになって、認識を共有しうるような事実や史料の存在はきわめて疑わしくなってしまうのではないかと考えてしまう。「従軍慰安婦」問題や南京事件についての最近の論争は、そうした問題を私たちにつきつけた。そして私は、個々の事実や史料なるものもまたそれぞれの歴史的コンテキストのなかでしか理解しえないものだと考えているので、個別の事実や史料についても「共有財産」といえるほどのものが自明的に存在しているかどうか疑問に思う。たいがいの事実や史料は論争的なものであり、すこし見方を変えれば異なった相貌を呈してくるものではなかろうか。

いうまでもないことだが、以上のような見方は、歴史研究は所詮は解釈なり歴史観の問題であって、事実や史料はその後についてくるものだ、というようなことではない。私たちは実証といい事実といいながら、じつは特定の解釈を歴史のなかにもち込んでいるのだが、それにもかかわらずその解釈なり歴史観なりについて反省の乏しい状態に陥りがちだということである。きつくいえば私たちはたいがい、自分の先入観や通念にあわせて歴史を簒奪している口舌の徒であって、実証や事実には自分のための弁明の具になりかねない危うさが組み込まれている。個々の事実や史料をきびしく見つめなおすことが求められるのは、そうした事情があるからだともいえよう。

私のここでの記述は、西川正雄の最近のエッセイ「御託宣と歴史学」(西川、一九九八)に導かれてのものだが、そこでの西川の趣旨は、村井淳志と上野千鶴子の見解にふれて、歴史学の「共有財産」とその根拠づけとしての実証を擁護するところにある。しかし、歴史学は西川がそこで前提しているほどに自明の「共有財産」によって基礎づけられているものだろうかというのが、私の疑問である。たとえば、一九八九年を境とするいわゆる「社会主義」体制の崩壊のなかで、現代史の専門家としての西川は、従来の歴史像を反省して新しい歴史像を模索してきたはずだが、それはまた新しい史料や事実の探索やこれまでとは異なった解釈をともなっていたはずである。練達の現代史家としての西川のなかにおこったこうした新しい探究の試みが、歴史学の認識論・方法論についての重要な論点を具体的な形で示唆しているはずだ、と私は思う。表象と事実などという問題についての気難しい哲学論議は、私たち歴史家にあまりふさわしくないとは思うが、自分の歴史研究のあり方をふりかえって自己言及的に認識論や歴史理論にかかわる諸問題を主題化することで、私たちにふさわしい形で歴史学の方法論論議を展開してゆくことができるのではなかろうか。

歴史学のなかでこうした方法論論議について考えようとすれば、現代歴史学の「パラダイム・チェンジ」を代表する社会史の評価がひとつの焦点となろう。この点について二宮宏之は、「歴史のうちに「近代」とは異質の他者を見出すことを可能にし、また、他者の側から「近代」の持つ意味を照らしだすことをも可能にした」(二宮、一九九三)と説明している。二宮によれば、「大きな物語」の解体という状況のもとで、ひとりひとりの歴史家がみずからの生の経験に根ざして日常的生活世界へと関心対象を転換させたところに、社会史は成立した。ところがこうした社会史の普及にともなって、「歴史の脱方向化」が不可避となり、歴史学の現代的課題と存在意義が失われるのではないか、ということになってくる。この点を危惧する歴史家は少なくないようで、たとえば安田浩は、右のような二宮の見解を紹介しつつ、「過去を根源的な他者性」において提示する社会史的研究は、専門家には「大きな刺戟」となるかもしれないが、「普通の人間」には歴史への関心を失わせることになるとし、それは歴史学にとっての「自殺行為」だとさえのべている(安田、一九九八)。専門家と「普通の人間」のこのような対比には異論をもつが、網野善彦や阿部謹也の著作が、安田や私の著作とは比較にならぬほどに広く読まれていることも、安田の主張を疑わしいものにしているともいえそうだ。歴史への関心とか歴史意識とは何かとか、なおよく考えてみたいところである。

社会史が「歴史の脱方向化」をもたらすかどうかは、社会史の評価にかかわる大切な論点であろう。二宮はさきの論文で、社会史の対象を身体性・心性・社会的結合の三つの次元に分けて図表化しているが、それを見ていると、あまりに多様な領域が並べられていて、いったい自分はそのなかから何を選んで研究をはじめればよいのか、と困惑してしまう。そのなかのただひとつの領域をとりあげても、一人の歴史家の半生を要するほどの大問題であり、この図表だけからはなにが歴史研究の戦略上の要石なのか見えてこないからである。しかし、二宮が社会史的研究を代表する力作としてあげているアラン・コルバン『においの歴史』を見ると、私などにはまったく思いもかけない「におい」についての感性をとりあげることで、コルバンは、「身体性と心性と社会関係の三極を貫くかたちで、近代社会の特質を鮮やかに描き出している」(二宮、同右)。社会構造や政治過程にとらわれやすい歴史家の虚をつくような問題を主題化することで、私たちは歴史を大きくとらえなおす可能性をもつことができるわけである。

安田の立場は、現状認識を明確にしてその観点から歴史の全体像を構成することであるが、そのばあいの現状認識とは、帝国主義的な大国化か社会的な平等主義や公正という理念の尊重かという政治社会的次元での対抗を軸としたものである。安田の社会史批判の論点は、こうした政治構造論な見取図のなかで構想されているもので、安田のいう社会史における全体像ないし方向性の欠如とは、いいかえてみれば、現代的課題に立った権力問題の軽視ないし脱落ということになるのであろう。そして私も、七〇年代にはじまる日本での社会史研究には、現在では権力問題を回避して文化類型論に回収されそうな気配があるように思うのだが、しかしまたたとえば『においの歴史』には安田とはまったく異った次元における権力分析があると思う。M・フーコーのいくつかの著作を参照すれば自明のことだが、どんな権力問題も、日常生活のなかで作用して私たち自身が内面化している複雑にいりくんだ権力関係を通して成立しているというのが社会史の立場であり、社会史は、安田とは異なった位相で現代の問題状況を照射しようとしているということになるのではなかろうか。

歴史家は、それぞれの時代の全体像を参照系として自分の個別の問題を追求し、また個別の問題を通して全体像を再構成しているのだと私は思うし、そこで参照される全体像もより具体的な問題設定も、究極的には現代の問題状況に根ざしたものだと思う。しかし、現代の問題状況と具体的な研究対象とのかかわりは、安田が思い画いているよりもずっと迂回的で重層的多元的なものではないかと思う。たとえば「におい」のような、一見些細な日常生活上の問題をつきつめてゆくことで、歴史を思いかけず問いなおすことができるところに、歴史学の面白さと深さとがあるのではなかろうか。

他の歴史家のことはともかくとして、私自身は、歴史理論や哲学的思索に不慣れで、現在、私たちの歴史学に提起されている気難しい諸問題に理論的にかかわる能力はないものと、はじめから諦めている。しかし、歴史学が現代的課題を担おうとする知的営みだという点でも、この営みが大きな歴史像とのかかわりで設定されるものだという点でも、多くの歴史家と共通する認識に立っているのではないかと思う。そこで私にできることは、自分の研究経歴を再点検してみて、そのなかから現代の問題状況への細い回路をたどりなおすことではないかと思う。この小論では、いまでは時代遅れの古証文なのだが、「通俗道徳」論をとりあげて、いくらか広いパースペクティブにおきなおすための試論を提示してみたい。

1 「通俗道徳」論とは？

「通俗道徳」論は、三〇年以上も以前に私の論文「日本の近代化と民衆思想」(『安丸集』本巻―一)で展開した主張にあとから名づけられた名称で、この論文は、いくぶん性急な若書きながら、その後の私の研究活動の出発点となった。その後の私は、必ずしもこの論文の単純な延長線にいたわけではないが、どんな研究対象に向きあうばあいも、そこでとりあげた問題を念頭においていたと思う。ここではその内容を要約するよりも、現在の私の立場から若干のコメントを付ける方が、この小論の出発点に適っていると思う。

①「通俗道徳」は、研究史的には前近代的とか封建的などとされてきたものにあたり、そのことはたとえば川島武宜のよく知られた論文「イデオロギーとしての「孝」」などに明らかである。これに対して私は、勤勉・倹約・正直・孝行などからなる一連の徳目、またそこに体現されている生活態度が、近代化過程において新しく形成された広範な民衆の自己規律・自己鍛練の形態だとした。なるほどこれらの諸徳目は、封建権力の教化政策の内容とほとんど変らないともいえるし、またそのゆえに既存の支配体制を下から支える役割を果してきたともいえるのだが、しかしまたそれにもかかわらず、それが人びとの生活意識のなかに内面化されてひとつのまとまりをもった生活態度をつくりだすと、近代化過程における民衆の自立・自律の形態となるのであり、「通俗道徳」には、近代主義的な理念とは異なる意味での「個」の主体性がつよく見られる。

②したがって、近代化過程を「強靭な自己制御力を具した主体」(丸山眞男)の形成などとして個人主義的主体性から展望するのは、近代主義的立場からの主観的願望であって、より実態的にいえば、近代化とは、家父長制的な家を単位とする広範な人びとの自立・自律過程として規定しなおさるべきものである。「通俗道徳」は、こうした自立・自律にふさわしい論理で、この規範を通して醸成された厖大な人間的活力が近代化を支える根源的エネルギーとなった、という展望をもつことができる。

③一九六〇年代から一九七〇年代なかばにかけて、歴史学界では人民闘争史研究がもっとも有力な研究動向となっていた。色川大吉の民衆史研究は、人民闘争史研究とおなじ時代背景を異なった視点からふまえて成立したもので、闘う主体の内面性にかかわる実証を目ざし、主体と歴史とのドラマティックなかかわりを記述して大きな反響をよびおこした。「通俗道徳」論は、日常生活次元をとりあげようとする点で同時代に展開した右の二つの研究動向とは対照的な性格をもち、民衆の日常的なあり方を歴史研究の基底におこうとする志向性をもっていた。だが、日常生活の次元における主体形成やそこでの葛藤に注目しようとする点で、民俗学や丸山学派の政治思想史とも異っていた。

④「通俗道徳」は、一面では自己規律・自己鍛練による主体形成であるが、それを裏返していえば、きびしい自己抑制とその内面化である。「通俗道徳」のこの両義性は、近代的主体にとっては不可避のことで、「通俗道徳」がひとつの大きな歴史的達成でありながら、じつはそのことによって抑圧と支配の拠点となっていく事情がこの両義性のなかに容易に読みとれる。その抑圧性の側面は、社会史的には若者組や祭礼などの伝統的民俗文化への抑圧とそのことによる地域社会の支配秩序の編成替えとしても実現されていく。最近の国民国家論は、国民国家の形成過程がこうした民俗文化へのきびしい抑圧をその重要な内実としていたことを明らかにし

ており、その意味ではこの新しい研究動向が「通俗道徳」論の有効性を思いがけず検証したともいえる。しかし、国民国家論が強調する合理化・文明化は、維新変革以降の政策史や欧米文明の導入だけで説明しうるものではない。近代社会への転換という巨大な変革がなしとげられるためには、伝統社会のなかに内在的に形成されつつあった独自の合理化・文明化の大きな動向に注目する必要がある。

⑤「通俗道徳」は規範であって、人びとの生活意識の内実そのものではない。近代化過程には人びとの欲求を亢進し、人びとを欲求主体として解放する側面がある。「通俗道徳」は欲求解放を志向するこうした生活意識と葛藤し、ばあいによっては人びとはそうした方向へより強く牽引されたけれども、しかし「通俗道徳」が規範としての自明性を失うことは、ごく最近まで一般的な現象ではなかった。規範と欲求という二つの方向への意識の分裂と葛藤とは、どの時代どの個人にも不可避のものだともいえるが、近代化の過程でこの分裂と葛藤がきびしくなり、個人と家族はその責任においてこの相剋を生きなければならなくなる。この相剋を具体的に捉えることは難しいが、近代文化、とりわけ民衆文化の多くはそうした問題の表象として読み解くことが可能だと思われる。

⑥「通俗道徳」は、個々人に内面化される規範ではあるが、その主要な内容は家族と村、また地域社会での生活に即したものであり、そうした拡がりをもった社会的規範である。近代日本の権力秩序、地域や企業の支配秩序などは、こうした規範の一般化・通念化なしには存立しえなかったと思う。「通俗道徳」論は、もともと丸山学派的な天皇制国家論の克服を目ざすという目論見をもったもので、「通俗道徳」論をふまえたこの展望は、拙著『近代天皇像の形成』にも継承されているが、もとよりそこでは「通俗道徳」論を単純に延長して近代天皇制を論じているわけではない。「通俗道徳」論を生かす構想が重要だとしても、とりあげようとする

問題毎に適切な媒介環を設ける工夫をする必要がある。たとえば、論文「日本の近代化と民衆思想」の末尾で、「「通俗道徳」をつきつめて社会批判にいたる」という趣旨の主張を展開しているが、これはそこで事例にあげている出口なおには妥当するが、百姓一揆や負債農民騒擾については必ずしも適切ではない。発想の原点を大切にしながらも、対象に即して論点を分節化してゆく工夫が必要なのである。

2　近代化と生存維持的小経営

それでは、近代化過程において「通俗道徳」型の生活規律は、なぜある自明性をもって人びとに迫り一般化していくのだろうか。この点の説明を研究史に求めるとすれば、M・ヴェーバー『プロテスタンティズムの倫理と資本主義の精神』を拠りどころとした比較宗教思想史的視点にゆきつくと思われる。こうした系譜の研究として、旧くは内藤莞爾「宗教と経済倫理——浄土真宗と近江商人」、戸谷敏之「中斎の「太虚」について——近畿農民の儒教思想」、中村元『日本宗教の近代性』などがあり、R・N・ベラー『日本近代化と宗教倫理』、竹中靖一『石門心学の経済思想』などをはさんで、最近では有元正雄の労作『真宗の宗教社会史』などをあげることができる。拙稿「日本の近代化と民衆思想」も、こうした研究史の流れにそったものだともいえよう。しかし、ヴェーバーのいうプロテスタンティズムに類似のものを日本思想史の伝統のなかに探るという方法では、禁欲型の生活規範がとりわけ近代化過程で広範な人びとに内面化されたのはなぜかということを論理的に説明したことにならないと思う。たとえばE・フロムは、ルターとカルヴァンの教えをとりあげて、それが近代化の展開過程における広範な人びとの自由の感情を表現するものであるとともに、おなじ過程が孤立感と無力感をも醸成して新しくて強力な権威を求めさせたことの表現でもあると論じているが(『自由からの逃走』)、こうした視角はヴェーバーを援用する比較宗教思想史的研究ではどのように扱われることになるのだろうか。ヴェーバーの右の著作の読み方や、最近のヴェーバー研究における近代批判の思想家としてのヴェーバー像ともあわせて、なおよく考えてみたいところである。

「通俗道徳」は、個々の要素に分解してみれば、おそらく東アジアの農耕社会に一般的な長い歴史をふまえて成立したものであろう。柳田国男は、二つの漢字から構成された「道義用語」が成立する以前には一つ一つの道徳には明確に分化した名称がなく、マメヤカ＝律義・正直、マメマメシイ＝注意深くよく働くこと、マメナ＝丈夫・強健などと、おなじ言葉が多義的に用いられていて、かつては「人間の好ましい長処」に「やたらに線を引いたり引出しを設けたりしなかつた」、「今日の定義では技能と名づくべきものと、道徳のうちに算へてよいものとの、分界をはつきりと立て丶居なかつた」とのべていて(柳田、一九七〇)、「通俗道徳」型規範成立以前のことを考えるさいに参考になる。ところが、漢字化された規範が一般化して道徳主義的な性格を強めると、それは人びとの心身のありようの全体のなかに内面化されて、あるまとまりをもった自己統制・自己抑圧となった。それは、ひとつの統一的な生活態度のことだから、ハレとケの民俗的循環を断ちきったより自覚的なものであり、「人間の好ましい長処」とそうでないものとのあいだに二分法的に明快な線引きをおこなうことであった。

こうした自己規律・自己抑圧は、近代化過程に不可避のものだったと考えられるが、ここではその根拠を、家族を単位とする小生産・小経営の一般化に求めたい。直系単婚家族を基本とする家の一般的成立は近世初頭に求められるが、それは小農経営の一般的形成と相即的なことであった。このような家を、その安定化と存続を目的として構成されている家族によって営まれているという意味で家型家族と呼ぶとすれば、その一般的成立にともなって人口と生産力の急速な上昇がはじまり、近世社会の基盤がつくりだされた。この家族は、近世ではなお村や同族団などの共同体的諸関係によって大きく制約されていたのだが、市場関係の進展が小経営の自立性を強め、家族の凝集力を高めるのである。市場関係の展開にともなって、さまざまの形態の雇傭労働が生れ、出稼ぎや小商いなどの機会も増大するが、それは必ずしも個人の析出とはならず、そこでの賃金や諸稼ぎ収入は、家族経営の維持にまわされる。家族は、生存維持のための諸手段を組みあわせて、近代化過程の荒波を泳ぎ渡るただひとつの単位主体としてみずからを構成していく。

家族がこうした役割を担うのは、それが生存維持 subsistence のための小共同体だからだといえよう。前近代社会の基礎集団は一般に subsistence のためのもので、そこでは家事労働と生産労働とははっきり区別されておらず、男、女、老人、子供にはそれぞれの役割があった。市場関係の進展にともなって、subsistence のための基礎集団は家族という最小単位にまで分解されるが、そのゆえに家族は凝集力を強めて自立しなければならない。性と年齢の違いによっていちじるしく不均等な能力をもった成員によって構成されているのが家族の特徴で、そこでは生活を維持するための共同性が基本原理となっている。近世後期から明治期にかけて、村落共同体や同族団がなお大きな規制力をもっており、「通俗道徳」型の村落再建運動は村落支配者層の主導権のもとに展開したから、そこにはむしろ村落共同体の再編強化のように見える事態も少なくなかった。しかしそのようなばあいにも、伝統的共同体慣行を否定して、家単位の自立化が共同体規制に依拠して強制されていったと考える方が、実態に即しているといえよう。

近世後期から近代にかけて、農民・職人・小売商人など、たいがいの職種で家族労作経営が一般的であり、日本の労働力人口の過半が被雇傭者となったのは一九六〇年以降のことである。そして、この家族労作型の経営においては、全家族員の日常的な努力や規律が経営の安定や発展に直結しており、それぞれの家族は市場からその努力や規律のありようを不断に問い詰められているわけだ。市場関係の実態に対応して、小経営の各成員は、その生産物の販売にたずさわったり、雇傭関係に入ったり、小商いに出たりするが、家型家族の特徴は、状況に応じてこうした対応を柔軟に実現していける、あるいはそうせざるをえないところにある。市場経済の衝撃は、こうした家族によってクッションされながら社会の全域に浸透していくのであって、家族を通して人間の活動力をきわめて複雑多岐な形態で収奪しうるところに、資本主義経済の特徴がある。そして、市場経済の衝撃をクッションする家族の論理として、「通俗道徳」がもっとも適合であることは、見やすい道理である。

ところで、家族が生産手段を失って小経営が解体し、狭義の生産主体としての性格を喪失しても、家族が生存維持のための小経営であるという性格は失われない。子供を産み育て、消費生活を日常的に営むという、人間それ自体の生産・再生産活動は、依然として圧倒的に家族に属しているからである。家族が生産手段を失うと、家産継承にともなう世代間の結びつきはたちまち弱体化するし、消費生活や子供の養育で市場への依存が強まって、家事労働に専業化した女性の社会的地位は相対的に低下するだろう。都市の中産階級などで、専業化した主婦が家族生活に細かく配慮する可能性が生れ、愛情を紐帯とする狭義の近代家族をつくりだす可能性が生れ、こうした家族に近代家族の理念像が重ねられていく。こうした転換は、フェミニズムや女性史の研究が教えるところで、私たちの歴史認識に新鮮な方向をきり拓いてみせた。ただ私としては、主婦の家事労働が無償であることの由来は、フェミニズムが主張するような家父長制的抑圧によるというよりは、それがsubsistence のための労働だという来歴によるのではないかと推察しておきたい。subsistence のための労働は、元来、個々人に対して支払われるものでなく、個々人の労働は家族の生存維持のためのものにほかならないという事情が、自己抑圧的な献身を強要することにも連なるわけである。狭義の近代家族のなかの男性労働力も、その収入は第一義的には家族の生存維持のために奉げられていて、その限りでは主婦労働と共通する無償労働にほかならない。

家族についての右のようなとらえ方は、I・ウォーラーステインの世界システム論や最近のマルクス主義フェミニズムの主張にほぼ対応している。たとえばウォーラーステインは、「世帯 Household」は市場に「ゆっくり順応する制度」であり、そこでは「短期的な安定性がその構成員の経済的利己心と社会的心理のなかに埋め込まれている」、とのべている(ウォーラーステイン他、一九九七)。資本主義をひとつの世界システムとして捉えるとき、それはこのような特徴をもったものとしての小経営・家内労働の収奪のうえに存立していることになるのである。C・v・ヴェールホフは、マルクス主義フェミニズムの立場から、資本主義は「周辺化された」広範な労働力を必要としているが、それはとりわけ農民と主婦であり、いまも全世界の生産者の少なくとも八〇%は「非近代的」で「低開発」の不自由な労働者だという。ヴェールホフによれば、マルクスのいう「本源的蓄積」は、資本主義の初期段階だけに特有のものではない。この不自由な労働力を収奪しつづける「継続的本源的蓄積」によってのみ、資本主義は発展しつづけることができるのだが、このことは第三世界と主婦労働に注目することで明らかにできるのである。「プロレタリアは死んだ、主婦万歳!」(ヴェールホフの論文題名)というわけである(ヴェールホフ他、一九九五)。

家族の生存維持役割がいかに強靭なものかを物語る事例としては、明治維新直後の旧武士階級の家族をあげるのが適切であろう。幕府や藩という上位団体に依拠することで存在していた武士階級の家は、維新変革によって文字通り路頭に抛りだされたが、その構成員がさまざまのサバイバル・スキルを身につけ、家族としての凝集力を高めることで社会的激動に対応し、日本の近代化過程で重要な役割を果した。そのようなばあいの家族の強靭な適応力とそこに秘められたエネルギーの大きさに驚歎せずにはおられない。

3 「通俗道徳」の日本近代史

「通俗道徳」論は、もともと近世後期から近代にかけての転換を念頭において立論したものだった。しかし、前節でのべたように、家型家族の自立の論理として捉えなおしてみると、もうすこし広い歴史的展望のなかにおきなおす可能性が生れてくる。走り書き風に、こうした視点から日本近代史を俯瞰してみよう。

「通俗道徳」は、近世社会が確立したあと、十七世紀末から十八世紀はじめにかけてまず大都市の商人層を社会的背景として自覚化されたらしい。農村部でその動きがはじまるのは十八世紀末以降のことで、石門心学、報徳社、草莽国学などの民衆的思想運動がこの時期以降に地域社会で展開する。しかし、幕末維新期から明治前期にかけては、村方騒動、百姓一揆、世直し一揆、自由民権運動、困民党などの諸運動が地域に展開し、村落支配者層を指導者とする「通俗道徳」型の改革運動はなおそうした諸運動に脅かされており、地域社会で主導権を確保しえないばあいが多かった。松方デフレを機に各地で倹約法が導入され、報徳社運動が普及しはじめたことはひとつの転機を象徴しており、一八八〇年代後半を境として地域秩序安定化の方向が明確になっていった。こうした秩序化に対抗的勢力である秩父事件などの農民騒擾は弾圧され、博徒の取締りも強行された。警察制度の網が地域社会に張りめぐらされ、監獄制度が確立したのも、おなじ時期のことだった。

近世では村や町、またなんらかの職能的身分的組織などの中間団体を介して権力に掌握されていた家は、明治初年に戸籍制度を通じて国家権力に直接的に掌握されることとなった。身分呼称や職業の違いなどをこえて、すべての家族は地域単位に把握され、国民として平準化された。家父長権の優位のもとでの家制度は、民法によって確定的なものとなり、近代日本の国家制度の基礎をなす単位組織となった。

しかし、一部の模範村などをべつとすれば、二〇世紀初頭においてもなお「通俗道徳」型の生活規範を必ずしも自明なものとして内面化していない広範な人びとが存在していた可能性が大きい。それはむしろ、日露戦争後の地方改良運動などを通じて一般化され、明治末年以降に中下層の民衆にまで広く受容されるようになったと考える方がよいように思う。報徳社や青年団運動などの全国的組織化、小学校における修身教育や校庭に建てられた二宮金次郎像などは、そうした動向について考えるさいのヒントである。

日本近代史の研究者たちは、「通俗道徳」論の意義をいくらか承認するばあいでも、それを近世後期から明治前期か中期までに限定し、明治末年からの社会的動向を、大正デモクラシー、小作争議や労働争議などの増加、立身出世的な上昇志向や知識欲の大幅な拡大などによって説明し、「通俗道徳」は過去のものとなりつつあったかのように考える傾向があるように思う。しかし、右にあげた大正デモクラシーなどと「通俗道徳」との関係を単純に二分法的に捉えるのは適切でないと考える。こうした新時代の動向も、「通俗道徳」型の自己規律を前提とし、そのなかでの葛藤・相剋をへての新思想の受容として捉えなおした方が、いっそう適切なばあいが少なくないようだ。被差別部落、工場労働者、都市下層民などにもこうした規範が受容されるのは、明治末年以降のことらしい。

一九一〇年代後半からの経済発展と新たな文化的思想的動向のなかに、「通俗道徳」とは異なる規範や文化への志向性があったことは確かだろう。しかし、この時期に都市中産階級を中心に近代の家父長制的家族が成立したと、フェミニズムと女性史研究は教えている。そして、一九三〇年ごろを境とする戦時体制のなかで、家型家族の規範は強化され、たいがいの日本人はこの規範を極限まで強めることで戦中・戦後の苦難の生活を耐えぬいた。総力戦体制が女性の社会参加をいっきょに前進させたことを最近の女性史研究が教えているが、しかしそうした社会参加は家型家族の規範を内面化させてその呪縛力を強める契機となったはずだということがいっそう強調されるべきだろう。家型家族の規範の規制力という数量化しがたい領域についての単純な示標として、離婚率をとってみると、統計が得られる限りでの最高値は、一八八三年、人口千人当り三・三九件であるが、その後の離婚率は年々低下して最低値は一九三八年の〇・六三件である。戦中・戦後の困難な時代に、家族を守って生きた人たち、とりわけ家を支えた女性たちの自己犠牲的に発揮されたエネルギーの大きさに感歎すべきところであろう。

4 「通俗道徳」と現代日本

「通俗道徳」論はもともと私の個人史的背景と結びついた発想であり、私には真宗篤信地帯とでもいうべき自分の幼少期の経験を学問の言葉に組みなおして語ってみたいという気持があったと思う。その意味では「通俗道徳」論は個人史的な分だけより限定的に捉えるべきものかもしれず、一般化にさいしては慎重な配慮が必要だろう。しかし、研究者には誰でも発想の原点のようなものがあるはずで、問題は、そこからどこまで媒介的分析的に探求の道をたどって、より大きな問題群にかかわってゆけるかにあるのではなかろうか。そして、自分のものの見方・考え方をあれこれ考えなおしてみると、そこに現在の私の生活や思想や性格構造にまで及ぶ複雑で厄介な諸問題があることがわかるが、こうした方向での思考は途中で杳として行方を見失ってしまう。こうした問題について深い洞察力をもつことは難しいが、それでも現在の自分と、現代社会と、研究対象としての過去との三者を、あれこれつきあわせて考えていると、思索をすすめるための手がかりがさまざまの形で存在していることがわかってくるような気がする。

家型家族は、一般庶民についてだけ考えてみても、少なくとも十六世紀ごろからの由来をもち、自覚化された「通俗道徳」も近世中期以降の歴史を背負っている。意識するにしろしないにしろ、それは今日の私たちの生活と生活意識に浸透していて、私たちはそれに指針を求めたりそれと葛藤したりして生きている。それは、アナール派歴史学のいう長期持続にあたるような心性で、簡単には変らないが、しかしやはり歴史的な形成物であり、形成・持続・崩壊の歴史をたどるはずのものである。そしてどうやら現在の私たちは、その崩壊過程のかなり重要な局面を生きているようだ。「通俗道徳」はおそらく一九六〇年ごろを画期として、生産様式としての小生産・小経営の崩壊と経済成長のもとでの消費社会化、また戦後民主主義のもとでの欲求追求の自由によって、そうした方向へすすんでいるのであろう。そのばあい、「通俗道徳」的なものを広くその基盤として成立している権力ないし支配に抵抗しようとする限りで、自由や権利は私たちの主体形成でありえたが、実現されてしまった自由や権利は、欲求の人格化と化して支配のための不可欠の契機として操作される可能性が大きいことに留意する必要がある。それに、「通俗道徳」は時代遅れだとしても、それにかわる自己規律・自己鍛練の様式はどのようなものだろうか。「通俗道徳」が少なくとも近代化の出発点からの広範な人びとの自己規律・自己鍛練の様式だとすれば、そこには長い時間をへて蓄積された智慧や経験が伝承されていることになり、この伝統から離れるとすれば、そこにどのような問題が生れてくるのだろうか。私は、「通俗道徳」の抑圧的性格に自覚的なつもりだが、他方でまた最近のさまざまの事件や社会的風潮を新聞紙上などで仄聞して考え込んでしまう。「通俗道徳」のなかから、その普遍主義的な内実を選りわけてそれを現代に生かす工夫をすることが、民衆史のひとつの課題なのだろうか。

こうした現代的問題について、どのように考えたらよいのか私にはまったくわからないし、右にのべたところもこれまでにのべたところから思いついた私なりの素朴な疑問であって、何らかの解答を示唆しようとするものではない。ただ、研究活動からの退隠にさいしての感想をひとつだけあげると、私たちの研究活動なるのも近代とか近代化という発想に捉われていて、現代・現代化という問題と正面から向きあう姿勢に欠けていたのではないだろうかということがある。現代・現代化はもとより近代・近代化の延長線上で展開するものではあるが、そこになにか根本的な転換ないし変質があるのに、私たちはまだそれを主題化することができていないのではないかという疑問である。

近代・近代化を前近代に対置したり、近代化には上からの権力的なそれと下からのより民主主義的なそれとがあって対抗的に展開してきたと考えたりすれば、啓蒙的二項対立が成立し、戦後日本史学の伝統はまっすぐ継承されることになるだろう。しかし、そうした発想ではとり落されるものがあり、それはようやく現代の状況のなかで見えてきたと考えるとすると、問題の構成自体を組み変えなければならないことになるだろう。たとえば、民衆の日常意識とか、そのひとつの側面として「通俗道徳」の両義性とかという問題には、そうした論点にかかわるところがあるのではなかろうか。もとより現代世界にははるかに重要な大問題が山積しているが、そうした問題群へ向けて自分の研究課題からの小さな通路をみつけたいというのが私の念願であり、この小論では私のささやかな展望の、さらにその一端をのべてみたにすぎない。

最初に言及した西川や安田は、私とちがって現代史についての練達の専門家だけれども、彼らにとって現代とはどのような時代なのか、じっくり聞いてみたいところである。

引用・参照文献

ヴェールホフ、クロディア・フォン他、古田睦美他訳『世界システムと女性』藤原書店、一九九五年。

ウォーラーステイン、イマヌエル他、若森章孝他訳『人種・国民・階級』大村書店、一九九七年。

コルバン、アラン、山田登世子他訳『においの歴史』藤原書店、一九九〇年。

西川正雄「御託宣と歴史学」『岩波講座世界歴史二四』月報、一九九八年。

二宮宏之「歴史的思考の現在」『岩波講座社会科学の方法Ⅸ歴史への問い／歴史からの問い』一九九三年。

ノワリエル、ジェラール、小田中直樹訳『歴史学の〈危機〉』木鐸社、一九九七年。

安田浩「「藤岡問題」と日本近代史研究の課題」『人民の歴史学』一九九八年、一三六号。

柳田国男「女性生活史」『定本柳田国男集』第三〇巻、筑摩書房、一九七〇年。

安丸良夫『日本の近代化と民衆思想』青木書店、一九七四年。


◈『歴史科学』一五五号、一九九九年。

大阪歴史科学協議会一九九八年度大会での報告を原稿化したもの。『歴史科学』のこの号は、「大会特集号　民衆的世界の把握とその方法」と題されている。

一一　砺波人の心性

はじめに

ただいま浮田(典良)先生からご紹介いただきました安丸でございます。私はこの地域のことを専門的に研究しているわけではありませんので、これからお話する内容には誤りも少なくないと思いますし、またそのようなことを論ずるのならばこのような資料に注目した方がよいなどと、専門家の皆様からご注意いただけるようなことが多いのではないかと思います。そうした問題点については、あとでご指摘いただけるとありがたいと思います。ではよろしくお願い致します。

私は、ご紹介いただきましたように、町村合併以前の地名で申しますと、東砺波《となみ》郡高瀬村森清《もりきよ》、現在の福野町森清(二〇〇四年以降南砺《なんと》市森清)に生まれました。生家はごく普通の農家です。井波中学、福野高校をへて、一九五三年に京都大学文学部へ入学して、これは自分ではまったく思いがけないことだったのですが、日本史の研究者となりました。私の主要な研究領域は、近世後期から近代初期にかけての思想史、とりわけ最近では「民衆史」と呼ばれる領域です。このような領域の研究者として、私はこれまで自分が生まれ育った地域について具体的に言及したことはありませんが、頭の片隅ではじつはいつも自分が高校卒業まで生活した南砺波地域のことを念頭において、それとの比較においてさまざまの問題について考えるという習慣をもっていたような気が致します。私の若いころの研究状況のもとでは、農村史の研究が重要な意味をもっていましたから、農村について経験的な知識があるということには、いくらか有利なところがあり、私はいつのまにか自分が生まれ育った地域を参照系としてものを考えるという態度を身につけてしまっていたのです。

この点については、高校卒業までの私はこの地域のなかだけでのきわめて限定された生活圏しかもっておらず、大学へ入学して学生生活をおくり、都会生活をするということは、それまでの生活との対比では、ほとんど異国で生活するというほどに隔絶した生活に入ることを意味していたということが重要だったと思われます。私の生家は井波と福野の町場からは、いずれも四キロほど離れたところにあって、中学と高校はこの二つの町にありましたから、この通学圏がまた高校卒業までの私の生活圏ということになります。大学の入学試験を受けるために夜行列車で京都へ行ったのが、金沢と富山よりも大きな都会を見た最初の経験でしたが、その金沢と富山へもほんの二、三度行ったことがあるだけという生活でした。このような生活のあり方には、自家用車が普及し、テレビやインターネットなどのコミュニケーション手段が発達した現在とでは、おなじくこの地域での生活といっても根本的な違いがあります。私は学校の教科書に出ていることとせいぜい半径四キロほどの地域の外のことはなにも知らなかったのです。

たとえば、私は散村とか散居村という言葉を知らず、家屋が離れ離れに建っているのが村、集まっているのが町だと思っていました。ところが、京都へ往復する汽車のなかから見ただけでも、ずっと水田が広がっていて、民家が軒を寄せ合っている地域が多いことを知りましたが、またのちには、砺波地域の散村は貝塚茂樹や湯川秀樹のお父さんにあたる小川琢治という有名な地理学者によって発見されたものであること、砺波地域が全国でも最大の散村地域であることなどを知って、すこし郷愁の入り混じったような興味を感じました。また、限られた体験ですが、外国を旅行しても集村の方がずっと一般的な居住形態だということを知りました。散村という、この地方ではもっとも普通のことも、その特徴を理解するためには外部の目が必要だったわけです。

大学へ入学してからは、都会の大学での学生としてまた教師としての生活で、これはまたこれでたいへん限られた生活圏です。そしてほんのときたまの帰郷のさいに、今度は自分が外部からのこの地域についての観察者となり、この地域の特徴を都会での生活体験や自分の勉強してきた知識と重ね合わせて考えてみるという習慣が生まれました。とりわけ、一九六〇年代ごろからの地域社会の変貌は顕著なので、この観察は、私にとって、なかなか興味深いものとなりました。こうして私は、自分の少年時代までの生活体験を背景において、この地域社会を重要な参照系として、自分の研究活動をするようになっていったのではないかと思います。そこで今日はそのようにして一人の研究者となっていった私にとって、この地域の人びとの生活や生き方がどのような特徴において見えているかということについてお話ししてみたいと思います。

なお、これからの私の話でこの地域と呼んでいるのは、基本的には旧砺波郡全体を意味することとしますが、ときには富山県を、またべつのばあいには私が子供のころに生活した南砺波地域のずっと限られたせまい地域を意味することと致します。利用しうるデータが限られていますので、この地域規定の曖昧さはあまり気にしないで資料を利用することにしたいと思います。また表題にいう「心性」という言葉は、最近の歴史学ではよく使われる言葉で、フランスのアナール派と呼ばれる新しい歴史学の動向のなかで用いられてきた用語ですが、精神的態度の特徴というほどの意味に理解してください。

1　砺波地域の外見的な特徴

他の地域からこの地域を訪れた人がすぐ気がつく外見的に顕著な特徴を、はじめにいくつか列挙してみましょう。

1　家屋がとても大きい

富山県は一人当たり居住面積が全国第一位の広さであることは、皆さんもよくご存知の事実でしょう。ずっと以前のことですが、経済企画庁が地域別の「豊かさ指標」八項目というものを発表したことがありますが、八項目のうち、富山県は住居で第一位、他の三項目でも二位で、総合的に見ると全国でもっとも豊かなのは富山県だという印象を与える内容でした。埼玉県は東京近郊で開発途上にあったせいか、順位がとても低くなり、知事が経済企画庁に抗議し、また独自の「豊かさ指標」をつくって順位の繰上げをアピールして見せました。そうしたこともあってあまり露骨な「豊かさ指標」は発表されなくなったのですが、富山県の家屋が大きいことについては、いまでは周知の事実となったといえましょう。

ところで私は、今回こちらへお伺いすることを機会として、これまでに発行された『砺波散村地域研究所研究紀要』をざっと拝見したのですが、その第六号の佐伯安一先生の論文「小さかった百年前の富山県の民家」が、たいへん興味深い事実を明らかにしていることを知りました。

佐伯論文によると、一住宅当たりの畳数は、秋田・山形・新潟・富山・石川・福井と、日本海沿いのベルト地帯各県が全国的に上位を占めるのですが、しかし富山県は一九四八年には全国三位、七三年に一位となり、延べ面積でも六八年から一位となりました。そしてその後は二位との格差がだんだん大きくなって、富山県の住宅の大きさは全国的に見て突出する傾向が顕著になったのです。また県内で都市別に比較すると、「「持ち家」の割合、一住宅当りの居住室数・畳数・延べ面積、いずれの数字も一位砺波市、二位小矢部市が占めており、砺波地方の民家が県内で一番大きい」のだそうです。ところでこの佐伯論文がとりわけ興味深いのは、一八八三年(明治一六)の太田村の史料によって明治初期の住宅の大きさが明らかにされて、それが現在の住宅の大きさと対比されていることにあります。この史料には、当時の太田村一九九戸の住宅面積が記されているのですが、それによるともっとも大きい家は九〇坪、もっとも小さい家は二坪で、一〇坪前後の家が少なくありません。こうした格差の大きさがひとつの特徴で、平均は二二・三坪です。これはこの論文が書かれた一九八〇年代の約半分ほどの水準のようで、その後に富山県の住宅はしだいに大きくなり、とりわけ昭和四〇年代以降に急速にその傾向を強めて、全国第一位の地位を固めたということになります。それではなぜこのような結果になったのか。佐伯論文は、富山県人は働き者である、「そして、手にした金は、食うものも食わず着る物はなくても、少しでも余裕があれば家屋に注ぎこむという県民性であった」と明快に断じています。

さらに『紀要』第七号の金田章裕先生の論文「砺波平野における中心集落から散村地区への住居移転」を拝見しますと、こうした住宅面積の拡大がどのようにして実現されていったのかが、きわめて具体的に理解することができます。金田論文によると、砺波平野の「中心集落」、つまり古くからの町場を構成していた地域では人口が停滞ないし減少傾向にあるのに、それにすぐ隣接する地域では、人口が増加する傾向にある。私がいくらか具体的に知っている地名でいうと、福野町野尻、井波町山野、福光町石黒などがそれに当たります。「中心集落」(町場)では住宅地の拡大は難しいが、すぐ近くの散村地域ではこれまでよりも広い住宅地を容易に入手することができる、そして自家用車の普及によって交通の不便もなくなった。こうして可能となった新しい住居では、宅地が二倍以上、住宅も二、三割大きくなり、新しい住宅建設が持ち家取得となるばあいも少なくなかった。以上が金田論文の要点ですが、私の見聞では、山間部や農村部から「中心集落」隣接地域に移住するケースもあるように思います。また道路網が私のようにたまに帰郷する者には帰るたびに驚くほどに発達していて、それが冬期には除雪されるということが、こうした新しい住宅建築の重要な条件となっているのでしょう。クルマと道路の発達、その活用が、散村という地域的特質を背景とした住宅改善に大きな役割を果たしたことになります。

なお、住居の問題については、その広さもさることながら、トイレと風呂場と台所とが、それこそ革命的といってよいほどに改善されたことが重要だと思われます。こうした次元では農村と都市の間にかつてははなはだしい格差があって、私なども都会で暮らしはじめると都市での生活習慣にすぐになじんでしまいました。しかし現在では、都会のマンション生活と私の生家のような農家のばあいを比較しても、質的な違いはほとんどないように思います。

2　冠婚葬祭が派手

私の子供のころには、葬儀も結婚式もそれぞれの家で行われていました。きわめて限られた経験によりますが、現在では葬儀はやはりそれぞれの家で、結婚式と披露宴は、たとえば高瀬神社などに設けられている特別の施設で行われるのではないかと思います。しかし葬儀がその家で行われるといっても、その内実には大きな変貌があったように思われます。葬儀の準備は葬儀屋、料理は仕出し屋が受けもつということで、葬儀屋や仕出し屋という職業分野が成立し発展したように見うけられます。私の父が死んだとき、葬儀屋があっというまに葬儀の準備を整えて、それが自分の知っていたものとはすっかり変わってしまっていることに驚き、すこし悲しい思いをしました。子供のころ、火葬場は私の生家のすぐ近くに隣り部落と共有のものがあって、親戚の人などが死体を焼くものでしたが、今、そこはきれいに整地されて小さな地蔵尊の石像が立っているだけです。ところで、葬儀、法要、結婚披露宴などの料理は完全に仕出し屋からとることとなって、女性がそのための労働から解放されたのはとてもよかったと思いますが、そのために料理はいっそう大掛りなものとなり、引き出物も大きくなったようです。この点は私が今そこで生活している東京などとは大いに違うところで、東京でも結婚披露宴では引き出物があることが多いようですが、それは片手で簡単に持てる程度のものです。私もずっと以前には引き出物などを自分でもって帰ろうかどうしようかと迷った記憶がありますが、今ではまったく不可能ですから、はじめから義姉に送ってもらうことと決めています。

報恩講などを見ていると、出席するのは大概老人で、時間を見計らって若い人がクルマで迎えに来るのが多いようです。料理と引き出物が大掛りなこととクルマの普及とはどうやら深い関係があるようで、東京や大阪あたりからくる親戚も高速道路を利用してクルマでやってくるので、大きな引き出物をもち帰ることができるのでしょう。『紀要』第一八号の青木亮「富山県におけるバス交通の現状と将来展望」によると、一世帯あたりの乗用車保有台数は全国平均で一・六四台、富山県は二・三三台、砺波市は二・八二台だそうで（データは一九九七年）、富山県の旅客輸送における公共交通機関の分担率は一一・二パーセント、公共交通機関の輸送人員は一九七〇年の年間一億三四〇〇万人から一九九七年の三〇〇〇万人へと、四分の一以下に減少したのだそうです。冠婚葬祭は昔からこの地方では派手に行われていたのだと思われますが、この地方がクルマの普及において最先進地帯であることがこうした傾向に拍車をかけたのではないかと思います。

3　一家みんなでよく働く

ところでいうまでもないことですが、右に述べた**1**も**2**もずいぶんとお金のかかることで、それを可能にしているのは結局富山県人はよく働くということによるのでしょう。富山県人は昔からその勤勉さで知られていますが、私はここではとりわけ女性がよく働くということを強調したいと思います。私が直接に知っているのは農村部なので当然のことを述べることになりますが、農村には専業主婦というものがありません。戦後のある時期にM型就労構造という言葉が用いられましたが、それは若いときに就労した女性が結婚や出産にともなって退職し、子育てがひとまず終ってから再びパートなどで働くようになることを意味していました。現在では結婚や出産のあとでも働き続ける女性が多くなったので、M型就労のM字のへこんだ部分がほとんど平らになったのですが、しかしそれでも若い女性には専業主婦願望が強いといわれています。私が今住んでいるのは東京郊外の住宅地にあたる地域ですが、こうした地域ではある年齢以上の女性は専業主婦か、そうでなくとも軽いパートや趣味的な仕事をもつという人が多いように思います。私は子供のころから母や義姉などの猛然たる働き者ぶりを見て育ったので、都会へ出て私にはいかにも閑そうに見えてしまう専業主婦を見て、ちょっとしたカルチャー・ショックを受けました。

しばらく以前に見た新聞報道によると、公立の小・中・高校の女性管理職(校長と教頭)の比率を都道府県別に見ると、大きな地域差があり、富山県は小学校の校長と教頭の比率はずっと全国第一位だとありました(朝日新聞、二〇〇一年三月五日)。自分と同世代のことを振り返って見ると、たしかに勉強のよくできた女性たちの多くが富山大学か金沢大学の教育学部に進学して、卒業とともに生家の近くへ帰って小学校か中学校の先生になりました。教員は男女差別のもっとも少ない職業領域で、のちに述べるように富山県は男女差別意識がもっとも強い地域といってよいので、彼女たちは意識してか無意識のうちにか、もっとも巧みに職業選択をしていたことになります。彼女たちは例外なく頑張り屋なので、管理職にもふさわしかったのでしょう。

またごく最近の新聞報道によると、生活保護を受けている人の割合を都道府県別に見ると、富山県は人口一〇〇〇人あたり一・九人で全国最低、最高の北海道の一〇分の一以下となっています。このことは、住居が広く持ち家率が高いこと(富山県が一位)、三世代同居率が高いこと(三位)、離婚率が低いこと(三位)などと連動しているらしく、家族生活の安定性が想定されます(朝日新聞、二〇〇二年一一月一三日、同一一月二〇日)。しかしまたのちに述べるような富山県人の特質からして、富山県人には自己責任の気風が強く、公的機関の世話になることを忌避するような精神風土があってのことだとも考えられましょう。

4　浄土真宗篤信地帯

この地方を訪れた人は誰でも寺と仏壇が大きいことに驚きます。今私は確認する資料をもちませんが、井波の瑞泉寺は京都府と奈良県以外の木造建築では全国でもっとも大きいのだと聞いたことがあります。のちにも利用するＮＨＫ放送世論調査所編『日本人の県民性――ＮＨＫ全国県民意識調査』(日本放送出版協会、一九七九年)によると、すこしデータが古いのですが、仏教を信仰していると答えた人の割合が富山県は四二・五パーセントで第一位、二位福井県、三位滋賀県と真宗地帯が続きます。これは創価学会(これも仏教ですが)の信仰と逆比例関係にあって、創価学会信仰がもっとも低率なのは福井県、ついで富山県となっています。私の兄は、若いころには信仰心が篤いとはとても見えなかったのですが、両親が亡くなったあと、朝と晩の読経を続けているようです。月に何回か、隣村のお寺の僧侶が読経のために来宅する月忌《がっき》参りも、長い間の慣行がそのまま続いていています。老齢に近づくとともに仏教信仰とのかかわりが深くなっていくのは私の兄に限らないようで、そうした方向へ誘導していく社会システムのようなものが存在しているのでしょう。

他方で、他の地方では一般的に見られる民俗信仰的なものは、この地方では影が薄く、また真宗信仰のなかへ組み込まれたようなかたちで存在しているように思われます。氏神信仰は大きな力を持っていますが、それが真宗信仰と矛盾するものとは考えられていないようです。

さて、以上に述べたことは皆さんがよくご存知のことで、他所から訪れた人もすぐに気がつくようなことです。そのうち、多少とも具体的な内容のあるところの大部分は当研究所の『紀要』によりました。ここで留意したいことは、こうした特徴は全国的に見てもかなり目立つ顕著なこの地域の特徴だということ、また上記の四つの特徴は相互に結びついているということです。そこで今度は話の順序を逆にして、4で述べたことを敷衍しながらそこから他の問題も展望するという方向でお話してみたいと思います。

2　真宗篤信地域と人口動態

ひとつの社会が前近代的な社会から近代的なそれへと転換するためには、さまざまな局面で大きな変容が必要ですが、この問題を広範な人びとの精神動態の変革の問題という視角から扱ったマックス・ヴェーバーの著作『プロテスタンティズムの倫理と資本主義の精神』はよく知られています。日本は非西欧圏ではもっとも早く近代化の方向へすすんだ国ですから、ヴェーバーの理論は日本にも適用できるのではないか、日本には西洋におけるプロテスタンティズムに対応するようなものが伝統的な宗教思想などのなかに発見できるのではないかという発想で、日本に即した研究をしようというのは、戦前から存在していたひとつの研究の流れといえましょう。たとえば、九州大学の社会学の先生であった内藤莞爾という人は、一九四一年に「宗教と経済倫理――浄土真宗と近江商人」という論文を発表しました。この論文は副題にあるように、近世の近江商人の家には真宗篤信の傾向が強かったことに注目して、ヴェーバー学説と真宗信仰を結びつけたものです。またそのすぐあとに発表された戸谷敏之「中斎の「太虚」について――近畿農民の儒教思想」(一九四三年)は、ヴェーバーのプロテスタンティズム解釈を大塩中斎の陽明学に適用し、大塩門下の裕福な農民層がヴェーバーのいうプロテスタンティズムにとても近い思想として大塩の陽明学を受けいれていたとしたものです。戸谷は、『プロテスタンティズムの倫理と資本主義の精神』の訳者であり、またこのヴェーバー学説の受容にもっとも大きな役割を果たした大塚久雄の最初の門下生です。

だが、ヴェーバー学説の日本への適用のその後の経緯はここでは省略し、この問題についての以下の記述では、最近の有元正雄の研究だけを取りあげていきます。というのは、『真宗の宗教社会史』(吉川弘文館、一九九五年)と『近世日本の宗教社会史』(同、二〇〇二年)という二冊の著書に集約される有元の研究が、戦後の地域史研究のゆたかな成果をふまえてこの問題の研究水準をいっきょに高めたと思われるからです。

有元は岡山県の生まれ、広島大学を出て岡山大学に勤務したあと広島大学へ移った方です。有元は、若いころから岡山県と広島県の近世後期から近代にかけての時期の、地方文書を用いた地域史研究に従事してきました。こうした研究活動と自分の生活背景から、有元は岡山県と広島県の農民の行動様式や意識に大きな違いがあることに注目するようになりましたが、彼がとくに注目したのは、真宗篤信地帯として知られる広島県安芸地方の農民のことで、有元はこの地域の農民の行動様式や意識が北陸真宗篤信地帯の農民のそれとよく似ているのではないかと考えました。そしてさまざまの史料と比較史的考察のなかから、(1)殺生(堕胎・間引きなど)の忌諱とそれにともなう人口増加、(2)報恩の教義よりもたらされる勤労のエートス、(3)この二点の結合のうえに成立する行商・出稼ぎ・移民など「出稼ぎ型」経済活動の三点を抽出して、真宗篤信地帯の民衆の行動様式と意識を特徴づけました。以下の論述では、有元の研究によりながら、ときには私の意見もつけくわえて、こうした問題について考えてゆきたいと思います。

ところでこれからの話の前提として、真宗篤信地帯とはどのような基準や方法で検出できるものなのかという問題があります。この問題について有元は、一八八二・八三年(明治一五・一六)(他の年次のばあいも若干あるが)の府県統計書をもちいて、全寺院のなかで真宗寺院が占めている割合を全国を網羅して郡単位で検出しました。この府県統計書は、近世の状況をほぼ反映した寺院分布について、全国的な動向が捉えられる最初のデータを与えてくれるわけです。それによると、真宗寺院率一位は富山県で八〇・二パーセント、二位石川県七一・二パーセント、三位鹿児島県六六・七パーセント、以下、熊本、福井、広島、山口、滋賀という順になります。郡単位で見ると、広島県の山県郡九七・五パーセント、同高宮郡九六・六パーセント、同沼田郡九六・二パーセント、また石川県の能美郡九二・二パーセント、同河北郡九一・一パーセントなどが真宗寺院率の高い郡で、砺波郡は八九・四パーセントで八位となっています。統計技術上の制約などは無視して大雑把にいえば、広島県西部、石川県の加賀平野、それに砺波郡の三つの地域が真宗の最篤信地帯ということになるのではないかと思います。またもっと平凡な常識としては、中国地方西部から九州にかけてと、新潟県もふくめた北陸・中部地方のふたつが、真宗地帯ということになりましょう。真宗信仰の強弱を寺院率から割り出してよいかどうかはひとつの問題かもしれませんが、しかしこれは全国的な状況を捉えることのできる便利な素材なので、ここでは有元説に従うこととします。

また、真宗信仰と人口動態とのかかわりを考える前提として、全国的な人口動態について概観しておく必要があります。近世初めの全国人口については確かなことは判りませんが、一〇〇〇万人をすこし越える程度、それが近世社会の安定化にともなって急速に増大して、一八世紀はじめには三〇〇〇万人ほどになったとされています。大河川流域が安定的な耕地になって生産力が増大したこと、また単婚小家族が一般化して、人口の圧倒的な部分が家族生活をするようになったことなどが人口増加の重要な要因ですね。ところが、一七世紀に急増した人口は、享保期ごろから停滞ないし微減となり、一八世紀末からまた上昇に転じます。そして近代に入るとまた急速な人口増となって、明治末年には五〇〇〇万人ほどとなりました。

これが全国的な趨勢ですが、興味深いことにこの人口動態には大きな地域差があります。図1（次頁）は、有元が『近世日本の宗教社会史』で「関東と周辺地帯」、「近畿と周辺地帯」、「真宗篤信地帯」という三つの地帯を設定して、その人口動態を対比的に捉えたものです。この資料は、近世中後期の日本では「真宗篤信地帯」で顕著な人口増、対比されている二つの地帯では顕著な人口減であったことを鮮やかに示しています（「真宗篤信地帯」とは、ここでは広島、山口、福岡、大分、熊本、新潟、石川（富山、福井も含む）の各県を指します）。

ところでここではもうひとつ、梅村又次が作成した近世の地域別の人口動態を表1として掲げてみました。梅村の表では、基準年はおなじ享保六年ですが、幕末は文政一一年、天保五年、弘化三年のうちから人口のもっとも多い年をとっています。この表によると、全国的な大きな流れとしては、山陰、四国、北陸、山陽は近世後期に人口増加地域であったこと、畿内と畿内周辺、奥羽、関東が人口減少地域であったことがわかります。安芸と周防の人口増加率がとりわけ高く、北陸と飛騨も高率で、この点は有元説にピッタリです。しかし他方で山陰と四国では各国とも増加率が高く、それ以外では伊豆、離島と分類されている隠岐と壱岐、また一般的には人口減少地域でも志摩と安房で顕著な人口増が見られ、丹後と但馬にもおなじ傾向があります。どうやら離島、半島、山間部で人口増加の傾向があるらしく、それはおそらく食料生産の条件変化、たとえば甘藷の導入とかかわりがあったことを物語っているようです。大島町は周防国の島で真宗信仰が盛んですが、一七三六―一八四一年の間に三四九パーセントも人口が増えたそうで、その理由は甘藷栽培と産児制限の欠如によると、有元が書いています。他方で有元が図1で「真宗篤信地帯」と対照させた二つの地帯は典型的な人口減少地帯で、もし他の地域を比較の対象に選べば、図1のような顕著な対照性は浮かび上がってこなかったはずなのです。真宗信仰による殺生の忌避と勤労のエートスも人口増加の要因かとは思われますが、人口動態の規定要因はおそらくかなり複雑で、より

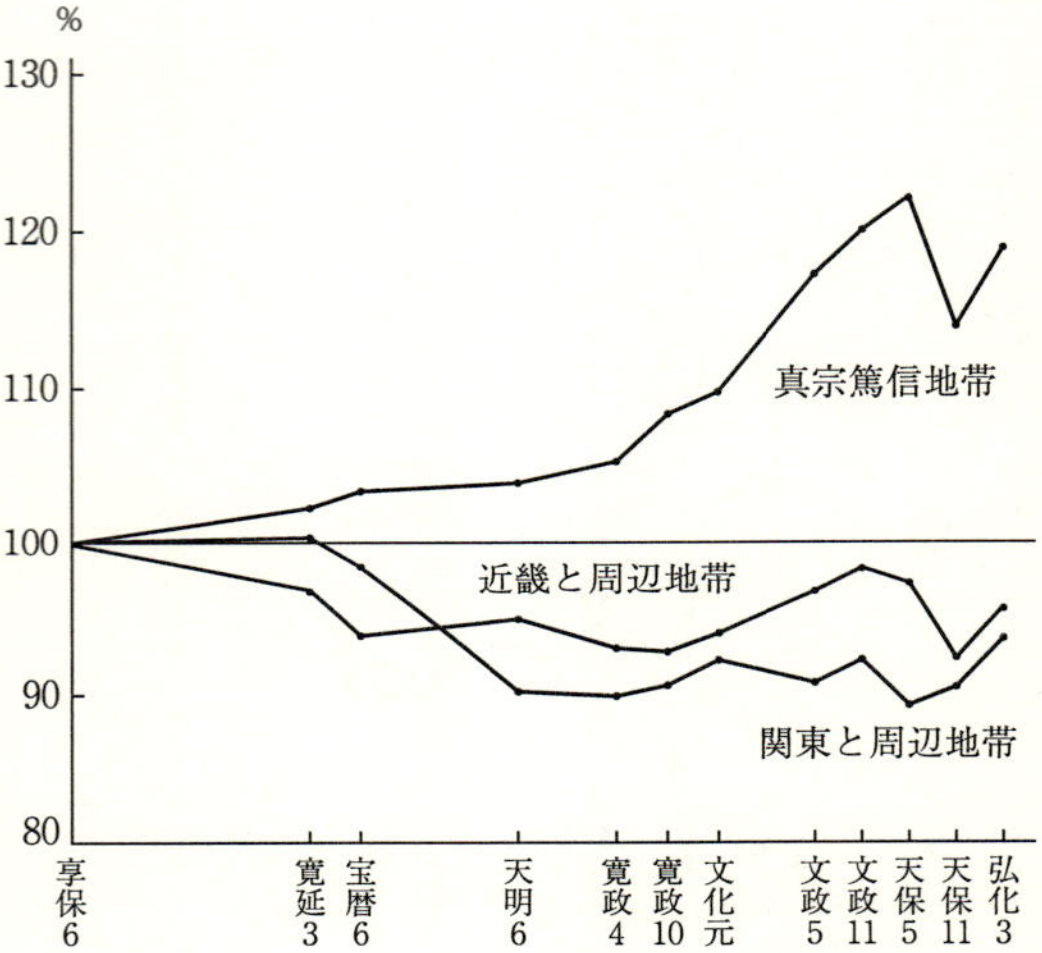

図1　近世の地帯別人口動態

内務省・内閣統計局編「江戸時代全国国別人口表」(『国勢調査以前日本人口統計集成』所収)による.（有元正雄『近世日本の宗教社会史』114頁）

表1　諸国の人口動向

(単位：1000人)

	享保6	幕末	指数		享保6	幕末	指数		享保6	幕末	指数
山　陰	685	907	132	東　山	1,598	1,829	114	畿内周辺	3,179	3,166	99
因幡	122	136	111	美濃	546	609	112	若狭	87	85	98
伯耆	133	191	144	飛騨	67	94	140	近江	602	548	91
出雲	222	315	142	信濃	694	808	116	伊賀	96	92	96
石見	208	265	127	甲斐	291	318	109	伊勢	544	500	92
								志摩	32	42	131
四　国	1,532	1,954	128	九　州	3,082	3,445	112	紀伊	519	521	100
阿波	342	459	134	筑前	302	346	115	淡路	105	124	118
讃岐	334	434	130	筑後	266	307	115	播磨	634	613	97
伊予	504	600	119	肥前	610	713	117	丹波	285	293	103
土佐	352	461	131	肥後	614	756	123	丹後	125	159	127
				薩摩	194	252	130	但馬	150	184	123
北　陸	1,973	2,472	125	豊前	248	249	100				
越前	368	398	108	豊後	524	476	91	奥　羽	2,841	2,636	93
加賀	207	238	115	日向	211	247	117	陸奥	1,963	1,691	86
能登	152	198	130	大隅	113	99	88	出羽	878	945	108
越中	314	413	132								
越後	932	1,225	131	離　島	150	174	116	関　東	5,125	4,478	87
				佐渡	96	103	107	相模	313	303	97
山　陽	2,024	2,468	122	隠岐	18	26	144	武蔵	1,903	1,777	93
美作	194	165	85	壱岐	20	28	140	安房	116	145	125
備前	339	319	94	対馬	16	17	106	上総	408	364	89
備中	334	347	104					下総	543	525	97
備後	321	361	112	畿　内	2,248	2,104	94	常陸	712	521	73
安芸	361	579	160	山城	565	498	88	上野	570	464	81
周防	263	436	166	大和	413	361	87	下野	560	379	68
長門	212	261	123	河内	243	225	93				
				和泉	218	208	95				
東　海	1,657	1,889	114	摂津	809	812	100				
尾張	555	654	118								
三河	416	440	106								
遠江	343	364	106								
駿河	246	286	116								
伊豆	97	145	149								

資料）関山直太郎『近世日本の人口構造』137–139頁.
註）幕末は文政11年，天保5年，弘化3年のうち人口の最も多い年次をとった．ただし，甲斐と大隅はこの原則によらなかった．また薩摩は享保6年の計数に疑問があるので寛延3年の計数をとった．

(梅村又次「幕末の経済発展」近代日本研究会編『幕末・維新の日本』山川出版社，1981年，14頁)

立ち入った分析を可能とする手法が必要だと思われます。

以上は近世中後期の地域別人口動態ですが、いうまでもないことながら、こうした人口動態は近代に入ると逆転といってよいほどに大きな変容を遂げます。これまでは人口減少地域に属していた東京・大阪とその周辺地域を中心に、太平洋沿いの地域で人口の急速な増加が見られ、近世には人口増加地域だった山陰、四国、北陸、山陽の人口は停滞へ向かいます。都市人口で見ても、一八七六年には金沢市五位、富山市一二位で、富山は旧藩の規模からすればずいぶんと大きな都市だったことになります(古厩忠夫『裏日本――近代日本を問いなおす』岩波新書、一九九七年、四三頁)が、それ以後金沢や富山の人口順位はどんどん低下して、東京・大阪のほか横浜や神戸などで急速な人口増が見られます。要するに、近世後期から近代に入ってもなお人口増加が続いていた地域から、従来は人口減少の傾向が強かった地域の中心都市へ人口が集中して近代日本の商工業が発達したわけで、これは常識的な事実ではありますが、おそらくかなり重要なことです。というのは、日本の近代化は基本的には国民国家の内部での人口移動によって達成されたことになるからです。これは、近代化の過程で世界中の異なった地域から新しい移民がつぎつぎとやってきたアメリカとは対照的に異なるところで、一九二〇年代以降に朝鮮半島からの移住が増えて複雑な差別問題が生まれたことも視野に入れて考えるべきところでしょう。かつて人口増加の著しかった地域は、のちには日本全体のなかでは周辺的で後進的な地域のように想像されがちになっていきますが、じつはこうした人口動態からしても、近代化していく日本社会をその基底部で支えていたことになります。

3　経済活動の特質

それではこのような人口増は、どのような経済活動に支えられていたのでしょうか。有元がとくに注目するのは、出稼ぎ・移住・移民と真宗篤信地帯との深い結びつきです。

有元はまず梅村又次などの『地域経済統計』（大川一司他編、東洋経済新報社、一九八三年）に依拠しながら、非農業従事者についての明治初期の全国的な動向を捉えて見せます。それによると、「概して人口減少の著しい関東諸国や陸奥国等が農業従事者の比重が大きく」、これとは対照的に、「とくに人口増加地帯であり、かつ真宗篤信地帯である北陸の越後・能登・越中・加賀および西日本の安芸・周防・長門・筑前・筑後国等が脱農化の進行したエリアに位置していることが注目される」のです（『真宗の宗教社会史』二四七頁）。しかしおなじ箇所に引用されている「主要職人の人口一〇〇〇人中に占める員数」という表を見ると、富山県は平均値以下なので、富山県はすこし事情が違うのかもしれません。

近世の出稼ぎでは、越後の杜氏《とうじ》・大工・木挽《こびき》、越中の売薬などはよく知られていますが、近代の鉱山でも、一九二〇年の足尾銅山の鉱夫は地元栃木県についで富山県出身者が一六・六パーセントを占めていたそうです。また上州の麦打ちでは、富山県人は越中さんと呼ばれて、よく働くので尊重され賃金も高かったとされています。だがこうした出稼ぎ労働には地域差が大きく、近代の北方海域での出稼ぎ漁業は下新川郡出身者が多く、おなじく明治後期から大正期にかけての「製糸同盟」に登録された製糸職工のばあいは婦負郡と下新川郡が多かった（以上のデータは、有元、同右書、二五五―二五七頁、『富山県史　通史編Ｖ　近代上』八三六―八三七頁による）。売薬行商はその多くが富山市と中新川郡です（有元、同右書、二九六頁）。広島県では、安芸門徒で知られる安芸地方の人びとがその勤勉さで知られ、杣《そま》、大工、木挽、屋根葺、石工《いしく》などに従事して出稼ぎに出、山口県でも大工、木挽、石工などとして出稼ぎに出るものが多かったそうです。しかしこうした出稼ぎは耕地面積の狭さによるところが大きいものと思われ、安芸国は一農民あたりの耕地面積が全国で下から二番目となっていて(有元、同右書、二七一頁)、砺波地方とはずいぶん事情が違うようです。

国内での移住については、寛政改革期以降に越後や越中の真宗農民が北関東の荒廃地帯へ移住したことがよく知られています。近世後期の北関東では堕胎や間引きが広く行われていて、人口減少、耕地の荒廃、村方騒動の頻発、博打と博徒の横行などが顕著だったのですが、移住してきた真宗農民は困苦に耐え、のちには在来農民を凌駕するような経営を実現したとされています。またその移住やその後の生活において真宗寺院の果した役割が大きかったことも知られています。

だが移住について重要なのは北海道へのそれで、北陸の真宗地帯から北海道への移住はすでに明治維新直後からはじまっていました。北陸四県(新潟、富山、石川、福井)からの本格的北海道移民がはじまるのは、松方デフレの一八八四年以降のことですが、とりわけ一八九七—一九一一年の期間には富山県が第一位、じつに九万人近くが富山県から北海道へ移住しました。富山県は人口一〇〇万人ほどの小さな県ですから、これは驚くべき数字といわなければなりません(有元、同右書、三五〇—三五一頁)。この移住にさいしては、移住農民の土地取得を確実にする「団体移住」の制度が採用されましたが、富山県からの移住農民は「団体移住」の代表的なもので、のちに模範農村として知られるようになったそうです(『砺波市史』など)。またこの移住は真宗寺院の活動と結びついていて、北海道には真宗寺院が多く、そのなかでも大谷派が多いことは、北陸真宗地帯からの移住が重要であったことをよく物語っています。

海外移民については、一八九九—一九二三年の期間では、広島県が第一位、全国の二〇パーセントも占めています。二位以下は熊本、山口、福岡、沖縄の順で、沖縄を除くと西日本の真宗地帯ということになります

（有元、同右書、三七八頁）。

有元の研究は、真宗篤信地帯では殺生を忌避して堕胎・間引きが少なく、人口が増加した、そしてこの人口増加が勤労のエートスと結びついていて、増加した人口が出稼ぎ・移住・移民となって新天地を求めて活動した、そうした動向が近代化していく日本社会をその基底部で支えたのだという方向で議論がすすみます。そしてこうした動向についての私の記述は、ほとんどが有元の著書によったもので、有元説の大枠は私には首肯しうるものです。しかしすこしべつの見地から考えなおしてみると、有元説は広島県と山口県との観察体験をふまえたものらしく、北陸真宗地帯についてはよく知っているこの両県からの類推にもとづいて考察していったのではないかと思います。そのさい、考察の基礎になっている安芸地方は一農家あたりの耕地面積がとりわけ小規模ですから、出稼ぎ・移住・移民が必要になるわけで、その点では砺波地方とは異なるように思います。またもっと理論的に考えたばあいにも、ヴェーバー理論を日本に適用するという立場からは、宗教倫理と生産力の発展とのかかわり、とりわけ農業生産力の発展とのかかわりが重要な論点となるべきものではないかと思われます。そしてこのように考えたばあいには、砺波地方がもっとも重要な検証の場となるべきはずのものだといえそうです。

砺波地方は、水田に早くから金肥を用いたことで知られています。そのなかでもっとも重要なものは北海道産の鰊で、それが越中へ移入されたのは一八二二年以降だそうです。それ以前に主として用いられていたのは干鰯で、砺波地方ではじめは芹谷野や山田野のような新開地で用いられ、元禄期以降に一般に普及したとされています。一八八八年の「北海道産鰊肥仕向先別輸出高」という統計を見ると、富山県は二位、全国比で一三・九パーセントも占めています。このばあい、一位は兵庫県、三位は大阪府ですから、いずれも棉作等の商業的農業に用いられたと思われ、富山県のばあいは水田に用いられたことに大きな特徴があり、「当国水田ハ、必ス北海道ノ肥料ヲ用ヒサレハ、収穫多カラサルハ、人民熟知スル所」とされたそうです。富山県は水田化率が全国一位で、この水田に金肥が用いられてきわめて高い米作生産力が実現されたわけです。明治前期(一八八一―九六年)の稲作平均反収は全国平均一・三六石、石川県一・六一石、福井県一・三六石、新潟県一・三二石に対して、富山県は一・八一石で、全国第二位でした。また県内での郡別平均反収を見ると、たとえば一八八四年のばあい、県平均は一・二七石に対して砺波郡は一・八二石、一八九八年のばあいでは、県平均一・九〇石、砺波郡二・一八石で、いずれも砺波郡が一位です。こうした高生産力を背景に富山県の米は早くから県外に移出されており、たとえば一八七七年の富山県からの米の県外移出は三二万石で全国一位(二位は新潟県二八万石、三位は佐賀県一七万石)でした。また高い生産力を背景として早くから小作地の割合が高かったのですが、しかも小作料は相対的に低く、こうした背景から砺波地域の土地制度を特徴づける慣行小作権が成立していったことについてはよく知られています(以上のデータは、主として前掲『富山県史』七七二―七七四頁、同七八四―七八五頁による。『砺波市史』と井上勝生『日本の歴史18 開国と幕末変革』(講談社、二〇〇二年)も参考にした)。

こうして、富山県、とりわけ砺波地域の米作生産力は、近世後期から近代にかけて全国的に見たばあいもっとも高い水準にあったと思われ、またもうすこし一般化して、北前船を利用した日本海沿いの経済活動が全国経済に占める比重は、その後の社会通念よりもずっと大きかったものと考えられます。ところが、鉄道網が整備されて産業革命が進行するようになると、商工業と人口集中の中心は太平洋沿いの地域へ移り、明治三〇年代に「裏日本」という観念が成立して、北陸は一般的に後進的で封建的な地域のように思い描かれるようになっていったのです(前掲、古厩『裏日本』)。しかしそれでも都道府県別で見た富山県の経済的な地位は意外に高く、一九四〇年の県民一人当たり所得は第九位、東京・大阪・兵庫・京都・愛知・神奈川・福岡・山口のつぎですから、日本海沿いではもっとも裕福な地域ということになります。一九三〇年代の富山県が水力発電によって電力王国となったこと、そうした背景のもとで、おなじころ大規模紡績工場や不二越などの重化学工業の進出があいついで富山県の工業化が進行したことも、富山県の経済的地位の向上に貢献したのでしょう。

若いころの私は、自分の故郷は貧しいと思い込んでいましたので、ずっとのちにこうした事実を知ってとても意外に思いました。明治前期の富山県では小作地率が高いことだけは早くから知っていましたが、そのことをどう理解してよいのか見当がつきませんでした。私はこの稿のはじめの方で、トイレと風呂場と台所とに革命的といってよいほどの大きな変化が起ったと述べましたが、私が自分の故郷が貧しいと思ったことの根拠にはそうした次元での生活実感があったのかもしれません。また、自分の主として学んだ歴史理論が農村の貧しさを強調する講座派マルクス主義の系譜のものであったことも、そうした実感と結びつきやすかったのかもしれません。私の子供のころの農家では、食生活も貧弱で、またきわめて多忙で細心の倹約が生活習慣となっていたことなども、自分の故郷の農村を貧しいと思う感覚に結びついていたと思います。

だが現在の私は、自分の故郷は貧しいという自分の若いころの感覚がじつはそれほど見当外れでもなかったように思っています。そのような自分の感想にきっかけを与えてくれたものに、南亮進「経済発展と民主主義」（南亮進他編『デモクラシーの崩壊と再生——学際的接近』日本経済評論社、一九九八年、所収）という論文があります。この論文は一九一五年から三八年までをとって、「戦間期の農工間所得格差・賃金格差」について、さまざまな指標を使って厳密に分析したもので、それによると、一九二〇年代から三〇年代にかけてどの指標をとっても農工間格差が顕著に拡大しており、南はそこに大正デモクラシーの崩壊と超国家主義台頭の社会的な基盤を読みとるわけです。この格差がもっとも拡大した一九三〇年代はすなわち私の幼年時代にほかならず、またこうした格差はおそらく戦後のある時期まで継続したのでしょう。したがって、農村は貧しいという私の感覚にもそれなりの根拠はあったわけで、私自身はそうした農村の貧しさを背景として成長したことになります。ところがやがて、戦後の長い保守政権のもとで農村部への巨大な所得移転が行われ、道路網が整備されて冬でもクルマで自由に移動できるようになり、こうした背景のもとで富山県人の勤勉のエートスが発揮されて、「豊かさ指標」を総合すると富山県が一位かなどといわれるような状況になったのでしょう。

4　県民性の調査から

各地の地理、風俗、人情などを国別に記した「人国記」の類いには、中世末以来の伝統があるそうですが、戦後は新聞社などでさまざまの企画が行われ、祖父江孝男『県民性』(中央公論社、一九七一年)のような著書も出されてきました。しかしここでは統計データが豊富なＮＨＫ放送世論調査所編『日本人の県民性』(前掲)によって、富山県人の県民性とでもいうべきものを瞥見してみたいと思います。

さきにもとりあげたように、仏教信仰は富山県が第一位で四二・五パーセント、二位福井県、三位滋賀県です。ほかの項目から富山県が第一位のものを拾ってみると、「本来自分が主張すべきことがあっても、自分の立場が不利になるときはだまっていることが多い」五一・三パーセント、「実力のないものがおいてゆかれるのはやむをえない」七一・四パーセント、人間には本来優劣がある三〇・四パーセント、男女間には全体として能力差がある五一・〇パーセント、この項目は二位福井県、三位石川県、最下位は沖縄県です。他の項目でも真宗地帯と沖縄県では顕著な対照性が見られますが、ジェンダー意識ではとりわけそのようにいえそうです。男女の性格的な特徴については、男には「誠実さ」、女には「やさしさ」を求める人がどの地域でも圧倒的に多く、その限りでは富山県も例外ではないのですが、しかし富山県はその割合が男の「誠実さ」四五位、女の「やさしさ」四七位、つまり最下位で、男性には「たくましさ」(二位)、女性には「素直さ」(二位)が求められる傾向があります。また富山県では婚姻外の性関係を否定する人の割合が高く(二位)、この点でも沖縄県(四七位)と対照的です。

そのほかの項目からも富山県が上位を占める事例をあげてみると、「公共の利益のためには、個人の権利が多少制限されてもやむをえない」二位六五・八パーセント(一位は山口県)、「暴力はいけない」三位九四・六パーセント(一位三重県、二位福島県)、自民党支持率二位五〇・六パーセント(一位熊本県)などとなっています。天皇を尊敬すべきだと答える人の割合は四位六七・三パーセントですが、一位山口県、二位熊本県、三位佐賀県は明治維新に活躍した勤王派の雄藩で、軍人も多い地域ですから、天皇崇拝の意識が強いのは当然のような気がしますから、この点でも富山県には大きな特徴があると思います(この項目の最下位は断然他を引き離して沖縄県)。また興味深いことに、自分の居住する府県が他の府県とは異なった特徴をもっていると思っている人の割合は、富山県は二位六五・一パーセント、沖縄県が一位六五・八パーセントとなっています。

こうしてこの県民性調査を眺めていると、富山県人の県民性が他の府県と比較してもとりわけくっきりと描き出されているような気がします。富山県人は、実力主義で個人の努力を重んじ、そこに生まれるさまざまの優劣や差別もやむをえないものとして肯定する傾向があります。女性にはその役割分担を内面化して素直でよく働くことが、他の地域よりもいっそう強く求められています。家族の規範と求心力が大きく、また一般に権威と秩序を重んずる傾向が強くて、その意味では現状維持的だともいえます。しかしそのことが実力主義的で

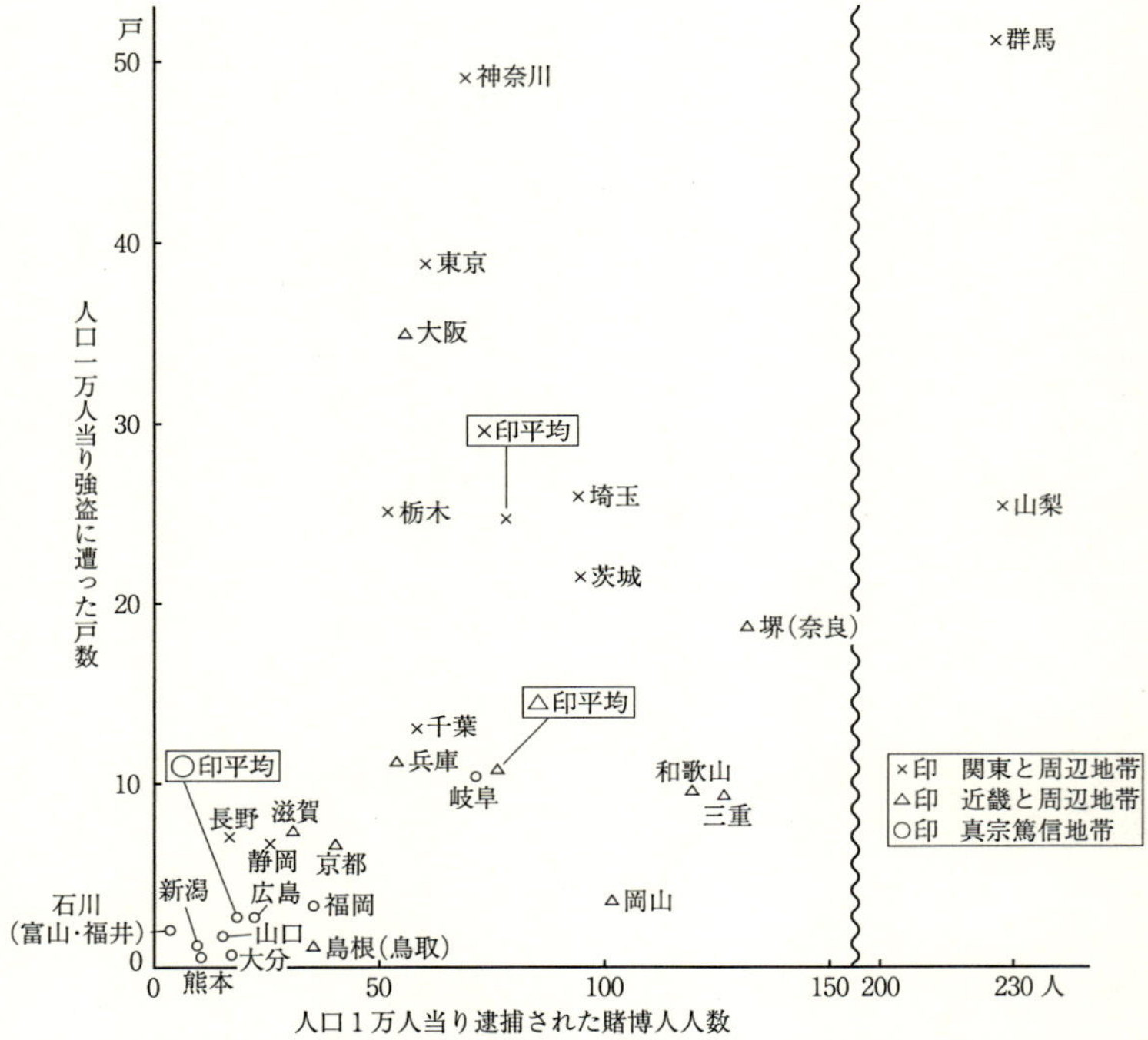

図2　府県別強盗に遭った戸数と逮捕された賭博人人数の相関(明治9年7月より10年6月まで)(有元『近世日本の宗教社会史』138頁)

個人の努力を重んずることと矛盾しないというよりは、むしろ深く結びついていることはとくに留意すべき点だと思われます。そしてこうした県民性が、なにほどかは県民の自意識ともなっているわけですね。

有元の『近世日本の宗教社会史』に、一八七六―七七年における賭博と強盗についての、例の三つの地域を対比した図表が掲載されています(図2)。これによりますと、「関東と周辺地帯」では強盗も賭博もきわめて多く、「近畿と周辺地帯」がそれにつぎ、「真宗篤信地帯」は比較的には極端といってよいほどに少ないことがわかります。

私は有元が「関東と周辺地帯」に分類している山梨県の犯罪についてすこし調べたことがありますが、たとえば刑罰を受けたものの総数が急増する一八七七年には六六六五人、じつに山梨県人の五七人に一人が刑罰を受けた割合となり、全国第一位でした。明治一〇年代末の山梨県で一年間の入監人員は四〇〇〇人あまりで、これは県人口の一パーセントを越えます。犯罪者の男女比は二〇対一ほどで、老人と子供は少ないので、成年男子だけをとればその割合はずっと高くなります(拙著『一揆・監獄・コスモロジー』朝日新聞社、一九九九年、一二〇―一二二頁)。山梨県では近世後期から無宿と博徒集団が横行して、博打が盛んでした。明治初年からこうした人びとへの厳しい統制が繰り返されて、明治中期ごろには地域秩序が安定化へ向かったものと思われます。有元の三地帯区分では、地帯設定の特徴上、三地帯の相違が顕著に表現されやすいのですが、しかしそれでも賭博と強盗を指標としてそれを「関東と周辺地帯」と対比するとき、「真宗篤信地帯」の特徴がとりわけ際立っていたことに驚かされます。秩序と規律を重んじ、権威的なものを受け入れるという富山県人の特徴には、少なくとも近世以来の歴史的な伝統があったものと思われます。

おわりに

はじめに自己紹介のような形で申しあげましたように、大学へ入った私は思いがけず日本史の研究者となり、近世後期から近代初期にかけての「民衆史」と呼ばれる領域を専攻するようになりました。近世の著名な思想家の研究からはじめた私が、のちに「民衆史」と呼ばれるようになった領域ではじめて書いた論文は「日本の近代化と民衆思想」(「安丸集」本巻―一)という、いまにして思えばずいぶんと不遜で大げさな題名で、そこで私はやがて「通俗道徳」論と呼ばれるようになる議論を展開しています。この議論の要点は、戦後日本の啓蒙主義的な時代思潮のなかでは前近代的とか封建的などとされて来た「通俗道徳」(勤勉、倹約、孝行、正直などの民衆的な日常道徳)が、じつは民衆の自己規律と自己鍛練の様式であり、こうした形態をとった自己規律・自己鍛練を通じて膨大な人間的エネルギーが発揮され、それが近代化していく日本社会をその基底部で支えたのだということにあります。そしてそのような議論を展開するさいに、この論文では、富山県や砺波地方についても真宗篤信地帯についても言及してはいませんが、自分が生まれ育った地域社会についての自分の印象や経験をふまえて立論していたことは明らかだと思います。

ところで今日の話の全体のなかで、私は、富山県とりわけ砺波地方が生産力的な先進地帯で、真宗信仰が篤いということを強調してきたのですが、もしこのような見方があたっており、また私がそうした地域の特徴を一般化して「通俗道徳」論なるものを展開していたのだとなると、私のこの議論は一地方の特徴を日本全体に一般化し過ぎたものだったという結論になりかねません。そして「通俗道徳」論は私の研究の出発点であり、またその後の研究の基底にある重要な論点なので、もしそれが誇張や一面化に基づくものであったとすれば、研究者としての私はそのよりどころを失うということにもなりましょう。しかしもうすこし視点を変えて考えなおしてみると、勤勉や規律を重んじ、集団の秩序を受容して生きるのは日本人にかなり一般化しうる特徴であり、富山県や砺波地方はその特徴をより典型的につきつめた形で代表していたのだとも考えられます。またこうした規範には、人びとの生活意識を特定の鋳型のなかに流し込み、その鋳型に合わせて訓練する強力なモデル性があることにも留意しなければなりません。そしてもしそのように考えるとすれば、富山県と砺波地方について研究することには日本の社会や歴史を研究するうえでの特別な重要性がある、さらにはその将来を展望するためにも、研究戦略上の拠点といってよいほどの重要な意味がある、ということにもなるのではないでしょうか。そしていささかの我田引水を許していただくことになりますが、「通俗道徳」論が私の幼少時からの地域社会に根ざした経験を反映しており、またその地域社会の特徴がこの報告で論じたような位置づけをもちうるものだとすれば、この私の主張にはじつは確かなリアリティがあったということにもなるのではないでしょうか。

いまも私の生家がある森清には、伝統芸能としての獅子舞があったのですが、近年それが廃絶したそうです。獅子舞には獅子取りがいて、それは中学三年生までの男の子が演ずるのですが、小さい子供がいなくなって、獅子舞はついに廃絶に追い込まれたわけです。森清には、私の生まれたころから今日までずっと二八軒の家があって、住居としてはどの家も立派に改造されましたが、子供を生むような若い夫婦がつぎつぎと離村し、老人だけの家が増えてきたわけですね。また私の子供のころは、大工や勤め人の家も含めて兼業にしろどの家も何反歩かを耕作する農家だったのですが、近年、一枚一町歩という大きな水田が造成されて、共同耕作に移行したそうです。少なくとも数反以上を基本的には家族労働力で耕作する農家経営がこれらの家々の存立を支えてきたとすれば、共同耕作への移行はそうした基盤の崩壊と放棄を意味しており、これまでとおなじ村落生活を続ける必然性が失われたことになるのでしょう。

こうした変化がどのようにすすんでいるのか、私は確かな資料をもっていませんが、いま巨大な変化が進行していることは、地域の方々が一番よくご存知のことです。現在進行中のこうした変化を含めて、当研究所が地域社会についてのすぐれたレポートを発信しつづけていただければ、地域社会の具体性を介して日本について、また世界について考えていくうえで、私たちは大きな教えを受けることができます。そんなことが申し上げたくてこの会に参加させていただきました。

ご清聴ありがとうございました。

【コメント】『砺波散村地域研究所研究紀要』第二〇号(二〇〇三年三月)所載。
いつのころからか、生まれ故郷の近くで催される講演会などに招かれる機会が何回かあり、私はそうした機会には富山県人の県民性とか砺波地域の人びとの社会意識や生活意識の特徴などというテーマをとりあげることにしてきた。そうした機会に話をした内容は大同小異だが、それらをまとめなおしたものが本章にあたる。本章末尾にのべているように、私のいわゆる「通俗道徳」論は、明らかに高校卒業時までそこで暮らした地域社会での生活体験に根ざしたもので、私はいつも自分の学んでいることを、ほとんど無自覚のうちにも自分の青年期までの生活体験と重ね合わせて対照させていたのである。

砺波散村地域研究所は、一九八三年に設立され、調査研究、例会、見学会などを重ね、毎年一回、地域に即した研究論文を集めて『研究紀要』を出版してきた。私が招かれたのはその第四〇回例会(二〇〇二年一一月二三日)である。散村への関心は地理学に由来するから、この研究所の活動は地理学関係者とのかかわりが大きいけれども、実際には自然科学関係にも大きな比重をおいた学際的地域研究が行われてきたことに、本研究所と『研究紀要』の特徴がある。私の報告は、本研究所での研究の流れからするとかなり奇妙なものだったかと思うが、こうした問題も本研究所にふさわしい研究課題ではないかと思い、思い切って報告させていただいた。私が生まれ育ったような農村社会は、いまその根底から変貌を遂げ崩壊しつつあるが、そのことが日本社会の全体になにをもたらしどんな意味をもつことになるのかは、もっとも気がかりな問題のひとつである。

◈本論文の書誌については、『文明化の経験』(岩波書店、二〇〇七年)への収載に際してつけ加えられた右の【コメント】参照。

一二　民衆的規範の行方

民衆思想史とは何か

――今回の特集(『現代思想』二〇〇一年一二月号、「特集ナショナリズムの変貌」)は「ナショナリズム」なんですが、安丸さんがずっと考えてこられた「民衆」とか「生活」という概念、あるいは「民衆思想」「道徳」といった概念がナショナリズムの問題を考える上で、その基底にあるものとして、いま緊急の重要性を帯びていると考えられます。まず、こういう概念をどのような経緯で考えてこられたのでしょうか。

安丸　僕が日本史の勉強をはじめたのは、一九五〇年代後半から六〇年代はじめの頃のことです。僕は大学へ入る頃は哲学志望だったのですが、専門課程へ進むときに日本史を選んだのです。時代はちょうど日本共産党の六全協やスターリン批判・ハンガリー動乱の時代から、六〇年安保のころですね。僕は田舎から出て来た素朴な青年にすぎなかったのだけれども、今から考えるとその時代の波を被ってなんとか自分なりの考え方と生き方とを見出したいと思っていたことになりましょう。

その頃、日本史の方は講座派マルクス主義が圧倒的な影響力をもっていましたが、もうすこし広く日本の知的世界の全体を見渡すと、丸山眞男などに代表される近代主義知識人の役割が大きくなっていました。僕はこの二つの流れから影響を受けたのですが、しかしそのどちらにもうまくなじめず、どっちつかずの態度をとっていたのです。僕よりすこし年長の丸山学派の俊秀たちや同年輩のマルクス主義を確信する歴史研究者の友人たちは、どちらも自信にみちているようで、羨ましかった。僕はあれこれ模索したけれどなかなかうまくいかず、困っていました。大学院の課程をおえてから三年も経って一九六五年に「日本の近代化と民衆思想」という論文を発表するのですが、この論文でようやく自分なりの方向が見えてきて、そのあとはまたジグザグの模索ですね。この論文は今から考えると平凡で常識的なことをのべているような気がしますが、平凡なことでも自分のコトバでのべることができて、自分なりの出発点になったと思っています。

そこで「民衆」とか「民衆思想」とかという問題ですが、これは全体性、もうすこし具体的にいって、日本の歴史と社会をトータルに捉えるにはこうした視角が不可欠だということですね。そして、別なコトバによってではありますが、講座派マルクス主義も丸山学派もこのような見方を方法論的前提においていると思います。しかしその内実は僕には納得しがたいもので、「民衆」とか「民衆思想」とかについての自分なりの捉え方を試みてみようという方向へ進んだということになりましょうか。

――民衆思想を「通俗道徳」という観点から捉えられていますね。

安丸　僕が民衆と呼んだのは、例えば津田左右吉だったら平民、柳田国男は常民ですか、それから左翼の歴史学だったら人民、その頃でてきた大衆社会論だったら大衆とか。これはいろいろありますね。こうした言葉の使い方の中から、民衆を選んだことには、学問の戦略みたいなものが働いているのでしょう。そこで「通俗道徳」論ですが、これはそれまでの日本の学問の中ではいわば前近代的な克服されるべきものと考えられてきたものの中に実は近代化の過程で日本人が苦心して作り上げてきたものがあるんだということで、それを取り出そうということだといえましょうか。

ごく簡単に自分なりの構想を述べると、勤勉とか倹約とか孝行とか謙譲とか和合とか、そういうふうな日本人がごく常識的に人間が守る当然の規範として思い浮かべることのできるようなものが「通俗道徳」ですね。そうしたものの由来を尋ねればいろいろあるんだけれども、実はこうした徳目として規範化されたものは歴史的には形成されたものだということを強調しています。およそ江戸時代の中頃に、勤勉とか孝行とか漢字二字で組み合わせて概念化された規範が作られる。はじめに都市部で、商人たちの間にそういう規範が自覚化されてきて、それが江戸時代の後期に農村の、これもおそらく上層の地主・村役人層から次第に下層へ浸透していった。幕末から明治初年にはいろいろな社会変動があるけれども、そういう社会変動をくぐり抜けて、明治の中期頃には、もっと一般化して地方の農村まで浸透するようになったと。まあ大体そういうふうに考えました。

これは例えば丸山学派の共同体とか、それから共同体と国体の関係とかにある程度対応しているわけですけど、僕の場合は、例えば共同体という言葉を使うにしても、民衆が作り上げてきた規範の中で作り出される諸関係ということを重んじて考えていますので、丸山さんの共同体の意味とは非常に違っています。それからマルクス主義の研究者との関係でいうと、人民闘争とか階級関係という言葉でとらえられているものよりも生活規範の方を重んじているという点で、また非常に違っています。僕の考えでは、そういう生活規範を人間の自己鍛錬を通して形成していくというところに近代化していく日本の社会の基本的なエネルギー源がある。この論文では天皇制とかナショナリズムとかあなたが最初に触れた問題は論じていませんけど、そういう問題を論ずるための基礎的な作業としてこういう次元のことを考えておく必要があるんだということで、この論文のはるか彼方に天皇制論を展望していたと言えると思います。僕が天皇制について書くのはずっと後で、六五年に書いたこの論文と天皇制についての著書との間には随分時間がかかっていますけれども、それは要するにジグザグの探求の過程があったということであって、この論文の狙いのうえにいろいろ積み重ねて、九〇年代初めに天皇制についての本を一冊書いたということですね。

主体と抑圧

――従来天皇制イデオロギー、国家イデオロギーなどがおもに抑圧的なものとだけ捉えられていました。また、それは民衆の遅れた意識の面だと指摘されていました。ところが、安丸さんはそういったイデオロギーを受け入れつつも、しかしそこがなおかつ民衆の主体的契機になっているんだという点をみました。これは画期的な視点でした。

安丸　歴史というものを考えるときに、新しく形成されるものと抑圧的なものとが相互に絡まり合っているということですね。これはかなり一般的に言える問題だと思いますが、僕にとっては、自分の中にある程度体質的にそのように考えてしまう要素があったと思いますね。例えば僕が大学に入った頃は、日本の学生運動が一つの興隆期を迎えていて、僕もその影響をうけたのですが、僕にはそういう運動の中でいつも違和感がありました。こうした運動の活動家のコトバのなかでは、時や状況のある側面が非常に誇張されていて、何かこうリアリティが欠けているという感覚があったわけですね。そういうことを学生運動、あるいは友人との雑談の中でいつも感じていて、歴史というものが作られていく契機のなかに実は抑圧の契機がはらまれているという感覚がいつも僕につきまとっていたのですね。これはイデオロギー論的に見ても、なかなか重要な論点だと思うんですね。

「通俗道徳」を一つのイデオロギーとして読めば、幕藩制社会の支配のイデオロギーに大体照応するし、近代の教育勅語だとか天皇制イデオロギーの中にそういうものがあるわけで、そのためにこれまでの考え方は一般的にはそういうものはあなたが言ったように前近代的とか封建的とかということで処理されてきたわけですね。しかし、イデオロギー論で重要なことは、やはりイデオロギーというものは上から一方的に押しつけることができないものであって、それは何らかの民衆が作りだしてきたものの上に乗っかってそれを編成するところにイデオロギーが機能する根拠があるということでしょう。そもそもイデオロギーなんていうものは支配階級と民衆が全然別の世界観を持っていては成り立つわけがないのであって、イデオロギーと広範な人々の生活意識との関係を捉えていく視点が必要になるわけですね。「日本の近代化と民衆思想」の初めのところに書いているつもりですけど、従来はイデオロギーとして処理されてきたものの中から、あえて主体形成の契機を読みとっていくという方法的立場をとっているわけですね。

――六〇年代同じような問題意識で活動していました吉本隆明さんはどう見ておられたんでしょうか。

安丸　遡っていくと、津田左右吉とか柳田国男とかが重要ですが、同時代あるいはそれに近い時代についての自分の思想体験としていえば、丸山、吉本が非常に大きいと思いますね。僕の考え方はある意味で、吉本の丸山批判を前提にしたものともいえるかもしれません。ただ、最初に「日本の近代化と民衆思想」という論文を書いたときには、吉本のことをどれくらい意識していたかということは憶えていないけれども、あまり意識していなかったような気がする。というのは、この論文ではヴェーバーとの関係を強く意識していた。日本にはあなたも知っているようにずっと以前からマルクス・ヴェーバー問題というものがあったわけですね。マルクス主義、特に日本のマルクス主義は経済主義的な性格をもっていて、それで不満だという人はヴェーバーに近づくというのがずっと大きな流れだった。これはもう戦前からそうだったわけで、大塚久雄さんなんかは典型的にそういうやり方をしたわけですね。

だから、歴史のなかにおける主体性の契機はマルクス+ヴェーバーというふうな議論の中で展開されてきた。それで、丸山の議論の中では確かにそういう主体性ということが重要だったのだけれども、僕の考えでは、丸山は自分の好きなというか自分の肌に合う主体の方を中心に議論を立てている。徂徠から宣長を経て福沢にいたり、また丸山自身につながるような近代的思惟の系譜が丸山好みの主体性ですね。だからそこには民衆とか大衆とかというものが含まれていないというのが、吉本の丸山批判で、こういう発想自体は僕には共感しうるものです。吉本はマルクス主義との関係では幻想過程を捉えようとした、つまりマルクスの社会分析の意味は大いに認めるけれども、しかしマルクスは経済過程を中心として議論していて、幻想過程というものを、実はその理論の中に含まれているのに十分には展開しなかった、これは自分がやるんだということで吉本理論は成り立っていると思うんですね。そしてこの幻想過程は大衆の存在様式を逆立させた意識過程の独自性として展開されているわけだから、そういう点では僕の考えたいと思っていることと非常によく対応していたと思います。

しかし、吉本の場合も、生活意識とか民衆意識というものが実は歴史的に形成されたものだという、歴史家の視点はあまりないと思うんですね。吉本の場合は、大衆論も天皇制論も、一種のかなり超越的な本質主義という性格を持っているように思うわけで、僕の場合はそれをもっと歴史化したい、ということですね。歴史家が考え直せば、吉本の主題も丸山の主題ももっと具体的に考え直せるんだ、というのが僕の言いたいことというか立場性ということです。

——具体的な民衆論の一つの結実として『出口なお』がありますね。その間までに何か考えの変化はあったんですか。

安丸 僕がまだ大学院の学生の頃に、大本教の教団史をつくる手伝いをしていたんですね。そのなかで、僕が比較的初期のことをやっていましたから、出口なおの生涯はだいたい僕の担当だった。なおの思想は基本的には「お筆先」というものに書かれてあるわけだけど、「お筆先」をおそらく教団外の人間としては僕が一番たくさん丁寧に読んだと思うんですね。それで、出口なおの「お筆先」を読んだという経験は、僕の人生にとってはかなり重要なことであって、「お筆先」と出口なおのことはその後もくり返し思いかえしました。『日本の近代化と民衆思想』という書物がでたのが七四年なんですが、その中では出口なおに触れたところはほんのわずかしかない。

だけど、そこでの発想の重要な由来は「お筆先」にあるんですね。もし「通俗道徳」論の由来が何にあったかということを僕の体験の中に探してみれば、それは自分が生まれた地域の農村での農民の生活意識についての自分の知識と、それから「お筆先」を通してみた出口なおという人間なんですね。それで、自分としては出口なおのことは一度は書いてみたいとずっと思っていたんですけれども、しかし神懸りとか教団形成過程の捉え方とか宗教に固有の面倒な問題を含んでいて、なかなか手がつけられなかった。現在では新宗教の研究が非常に進んだので、研究の便宜がいろいろあると思いますが、その頃の僕にはまだ分からなかった。だから、出口なおを説得的に捉えるためにはどうすればいいかと、いろいろ考えて宗教社会学の本だとか、精神医学的な本だとか、これまで自分の専門外だと思っていた本もあれこれ読んでみました。実際はもっと考えて書くべきで、あるところで考えるのをうち切ったかもしれないんですが、それでもともかく自分の研究の原点にあったで「通俗道徳」論を具体化するためにはこの素材が一番自分には気に入っていたので、それまでとはやや異なった方向で展開してみたということでしょうか。

小生産者と家族

――八〇年代ぐらいからご自分の通俗道徳論に対して、一定の懐疑というか限界性を書かれるようになっています。通俗道徳論とは主に原蓄期の民衆に最も典型的に見られるもので、それを小生産者の思想であったと後から規定されていますね。その辺の変化はどういうことなんでしょうか。

安丸　例の論文を書いたあと、僕は「通俗道徳」論を中心において自分の最初の著書をまとめたいという希望をもっていて、すこしは史料も集めていました。もしこの計画が実現されていたら、僕の研究はもっと土台のしっかりした深みのあるものになったかもしれません。この計画が挫折したのは、たぶん僕のなかで問題関心が移動して他の問題に取り組みはじめたからでしょう。一九七四年に出した著作『日本の近代化と民衆思想』の方では、題名は同一ながら、「通俗道徳」論は第一章とその補足にあたる第二章だけで、この書物の半分は百姓一揆論となってしまいました。その後の僕は、国家神道や宗教、自由民権運動などにも手を出して、「通俗道徳」論からはかなり外れたところへ、自分でも思いがけず進んでしまいました。しかしそれでも、僕は別に「通俗道徳」論に疑問をもつとか限界があるとかと考えたわけではありません。べつの分野をやるさいにも、言及はしなくても「通俗道徳」論は前提においていました。ただ、それぞれ取り組んでいる問題の性格に応じて、それにふさわしい問題の立て方や分析方法が必要なわけで、そのことは自分が「通俗道徳」論という問題設定の次元をもっていることと矛盾するわけではありません。「通俗道徳」論にはさまざまの批判や批評があるのですが、大筋はいまでもあまり反省もしないで当時の見方を維持しているといえましょう。

ただ、これは現在から考えるとすこしわかりにくいことかもしれないけれども、僕たちが研究生活を始めた頃は、やはり近代化というものをどう捉えるかということが重要な問題だったわけですよね。それで、近代化を民衆的な基盤から捉えるということが最初の発想で、僕はさしあたっては自分の研究目標は大体日本の近代社会の仕組みが基本的に成立する明治二〇年代くらいまでというふうに思っていましたね。自由民権運動とか困民党とかいろいろあったけれども、結局、日本近代社会の地域の秩序が成立したあたりまで展望しようとしていたんですね。

さし当たってのところは僕はそれでもよかったのですが、だんだん歳を取ってきて、できるだけ全体として物事を考えてみたいと思うようになってきたときに、「通俗道徳」論の射程距離はもう少し大きいんじゃないかな、と考えるようになってきた。最近では明治二〇年代で決着が付くんじゃなくて、それはむしろ出発点で、そういう生活規範が日本人の生活の中に広く深く浸透していくのはそれから後だというふうに考えている。

具体的にそれはどのように進展するのかとか、どの画期が重要だとか、簡単には言えないけれども、例えば明治の末頃はかなり重要視しています。「通俗道徳」は、最近は農村でいえば地方の村落支配層、あるいは中農上層とかそういった社会層に受容されやすかったと思うけれども、明治の末頃からそれがさらに下層の民衆へまで浸透していくようになったと思っています。

例えば地方改良運動というものがありますが、そういうものの中では「通俗道徳」的な生活規範の樹立が重要な意味をもっていた、と思っています。こうした運動を通じて最下層のさまざまな社会層もそうした生活規範の中に巻き込まれていくんだと考えているわけですね。例えば未解放部落とか都市の最下層の貧民だとか、職人とか労働者ですね。例えば労働者は、明治の末頃まではどちらかというと差別されているというか、生活規範を樹立しえていない人々というふうに考えられていたんですね。

ところが、明治の末頃から労働運動が起こってきますと、その中で労働者の側に生活規範の樹立ということがあってはじめて労働者は社会的に信用されるんだ、だからそういうことがまず必要なんだ、ということが労働運動の最初期に主張されたんですね。日本の労働運動を担った最初の団体として友愛会がありますが、友愛会は初めはキリスト教の影響を受けたそうした生活規範を樹立することを求める運動だったんですね。友愛会が労働組合の方に脱皮していっても、やはりそういう生活規範の樹立によって労働者こそ人間である、あるいは人格であるというふうにいって、そこには大正デモクラシーの影響とキリスト教の影響とがあると思いますけど、そういうふうな自己確立・自己鍛練を経過して初めて労働者の運動が社会的に認知されると考えられていたわけですね。

――労働者は厳密な定義だと小生産者とは言えないと思いますが、そこにもまた通俗道徳論が適用できるのではないかということですか。

安丸　「通俗道徳」論の射程を広げるにはどういう筋道で考えるのがよいかなかなか難しいところですが、「通俗道徳」というものは、自分、あるいは家族を単位とした小生産者が、自分の家族員の努力をすべて燃焼させて、自分の小経営を維持するという小生産、小経営に一番適合的なんですね。小生産の場合は、自分が努力すればその努力の成果は自分のところに戻ってくるし、油断すればたちまち破滅する。だから、「通俗道徳」は小生産、特に農民の小生産に一番適合的なわけですね。しかし、イデオロギーというものはある種の普遍性を存立の根拠にしているものなのであって、生活規範がある程度例えば農村で形成されたとなりますと、それがいわば国民的な規模で普遍化されていくということになると思うんですね。

そして、生活規範というものは勝手にどこからでも適当にもって来るというわけには行かないもので、やはり、国民的な普遍性をもったものが受け入れられるということになるわけで、人々が家族を中心として生活しているという限りは農民も都市の職人や労働者も同じですから、そういう家族を律する規範としては、「通俗道徳」的なものが受け入れられるだろうということなんです。厳密にいうとね、そこら辺にいろいろ具体的な内容に違いがあるらしいですね。例えば僕の考えでは「通俗道徳」を一番熱心に担っているのは民衆宗教なんだけれども、江戸時代の末頃から明治の末頃までの間に発展した天理教とか金光教とかのような民衆宗教は僕がいう「通俗道徳」にぴったり合っているんですけど、一九二〇年頃から都市部で新しい民衆宗教がでてくると、都市生活に適応するような規範を発展させているような面がある。

それから先ほどお話しした労働組合なんかの場合だと、やはりキリスト教の影響を受けたり、場合によってはロシア革命の影響を受けたり、というふうになっていきますので、それぞれの社会層にあわせた違い目があることはある。しかし違い目を強調するというのは「通俗道徳」論では難しいところがあって、違い目は違い目で意味があると思いますけれども、大きな流れとしてはやはりそこに共通のものがある、というふうに考えているわけです。

——　つまり通俗道徳を狭くとれば原畜期に特有な思想なんだけど、「家族」というものを媒介にして現在までを見通すものとなるということですね。家族という概念は最初の著書にはあまりない概念ですが。

安丸　最近になって「通俗道徳」論の立場からもっと原理的に考え直そうとしたときに、一つの手がかりとして、家族というこれまであまり考えたくないと思っていた問題について考えてみようと思うようになりました。「通俗道徳」は小生産に一番適合的だと言いましたけども、小生産というのは要するに家族単位の生産様式ということでしょう。こうした家族というものはどこまで遡って捉えうるかというのはなかなか難しい問題だけれども、武士階級では中世、庶民では大体一六世紀以降から一般化したものと考えておきましょう。

だがその場合、江戸時代は家族は村落共同体とか同族団とかさまざまの中間団体に媒介されて存在していたので、家族だけで自立的に存在していたわけではないですね。ところが、「通俗道徳」が自覚化されるということは、家族が、そういう共同体的な諸関係からある程度分離して家族自体が生活の単位になり責任主体になっていくということに対応していると思うんです。

それでは家族とは何か、これは難しい問題で、いろいろな議論があると思いますけれども、それは要するに、性と年齢を異にした人々の生活の共同体、生存維持、サブシステンスの共同体であると僕は考えます。人々の生活というものは、もっとも原理的にいえば生存維持のための共同性によって支えられてきたわけですね。一番古い時代から現代までそうだと思うんですね。それで、例えば江戸時代に出稼ぎとか年季奉公とかが出現しても、そこで稼いだお金は、稼いだ個人のものになるんじゃなくて、原則的には家族の収入になるんですね。つまり、働くということは、原理的には家族の生存維持のために働くということですね。

同じようなことは現代のサラリーマンについても言えるわけで、僕なんかはサラリーマンをやっている期間はずっと自分の給料は全部女房に渡していたわけだから、よくフェミニズムの人は家事労働は不払い労働だというけれど、僕なんかは何十年か不払い労働でまったく支払われないまま家へ給料を運んでいた。人間が働くということは何よりも生存を維持するために働くということであって、そこにはサブシステンスのためのなんらかの共同体が前提にされているわけですね。このサブシステンスの単位が、だんだん小さくなってきて、近代社会では基本的には家族になった。家族というものは、老人とか子どもとか病人とかを含んでいるから、そこでは単純な意味の平等というのは本来成り立たないような共同生活体だということなんですね。そういうものを維持するための人々の努力が、近代社会でもその基底にある。資本主義というものは非常にフレキシブルにいろいろな変動を受け止める、家族というものでクッションされないと存在し続けることは不可能であると思うんですね。

だからそういう意味で家族の問題を考えることが近代化の初期だけじゃなくて、広くグローバルな資本主義のもとでの人々の生活を捉えようとするさいに、非常に重要なんじゃないかな、と思っていますね。もちろん家族だけじゃなくて、他の生活単位、例えばもう少し大きな共同体があったり、場合によってはさまざまな扶助組織があったり、宗教団体があったりするでしょう。そういうようなものが現代でも人々の生活を支えているという側面はかなりあるでしょう。でも、非常に割り切っていうと、やはり家族はサブシステンスの方向で考える場合にはもっとも重要で、そこへ主題を少し移して考えることで「通俗道徳」が果たした役割を考え直すことができるんじゃないかと考えているわけです。

サブシステンスの思想

――　七〇年代くらいから家族を考察する新しい枠組みがいくつかでてきたような気がします。一つは社会史、もう一つはフェミニズムです。また、家制度を日本文化の文脈で捉えなおす仕事もでました。それらの潮流に対してはどのような距離を感じていらっしゃるでしょうか。

安丸　今あなたが言ったことを全部一緒にして言うのはなかなか難しいけれども、家族とか家とか、あるいは祖先崇拝とかが歴史的に変遷するものである、つまり長い目で見た場合には変遷する、ということはかなり重要な論点でしょう。でもそんなことを考えたのは、ずっと以前ですね。

たとえば、柳田民俗学の祖先崇拝論をもっと歴史化してみたいという発想は、ずっと以前からのものですね。『文明としてのイエ社会』やフェミニズムからはインパクトを受けたと思うけれども、日本的経営論だけで頑張るという人はいまはあんまりいないと思うんですね。日本的経営論が流行らなくなると、『文明としてのイエ社会』も嘘っぽいということが暴露されて、今はあまり問題じゃないと思いますが、どうですか。

フェミニズムについては、近代の家族が全体として家父長制的だとするフェミニズムの主張はよくわかります。近代日本で言えば、上は天皇家から下はさっきすこしふれた被差別民や都市の最下層社会までも含めて家父長制的な家族という性格を強くもっている。実際には奥さんが威張っていてあんまり家父長制ではない家族もたくさん存在したけれども、支配的な価値意識や規範としては、家父長制的な家族を内面化しなければならないという事情が一般的に存在していた。

それで、近代の家族を僕は「家型家族」と言っているんですけど、この「家型家族」という概念を使って話をしたら、上野千鶴子さんから、それは家族社会学の完全な無理解の上に成り立っている、安丸さんは家族社会学について何も知らないからそんなことが言えるのだといわれて、ナルホドと思ったことがあります。つまり、家族社会学では家から家族へというのが基本的なシェーマで、「家型家族」は矛盾した滅茶苦茶な概念だと言うことですね。上野さんは、僕を批判すると言うよりも、無知故の大胆さを評価してくれたのだと、僕は勝手な手前味噌で解釈しましたけれども。

いうまでもないことだけれど、フェミニズムは、専業主婦の細やかな配慮に基づく家事労働のうえに築かれた情愛に満ちた近代家族が、じつは女性の無償労働のうえに築かれた近代家父長制だと喝破したわけですね。

ロマンチック・ラブに基づいて成立した愛情家族が、じつは男女の性的役割分担を内面化した抑圧と支配の構造だと。これは、近代社会の通念を脱構築的に批判するもっとも鋭い視点で、ナルホドと感心してしまいます。しかし僕のばあいは、男性も生存維持のための無償労働、不払い労働をやっているのだ、労働というものは本源的にはサブシステンス共同体のためのもので、労働主体に対しては無償ないし不払いなのだと考えますので、フェミニズムの立場とは異なります。でも、近代の愛情家族がじつは家父長制的家族だと考える点では、フェミニズムに賛成で、都市のブルジョワジーや中産階級などの一見新しいタイプの家族の方が、農民や職人の家族よりも一般的にはいっそう家父長制的だと思いますね。こうして、近代の日本は上から下まで基本的には「家型家族」とでも言うべき家父長制的家族だったと思いますが、家父長権は社会の上層にいくほど強い。したがって天皇家が一番強いというようなことだと思います。

だからそういう性格をもった家族というものを近代日本社会を考えるために基本的な重要性をもったものと考えることには僕はむしろ賛成なんだけれども、それは、単純に国家が作ったものじゃない。

このように考えるばあい、近世の武士や近代の農村の家族と、二〇世紀に入ってから都市の中産階級などのなかに形成される、専業主婦の家事労働に支えられた愛情家族とは、ひとまず区別できるでしょう。後者が狭義の近代家族で、前者を含めたものが広義の近代家族ですね。明治二〇年代に入ったころから、キリスト教などの影響を受けながら狭義の近代家族像が形成され、二〇世紀に入ったころから都市生活のなかで中産階級やブルジョワジーは狭義の近代家族をある程度まで実現し、一九六〇年代以降はむしろ一般化するのですが、狭義と広義の近代家族は、ともにサブシステンスの単位共同体であって、どちらも家父長制的だということですね。夫婦単位の小家族のもとでは、家族生活の現実はともかく、理念的には細やかな配慮に支えられた愛情家族が受容されてゆくでしょう。
このような家族は、単純なものの言い方になるけれども、国家がつくったものではない。例えば民法が作ったものではない。フェミニズム的な立場の論文を読んでいると、法制史の資料を引いて、国家が家族を作ったように言っているばあいがある。僕の考えでは、そういうものこそ、日本の民衆が営々として作ってこざるを得なかったものなのであって、そういう内的な必然性についての洞察がフェミニズムの人たちは弱いんじゃないか、たとえば民法は民衆の世界が作りだしてきたものを編成して法制度として提示したものであって、そのためにより厳しく家族が作り直されるということはもちろんあったでしょうが、その基盤にある人々の生活の営みを無視すれば、議論のポイントがはずれるんじゃないかというのが僕の考えです。

―― 家族を考察するときに安丸さんのポイントの一つは「サブシステンス」ということですが、この概念を一番打ち出している思想は、マリア・ミース、ヴェールホフといったマルクス主義フェミニズムと言っていいのか、エコ・フェミニズムと呼ばれたりもするフェミニストたちだと思われます。その核心の一つは、淵源をたどればR・ルクセンブルクだと思いますが、原蓄過程はいまだ進行中であるということ、それから、労働概念を拡張したことです。サブシステンスもまた労働だということです。この点はどのようにみられますか。

安丸 こうした研究の実証的根拠を云々する能力はありませんが、僕はそういう意見は理論的にはとてもいいと思います。資本主義社会は市場原理が優位にたつ社会ですが、しかしまた市場は必ず市場の外部をもってなりたっているわけですよね。その外部の一番代表的なものはごく普通の意味での自然そのもので、自然というものが存在して、それが産業が廃棄したものをまた健全な状態に戻してくれるとか、そういうことがなければならないわけですね。それから、さっき言ったサブシステンスの問題だけど、サブシステンスが市場の外部で自律的に実現されているということが市場が維持されるための条件ですね。

人間というものは非常に多様な人々を含んでいるわけで、その中には老人も子どももそれから病気の人や障害を持った人もいる。そうした人たちを引き受けてくれるシステムがどこかで必要なわけだけれども、市場が供給するということはなかなか難しい。それからもう一つ、市場が供給するものにはなんらかの意味が、文化的な意味があるわけですね。この意味の次元も市場そのものが生産することは非常に難しい。今あげた三つの次元は、いずれも市場そのものでは生産することは難しい。原理的には難しい。

ただ、コピーというものがありますのでね、現在では、例えば芸術家が命を削って作った作品が、コピーになって出回ってそれが例えば風呂敷や家具のデザインに使われて、われわれが消費しているという、そういう関係はありますね。しかし、根本的に言って、自然そのもの、サブシステンスの共同性、文化は、市場そのものが生産することはできない。それでもし資本主義がそういう市場の外の自分が収奪しうる次元を失ってしまえば、市場が不可能になりますから、資本主義そのものが崩壊するという、そういう構造をもっているわけですね。

このことは資本主義批判のさまざまな運動を考えるときに、大変重要なことですね。資本主義批判の対抗運動、対抗文化というものは必ず何らかの意味で、今言ったような、自然や生活や文化的意味を市場に対置するという手法になるわけですね。だからそれは、市場原理からみればしばしば非常に非合理的な形態をとるということになりますね。今大きな問題になっている宗教的原理主義はその中でももっとも大きなものであって、対抗運動・対抗文化は必ず市場原理とは違う原理に立って自己主張するということになるわけですよ。

ローザ・ルクセンブルクの理論でもやはり小生産ということでしょう。原蓄過程がずっと継続していくということは、資本に実質的に包摂されていない、形式的に包摂されている広範な社会層がある、それは基本的には小生産でしょう。他の共同体もあるかもしれませんけど。そして家族も、生命の生産・再生産の小共同体にほかならず、それが資本によって収奪されていくということですね。

八〇年以降

――八〇年代にまたイデオロギー的にも変わってきますね。

安丸　一九七三年の石油危機以降、欧米では経済が停滞して困難な状況にあったのですが、七〇年代から八〇年代にかけて日本経済は成長をつづけて、最後はバブルで浮かれていたわけですね。そのころは日本文化論や日本社会論と結びついた日本的経営論が大流行で、日本の伝統的価値意識や集団文化が経済成長を支えた、などといわれていたでしょう。しかし、バブルの後では日本的経営論は影をひそめ、今度はアメリカやイギリスにならって新自由主義が新しいイデオロギーになってきたわけですね。小渕内閣のときにできた「二一世紀日本の構想」懇談会の報告はその典型で、二一世紀は「個人の世紀」だ、「結果の平等」に別れをつげ、「公正な格差」を承認する社会をつくろう、と主張していますね。これは、市場原理主義を家族だとかさまざまな共同性のレベルまで持ち込もうとするもので、そういう原理は誰がみてもすぐ分かることだけど、強い人には都合がいいけれども、弱い人はとてもつらいシステムですよね。そうすると、やはり排除される方の人たちは、新自由主義の立場からみれば非常に非合理的かもしれないけれども、さまざまな集団原理に自分を結びつけて、べつのアイデンティティーなり幻想なりを求めるということにならざるを得ないでしょう。

――そういったイデオロギーが主張されるときは、また民衆的基盤と同時に民衆の主体的契機もある、というのが安丸史学ですよね。

安丸　「二一世紀日本の構想」懇談会は、近代的な知識を身につけた、僕たちよりもむしろ少し若い、中年のやや上の方の日本のトップランナーの知識人たちを組織して作られている。その人たちが捉えている現実というものはあると思います。広い意味では、フェミニズム派に属する人たちだってあの中に入っていて、家族を個人化させるみたいなこともいっている。だけども、あれは社会の最上層の知識人たちのお話ですね。

――近年家族そのものが解体の危機に晒されているのではないかとよく書かれていますが。

安丸　僕はある時期、犯罪問題に非常に興味を持って、特に青少年の犯罪の本を読んでいたのですが、読み始めると面白くてやめられない。それで、例えば有名な事件だけど、埼玉県のあたりで何人かの幼女を誘拐して殺害したM青年の事件というのがありましたね。M青年は自分の家族の屋敷地の一角に自分の部屋をもっていて、そこに変なビデオをたくさん買い込んで、ほとんどの時間をそこで独りで過ごしている。そして自分に敵対する力のない幼い女の子を次々に殺したわけですよね。この場合、Mの家族は存在していることは存在しているのだけれども、しかし、Mは自分の家族と積極的なかかわりをもっていないし、友人とも交渉をほとんどもっていない。実質的には完全に孤立した奇妙な生活形態をしていた。

同じような事件として、例えば新潟で長年にわたって二階に女性を監禁していたという事件がありましたね。あの事件でも、上に誰か住んでいるらしいということは下の母親は知っていたわけですよね。だけども、二階はその青年がずっと閉じこもっている閉鎖的な空間であって、そういう不思議な生活形態をずっと続けていたわけですね。重要な青少年の犯罪事件は、たいがい今言ったような事例に近いですよ。つまり家族は存在していることは存在しているんだけど、その内部に非常に深刻な分裂があって、実際にはその人は非常に孤立した生活をしているわけですよ。だから、そういう意味では家族が実質的に解体している事例はあるんで、江戸時代の村だとそういう事態は想像しにくいことだと思うんです。

例えば、江戸時代の村なら、若者は若者組とか子ども組に所属しているし、それから家族の中でも、他の家族が入ってこないような特別な部屋を一人の青年が占めるということはあり得ないと思うんですよ。家族なり村の共同体なりによって、個々人は制約が加えられるとともに、保護されてもいるということですね。だから、現代を代表するこうした犯罪事件が起こったのは、家族の実質的な解体と不可分の現象といえる。しかしこうした事例は、家族の実質的な解体を表す事例としては適切だと思うけれども、犯罪事件は例外だということもできましょう。こうした状況が社会全体の動きをどのように表現しているかということはなかなか難しいところですけれども、さまざまな意識調査の資料を一摑みにして言ってみるならば、大部分の日本人は現在でも家族の幸せが幸福感の一番の大きな拠りどころになっているということではないでしょうか。そのような意味では、やはり家族は現在も存在しているし、いろいろ解体現象はあるけれども、家族以外のところに幸福のイメージを描くということは非常に難しいというのが現状ではないでしょうか。家族の解体と家族への執着と、この二つはおなじ事態の楯の両面でしょう。

――近代の始まりにおいても犯罪などが頻繁におこなわれ、ああはなりたくないというところで、通俗道徳が発生したような面もありますね。そういったところから考えると、葛藤ということでは、民衆は常に変わらず悩んできたという面もないでしょうか。

安丸　出口なおの家族や中山ミキの家族は、すごく葛藤の激しい家族です。今だったらとても我慢できず逃げ出すようなもので、出口なおの息子は家出していました。つまり家族というものは、常に崩壊の縁に晒されているような存在を、絶えず再編成することで維持されているものなんですね。そういう意味では、現代も江戸時代や近代初期も、原理的に同じかもしれません。生活を維持する共同体というのはいつも崩壊の危機にあって、それを防ぐために奮闘努力してる、とそんなものなんでしょう。

だけど出口なおや中山ミキは夫が浮気したからといって家を出ていくとか、息子がとんでもないことをしたからといって自分から家を捨てるとか、そんなものではないですね。つまり、家族の中に存在するということは自明なことなわけですよ。ところが現代人は必ず家族を作らなくてはいけないという必然性をもっていないので、家族の解体的な方向というものは、江戸時代や近代日本でもっていた意味とはかなり違うと思います。この違いが何をもたらすか、よく分かりませんが、やはりなにかが変わってしまったような気がする。たとえば、僕は知らないことですが、学級崩壊なんていうのは、僕らが子どもの頃はなかった。学校へ行けば学校が作っている秩序に従うということは、子供にとっても親にとっても自明のことでした。親たちは自分の子どもが学校へ行って、先生のいうことをちゃんと理解しているとは必ずしも思っていなかった。毎日弁当をもって学校へ行くけど、うちの子はたいして勉強はできない、しかし学校を卒業して百姓なり大工なりを真面目にやってくれればそれでいいんだ、後は簡単な読み書きができればいいんだということで、「学校化」を拒否していると言えばいいすぎですが、学校を相対化して、それでも生活は成り立っていた。そこが現代とは大きな違いでしょう。つまり、おそらく戦後のある時期までは、僕たちはみな家族を起点に村や町、学校や信仰生活などを通じて、ある種のかなり大きな共同性の場をもっていたのですが、そうした共同性の場が急速に崩れて、社会的結合関係とそれに対応する規範を失いかけているのでしょう。このことが僕たちの未来にとってどのような意味をもつかは、まだよくわかっていないと思います。

――葛藤というのは思想への第一歩です。安丸さんは原蓄期における民衆の思想的営為をお書きになったわけですが、もし現在学級崩壊とか、昔とは違った崩壊に晒されているとしたら、新たな思想的営為の始まる場所でもあるのではないでしょうか。

安丸　現代日本では、個人個人をとってみればそう簡単に飢え死にするわけではないし、行動とか思想とかもちろん限界はあるけれども、本人が決心さえすればある程度選ぶことができる。だから、そういう葛藤の中に生きている個人が、自分で決意し、それに相応しい訓練をし忍耐力を持てば、主体的に生きるという契機がいっぱいある。現に収入は少なくてもよいからもっと自由で人間的な生活をしたいという人はたくさんいて、新しい生活様式を選ぶ人もしだいにふえてきている。田舎暮しや人間関係を大切にする生活を選ぶ人もいて、僕のように隠遁者風の者でもそうした人たちに出会うことがある。しかしそれでも社会全体の大きな仕組みとしては、多くの人たちに自由な生活スタイルを自信をもって選ぶように励ましているかどうかというと、僕は疑問の方がずっと大きいですね。

このようなことをいうひとつの根拠は、家型家族と小生産が人間を訓練するもっとも普遍的な様式で、それが、表面的にはともかく、内面的に崩壊していくと、自己鍛練の場が失われるからですね。社会史的にみてもフェミニズムからみても、家族は歴史的なもので、家型家族、小生産、「通俗道徳」は、そのなかでのさらに特殊な様式ですね。こうした様式は抑圧と裏腹だから、僕たちはそれと抗いながら自己形成してきたともいえるけれども、市場経済の浸透と大衆消費社会化のなかで家族の規範力が弱くなると、現代日本ではそれに代わるほどの人間的訓練の場がない。「学級崩壊」やいじめや校内暴力は、こうした状況の産物でしょう。これは晩年の丸山眞男が「原型」論で取り組んだ問題にもつらなるけれども、規範形成力が衰えると、その分、システム的なものが優位を占めてしまいます。これに決断主義とナショナリズムが働きかければ、全体主義にほかならないでしょう。現代日本にそうした方向をいわば症候群として例示することはきわめて容易だとは思いませんか。

―― 高度経済成長期に近代的家族が成立したとはよく言われることですが、そのときに形成されたであろう規範意識は、逆にいえばというか安丸さん的にいえば、主体的契機になるようなものなのでしょうか。

安丸　僕は現代の若い女性はあまり付きあいがないからよくわからないけれども、現代の若い女性の多数派は、かなり強い近代家族幻想をもっているのではないでしょうか。しかし他方で、近代家族には女性の人格と自主性を承認するところがあり、そうした可能性は戦後のある時期以降に大きく拡大してきているというのは、誰でもが承認するところでしょう。現に僕がゼミナールで付きあっている女性たちは、家族幻想に閉じ込められているようにはとても思えませんね。最近は女性で社会的に活躍している人が非常に増えた。男は現代のシステムに組み込まれやすいが、女の人は割合自由で、例えば「国境なき医師団」で活躍している人は女の人が多いようですね。主体形成の契機は本人がその気になれば非常に広がっているともいえるが、しかしまたその存在の基盤は揺るがされているともいえるのではないでしょうか。

―― 揺るがされているからこそ、またそこに主体的契機もあるのではないでしょうか。与えられた規範が強ければ強いほど、また反動も強くなる、とか。

安丸　家族を守るということから出発して、そこから社会化して考えることはできます。どんなところでだって民衆の思想形成の契機があるということだったら、その通りです。生活の場で問題を見つめておれば、主体化する契機はあり、自分の生活に根ざして、そこから思想を組み立てていく、葛藤を踏まえて何かを作り上げていく可能性は、現在でもある。しかし、社会全体としては思想形成の可能性は奪われていると僕は思いますね。

——具体的にはどういうところでしょうか。また何が奪っているんでしょうか。

安丸　近代社会の基底にあった人間関係が揺らいできているということです。家族にしろ地域の共同体にしろ。人間がしっかりと自己形成するためには、人格形成の具体的な場とともに、もっと大きな参照系というか、世界観的な枠組みも必要なのですが、こちらの方は宗教伝統の弱い日本ではもともと脆弱ですね。それに、戦後の民主主義の理念もしだいに磨滅してきていますね。

——経済成長がその根拠を奪っているのでしょうか。

安丸　市場原理の方が社会全体のなかでより大きいということですかね。でもそういうことについてあまり概念的な話はしたくなくて、個人の生き方は個人が選ぶべきことでしょう。そして個人が選ぶ可能性は今の方がある。世界はひょっとしたら滅びるかもしれない、いま起こっているさまざまな事件のことなんかを考えてみると世界はどうしようもないものかもしれない。しかしその中で個人がどのような立場を選ぶのかというのはまた別の問題ではないでしょうか。

——しかしサブシステンスということを考えると、その特質は自らは個人的には選択できない、というところにサブシステンスの特質はあるんではないでしょうか。

安丸　二〇世紀には、戦争、革命、虐殺と大量死、人口爆発と飢饉、経済成長・大衆消費社会と貧富の格差の拡大など、さまざまのことがありましたね。しかしさまざまの現象を通じてその基底にはグローバルな資本主義システムの拡大とそれときしみあいながら存続している人々の生活世界が存在しているということでしょう。こうした基底的な枠組みそのものを他のなにかに取り替えることは、さしあたっては可能性がほとんどないけれども、さきほどのべたように、資本主義システムは必ず市場の外部に存在し、それに規定し返されているわけですね。だから私たちは、資本主義の市場システムを外部から包囲し規定し返すということが可能なわけでしょう。資本主義的世界システムとそれに規定され規定し直すサブシステンスという大枠の外に出ることは不可能だけれども、しかしその枠組みのなかにこそ人間としての自由と真実の可能性があるということでしょう。

——思想史と民衆史の可能性は今後どうでしょうか。

安丸　歴史学のディシプリンとしては、民衆史を文化と意識の面から捉えるというのが一番有望だと思っています。人々の意識や文化の在り方が現代では非常に多様化してきているので、それを具体的に研究することで思想史と民衆史が大きな役割を果たし得ると思っています。

ただし、僕なんかは近代化から出発していますが、近代と現代というのはかなり違うような気がしています。近代的な主体ということが、丸山的な意味とは少し違いますが、僕の中にも染みこんでいて、そういう立場からものを考えてしまう傾向から抜け出すことができないでいます。そこで、近代と現代を仮に分けて考えると、現代から発想したものでないと、民衆史も新しい思想史や文化史もうまく発展しないのではないかと思います。そういう点ではまだ理論的な整理とか洞察力とかがまったく不十分です。

——先ほどのマリア・ミースなどが主張しているポイントは、近代と現代を区別しないということだと思われます。近代の初発であった原蓄過程が現代においてもいまだ進行中であるという指摘がサブシステンスの側からでてきたことが、重要だと思われるのですが。

安丸　そのような考え方に共感しますね。つまり、近代と現代を区別するというとき、時代区分的な言い方になりやすい。例えば戦前の世界は近代で、六〇年代以後が現代だなどというふうになりやすい。これに対して、現代の立場から歴史全体を眺め直して論理を作り直すということが可能だと思うんです。例えば今日の主題のひとつだったサブシステンスというのはそういう概念で、サブシステンスの方が本源的で、サブシステンスとサブシステンスに対応するさまざまな文化の方が人間社会にとって本源的なものである。こうした視点で近代の初源のところ、さらにもっと古い時期から考え直すということです。そうすると歴史像は従来とは違ったものになる。

このサブシステンスという問題からもう一度考え直してみたいと、今思っています。そこから考えることで、これまでは主題化されなかった問題を考えることができるかもしれない。さっきも例に挙げましたが、出稼ぎとか年季奉公とかが江戸時代には相当発展していましたが、それらは商品経済の発展とか雇用労働の萌芽というふうにも言えますが、サブシステンスの編成替えだったとも言えますね。そういうふうに眺め直してみることによって、江戸時代の社会も違ったふうに見えてくるかもしれないし、そこからまた現在も見えてくるかもしれない。

歴史学が説得力を持つとしたら、現代性ということ以外にはないでしょう。学問が発展すると専門分野として自立してしまうので、原初の志が失われやすい。実証研究は資料のあるところで問題を限定してやりますから、初めの志は失われていきますね。専門研究はまた、世界システムとか国民国家というような大きな問題のばあいでも、区画された問題領域を作ってしまうと、資料もそういう次元で集められやすい。

それに対して民衆の生活世界は、見えない部分がたくさんあるわけで、そこに歴史学的想像力が求められている。僕がマルクス主義から受け継いでいる一番大切な概念は、全体性ということです。全体的に眺め回して、ということは資料に表れない次元もなんとか組み入れようと努力するということです。そうした努力が現在の研究状況のもとでは崩壊していく傾向にありますね。例えば宗教の問題は戦後の啓蒙思想ではあまり重要ではなかったのですが、七〇年代くらいからその評価が変わってきた。今の時代だとひょっとしたら一番重要かもしれませんね。しかし、個別領域としての宗教史研究などが発展しても、歴史的全体性のなかでの宗教の役割は、理論的にしっかり考えないとわかりませんね。

僕の考え方からすれば、宗教は民衆の生活世界から生まれてきて、そこに何らかの意味、コスモロジー的根拠付けを与えるものですが、そのばあいに日常的で平穏な場合と危機的な場合とに区別しなければいけない。この二つの次元のダイナミズムを捉える視点はいまほとんど欠けています。日常的で平穏な場合はわれわれは習慣で生活しているわけで、大してコスモロジーは重要ではありません。個人にも危機的な場合があるし、社会にも危機的な場合があって、それに敏感な人もいる。そういう人にとってコスモロジー的な意味づけは非常に重要なわけで、そういうコスモロジー的なものが全体を規定しかえすということがあるわけです。その辺のところは非常に理論が貧しいところですね。

◈『現代思想』二九巻一六号、二〇〇一年。インタビュアーは『現代思想』編集長(当時)池上善彦氏。

一三　伝統型「ゼミナール」？

石田梅岩の行なった教化活動の形態には、講釈、会輔《かいほ》、静座工夫の三種があったが、梅岩在世中から没後にかけてもっとも重んじられたのは会輔だった。会輔は、梅岩自身があらかじめ出題しておいて、参会者がそれぞれ意見をのべ、参会者との議論を介して梅岩が自分の見解を展開してゆく、というものであったらしい。梅岩の関係史料の大部分は、こうした場での問答の形式で残されている。

会輔の提題には、「自性大ナル事如何《いかん》」とか、『大学』の「在レ新レ民」の「新」字は「新」でよいか「親」がよいかというようなものもあるが、その多くは商人社会の実際をふまえてそこからいわば典型的状況とでもいうべきものを構成してみせたようなものである。抽象的な提題にも梅岩哲学の特徴がよく表れていて、それはそれで面白いのだが、ここでは後者のタイプに注目してみよう。

たとえば、富裕な商人の跡取り息子がひどい道楽者で、両親が処置に窮しているような状況が設定される。梅岩は、これは「大なる難題」だとしながらも、答えは明快で、手代たちにそれぞれ「功相応」に財産を分与し、二人はこの者たちの「隠居」になればよい、という。また、娘一人と幼少の男子一人をもつ富裕な商人が、手代を娘婿にして跡継ぎとしたが、娘が死んだので、両親は男子の方へ家督を譲り、元手代には後見役を勤めてほしいとする状況が、元手代の側の問題として提示される。元手代には葛藤があるわけだが、梅岩の答えはやはり明快で、これまで「弟同前(然)」に思ってきたものにこれからは「主人同前《（然）》」に仕えるという決意が、然るべき解決として提示される。売掛金が回収できないために借金の返済が滞りそうなばあいの解決としては、「汝世間の者によろこばる丶は誰も望むところといふ。喜ばる丶が望みならば、家財残らず売払ひ赤裸となり、借金を済さるべし」、ということになる。

これらの事例で梅岩がのべているのは、規範の側からの一元的解決とでもいうべきラディカルな道徳主義である。梅岩が主張する日常生活に即した諸徳目は、ある意味では町人社会の通念なのではあるが、しかしまた人びとは規範とは反対の欲望、恣意、愛憎などにとりつかれている。人びとの現実意識は、葛藤をはらみながらも二つの側面を折衷して、一般的な通念ないし常識のようなものを形成しているのだが、会輔での提題はある極限的な状況を思考実験のように設定することで、こうした通念ないし常識にはらまれている折衷的で曖昧な内実を人間の生のジレンマとして提示し、人間としての生き方を問いなおす。会輔は、右のような様式での心の習練の場にほかならない。会輔に出席するさいの「心得」を問う提題もあるが、その答えに「琢磨のたよりを求むるのみ」とあるのは、会輔という場のこうした特徴をよく伝えるものというべきであろう。規範の側からの一元的解決は、一面ではきわめて教条的な規範の押しつけに結果して解決策としてのリアリティを失わしめかねないところがあるが、人間の心のなかに曖昧な形で入り込んでいる欲望や恣意との緊張にみちた対決を繰り返しながら遂行されてゆく自己訓練の努力へと人びとを導く指針となっている。門弟たちは、こうした自己訓練を通じて自己の生を点検し、確信的な内実へと構成してゆくわけである。

参会者がそれぞれ発言し、梅岩が質問を仕掛けて議論をリードしてゆくという形式は、一見、今日の大学で私たちがやっているゼミナールに似ているように見え、手島堵庵の「会友大旨」に、「平常《つねぐ》教《おしへ》の書物《しよもつ》のうちの御言《をんことば》をよみ、討論《とうろん》〈はなしあふ〉といふてはなしをいたしあひ……」とあるところなど、いっそうゼミナールを髣髴とさせるといえるかもしれない。しかし、似ているのはおそらく形式だけで、梅岩たちが問題にしているのはどこまでも心の習練であり、近代の大学でのような対象的客観的な知をめざしてのことではなかった（梅岩にとって、近代的な意味での対象知の世界は存在しなかった）。

そして、会輔のような小さな集団における問答を通しての心の訓練は、石門心学に限られたことではなく、日本社会の伝統のなかに深く根ざした一般性をもっていて、広範な人びとが自己の生を見つめて自己規律を獲得してゆくもっとも重要な形式となっていたと考えてみることができる。儒学や国学の塾などにもこのような特徴があろうが、ここで私が主として念頭においているのは報徳社や大原幽学の運動のような民間の思想運動や民衆宗教の布教の場などであり、さらにそのいっそう広い背景として民俗信仰の講などが指摘できよう。こうした場でくり返された問答は、今日の私たちからは平板で通俗的なもののように見えかねないが、しかしそこにはそうした場に相応しいさまざまな工夫や仕掛けがあったのであり、練達の指導者は、巧妙な話術を用いて思いがけない問いかけなどをしながら、さまざまの方向から問題を切り拓いてゆくような能力をもっていたのだといってよかろう。

今日の私たちは、特定の世界観や生き方を子供や学生に押しつけてはならないと考えており、「神々の争い」とはべつのところで教育という職業に従事しようとしているが、そこには容易に見て取れるジレンマがあろう。伝統的な教育の場がこの小文で指摘したような人格形成のための討論の場として構成されており、そこにはそれに相応しい工夫や仕掛けの伝統が存在したのだとすれば、こうした伝統から切り離されることで私たちが失ったものの重さにたじろがずにはおられない。

◈未発表、一九九七年執筆。

この小さなエッセイは、『中内敏夫著作集』月報のために、依頼されて執筆したものだが、編集者の判断で月報掲載は見送りとなった。私としては、中内氏の教育思想史研究と照応した内容の一文だったつもりだが、文中に中内氏の名前がまったく登場しないので、月報には載せられないとの判断だった。

解説　研究と人生のはざまで――民衆思想史形成の軌跡

若尾政希

はじめに

安丸良夫の著作を本格的に読んだのは、一九八三年であった。卒業論文で安藤昌益に取り組み、大学院進学後もその思想形成の過程を解明すべく研究していた私は、出版されたばかりの『講座日本思想1　自然』[1]所収の「生活思想における「自然」と「自由」」(本巻―六)を読んで安丸の昌益研究に触れ、次にその前提となっている『日本の近代化と民衆思想』[2]を読んだのである。

この本を読んで受けた衝撃は大きかった。第一章「日本の近代化と民衆思想」(本巻―一)の末尾に私は次のような書き込みをした。「目から鱗が落ちる思いがした。僕自身のここ数年の思想形成の過程を説明されたような気がする。また現今の政治状況をきわめてよく説明することができる。座右の書としたい。一九八三年一二月二〇日〇時〇分。」

三〇年程前の私は、自身の人生、思想形成(一〇代から二〇代初めの青年期の)と重ねあわせて読んでいたようだ。また、一九七〇年代から八〇年代の時代状況を説明してくれているとも感じていたことになる。ただし、よく考えてみると、こうした読み方は、歴史研究書に対するものとしては、きわめて不思議である。しかしながら、「日本の近代化と民衆思想」の冒頭の一節、すなわち「勤勉、倹約、謙譲、孝行などは、近代日本社会における広汎な人々のもっとも日常的な生活規範であった。こうした通俗道徳が、つねにきびしく実践されていたのではない。しかし、大部分の日本人は、一方ではさまざまの社会的な規制力や習慣によって、他方ではなんらかの自発性にもとづいて、こうした通俗道徳を自明の当為として生きてきた」と述べて、安丸が提起した通俗道徳論が、一九八〇年代初頭の現代日本にも(そしてその時代を生きる私自身にも)確かに息づき通用していると、私は感じたのである。

実は、一九八三年の「生活思想における「自然」と「自由」」は、近世中期の梅岩・身禄・昌益を扱った論考であるが、末尾の「おわりに」において、「今日でも私たち日本人は(下略)」云々と、安丸は現代日本社会に言及していた。すなわち、松下幸之助の「経営哲学」に通俗道徳的なものを見出した安丸は、松下らの主張が人びとを社会に統合するイデオロギーとして機能していくのではないかという強烈な危機意識を吐露していた。前述のように、私はこの論考を読んだ後に、続けて「日本の近代化と民衆思想」を読んだ。安丸の危機意識に共感した私が、そのようなバイアスを持って「日本の近代化と民衆思想」を読んだ可能性もあるといえよう。それはともかくとして、九〇年代に入ると安丸は、現代日本の社会や思想の状況をするどく衝いた本格的な論考を提示するようになる。一九九四年一月号の『世界』に発表された「歴史研究と現代日本との対話――「働きすぎ」社会を手がかりに」[3](本巻―八)では、その結びにあたる「5 歴史と現実の狭間で」において、次のように述べる。「最近、現代日本研究のいくつかの論著を拾い読みして、問題の枠組みをもうすこし広い展望のもとにおくことでおなじ主題を再論しうるのではないかと思うようになった」、と。おなじ主題とは、いうまでもなく通俗道徳論である。安丸はこの後、堰を切ったように現代日本を論じたいくつもの論考を発表していくことになる(その一つが本巻―九「「近代家族」をどう捉えるか」)。

ちょうど同じ頃、安丸は、通俗道徳論の背景に北陸富山の農村で育った個人的な故郷体験があったと語り始める。これは、管見では、一九九六年八月の第四回日韓宗教研究者交流シンポジウムの基調報告「民衆宗教と近代という経験」がはじめてであり(4)、それを全面的に展開したのが二〇〇三年、故郷の砺波《となみ》散村地域研究所での講演「砺波人の心性」(本巻―一二)である。注目したいのは、一九九八年の大阪歴史科学協議会の大会報告「「通俗道徳」のゆくえ」(本巻―一〇)における安丸の次の発言である。「「通俗道徳」論はもともと私の個人史的背景と結びついた発想であり、私には真宗篤信地帯とでもいうべき自分の幼少期の経験を学問の言葉に組みなおして語ってみたいという気持ちがあったと思う」と、安丸が言明しているのである。これに従えば、一九六五年の「日本の近代化と民衆思想」執筆時に、通俗道徳論の基盤に故郷体験があったことを自覚していたことになる。

実は、私はついこのあいだまで、「これを言葉どおりに受け取ってよいかの判断は難しい」と考えていた(5)。だが、直接本人に確認する機会が何度かあり、故郷体験が通俗道徳論の背景であるという自覚を、安丸が当初から持っていたと断定するにいたった。

考えてみれば、安丸は、しばしば自己の歴史研究の軌跡を語っている。その最新版ともいうべき二〇一〇年の「回顧と自問」(6)(「安丸集」第5巻―四)をみると、「「あなたは何者ですか」と尋ねられたら」という言葉から始まる。そして「高校生のころまでの私は、人生とは何だろう、人は何のために生きるのだろうかなどと、ぼんやり考える少年だった。」「大学に入ってみると、素朴な田舎少年だった私は、その時代の日本のさまざまな知的動向から強く影響を受け、人間の生き方を社会のなかで考えるという方向へと導かれた。マルクス主義と学生運動、実存主義、戦後日本の啓蒙的大知識人などからさまざまな影響を受けたが、大学二回生(二年生)のおわりに専攻課程を選ぶとき、私は迷いなく日本史を選んだ。」「日本の歴史という現実的なもののなかで人間の生き方について考えたいと思ったからである。」このような語りは、一九九六年の『〈方法〉としての思想史』「はしがき」から始まるのであるが、安丸にとって歴史研究は、自己の主体形成のあり方を模索する方法であり、歴史研究と主体形成（故郷体験はその重要な一コマである）は切っても切れないものとされているのである。

さらに考えてみると、実は、一九七四年の最初の著作『日本の近代化と民衆思想』でも、安保闘争最後の夜の体験を書いた有名な「あとがき」（本巻一四）で、研究の軌跡を述べた後に、次のように述べていた。「こうして、私は、学問の世界でもはじめはいくぶん突飛にみえたかもしれない独自の考えをもつようになるとともに、社会や人生についても、しだいに容易にはゆずることのできないいくつかの論点をもつようになり、要するに私自身となっていった。」だから、「私の歴史学は、そうした私の人生における立場と相互に密接に媒介しあったものとして形成されるほかはなかった。」すなわち、安丸にとって歴史研究は、自身の主体形成と「相互に密接に媒介しあったものとして形成」されたのである。こうして見てくると、二三歳の私が、「日本の近代化と民衆思想」を自らの思想形成と重ね合わせて読んだのも、見当違いではなかったといえよう。

さて、安丸の民衆思想史研究の出発点が、一九六五年の「日本の近代化と民衆思想」であることは、安丸が「私のあたらしい課題への出発点となったもの」（同前）と述べているとおりである。いったい、いかにしてこの出発点に立つことができたか。安丸の作品を通して民衆思想史形成の軌跡を可能な限り跡づけてみよう。

一　初期の安丸の作品より

一九六五年までの安丸の作品を発行年月順に並べた[7]「初期年表」を見ると、この時代を回顧する安丸の語り

——たとえば、一九九九年の『日本の近代化と民衆思想』「平凡社ライブラリー版あとがき」(『安丸集』第6巻——八)の次の一節——が聞こえてくるような気がする。「北陸の農村に生まれ育った私は、大学受験のために京都へ行くまで、金沢と富山よりも大きな都市へ行ったことがなかった」と語り始め、「私は、なによりも自分の精神に自立性を獲得して、人生や社会や人間が生きることの意味などについて、自由に考えてみたかった。」「そのためには、都会へ出て大学へ入ることがそのころの私には絶対的条件のように思えたのだが、しかしまたその都会での学生生活は、容易にはなじみ難い異界体験だった。」「誰でも、人生の諸段階に応じて新しい環境に適応しなければならず、そのさいには必ず若干の違和感なしにはすまされないのではあるが、私のばあいには、大学入学を境にある決定的な断絶があり、大学生からその後の学者商売へという形の都会生活には、結局のところ、あまりうまく適応できなかったようだ」とふり返る。一方、「故郷の人たちはたいがいやさしく親切だったが、しかしそれはまた私の心身を蜘蛛の糸のように縛っているしがらみ」であったと述べ、『日本の近代化と民衆思想』について次のように規定する。「本書の内容をもっとも単純に規定すれば、十八歳までを過ごした故郷でのありふれた庶民としての生活と、大学入学以後の都会の知識人社会という二つの異界に住んで、そのいずれにも帰属できないで遍歴をつづけるほかなかった、いくらか偏屈な魂による観察の記録といえるかもしれない。本書第一章は、その後の私の研究活動の出発点となった作品だが、そこには、私の故郷での生活体験と大学院生時代にふれることとなった大本教の開祖出口なおについての自分なりの読解とがふまえられている」、と。

ここで故郷体験とともに挙げられているのが、大本《おおもと》教の開祖出口なおとの出会いである。年表の一九六〇年の項に出てくるが、この年、大本七十年史編纂会が発足し、博士課程の大学院生であった安丸は「アルバイ

初期年表

西暦(年齢)	略歴	作品(論文・書評 他)
一九三四	六月二日、富山県東砺波郡高瀬村森清(現、南砺市森清)で生まれる。	
一九五三(19)	富山県立福野高等学校卒業、京都大学文学部入学	
	国民的歴史学運動終熄。黒田俊雄らが運動の第一線から退く(安丸談)。	
一九五四(20)		①詩「一つの風景」『Agora』1、京都大学宇治分校文学研究会、一九五四年二月一日発行(大学一年)
一九五五(21)		②「共同研究・戦後の天皇制」井上和子・鈴木良と共著、『黎明』河上祭記念特集号、京都大学吉田分校自治会、一九五五年一月二八日発行。安丸は「一、天皇制はどの様に残っているか」執筆(大学二年)
一九五六(22)	歴史学研究会に初参加、安良城盛昭報告「律令制の本質とその解体」を聞く。	③「吉田松陰における尊王攘夷思想の展開」『ちんれつかん』1、京都大学文学部国史クラス、一九五六年一一月二〇日発行(大学四年)
一九五七(23)	京都大学文学部卒業、京都大学大学院進学	④「丸山真男氏の方法について」『新しい歴史学のために』42、一九五七年一一月(修士一年)
一九五八(24)		⑤「講座派的明治維新論の方法的反省——「明治維新の主体勢力は何か」という問題の問題点」『新しい歴史学のために』44、一九五八年二月(修士二年)

		⑥「尊王攘夷運動と公武合体運動」(歴史学研究会編『明治維新史研究講座』3、平凡社、一九五八年一〇月(修士二年)
一九五九(25)	京都大学大学院修士課程修了、同博士課程進学 京都民科歴史部会例会報告「近代思想史研究の基礎視角」(一〇月二四日)	
一九六〇(26)	大本調査開始 「安保闘争最後の夜」(六月一八日夜〜翌朝) 第一回近世史サマーセミナー報告「日本の近代化についての帝国主義的歴史観」 日本史研究会大会近世史部会報告(「近代的社会観の形成」)	⑦「近世思想史における道徳と政治と経済——荻生徂徠を中心に」『日本史研究』49、一九六〇年七月 ⑧「思想としての現代社会科学——丸山真男・大塚久雄の検討」(芝原拓自・鈴木良と共著)『新しい歴史学のために』63、一九六〇年一〇月。安丸は丸山真男批判を担当。
一九六一(27)		⑨「近代的社会観の形成」『日本史研究』53、一九六一年三月 ⑩(書評)「暗い夜の思考　大塚久雄『近代欧州経済史序説』、丸山真男『日本政治思想史研究』」『日本読書新聞』八月一四日 ⑪(書評)「神島二郎『近代日本の精神構造』」『日本史研究』56、一九六一年九月 ⑫「幕末〜明治中期における綾部町の社会経済状態、およびその大本思想への影響について」(大本七十年史編纂会資料)一九六一年一〇月
一九六二(28)	京都民科歴史部会例会報告「近代日本の思想構造」(二月一日)	⑬「近代日本の思想構造——丸山真男著『日本の思想』を読んで」『新しい歴史学のために』76、一九六二年二月一五日

	名城大学教員	⑭「日本の近代化についての帝国主義的歴史観」『新しい歴史学のために』81・82、一九六二年九・一一月
一九六三(29)	日本史研究会例会報告「近代社会形成過程における民衆意識の問題」（一二月二一日）	⑮（書評）「坂田吉雄編『明治維新史の問題点』」『歴史学研究』272、一九六三年一月 ⑯「近代社会への志向とその特質」、日本史研究会編『講座日本文化史』第6巻、三一書房、一九六三年四月 ⑰「海保青陵の歴史的位置」『名城大学人文紀要』第1集、一九六三年一二月
一九六四(30)		⑱『大本七十年史・上』宗教法人大本、二月四日
一九六五(31)	日本史研究会例会報告「「世直し」の論理の系譜」（一二月一五日）	⑲（書評）「色川大吉『明治精神史』」『東京経済大学人文自然科学論集』8・9合併号、一九六五年三月 ⑳「日本の近代化と民衆思想」『日本史研究』78・79、一九六五年五・七月 ㉑「日本思想史研究の一動向」『思想の歴史6　東洋封建社会のモラル』月報、平凡社、一九六五年九月

ト」として、「一週間に二日の割で（中略）亀岡の教団本部へ通勤」し、出口なおが残した難解な御筆先《おふでさき》を読み解く作業に没頭した（『出口なお』「あとがき」）[8]。そして、はやくも翌年には作品⑫（番号は「初期年表」に対応。以下同様）を発表している。安丸の民衆思想史研究の形成に、出口なおとの出会いが決定的な意味をもっていることは、一九六五年の論考⑳「日本の近代化と民衆思想」において、「本稿の論点のいくつかは、この本（『大本七十年史』）の編纂を手伝う過程で気づいた」と安丸が注記しているとおりである。しかも、この論考は出口なおで締めくくられている。「出口ナオ《（ママ）》は、子供のころから評判の働き者で孝行娘だった。（中略）ナオは、（中略）

通俗道徳のもっとも真摯な実践者の一人だった。ナオのような人間は、もし条件がよければ、いやそれほど悪くさえなければ、「しっかり世帯をもって」若干の財産をつくり、実直な働き者として近代日本の社会秩序を下からささえる役割をはたしたにちがいない。だが、ナオのほとんど超人的な努力にもかかわらずナオの一家はしだいに没落し、ついに明治十七年(中略)には「戸をしめて」しまった。(中略)「地獄の釜の焦げ起し」とナオ自身が形容した極貧生活がつづいたのであるが、それでもナオは民衆道徳の自己規律をきびしく守りつづけた。(中略)やがて神憑りという土俗的形態を通してこの世の悪と因縁の思想となって爆発したのである。こうしてナオは、この世は悪の世であり、強い者勝ちの「獣類《けもの》の世だ」と断罪するようになった。(中略)ナオ自身が必死に守ってきた道徳律を現実社会に適用してみさえすれば、この世が悪の世、けものの世であることはあきらかであり、ナオの一家の没落がそのことを証明しているのだ。民衆的な通俗道徳の見地からする社会批判は、近代社会の成立過程の社会的激動のなかにさまざまの形態でうずまいていたのであり、大本教も、また農民一揆、自由民権運動、一時期の天理教や丸山教も、そうした噴出の諸形態にほかならない」、と(以上、本巻―一、六〇―六二頁)。ここからわかるように、安丸は出口なおを通して、通俗道徳をつきつめて社会批判に至るプロセスを叙述することができた。安丸の民衆思想史の形成において、出口なお体験は不可欠なものだったといえるのである。

一九六〇年は、(出口なお体験以外にも)安丸にとって極めて重要な意味をもった年であった。『日本の近代化と民衆思想』「あとがき」が六〇年安保の最後の夜から始まることが、それをよく示している。最新の回顧でも「一九六〇年の安保闘争は、戦後日本の学問と思想の大きな分岐点だった。」(「回顧と自問」、「安丸集」第5巻―四」)と位置づけている。一九六〇年という年が安丸にとってどのような意味を持ったのかを考えるために、五〇年代の安丸について少しだけ見ておこう。大学の専門課程に進学し日本史を専攻した安丸は、「思想史をやりたかったのだが」、「どのように思想史を研究すればよいのか、まったく見当がつかなかった。」「丸山真男『日本政治思想史研究』だけは熱心に読ん」だが、「どうすればこうしたスタイルの研究ができるようになるものなのか、まったくわからなかった。」「困惑した私は、卒業論文はそのころ流行のテーマの一つだった幕末政治史に範をとり、それにいくらか思想史的な味つけをしてすませた」(以上「回顧と自問」)と述べる。「初期年表」を見ると、作品③や⑥といった幕末政治思想史に関する論考を安丸は確かに書いている。同時に、学界動向を批評した④と⑤の二つの論考を執筆していることは注目される。修士一年で書いた両論考で俎上に載せられているのは、当時の歴史学で主流だった「講座派マルクス主義」である。とりわけ作品④で、「講座派マルクス主義」の研究者(最も良心的な研究者として遠山茂樹を挙げている)が、丸山真男の「活々としたすばらしさをどう消化してよいかわから」ず、戸惑っているといると安丸はみなす。「史的唯物論の原則から」丸山を批判するに止まり、丸山が近代主義の立場から日本の政治や思想をどのように問題化しているのか、その方法論を理解しようとしないという。安丸は、丸山の方法論を批判的に摂取して、マルキシズムがこれまで扱えなかった「上部構造論や政治史の方法」を具体化していく必要があると主張するのである。

さて、一九六〇年に話を戻そう。安丸が何よりも関心をもったのは、安保闘争後の、「経済成長路線の定着、その理論的基礎づけとしての近代化論の登場」(「回顧と自問」)であった。安丸によれば、「戦後日本のそれまでの学問や思想」(その代表が丸山真男らの啓蒙的近代主義)は、「戦争体験を主体的なモチーフとし、あの戦争をもたらした支配体制を批判する営為として構成されていた」(「回顧と自問」)。それに対して、「近代化論は経済成長を擁護し、そこに可能となるはずの私生活的な幸福へと人びとの意識を誘導しようとしていた」。近代化論が

「新しい支配イデオロギー」となり、「戦後の啓蒙的近代主義よりもはるかに大きな説得力をもってしまうのではなかろうか」という強烈な危機感を安丸は抱いた。こうした問題意識から一九六〇年の夏に、安丸は、記念すべき第一回の近世史サマーセミナーで近代化論批判をテーマとした研究報告をした。そして、それを活字化したのが、一九六二年の作品⑭「日本の近代化についての帝国主義的歴史観」(『安丸集』第5巻―六)であり、また一九六三年の作品⑮(『安丸集』第5巻―七)も近代化論批判を試みたものである。こうして安丸は、いわば近代化論批判の旗手として世に出たのである。

二　民衆思想史形成の前夜

一九六〇年は、安丸が近世・近代思想史研究者として学界に登場した年でもあった。五九年に博士課程に進学した安丸は、一〇月の京都民科歴史部会で「近代思想史研究の基礎視角」という研究報告を行い、翌六〇年六月には『日本史研究』誌上に、最初の研究論文(作品⑦)を発表。秋には、日本史研究会大会近世史部会で「近代的社会観の形成」という報告を行い、本格的な学会レビューを果たしている(それを活字にしたのが一九六一年の作品⑨、『安丸集』第4巻―六)。さらに、一九六三年には⑯「近代社会への志向とその特質」(本巻―三)、⑰「海保青陵の歴史的位置」(『安丸集』第4巻―七)と矢継ぎ早に論文を発表している。

この四部作――四つの論文は一連のものであるので仮にこう呼んでおきたい――について、安丸は、「一九六五年以降の私は、右の諸論文について口を閉ざしており、他の研究者も言及することはほとんどない」(「回顧と自問」)と位置づけている。安丸民衆思想史の形成の陰に隠れ、忘れ去られてしまったものたちである。しかし、安丸の思想と学問の形成過程を見る上で、また六〇年という時代を考える上でも、極めて重要な論考である。

その一つ作品⑯「近代社会への志向とその特質」の冒頭で、安丸は「一国の近代化とは、生産力の発展を軸としてダイナミックに展開する階級関係、政治的諸関係、人間類型、文化などの総体である」と規定する。この立場から、近代化論者の「生産力の発展をもとめる思想だけを抽出する視角」も、丸山らの「民主主義や個人主義の発展を志向する思想だけを問題にする視角」も、ともに「拒否しなければならない」とする。その上で安丸は、近世後期から近代にかけての日本社会における「近代化の担い手」を三つ挙げる。一つは、熊沢蕃山や荻生徂徠らを批判的媒介にして、重商主義を説いた本多利明・海保青陵・佐藤信淵といった「ごく少数のインテリ」。二つには、二宮尊徳・大蔵永常ら「農村の窮乏を眼前に見て地道な農業生産の発展に一生を捧げた」「老農」。そして三つめは、「近代化＝生産力の発展の主導権を、全社会的な規模では重商主義的絶対主義的コースに掌握され、現実の生活の場では豪農や老農に掌握された一般農民層」である。安丸は「重商主義」、「老農イデオロギー」、「民衆運動の思想」の三つの節を設け、近代化の三つの担い手の達成(と限界)について論述している。

この論考で興味が引かれるのは、一九六五年の論考との連続性である。たとえば、安丸は「老農イデオロギー」の節で「尊徳の思想の歴史的な意義は(中略)農民に(中略)生活は人々の主体的な努力によって無限にゆたかになるのだ、と教えた点にあろう」と述べているが、この観点は一九六五年の「日本の近代化と民衆思想」に受け継がれる。「民衆運動の思想」の節では、富士講や丸山教、大本教、農民一揆等が取り上げられており、これものちの民衆思想史研究に引きつがれている。ただし、両論考には決定的に異なる点がある。それは、この⑯の論考では、老農について、「彼らは国家や商品経済の問題を積極的にとりあげるだけの視野と知識をもたなかったために、近代化の主導コースに従属しそれを下から支えるものとなった」と位置づけている。一般農民層についても、「生産力の発展の主導権を掌握できなかったために、その批判・攻撃はしばしば非合理的となり、歴史発展の主導権を奪うことに失敗した」と述べ、その限界を指摘している。実は安丸は、「日本の近代化と民衆思想」の注で、⑯の論考について次のように述べていた(五四頁、注6)。「この論稿では、倹約や自己規律の形成の側面を通説にしたがって前近代的として一蹴し、そこにどれほどにきびしい自己形成の努力がこめられているかを認識できなかった。私も、近代主義的価値観にとらわれて、たくさんの人々の苦しみや悲しみを無意味なものとして投げすてていた。本稿は、つたない自己批判の試みである」、と。

このように四部作は、一九六五年に安丸により否定され、以後、安丸はこうした視角からの研究をやめてしまう。しかし、四部作がもった意味はとても大きいと思う。安丸が丸山政治思想史と格闘するために、荻生徂徠や海保青陵らいわゆる「頂点的思想家」の思想を読み込み分析したことは、安丸の思想史研究の規模(の大きさ)と射程(の広がり)に決定的な影響を与えた。もし安丸が当初から民衆思想だけを研究していたとしたら、安丸思想史はまったく別のものになっていたであろう。

三　民衆思想史形成の軌跡

一九六三年一二月二一日の日本史研究会例会で、安丸は「近代社会形成過程における民衆意識の問題」という研究報告をしている(「初期年表」参照)。タイトルから分かるように、これは民衆思想を主題にした安丸の最初の報告である。その際、安丸が提示したレジュメが手元にあるので紹介しておこう。B5版の原稿用紙一七枚にびっしりと書き込まれており、分量が多いので、章構成のみ示そう。

(1)　学説史から
(2)　日本近代社会形成過程における民衆意識の特質
(3)　問題が成立する場としての荒村
(4)　共同体的道徳主義の歴史的役割
(5)　共同体的道徳主義的民衆意識の日本的特質
(6)　封建制と宗教の問題
(7)　方法の問題

「(1)学説史から」では、「人民」の問題をはじめて取り上げた羽仁五郎から叙述を始め、丸山真男や神島二郎らに言及している。この(1)は一九六五年の論考には受け継がれない。しかし、(2)から(4)までのタイトル(たとえば(3)の荒村)や内容、挙げられた事例(2)では心学、後期国学、金光教、天理教、丸山教等、(3)では大原幽学、二宮尊徳、報徳社、平尾在修等、(4)では菅野八郎、大本教等を取り上げている)から、一九六五年の論考に直接つながる報告であることがわかる。他方、(5)(6)(4)の一部も)は宗教の問題を扱っており、一九六八年の「民衆道徳とイデオロギー編成」(『日本の近代化と民衆思想』第二章、本巻―二)の主張と重なっている。すなわち一九六三年一二月の研究報告は、二つの論考に結実した論点を初めて打ち出したものと位置づけることができる。

この報告には、通俗道徳という語は使われていない。それと同じ意味で使われているのは、「共同体的道徳主義的民衆意識」という用語である。安丸は、(4)において民衆意識が「天皇制を下から支える」面をもちながらも、他面ではこの民衆意識の「見地から体制を批判すること」ができると主張する。これは、(1)で挙げている、丸山の共同体論（共同体を前近代的なもの、天皇制を下支えするものとみなす）を強く意識し、それを批判して打ち出されたものであることがわかるのである。

むすびにかえて

安丸は、一九六三年一二月には、「日本の近代化と民衆思想」に直接つながる構想を提示していた。先のレジュメの(4)では、大本教の事例を挙げ、後の「日本の近代化と民衆思想」の最後に位置づけられることになる、あの出口なお論がほぼそのまま展開されている。さらに、一九六二年二月の作品⑬「近代日本の思想構造――丸山真男著『日本の思想』を読んで」(『安丸集』第6巻―一七)でも、出口なおについて次のように述べていた。

「大本教々祖出口ナオはまれにみる実直、勤務、誠実な婦人であって、もし彼女の婚家が彼女の超人的な実直で勤勉な努力にもかかわらずしだいに没落するということがなかったとしたら、おそらくは共同体的世界の模範的住人となったはずの人であった。しかし彼女の比類ないほどの実直さや勤勉さも彼女の一家が貧窮のどん底へ転落してゆくのをおしとどめることができないということがあきらかになると、ナオは共同体的価値観をふりかざして周囲の人々を「われよし」である「けもの」のようであると批判するようになる。こうしてナオは共同体的原理を徹底させることによって、そうした原理が少しも実践されていないではないかという立場から日本の現実と支配者を攻撃したのである。」

驚くべきことに、ここで使われている「共同体的価値観」「共同体的原理」を、「通俗道徳」という言葉に置き換えれば、そのまま「日本の近代化と民衆思想」の出口なお論になる。作品⑬は、当時ベストセラーになっていた丸山真男著『日本の思想』(岩波新書)の論評であり、一九六二年二月一日に行われた京都民科歴史部会例会報告を活字化したものである。ここから、一九六二年の初頭には、出口なお論の骨格ができあがっていたことがわかる。[9]『日本の思想』で丸山真男は、近代日本において「共同体」を克服するような主体が出てこなかったとして、その前近代性を指摘した。それに対し、安丸は、「近代日本の「共同体」は天皇制的支配の基盤でもあったが、同時にそれへの反逆の基盤でもあった」と主張する。出口なおは、まさに共同体的価値観を徹底して実践すること(「より強く共同体的な」主体を形成すること)によって、それを振りかざして日本の現実と支配者を批判できたのだと、安丸はいう。このように、「西欧市民社会の系譜のものとはまったく異質」な主体形成のあり方の可能性を、安丸は出口なおに見出したのである。

先にみたように、安丸は、一九六三年一二月発表の作品⑰まで、荻生徂徠や海保青陵といった「重商主義」的思想家の思想を材料にして近代社会成立のプロセスを追究している。ところが、すでに一九六二年初頭には、出口なおの解読を通じて、のちの民衆思想史の主要な論点となる、「共同体的原理」(後には「通俗道徳」と呼ばれる)を徹底することによる主体形成のあり方に着目し始めているのである。この時期をひとまず、安丸民衆思想史の起点と位置づけておきたいと思う。

と同時に、出口なおとの出会いが安丸民衆思想史の形成に大きな意味を持っていたことを改めてここで確認しておきたい。[10]安丸は、「私の歴史学は、そうした私の人生における立場と相互に密接に媒介しあったものとして形成されるほかはなかった」(『日本の近代化と民衆思想』「あとがき」)と述べていたが、まさに研究と人生のはざまで民衆思想史研究は形成されたのである。

(1) 相良亨・尾藤正英・秋山虔編『講座日本思想1　自然』東京大学出版会、一九八三年。

(2)　安丸良夫『日本の近代化と民衆思想』青木書店、一九七四年(のち平凡社ライブラリー、一九九九年)。

(3)　この論考はのちに安丸『〈方法〉としての思想史』(校倉書房、一九九六年)に収録。『〈方法〉としての思想史』の本稿につけられた〔追記〕によれば、「現代の思想状況」(『岩波講座日本通史21　現代2』一九九五年)と本稿は一連のものだという。

(4)　安丸『文明化の経験』(岩波書店、二〇〇七年)に収録。なお、安丸は、富山の地方紙『北日本新聞』一九九六年一月九日号に「故郷との対照　研究の根底に」を書いている。

(5)　二〇〇八年三月の歴史学研究会総合部会例会での報告「むかいあう歴史学——安丸良夫から時代を読む」(『歴史学研究』八五四、二〇〇九年)を参照。

(6)　安丸良夫・磯前順一編『安丸思想史への対論』(ぺりかん社、二〇一〇年)所収。

(7)　二〇一二年までの「安丸良夫著作目録」(大谷栄一作成)は、本集の第6巻に収載される。

(8)　安丸『出口なお』朝日新聞社、一九七七年(のち洋泉社MC新書、二〇〇九年)。

(9)　おそらく、「初期年表」の作品⑫、一九六一年一〇月の大本七十年史編纂会資料の作成が、この出口なお論形成のきっかけとなったのであろう。

(10)　「平凡社ライブラリー版あとがき」で、安丸が「私の故郷での生活体験と大学院生時代にふれることとなった大本教の開祖出口なおについての自分なりの読解とがふまえられている」と語っているのは、事実に即したものだったといえる。安丸の次の発言も重要である。「僕にはいろいろなことを考える際に二つの参照軸がある。一つは北陸の農村であり、もう一つは大本教である。これは研究者仲間で通用していることを相対化してくれる」(一九九九年九月二八日の一橋大学での研究会での発言)。

■岩波オンデマンドブックス■

安丸良夫集 1
民衆思想史の立場

2013年 1月25日　第1刷発行
2019年 7月10日　オンデマンド版発行

著　者　安丸良夫《やすまるよしお》

発行者　岡本　厚

発行所　株式会社 岩波書店
〒101-8002 東京都千代田区一ツ橋2-5-5
電話案内 03-5210-4000
https://www.iwanami.co.jp/

印刷／製本・法令印刷

ISBN 978-4-00-730901-4　　Printed in Japan